U1001298

21世纪全国高等院校财经管理系列实用规划教材

# 企业战略管理


主　编　唐　飞　巩维才

参　编　廉　莲　郭凤华　涂俊梅

　　　　田凤林　陈　永　王夫冬



北京大学出版社

PEKING UNIVERSITY PRESS

## 内容简介

本书从煤炭行业角度出发，依托我国大型煤炭企业（集团）在“煤炭行业黄金十年”发展过程中的经典案例，从企业外部环境分析、内部环境分析、企业战略类型、国际化战略、战略选择、战略实施、风险管理等层面展开阐述。本书注重对煤炭这一行业的深入剖析，有助于读者透彻理解战略的本质。同时，为了检验读者对于正文内容的理解程度，习题中设置了丰富的题型供练习。

本书适用于高等院校工商管理类专业教学，也适用于煤炭企业中高层管理者培训，还可供投资者与行业研究员分析煤炭行业时使用。

**图书在版编目(CIP)数据**

企业战略管理/唐飞，巩维才主编．—北京：北京大学出版社，2015.8

（21世纪全国高等院校财经管理系列实用规划教材）

ISBN 978-7-301-26043-2

Ⅰ．①企…　Ⅱ．①唐…②巩…　Ⅲ．①企业战略—战略管理—高等学校—教材　Ⅳ．①F272

中国版本图书馆CIP数据核字（2015）第158864号

**书　　名**　企业战略管理
**著作责任者**　唐　飞　巩维才　主编
**责任编辑**　葛　方
**标准书号**　ISBN 978-7-301-26043-2
**出版发行**　北京大学出版社
**地　　址**　北京市海淀区成府路205号　100871
**网　　址**　http://www.pup.cn　　新浪微博：@北京大学出版社
**电子信箱**　pup_6@163.com
**电　　话**　邮购部62752015　发行部62750672　编辑部62750667
**印 刷 者**　北京鑫海金澳胶印有限公司
**经 销 者**　新华书店
787毫米×1092毫米　16开本　18.25印张　420千字
2015年8月第1版　2015年8月第1次印刷
**定　　价**　39.00元

# 丛书序

我国越来越多的高等院校设置了经济管理类学科专业，这是一个包括理论经济学、应用经济学、管理科学与工程、工商管理、公共管理、农林经济管理、图书馆、情报与档案管理7个一级学科门类和31个专业的庞大学科体系。2006年教育部的数据表明，在全国普通高校中，经济类专业布点1518个，管理类专业布点4328个。其中除少量院校设置的经济管理专业偏重理论教学外，绝大部分属于应用型专业。经济管理类应用型专业主要着眼于培养社会主义国民经济发展所需要的德智体全面发展的高素质专门人才，要求既具有比较扎实的理论功底和良好的发展后劲，又具有较强的职业技能，并且又要求具有较好的创新精神和实践能力。

在当前开拓新型工业化道路，推进全面小康社会建设的新时期，进一步加强经济管理人才的培养，注重经济理论的系统化学习，特别是现代财经管理理论的学习，提高学生的专业理论素质和应用实践能力，培养出一大批高水平、高素质的经济管理人才，越来越成为提升我国经济竞争力、保证国民经济持续健康发展的重要前提。这就要求高等财经教育要更加注重依据国内外社会经济条件的变化，适时变革和调整教育目标和教学内容；要求经济管理学科专业更加注重应用、注重实践、注重规范、注重国际交流；要求经济管理学科专业与其他学科专业相互交融与协调发展；要求高等财经教育培养的人才具有更加丰富的社会知识和较强的人文素质及创新精神。要完成上述任务，各所高等院校需要进行深入的教学改革和创新，特别是要搞好有较高质量的教材的编写和创新工作。

出版社的领导和编辑通过对国内大学经济管理学科教材实际情况的调研，在与众多专家学者讨论的基础上，决定编写和出版一套面向经济管理学科专业的应用型系列教材，这是一项有利于促进高校教学改革发展的重要措施。

本系列教材是按照高等学校经济类和管理类学科本科专业规范、培养方案，以及课程教学大纲的要求，合理定位，由长期在教学第一线从事教学工作的教师编写，立足于21世纪经济管理类学科发展的需要，深入分析经济管理类专业本科学生现状及存在的问题，探索经济管理类专业本科学生综合素质培养的途径，以科学性、先进性、系统性和实用性为目标，其编写的特色主要体现在以下几个方面：

（1）关注经济管理学科发展的大背景，拓宽理论基础和专业知识，着眼于增强教学内容与实际的联系和应用性，突出创造能力和创新意识。

（2）体系完整、严密。系列涵盖经济类、管理类相关专业以及与经管相关的部分法律类课程，并把握相关课程之间的关系，整个系列丛书形成一套完整、严密的知识结构体系。

（3）内容新颖。借鉴国外最新的教材，融会当前有关经济管理学科的最新理论和实践经验，用最新知识充实教材内容。

（4）合作交流的成果。本系列教材是由全国上百所高校教师共同编写而成，在相互进行学术交流、经验借鉴、取长补短、集思广益的基础上，形成编写大纲。最终融合了各地特点，具有较强的适应性。

（5）案例教学。教材融入了大量案例研究分析内容，让学生在学习过程中理论联系实际，特别列举了我国经济管理工作中的大量实际案例，这可大大增强学生的实际操作能力。

（6）注重能力培养。力求做到不断强化自我学习能力、思维能力、创造性解决问题的能力以及不断自我更新知识的能力，促进学生向着富有鲜明个性的方向发展。

作为高要求，经济管理类教材应在基本理论上做到以马克思主义为指导，结合我国财经工作的新实践，充分汲取中华民族优秀文化和西方科学管理思想，形成具有中国特色的创新教材。这一目标不可能一蹴而就，需要作者通过长期艰苦的学术劳动和不断地进行教材内容的更新才能达成。我希望这一系列教材的编写，将是我国拥有较高质量的高校财经管理学科应用型教材建设工程的新尝试和新起点。

我要感谢参加本系列教材编写和审稿的各位老师所付出的大量卓有成效的辛勤劳动。由于编写时间紧、相互协调难度大等原因，本系列教材肯定还存在一些不足和错漏。我相信，在各位老师的关心和帮助下，本系列教材一定能不断地改进和完善，并在我国大学经济管理类学科专业的教学改革和课程体系建设中起到应有的促进作用。

刘诗白

**刘诗白**　现任西南财经大学名誉校长、教授，博士生导师，四川省社会科学联合会主席，《经济学家》杂志主编，全国高等财经院校《资本论》研究会会长，学术团体“新知研究院”院长。

# 前　言

“企业战略管理”是经济学和工商管理专业本科生高年级阶段的一门必修课，也是MBA和EMBA的核心课程。它重在培养“企业家”的战略思维，使“企业家”能够应对内外部环境的变化，不断驾驭企业前行。通过对同类教材的调研，我们发现，国内市面上的企业战略管理教材已经非常多了。这些教材都很好地将企业战略管理的基本理论内容展示给了学生，并配合了大量鲜活的案例。然而，根据多年教学、科研和咨询的经验，我们发现，分散于各行各业的企业案例不能让学生在短期内深刻领会本课程的理论知识。因此，我们编写的这本书立足于一个行业——煤炭行业——的企业案例，也体现了我们在编写时所采用的一种竞争战略：差异化战略。当然，在每章后面的习题中，我们也设置了其他行业的案例，帮助学生将所学知识进行延伸拓展。

自2003年煤炭价格放开以来，煤炭行业一如脱缰之野马，历经了十年高增长、高盈利的阶段。2003—2013年也被称为中国煤炭行业的“黄金十年”。本书的案例基本都取自这十年在战略管理方面做得比较好的煤炭企业。总体说来，在这十年，煤炭企业面对的外部环境还是相对优越的，战略管理对于煤炭企业的发展壮大起到了至关重要的作用，目前我国已经有数十家煤炭企业(集团)跻身世界五百强之列。但是，未来十年是煤炭企业面对复杂动荡环境的时期，我们相信，战略管理对于煤炭企业生存与发展的作用将得到最极致的发挥。我们将对煤炭行业进行持续的跟踪调研，待本书再版时，会把最新的企业进展情况展示出来。

除了立足煤炭企业案例之外，本书还在两个方面做了尝试性创新：

一是将注册会计师考试中与“公司战略与风险管理”课程的相关内容融合进了教材，尤其是增加了“企业风险管理”一章；二是将企业经营沙盘模拟引入教材，增加了“企业经营沙盘模拟”一章。

本书由唐飞、巩维才担任主编并总纂。具体编写分工如下：巩维才编写第1章；廉莲编写第2章；唐飞编写第3、4和10章；郭凤华编写第5章；涂俊梅编写第6章；田凤林编写第7章；陈永编写第8章；王夫冬编写第9章。

本书在编写过程中得到了各位领导和同仁的帮助：中国矿业大学徐海学院院长朱开永教授，中国矿业大学原副校长沈通生教授，中国煤炭科工集团有限公司副总经理、《煤炭经济研究》主编范宝营，中国煤炭经济研究会理事长朱瑜，中国煤炭学会经济管理专业委员会原秘书长张文山、现任秘书长孙春升，国家安全生产监督管理总局研究中心(中国煤炭工业发展研究中心)杨瑾娣处长，中国煤炭工业协会统计与信息部主任陈养才。在此对他们一并表示感谢！

同时，对为我们提供帮助的各大煤炭企业的相关领导和职工表示感谢！也向本书所参考和引用的相关文献的原作者表示诚挚的敬意！

由于我们才疏学浅，书中难免出现错误与纰漏，恳请各位读者不吝批评指正！

编　者

2015年4月

# 目　录

# 第1章

# 企业战略管理导论

## 学习要点

- 企业战略的概念、内涵和层次
- 企业战略管理的概念、基础框架、层次和特点
- 企业战略管理理论的演变与发展趋势

## 名人名言

战略问题是研究战争全局的规律性东西。

——毛泽东

夫未战而庙算胜者，得算多也。未战而庙算不胜者，得算少也。多算胜，少算不胜，而况于不算乎！吾以此观之，胜负见矣。

——《孙子兵法》

企业经营不是一个短期的行为，面对动态的竞争环境，“战略”的内涵表现为远景的经营思考和经营决策。企业战略可以界定企业诞生的使命、经营范围、经营目标、发展动向、经营方式等坐标，成为企业的经营方针和行为指南。

——[美]彼得·德鲁克

## 导入案例

### 战略能源、新能源与煤炭能源的发展趋势

2013年1月23日，国务院批准发布了《能源发展“十二五”规划》。该规划提出，2015年我国能源发展的主要目标是：

一是实施能源消费强度和消费总量双控制，能源消费总量40亿吨标煤，用电量6.15万亿千瓦时，单位国内生产总值能耗比2010年下降16%，能源综合效率提高38%，火电供电标准煤耗下降到323克/千瓦时，炼油综合加工能耗下降到63千克标准油/吨。

二是提高安全保障水平、增强应急调节能力，适度超前部署能源生产与供应能力建设，一次能源供应能力43亿吨标准煤，其中国内生产能力36.6亿吨标准煤。石油对外依存度控制在61%以内。

三是非化石能源消费比重提高到11.4%，非化石能源发电装机比重达到30%。天然气占一次能源消费的比重提高到7.5%。煤炭消费比重降低到65%左右。

四是加快建设山西、鄂尔多斯盆地、内蒙古东部地区、西南地区、新疆五大国家综合能源基地。到2015年，五大基地一次能源生产能力达到26.6亿吨标准煤，占全国70%以上，向外输出13.7亿吨标准煤，占全国跨省区输送量的90%。

五是单位国内生产总值二氧化碳排放量比2010年下降17%，每千瓦时煤电二氧化硫排放下降到1.5克，氮氧化物排放下降到1.5克。能源开发利用产生细微颗粒物(PM2.5)排放速度下降30%以上，煤矿区土地复垦率超过60%。

六是电力、油气等重点领域改革取得新突破，能源价格市场化改革取得新进展，能源财税机制要进一步完善，能源法规、政策和标准基本健全，初步形成适应能源科学发展需要的行政管理体系。

**请思考：**煤炭企业应该如何应对这一新的发展趋势？

## 1.1 企业战略

### 1.1.1 战略的概念

“战”在字面上的意思就是打仗，“战略”则是关于打仗的谋、计。没有战争就没有军事学意义上的战略。英语中，战略一词“strategy”源于希腊文“strategos”，其含义是“将军”，即战略的含义是指将军指挥军队的艺术和科学。

世界最早的重要军事著作《孙子兵法》中指出：“兵者，国之大事，死生之地，存亡之道，不可不察也。”这强调了战略的重要。《孙子兵法》继续强调，“故经之以五事，校之以计，而索其情：一曰道，二曰天，三曰地，四曰将，五曰法。道者，令民与上同意也，故可以与之死，可以与之生，而不畏危。天者，阴阳、寒暑、时制也；地者，远近、险易、广狭、死生也；将者，智、信、仁、勇、严也；法者，曲制、官道、主用也。凡此五者，将莫不闻，知之者胜，不知之者不胜。”

《孙子兵法》对战略阐述得如此清晰，认为：战略的制定者必须从“五事”动态地观察问题，“校之以计”；在战略执行时“人”是最关键的因素，以人为核心对战略中的“五事”统观全局、系统筹划，是战争胜负的决定因素。

根据《辞海》的解释，从军事意义的战略扩展内涵，战略泛指对社会政治、经济、文化、科学、外文等领域长远、全局、高层次重大问题的谋划与指导。

《朗文当代高级英语辞典》则把战略定义为“在军事或战争前进行计划的能力或艺术”，“为达成既定目标而进行的有关活动的计划、谋划、安排。”

我国四大名著之一《三国演义》里的“隆中对”则展现了经典的战略思维：“自董卓造逆以来，天下豪杰并起。曹操势不及袁绍，而竟能克绍者，非惟天时，抑亦人谋也。今操已拥百万之众，挟天子以令诸侯，此诚不可与争锋。孙权据有江东，已历三世，国险而民附，此可用为援而不可图也。荆州北据汉、沔，利尽南海，东连吴会，西通巴、蜀，此用武之地，非其主不能守：是殆天所以资将军，将军岂有意乎？益州险塞，沃野千里，天府之国，高祖因之以成帝业。今刘璋暗弱，民殷国富而不知存恤，智能之士，思得名君。将军既帝室之胄，信义著于四海，总揽英雄，思贤如渴；若跨有荆、益，保其岩阻，西和诸戎，南抚夷越，外结孙权，内修政理，待天下有变，则命一上将将荆州之军以向宛、洛，将军身率益州之众以出秦川，百姓孰敢不箪食壶浆，以迎将军者乎？诚如是，则大业可成，汉室可兴矣。”概括上述战略思维，诸葛亮为刘备设计的战略要点是：“占据荆、益，联吴抗曹”。

### 1.1.2　企业战略的概念和内涵

要弄清企业战略的概念必先把握企业的特点，据此找到企业战略的特殊性。

魏杰教授在《企业前沿问题》一书中指出：“现在国际上通用的企业的含意是各种生产要素的所有者为了追求自身利益，通过契约方式而组成的经济组织。”

企业是生产要素转化为现实生产力的载体，企业是技术产业化的平台，企业是国民经济的细胞，企业是社会经济制度的微观基础，企业是人类生产活动社会化和国际化的主体。

鉴于企业的运行特点，企业战略产生了“战略”概念中的内涵延伸：

企业在追求自身利益同时又必须满足社会利益的要求，没有后者就没有前者。企业所追逐的自身利益应当是感知利得与经济总成本之间的差额：社会资源耗费总成本(产品和服务的总付出成本)。感知利得是购买公司产品和服务的消费者的心理感受，而经济总成本是指社会资源耗费总成本(产品和服务的总付出成本)。企业的战略部署应力求扩大感知利得，降低社会资源耗费总成本。这样才能保证企业的竞争优势。

战争中的战略更是指竞争，是一种残酷的斗争；企业中的战略由“红海”转入“蓝海”，既反映优胜劣汰一面，又反映“共同发展”、使社会资源最优利用一面。后者将随时代的发展而日渐被重视。

企业战略的核心是发展自己的竞争优势，而发展竞争优势的基础在于社会资源的最充分、合理利用，因此企业战略着重研究的是资源利用问题。要达到此目的，既要靠领导层的慧眼金睛(即战略指导思想)，又要靠科学的资源平衡最优利用模型(即定量分析)。

鉴于上述内涵的综合作用，我们可以这样理解：企业战略是以企业为主体的战略，企业是营利组织，其基本的生存与发展环境是竞争性环境。所以，企业战略在本质上仍重在竞争，换言之，企业战略是企业如何在其从事的行业领域和广阔的市场组合中实现感知利得与经济总成本差额最大的一种理论与方法。

战略的制定要深刻研究感知利得的提高和经济总成本的降低。因此，企业战略制定者也需要把握实施这一战略的组织逻辑体系、组织形式、组织思维方法，它们对战略有着不可忽视的影响。也因为此种原因，我们认为没有竞争的营利组织——垄断组织——不是企业，其战略也不是企业战略。垄断组织的上述经济逻辑已经被“政治力量”或“超级经济”所控制，其战略是基于对市场近于绝对控制的战略。

很多学者认为，为企业战略下定义的第一个人是美国企业史学家钱德勒(Alfred Chandler)。其在1962年出版的《战略与结构》一书中，将企业战略定义为“确定企业基本长期目标、选择行动途径和为实现这些目标进行的资源分配。”美国哈佛大学商学院教授肯尼斯·安德鲁斯(Kenneth Andrews)认为：“战略是关于企业宗旨、目标的一种模式，以及为达到这些目标所指定的主要政策和计划；通过这样的方式，战略界定了企业目前从事什么业务和将要从事什么业务，企业目前是一种什么类型和将来要成为什么类型。”按照上述定义，战略管理者必须设计一系列企业经营目标和计划，以及达到这些目标的方法。战略管理之父伊戈尔·安索夫(Igor Ansoff)在《公司战略》一书中对企业战略作了如下解释：企业战略是贯穿于企业经营与产品和市场之间的一条共同经营的主线，它由四个基本要素组成，即产品与市场范围、增长向量(产品与市场范围的预测变动方向)、竞争优势和协同作用。

20世纪80年代，哈佛大学的迈克尔·波特教授在1980年出版的《竞争战略》一书中，将企业战略定义为“公司为之奋斗的一些终点(目标)与公司为达到它们而寻找的方法(政策)的结合物。”

从以上学者的分析不难看出，对于企业战略强调了两个基本点：战略是对市场环境、产品走势的分析，是在上述分析基础上确定的规划；战略是要明确达到规划目标的方法。所以，有些学者认为企业战略也就是战略规划。

加拿大麦吉尔大学的明茨伯格教授从五个不同的方面概括企业战略的定义，即通称的5Ps定义，这五个方面分别是：

(1) 计划(plan)。战略是一种计划，是企业管理者在科学分析的基础上依据经验和感知的判断对企业未来目标的设计。

(2) 计谋(ploy)。战略是一种计谋，是威胁和战胜竞争对手的一种具体手段。这种威胁通常是由企业发出的一些“市场信号”所组成。正如《孙子兵法》所述：“以迂为直，以患为利。故迂其途，而诱之以利，后人发，先人至，此知迂直之计者也。”

(3) 模式(pattern)。战略是一种模式，即认为战略是企业为了实现战略目标进行竞争而做出的重要决策，包括采取的步骤、策略、行为模式等，是一个程序化过程。洛杉矶加州大学教授乔智·斯坦纳(George Steiner)所著的《顶级管理规模》中明确指出，这种模式的主要阶段包括目标确定、外部审查、内部审查、战略评价、战略实施。

(4) 定位(position)。战略是一种定位，即战略确定了企业在市场中所处的位置，确定企业为谁服务，生产什么；企业在社会环境中所处的位置，企业与竞争者之间的关系，企业的核心能力较其推进趋势，企业对环境的影响和反馈关系。

(5) 观念(perspective)。战略是一种观念，强调战略是人观察问题的认知观点、看法。表现为企业文化、企业家精神对战略的影响。

### 1.1.3　企业战略的层次

一般来说，一个企业的战略可分为三个层次，即公司战略、业务单位(或事业部)战略、职能战略。

1. 公司战略

公司战略是指公司的总部署、总安排，包括对外部市场环境、内部资源的预测分析、判断。在此基础上制定公司的使命，明确公司的宗旨，彰显公司的形象，确定公司的战略类型(例如：发展型、稳定型、收缩型)进而制定实现使命的具体目标，突出重点，阐述公司资源的平衡、优化原则与落实步骤、保证措施。

公司战略应从整个公司的角度出发研究、部署，使公司的感知利得最大化，经济总成本最小化，具有远见性、系统性、社会利得性、创新性、资源节约性。

2. 业务单位(或事业部)战略

业务单位(或事业部)战略是企业战略的第二层次。它的主要内涵是业务单位的竞争活动，因此从战略内容上看包括：市场分析，产品(或服务)定位；竞争战略的指导思想(例如合作、低成本、差异化等)；竞争市场分析；产品生命周期分析；产品涉外因素分析(社会对该类产品的鼓励、限制、产品对社会责任的承担等)；产品生产、经营过程中的资本使用部署；围绕公司战略分解实施的步骤和保障措施。

3. 职能战略

职能战略是在职能部门中围绕公司总部署和业务单位(或事业部)安排制定的保障性战略。职能战略应由生产、市场营销、财务、工资、人事、科技开发等部门战略组成。职能战略既要保障上两层战略的实践，又要充分考虑到本职部门在总战略中的分工，考虑到组织机构的职能协作要求。

上述三个层次战略是统一、协调的一个核心能力充分发挥的整体，既有分工又有统一，必须注意它们都是不可或缺的。

### 1.1.4　好的战略的特点

具体来讲，我们认为一个好的战略应具有以下特点：

(1) 高经济价值。好的战略应当在现有条件下最大限度扩大感知利得与经济总成本的差距。如前所述，感知利得是购买公司和服务的消费者的心理感受，经济总成本是指在制造本产品或进行本服务时社会付出的总消耗(包括企业的支付也包括社会的显性和隐性成本)。

(2) 对市场环境的科学分析和逻辑感悟。一个好的战略应当建立在对内、外部环境认真分析研究的基础上，分析时应充分把握重要影响因素(或关键影响因素)；分析方法要科学，直觉判断要建立在经验复制、逻辑思维、创造思维(直观思维、联想思维、幻想思维、灵感思维)的前提下，充分认知环境的机会和威胁、优势和劣势。

(3) 对企业使命的准确定位。企业使命(宗旨、愿景)明确了企业在社会中的位置，企业生产什么，占据的市场以及生产经营的指导思想、社会形象，因此它是企业战略的灵魂。好的战略应当有一个明确的、持续的、稳定且与时俱进的追求，应成为企业行动的方向盘、进军号，应能调动全体职工的积极性，“令民与上同意也，故可以与之死，可以与之生，而不畏危”。

(4) 目标分解正确，层层保障落实，推进目标管理。好的战略要根据使命确定清楚的目标，目标的制定要充分考虑系统性、先进性、动态平衡性。通过上下级之间、部门之间的协调平衡，建立完整的目标体系，横向到边，纵向到底，要注意目标管理中各级组织的责、权、利划分(图 1.1)。

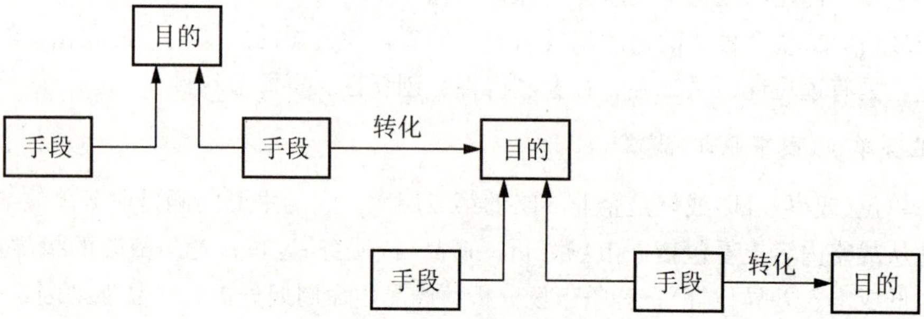


图 1.1 目的—手段链系统图

(5) 核心能力得到充分彰显。企业之争是核心能力之争，企业要在竞争中取胜，其本质(实质/根本)就是增强和发展自身的核心能力。核心能力是一种持久的、难以模仿的、凝聚的、系统的、可以衍生的竞争能力。这种能力的形成不但要从资源配置上进行优化，而且需要在思想市场上打下基础，需要培养持久的、其他企业难以模仿的、为企业长期发展提供条件的、隐性的企业能力，需要打造学习型组织，需要企业领导人的敏锐观察和正确的商业伦理指导，需要把企业的资源调动运用到淋漓尽致。企业战略是核心能力的运筹、铸造和运用。

(6) 企业战略要给力于超越自我。美国麻省理工大学斯隆管理学院资深教授彼得·圣吉(Peter M. Senge)在《第五项修炼》中提出：在过去，低廉的天然资源是一个国家经济发展的关键，而传统的管理系统也是被设计用来开发这些资源。然而，这样的时代正离我们而去，发挥人们的创造力已经成为现在管理努力的重心。企业战略要给力于超越自我，唤发出企业职工“磨练自我的力量”并设有超乎此项目标的最高目的。自我超越的意义在于以创造，而不是反应的观点，来面对自己的生活与生命。

企业战略不仅是一个使命、一个指令，对于每个员工它还应当是一种安慰、一种寄托、一种需求、一种动力。企业战略调动职工的创造思维是要使每一个人意识到自己是企业集体中的一员，与他人联成一体。企业是社会的一个细胞，个人是企业的一个细胞，有共性又有个性。

## 1.2 企业战略管理

### 1.2.1 企业战略管理的概念和基础框架

企业战略管理是指企业从调查内、外部环境入手，充分考察企业的优势和劣势以及外部环境的机会和威胁，战略决策层依靠经验与感知对企业设计使命，继而明确目标、重点、选择战略方案；制定保证措施，推动和执行战略部署，动态地处理突现战略(emergent strategies)或称涌现战略与深思熟虑战略的关系；评价战略并将其流动发展的全部管理过程。“战略管理”一词最早由伊戈尔·安索夫(Igor Ansoff)在1972年提出。

企业战略管理一般由三个过程组成：战略分析、战略选择和战略实施(图1.2)。

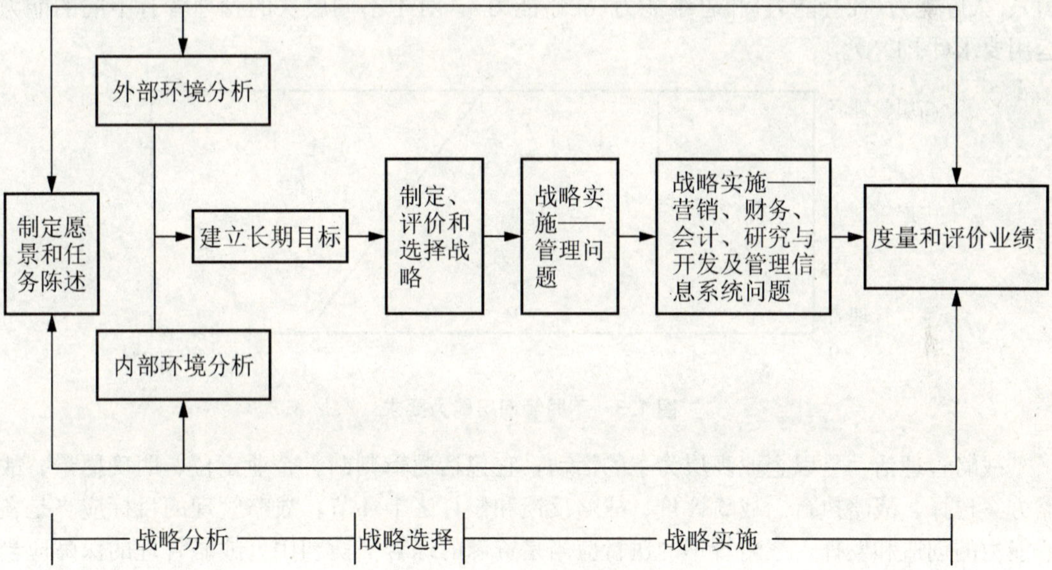


图1.2 战略管理过程框架

企业战略实施是战略实现的重要环节。在战略实施过程中，内部和外部环境都在发生变化，在当今快速发展的社会环境下更成为难以完全事前预料的不争事实。战略管理活动要根据变动着的战略实施效果，分析原有战略的实现情况，区分是深思熟虑的战略还是空想的战略。面对战略实施中的具体进展情况，观察和判定涌现战略对原有战略的影响，从而对原有战略进行补充、修订，进而推动企业核心能力的发展。

### 1.2.2 企业战略管理的本质

为了更好的掌握战略管理的运行和认识战略管理的真谛，我们认为首先应了解战略管理的本质。

1. 战略管理是企业管理活动的综合平衡

企业管理活动包括了计划管理、生产管理、经营管理、技术管理、财务管理、人事管理、设备管理、物流管理等诸多方面。在上述诸多活动中，围绕的中心应当是企业的使命与目标企业的愿景。正如西奥多里克·赫兹伯格所言：领导的实质在于拥有愿景。

战略管理是制定企业愿景、实现企业愿景、调整企业愿景的程序化管理活动，它憧憬了明天，落实了今天，一切职能管理活动要以企业战略为综合平衡的依据。可以说，战略管理是企业管理的方向舵，战略管理是管理理论的最高层次。它以职能管理和基础管理(带有共性的管理理论)为基础，融合了政治学、法学、社会学、经济学诸方面的知识。

2. 战略管理是企业高层管理者的重要活动和技能

美国学者罗伯特·卡茨将企业管理者的技能要求分为三个方面：技术能力(战术能力)、人际能力(社会能力)和思维能力(战略能力)，对于不同层次的管理者有不同的能力运用要求(图 1.3)。

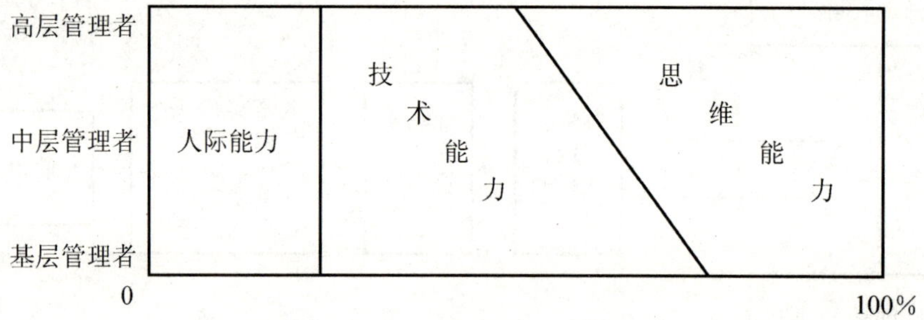


**图 1.3　不同管理层能力要求**

战略管理活动是以企业高层为主的活动，它包括逻辑判断、企业定位、明确愿景、战略方案选择、战略执行、战略评价、战略反馈和修订诸个环节。战略管理的目标应当是核心能力的创造和发挥，战略管理的执行应当是资源的综合平衡利用，战略管理的保障应当是充分发挥和利用企业每个人的优势，“管理不是管理人，管理是领导人”。

3. 战略管理是一个不断分析环境抓住机会的过程

在信息传递极为迅速的 21 世纪，尤其是云计算和 SNS 的发展保障了信息的及时和准确，有助于战略管理者及时地分析内、外部环境，探求机会和威胁。战略管理是一项抓住机会的愿景策划和动态推进。战略管理者既要把战略看成计划(向前看)，又要把战略看成模式(向后看)，并将两者有机地结合起来。用上述观点分析问题，是战略管理的一个本质性思维。

4. 战略管理是科学与艺术的结合

战略管理活动是一种逻辑性、系统性很强的科学活动。掌握和操作它需要对内、外部环境进行科学的论证和分析；需要用科学的定量方法对企业资源进行最佳组合；需要科学地研究组织机构的设置，明确责、权、利的划分；需要用科学分析方法研究绩效考核，决策激励措施；激励的方法；需要科学地安排目标及其达成措施；需要科学地运作控制和发展。

同时，战略管理又是一门艺术。它反映了企业管理人员的艺术行为；高层管理者对战略的制定和选择反映了企业家的视野、胸怀、价值观；战略选择中管理者运用了计谋、计策；战略执行中管理者也不乏采用一系列艺术化的手段处理问题达到使滚动推动战略的目的。科学与艺术的联姻，其最终目的正如彼得·德鲁克所说：“归根到底，管理是一种实践，其本质不在于‘知’而在于‘行’；其验证不在于逻辑，而在于成果；其唯一权威就是成就”。

### 1.2.3 企业战略管理的作用

阿尔温·托夫勒(Alvin Toffler)曾这样描述企业战略的作用：“对没有战略的企业而言，就像在险恶的气候中飞行的飞机，始终在气流中颠簸，在暴雨中穿行，最后可能迷失方向，即使飞机不坠毁也有耗尽燃料之虞”。阿诺尔特·魏斯曼(Alnold Weissman)也指出：“错误的企业战略是一切问题的根源。有了正确的企业战略，大多问题会自行解决；而战略错了，就不可能取得成功”。

具体而言，对企业战略管理的作用，我们概括为以下几点。

1. 明确目标，彰显企业在社会活动中扮演的角色

企业战略的制定是在充分考虑内、外部环境条件下对企业行为进行的科学安排；企业战略的成功在于把企业这个微细胞正确的融入到社会大环境中。企业为实现战略设想必须设计出实现企业使命的若干推进步骤，制订出每一步应达到的目标。企业战略管理活动反映了实现目标的逻辑要求。

明确目标，使企业行为有的放矢，成为企业行进的灯塔。它使企业落实位置、领导潮流、勇于创新，更好地掌握自己的命运。正如乔尔·罗斯(Joel Ross)和迈克尔·卡米(Michael Kami)所言：“没有战略的企业就像一艘没有舵的航船一样只会在原地转圈，它又像个流浪汉一样无家可归。”

2. 调动职工的积极性，使全体职工凝聚在共同使命上

战略管理的过程是一个组织全体职工共同努力达到战略目标的过程；是一个让职工明确自己的社会责任，明确自己的光荣使命的过程；是一个将职工融入到社会环境中成为社会大集体中一个细胞的过程。战略管理是一个进军号、动员令。企业通过战略管理活动将职工凝聚在共同使命上，能够激发全体职工的创造性、积极性。

3. 树立企业竞争的战略视野

企业战略管理过程中以“先知先觉”“见微知著”的战略视野处理事物，战略视野是对未来的部署，今日的展望。企业通过“战略”从广泛、宽阔的知识视野，认知战略执行实践中成功的战略，吸纳感知预测中涌现的战略。战略管理活动的流动推进，使“实践—理论—感悟”融为一体。企业通过“战略”找准自身的核心竞争力，为企业的竞争战略视野奠定了坚实的基础。

4. 企业战略管理推动了学习型组织的建立

企业战略管理促进了战略的发散思维、收敛思维、创新思维。发散思维指战略管理过程中多视角的对内、外部环境快速大范围扫描；收敛思维指战略管理活动中从多变化的外部事物变动规律中找到核心和突破口；创新思维则指超越过去，独树新枝。只有运用上述思维方式且有正确价值观的指导才会使企业永远前进。要保证上述战略思维的正确运用，必须考虑以下前提：一是符合时代要求的价值观、认识论；二是信息的全面、系统、及时；三是超越自我的知识视野和基础，企业管理的实施为此提供了条件，学习型组织的建立是战略管理最匹配的组织发展形势。

# 1.3 企业战略管理理论的演进

在研究战略管理活动中，为了更好的理解企业战略管理的动态发展，了解企业战略管理理论演变的过程，及其发展趋势对于管理者是十分必要的。它们不仅为我们提供了现实学派的主体思路，而且展示了目前环境的变化、企业战略管理者思维方式的演进，为管理者搞好企业战略管理提供理论指导。

## 1.3.1 企业战略管理理论的演变

从战略管理理论发展的先后顺序和内涵推衍来看，其发展过程大体经过了三个阶段：以环境为基点的经典战略管理理论阶段；以产业(市场)结构分析为基础的竞争战略理论阶段；以人力资源、知识创新、学习型组织分析为基础的核心能力理论阶段。

1. 以环境为基点的经典战略管理理论阶段

1957 年美国加州大学伯克利分·菲利普·塞苏妮克出版了《经营中的领导力》。此后，阿尔弗雷德·钱德勒出版了《战略与结构》，首开企业战略研究之先河。尤其是塞兹尼克，他引入“独特竞争力”的概念，探讨了将组织“内部状态”和“外部期望”进行整合的必要性，认为应当将战略深入到“组织的社会结构中”。随后，钱德勒创建了设计学派有关经营战略与结构相互关系的思想体系。1965 年伊戈尔·安索夫所著的《公司战略》提出了设计学派的战略规划模式。

设计学派的做法就是设计出一个战略制定的模型以寻求内部能力与外部环境的匹配。“确定匹配(Establish Fit)”是设计学派的座右铭。设计学派认为应当从外部环境和内部条件两个维度对企业进行 SWOT 分析，找出关键影响因素和独特竞争力制定备选战略方案。该学派认为在战略选择时还有两个十分重要的因素，一个是管理价值，组织中正式领导者的信仰与偏好；另一个是社会责任，企业在社会整体中应当发挥的作用、遵守的社会道德。

设计学派认为，对备选方案进行评估时应考虑以下几个方面：

(1) 一致性——战略目标与策略都必须反映系统一致。

(2) 协调性——战略必须对变化着的内、外环境做出适当的反应。

(3) 优势——战略必须有助于组织在已确定的活动领域内建立和保持竞争优势。

(4) 可行性——所选战略必须切实可行。

战略一经确定，接下来就要执行。安德鲁斯列出了战略执行的十二个具体步骤，即计划学派的战略规划模式。

计划学派和设计学派产生于同一时期。该学派认为：组织的任务就是从事某种必要的战略规划，而阻碍组织进行战略规划的首要原因就是基层管理者不够重视战略规划。战略规划不只是战略形成过程中的一种方式，还是决定战略形成过程的一种指导思想。因此，计划学派把战略形成看作是一个正式的进程，其核心是进行正式的战略规划。

计划学派的理论要点有以下几个方面：

(1) 战略产生于一个可控的、自觉的正式规划过程。该规划过程被分解成清晰的步骤，通过审查清单的方式，每个步骤都能得到详细的描述，并利用各种分析技术来完成。

(2) 原则上，由首席执行官负责整个战略形成过程；实际上，战略制定与实施由全体计划人员负责。

(3) 由正式的规划过程得到的战略被明确地制定出来，并通过预算体系、目标体系、战备体系、程序体系组织经营战略的执行。

上述两个学派的主要观点具有以下共同性：

(1) 企业战略的基础是适应环境，企业进行战略管理必须按照严格的程序操作，制定战略备选方案首先要研究和分析企业的内、外部环境。

(2) 企业战略的目标在于提高市场占有率。企业只有在战略指导下创造了更好的社会效益满足了市场需求，才能够生存发展。企业战略是由上层管理者(或企业设计人员)制定执行的高层管理行为。

(3) 企业战略实施要求“内部状态”与“外部期望”进行整合。战略管理事实上是一个组织对其环境的适应过程，是战略与组织结构的调整吻合过程。

这些核心思想为企业战略管理理论的形成与发展奠定了基础。然而，需要指出的是，以环境为基点的战略管理理论至少存在以下不足：

(1) 把战略形成过程看作概念形成过程而忽视了事物的动态发展，忽视了战略管理过程是一个不断改进的过程。

(2) 环境分析时重点放在了企业的优势、劣势、机会、威胁，而缺乏从行业入手对企业运作的行业环境进行分析。

(3) 对企业的“内力”分析不足，强调了战略管理的程序化模式却忽视了对企业内在动力、企业凝聚力、企业核心能力的研究和分析。

(4) 着重对管理过程和内、外环境的静态预测和分析，缺少动态研究和分析，因此往往出现背离实际的现象。

(5) 战略制定与实施缺乏充分的配合与沟通，对涌现的战略缺少理论性的分析探讨。

#### 2. 以产业(市场)结构分析为基础的竞争战略理论阶段

1980 年迈克尔·波特出版了《竞争战略》一书。这本书吸收了设计学派和计划学派的大量思想并提出了许多新的见解，形成了定位学派的观点。定位学派认为，在一个既定行业中只有少数的关键战略是符合要求的，这些战略能够防御现存和未来的竞争对手。这些有限的战略运用到各个行业中，被称为各个行业的通用战略。

定位学派认为战略必须超前于结构，故在战略之上加入了产业结构的概念。波特认为，产业结构决定了企业的战略位置，而企业的战略位置又决定了企业的组织结构。定位学派对战略的制定过程更加注重计算，注重可选通用战略的完备集合。

定位学派理论提出的前提假设如下：

（1）战略是市场当中通用的、可以辨识的位置。

（2）市场存在利润且充满竞争。

（3）战略形成过程是在分析计算基础上对通用战略进行的一种选择。

（4）分析人员在战略形成过程中起主要作用。

（5）战略来自成熟的形成过程，并被描述和实施。市场结构决定了深思熟虑的战略定位，而战略定位决定了组织结构。

1985年波特的另一本著作《竞争优势》问世，提出了竞争分析模型、通用战略的设定以及价值链的观点。竞争分析模型明确指出了组织环境中影响竞争的五种力量(新进入者的威胁、企业供应商的议价能力、企业顾客的议价能力、替代品的威胁、各竞争者之间的竞争激烈程度)。通用战略的设定观念认为，一个企业只有两种基本的竞争优势即低成本和产品差异化，将这两者与某一特定的业务范围相结合，可以得出三个通用战略：成本领先、产品差异化及集中化，它可以使企业在其所处产业中获得高于平均水平的绩效。波特提出的价值链理论，从价值的形成过程解剖了企业的生产经营活动，研究了价值形成中各环节的价值和投入，探讨企业竞争中的优势和劣势，找出竞争取胜的关键点。

定位学派把环境分析的视野扩大到立足于产业兴衰的范畴，认为竞争战略的选择应基于以下两点：

（1）选择有吸引力的、高潜在利润的产业。

（2）在已选择的产业中确定自己的优势竞争地位。

定位学派为战略管理学术研究开辟了多条途径，当前定位学派的研究思想认为竞争和合作不是对立的，而是一个选择范围的两极。传统的战略竞争理念让位于新的国际关系：今天的竞争者就是明天的合作者，竞争与合作相辅相成。

定位学派重视对外部环境的分析并侧重于运用定量分析方法进行研究，强调了逻辑推理、预测研究以及程序化格式。但是该学派忽视了对内部环境的分析，忽视了创新、学习、企业文化、结构动态变化对企业战略管理的制约和影响。

*3. 以人力资源、知识创新、学习型组织分析为基础的核心能力理论阶段*

这些年来由于信息技术的迅速发展及人类可持续发展的意识深化，使企业的竞争形势更加激烈。战略管理研究者意识到战略活动的“知”和“行”离不开企业的内在凝聚能力、创新能力、学习能力、结构与变革的动态适应能力，这是一种持久的、难以模仿的、可以衍生的、独特的结构性能力，被称为核心能力。企业战略应当充分发挥与加强核心能力，据此制定的企业战略才具有指导性、先进性、动态推动性，才能使企业不断前进，才具有知和行的统一效果。这里分别介绍几个学派的主要观点。

1）企业家学派

在经济思想史上给企业家以显著地位的开创性人物是约瑟夫·熊彼特(Joseph Alois Schumpeter)，他认为解释企业行为的因素并非企业利润最大化目标，而是企业应对变化的环境时的战略意图。在此，熊彼特提出“创造性破坏”的概念。熊彼特认为，企业家不必寻找资本也不必去开发新产品，他只需提供经营思想。该学派强调心理状态和思想过程，认为战略是与形象和方向感相关的一种愿景。这种愿景取决于企业家的直觉、判断、智慧、经验和洞察力。企业家依靠经营思想创造巨大的利润。愿景既是一种灵感，也是一种战略任务的指导思想。也就是说，企业家的战略既是深思熟虑的又是随机应变的，在总体思路和方向上是深思熟虑的，在具体细节上是随机应变的。企业家学派认为组织中个性化的、具有超前意识的、专注又具创造性的领导阶层是企业成功的关键。

企业家学派强调了人的创造能力，强调了企业家的“直觉”。

2）学习学派

从某种意义上讲，查尔斯·林德布鲁姆(C. E. Lindblom)发表的《蒙混过关的科学》开创了学习学派。随后相关的研究者陆续发表了许多文章。例如，爱德华·拉普(Edward Rapp)发表的《优秀的管理者不制定决策》一文；詹姆斯·布莱恩·奎因发表的《战略转变：逻辑渐进主义》等。该学派认为战略是个人或(更多的时候是)群体在开始研究某种情境以及组织应对情境的能力时自然产生的。最终，战略会收敛成有效的行为模式。而传统的有关战略形成的印象只是一种幻想，不符合组织中的实际情况。

学习学派认为，企业战略的制定、执行涉及企业的每一个职工，任何组织成员都可以推动战略进程。该学派提出，只有不断学习才能适应变化着的环境，才能超越自我、改善心智模式，组织团队学习实现共同愿景。

普拉哈拉德与加里·哈默尔在《哈佛商业评论》上发表了一系列影响力很大的文章，包括《企业核心能力》《战略的延伸和杠杆》，1994年继而出版了《竞争大未来》一书，阐述了核心能力、战略意图等重要概念。他们认为企业应从根本上改变“竞争格局”，竞争优势的基础在于核心竞争能力。应该鼓励企业发挥“1+1>2”的组合作用，用各种方法将不同资源和能力有机组合达到能力的提升。接着他们又提出了“延伸”和“杠杆”的概念，认为战略“延伸”才能使资源与愿景达到匹配，但只有“延伸”还不够，企业还必须学习如何利用“杠杆”使有限资源发挥最大作用。要达到上述优化，企业应建立学习型组织，使“对组织学习的研究与动态观相渗透，以解释决策制定与变革的每一个方面”。

3）认知学派

认知学派的观点是借鉴人类认知学科的相关知识，从认知心理学领域来探索战略形成过程。认知学派的第一个分支倾向实证主义，将知识的处理和构建看作一个试图勾画客观世界的结果。第二个分支则认为认知活动是一种主观意识，强调思维对外界事物的反应。

认知学派理论提出的前提假设如下：

(1）战略形成是一种发生在战略家思想中的认知过程。

(2）战略表现为不同的认知视角，从概念、地图、计划和框架等角度决定人们如何处理输入内容。

(3) 我们所看到的世界可以被塑造，可以被设计，也可以被构建。

(4) 作为概念，战略在初期形成时比较困难，当实际形成后又与理念中的相差很远，当战略不再可行时，也很难被改变。

4) 权力学派

这里的权力是指经济范围以外运用所有影响力的行为，分为宏观权力和微观权力。宏观权力反映组织与外界环境之间的依赖关系，例如组织与供应商、客户、协会、竞争者、金融机构、政府官员之间。源自宏观权力视角的战略首先要考虑这些参与者的需求，其次是有选择地利用这些参与者实现企业的利益。微观权力指涉及组织内部非法的政治行为。权力学派认为，不同的参与者和参与者联盟都在谋取在组织中的权力以占据对稀缺资源分配的有利地位。权力学派主张全面分析，以确认每个人在战略形成或改造中所起的作用。战略形成是一个政治过程，而战略本身就是组织参与此过程获取利益的平衡。

权力学派在宏观权力的研究中认为，战略是对外部环境的作用或协调而不是反应。艾尔夫林和沃尔伯达认为“网络”“集体战略”“合资企业”“战略联盟”和“战略性外包”等战略管理新词汇的提出在战略管理领域具有重要意义，足以形成一个此领域中的新学派。他们将它称为“边界学派”。企业通过关系网络进行协商，制定出集体战略，战略形式超越了单个组织的排他性边界，而成为一个与合作伙伴共同发展的过程。

5) 文化学派

文化学派认为战略形成根植于文化，是文化驱动力影响的过程，文化对战略的形成、执行、改变都有重大的影响作用。

这里所讲的文化是指“组织意愿即组织成员共同的认识、价值观、习惯”。文化代表着组织的生命力，代表着组织躯体的灵魂。

文化学派认为：

(1) 战略形成是一个相互作用的过程，它建立在组织成员的共同信念和知识的基础上。

(2) 组织文化的中心是价值观、认识论，它的形成和重建都有一个较长的过程，因此它有稳定性、难以模仿性。

(3) 组织文化对战略的影响程度取决于战略设定与组织文化的一致性和组织文化本身的一致性(凝聚性)程度。

比约克曼指出，研究表明战略的激进改革必须要以文化根本性变革为基础。

成功的企业是受组织核心价值观主导的；反过来，作用于核心竞争力。文化学派引入了社会过程中重要的集体思维，确立了组织风格与个人风格等同地位，提倡建立整体理念。在这个学派中，战略形成成为对集体认知的管理。

6) 环境学派

环境学派把环境定义为来自组织外部的力量。他们认为，战略制定的过程可以看作一种映射外部环境的过程。环境学派把环境定位成战略形成过程中的三大中心力量之一(另外两大中心力量为领导力和组织力)。

环境学派提出“权变理论”，描述了特定环境与组织特殊性之间的关系。爱冒险的企业家往往和动态的环境相联系。在大量挑战和机遇共存的环境中，战略将会变得更综合、更全面化。鉴于组织要适应自身环境这一事实，战略管理必须观察组织。组织选择限制条件，而这些条件又限制了组织的选择。环境作为一种综合力量向组织展现自身，是战略形成过程中的中心角色。

7）结构学派

该学派认为，如果一个组织选择了一种存在状态，那么战略管理就是组织从一个状态向另一个状态跃进的过程。这种状态转换的过程是一种显著的变革(转型或复兴)。该学派观点包括两个方面，一方面描述组织和组织周围环境的状态结构，另一方面描述战略管理的过程与变革。大多情况下，可将组织描述为由自身特性所构成的稳定结构。组织的这种特殊的结构形式与特殊类型的环境匹配，产生特殊作为，形成一套特殊战略。然而，这些稳定时常会被一些变革打断，转向另一种结构。这些相继的结构状态和变革过程可能会随着时间的推移而自发的规律化，形成模式化序列，如组织的生命周期。战略管理的关键是维持战略的稳定状态，但应周期性地辨认变革的需要，并能够在不损害组织的前提下安排好那种破坏性的变革过程。结构学派融合了其他学派的特点，认为战略制定过程可以是一种概念性的设计；可以是系统分析；可以是严格程序的计划；可以是领导愿景；可以是合作学习；可以是竞争性手段；可以专注于个人知识、集体社会化或对环境的反应，但每一种都有自己存在的时间和情景。

### 1.3.2　企业战略管理理论的发展趋势

进入 20 世纪 90 年代以后，随着信息技术的迅猛发展、产业环境的日益动态变化、人性认识的进一步深化以及人们对“地球村”的热爱倍加，对可持续发展前瞻性认识的深入，企业战略管理理论有了进一步的深化发展。

美国学者杰米·摩尔(James Moore)在 1996 年出版了《竞争的衰亡》一书，提出了企业生态系统演化理论。该理论认为企业是生态环境中的一员，企业应该和谐共存于一个丰富而利益相关的动态系统之中。同年，纳尔波夫(Nalebuff)和布兰德伯格(Brandbuger)合作出版了《合作竞争》一书，进一步诠释了“竞合”活动的推演内涵，认为企业的经营可以达到双赢的新境界，企业的竞争和合作是一个目的的两个方面。

欧洲工商管理学院 W. 钱·金(W. Chan Kim)和勒妮·莫博涅(Renee Mauborgne)两位教授于 2005 年 2 月出版了《蓝海战略》一书，进一步推进了企业的双赢思考，“蓝海战略要求企业把视线从市场的供给一方移向需求一方，从关注并比超竞争对手的所作所为转向为买方提供价值的飞跃”。他们主张，企业从你死我活的红海竞争中走向共存双赢的蓝海融合中。企业应满足顾客各方面的客观需求(包括有形和无形)，创新不同的目标，满足“定制式”要求，寻求企业资源的最佳利用，创造利润的最大化。

1998 年布朗(Brown)和艾森哈特(Eisenhardt)合作出版《边缘竞争》一书，认为随着外界环境的不断变化，战略管理的重点应当是对变革进行管理，使其成为一个动态管理过程(一是对变革做出预测；二是对变革做出反应；三是领导变革)。该书认为边缘竞争战略的成功实施需要相应的组织结构的支持，这种组织结构的特点是在固定式结构和松散式结构间寻求的最佳的结合方式。

依据战略管理的演进历程和 21 世纪企业经营环境的变化趋势，我们分析企业战略管理的发展趋势得出以下可预见的结论。

1. 企业战略管理向合作、共赢发展

人们在战略管理的历史进程中已经逐渐认识到社会资源最均衡合理运用的前提条件往往要通过合作取得。“和谐”成为世界发展轨迹中的主流。企业是社会活动的细胞，企业的终极目标是满足人类发展中彰显的和谐生活的各种需要，企业只有在不同的群组中互补才能使资源得到最佳利用。企业在完成使命的同时，创造了自身的利润，取得了社会认知规律。上述思维强调了创新，强调了资源的合理使用，强调了企业间的互补和合作。上述思维使企业从“红海”之争中步入“蓝海”，战略管理遵循了合作观点，设计了若干企业联盟形式、企业一体化发展形式、物流系统形式。

由于21世纪信息技术和人类时代潮流的迅速发展，加之中、小企业更适应于“蓝海战略”的客观事实，所以21世纪的企业规模趋势将以中、小企业为主，定制式生产将成为生产模式的发展亮点。

和谐为主流，合作为着眼点，人本为时代特征，资源最充分利用为根本，满足人类各方面需求为最终目标的新理念必将作为战略管理的中枢。

2. 企业战略管理推动核心能力发展

企业战略管理活动应推动企业核心能力的发展。企业核心能力是指企业经营过程中形成的长期的、隐形的、很难模仿的企业特有的聚汇能力、可衍生性能力。四川大学工商管理学院教授余伟萍等人采用文献研究、问卷调查的方法得出结论：“企业的竞争优势主要来自于企业内部，企业作为一种能力体系，积累、开发和运用核心竞争力是企业制定发展战略的关键”。余伟萍等人共检索了167篇关于核心竞争力的文献，问卷调查共223份，经过整合后提炼出影响核心竞争力演变的主要因素为：人力资源、创新能力、市场营销能力、组织管理能力、企业文化战略管理能力、生产与制造能力、行业环境、企业自身的历史状况等。我们认为，核心竞争力识别评价体系不仅涉及上述多个因素，而且更应该注重上述评价因素的交叉组合直至它们的凝聚力量。

十多年前，尼古拉斯·尼葛洛庞蒂(Nicholas Negroponte)在他的《数字化生存》一书中预言，比特世界将代替原子世界，市场竞争将由原子资产竞争转化为比特资产竞争。在移动互联网时代，企业比特资源又有了一个新的存在形式，就是企业云资产。企业所创造的任何产品要么被服务所替代，要么可以延伸新的服务，“把功能转换或延伸的构想与业务模式”就是一种云资产。“构想”是企业价值中最值钱的部分，云资产处理了企业与市场的冲突。正是这种冲突构成了创新型企业成功过程中最大的障碍，企业需要构成新的管理理论，创建新的资源组合形式从传统的思维中解放出来，这种创新设计和管理行为形成云资产。当然，云资产的衍生与应用离不开移动终端与云计算技术的出现，特别是SNS交互体系在企业端的建立才能使企业创造云智慧，才能将云资产形成核心竞争力。

21世纪的“企业战略管理”应当运用云资产推动核心竞争力的发展，以此为企业战略的中心。

### 3. 企业战略管理更加重视人力资源的开发

人力资源的开发指技能培训、潜能开发、创造力开发，其开发形式目前被广为推崇的是学习型组织的建立。彼得·圣吉在《第五项修炼》中认为："21 世纪 90 年代最成功的企业将会是学习型组织。因为未来唯一持久的优势，是有能力比你的竞争对手学习得更好。"彼得·圣吉提出学习型组织的修炼核心是：自我超越、改善心智模式、建立共同愿景、团体学习、系统思考。学习的意思并非指获得更多的资讯，而是培养如何实现生命中真正想要达成的结果的能力，这是开创性的学习。彼得·圣吉强调：除非组织里每个层次的人都学习自我超越，否则无法建立学习型组织。高度自我超越的人具有共同的基本特质：对他们来说，一方面愿景是一种召唤及驱使人向前的使命，而不仅是一个美好的构想；另一方面他们把目前的竞争对手看作盟友而非敌人；他们懂得如何认识以及运用那些影响变革的力量，而不是抗拒这些力量；他们具有追根究底的精神，将事情的真相一幕幕的廓清；他们倾向于与他人，同时也与自我生命本身达成一体，因此并不失去自己的独立特性；他们知道自己处于一个自己有能力影响，但无法独立控制的创造过程。

21 世纪的企业战略管理应当建立在创建学习型组织的基础上，21 世纪的企业战略管理应当有利于培育这种高度自我超越的人。企业职工集体认知的结合点被称为企业文化。21 世纪的企业战略管理应当十分注意企业职工对诸多问题的认知觉悟，战略应充分考虑到与企业文化的关系。鉴于 21 世纪环境动态高频变化的特点，企业全员参与战略规划的制定和执行已势在必行，此特点也成为不可忽视的因素。

### 4. 生态文明成为企业战略的关注点

十八大报告中指出："建设生态文明，是关系到人民福祉、关乎民族未来的长远大计。面对资源约束趋紧、环境污染严重、生态系统退化的严峻形势，必须树立尊重自然、顺应自然、保护自然的生态文明理念，把生态文明建设放在突出地位，融入经济建设、政治建设、文化建设、社会建设各方面和全过程，努力建设美丽中国，实现中华民族永续发展。"我国近几十年来经济的迅速发展，致使我国环境问题日显严峻。能源(特别是煤炭与石油)的大量消耗，导致我国许多地区严重的空气污染与水污染。据世界卫生组织(World Health Organization，WHO)2006 年的一份报告显示，世界上污染最严重的 20 个城市中，我国占 16 个。

仅以煤炭为例，煤炭消耗占我国能源消耗量的 70%以上。据调查，我国因采矿直接破坏的森林面积累计达 106 万公顷，草地面积 26.3 万公顷。我国每采万吨煤平均坍塌土地 0.2 公顷。在村庄稠密的平原矿区，每采 1000 万吨煤炭需要迁移 2000 人。我国煤矿每年产生的各种废污水约占全国总废污水量 25%。我国每年从矿井开采中排放甲烷 70～90 亿立方米，约占世界甲烷总排放量的 30%。矿井地面矸石的自燃，释放大量有毒有害气体，严重污染大气环境。上述资料表明：煤炭企业的战略规划和战略管理活动中一定要关注生态文明的要求。

## 本章小结

战略泛指对社会政治、经济、文化、科学、外交等领域长远、全局、高层次重大问题的谋划与指导。

企业战略是指确定企业长期目标，选择行动途径和实现这些目标进行资源分配。

企业战略分为公司总战略、业务单位(或事业部)战略、职能战略三个层次。绩效高的企业战略表现出融合各种竞争准则的能力。它们应同时具有以下特点：计划性和渐进性、指令性和参与性、控制性和授权、远见性和细节性等。

企业战略管理是指企业制定战略、实施战略，对战略的评价和动态管理过程，也即战略活动的全部管理过程。

企业战略管理是企业管理活动的综合平衡，是高层管理者的重要活动和技能，是一个不断分析环境抓住机会回避威胁的过程，是科学与艺术的结合。

企业战略管理为企业明确了目标，凝聚了职工，树立了竞争战略视野，推动了学习型组织的建立，成为企业发展的舵手和动力。

企业战略管理理论在不断丰富和完整，目前世界上已有十大学派：设计学派、计划学派、定位学派、企业家学派、认知学派、学习学派、权利学派、文化学派、环境学派、结构学派，它们从不同的角度对战略管理进行研究。以上十大学派深刻地反映了企业战略管理的发展历程，揭示了战略管理的重要意义和发展趋势。

煤矿企业战略管理活动应充分把握：合理利用不可再生资源，积极响应政府政策，切实注意生态文明和可持续发展，充分遵循十八大提出的经济发展规律，响应循环经济、绿色环保、低碳发展的基本国策。

## 关键术语

企业战略　企业战略管理　战略历程　生态文明

# 习　题

一、单项选择题

1. 某公司通过购买土地、大兴土木的方式给竞争对手以扩张生产规模的印象，其目的是阻止竞争对手开设新的工厂。这个例子说明(　　)。

A. 战略是一种计划　　B. 战略是一种计谋

C. 战略是一种定位　　D. 战略是一种观念

2. 奇瑞 QQ 是国内第一款为年轻人打造的轿车，定位于“年轻人的第一辆车”，其设计原则就是“快乐”，其 2.66 万～5 万元的价格也是相当具有潜力的。根据奇瑞 QQ 致力于生产面向年轻人和比较廉价的经济车，该资料说明(　　)。

A. 战略是一种计划　　B. 战略是一种计谋

C. 战略是一种定位　　D. 战略是一种模式

3. 战略分为不同层次，不同层次的战略解决不同层面的问题，具有各自的特点。战略按从高到低的层次划分为(　　)。

A. 业务战略、公司战略、职能战略

B. 公司战略、业务战略、职能战略

C. 公司战略、职能战略、业务战略

D. 职能战略、业务战略、公司战略

4. 某公司是一家进行多元化经营的跨国集团公司，该集团的公司层战略应重点关注(　　)。

A. 公司每个职能部门如何运作

B. 参与竞争的业务与资源如何分配

C. 如何经营每个单项业务

D. 如何超越竞争对手，使产品销售量最大

5. 某公司的战略规划书中写到："经过 5 年的发展，本公司应当达到如下目标：销售总收入 25 亿元，净利润 2 亿元，跻身行业第一梯队。其中，三大业务的目标分别是：A 业务实现销售收入 13 亿元，净利润 1.1 亿元；B 业务 7 亿元，净利润 5000 万元；C 业务 5 亿元，净利润 4000 万元。"战略规划书的这段内容属于该公司的(　　)。

A. 竞争战略　　B. 公司战略　　C. 项目战略　　D. 职能战略

6. 下列属于企业高层管理者最重要的活动和技能的是(　　)。

A. 生产管理　　B. 经营管理　　C. 战略管理　　D. 营销管理

7. 某企业是国内大型乳制品企业，受三聚氰胺事件影响，国内奶制品市场环境发生了巨大变化，为了保证企业的进一步发展，该企业需要重新制定未来的发展战略，那么，该企业需要做的第一步工作是(　　)。

A. 战略分析　　B. 战略制定　　C. 战略执行　　D. 战略控制

二、多项选择题

1. 下列关于明茨伯格 5P 战略定义的表述中，正确的有(　　)。

A. 战略是有意识的、有目的地开发和制订的计划

B. 5 个 P 代表计划、利润、定位、观念和模式

C. 战略是一种观念，通过个人的期望和行为形成共享，变成企业共同的期望和行为

D. 战略是有意图的行为模式

2. 以下关于理性方法和应急方法作为企业战略的两种发展途径，表述正确的有(　　)。

A. 在理性方法下，战略的所有要素随着战略的发展而不断形成

B. 理性方法是指企业先制定，然后再设计战略来实现这些目标

C. 应急方法是战略规划在前，实施在后

D. 在应急方法下，战略的所有要素随着战略的发展而不断形成

3. 战略管理流程是一个相互续起的循环过程，构成这一循环过程的战略核心领域包括(　　)。

A. 战略变革　　B. 战略实施　　C. 战略分析　　D. 战略选择

三、简答题

1. 什么是企业战略？企业战略有哪些特点？
2. 什么是企业战略管理？你是如何理解企业战略管理的本质的？
3. 如何理解企业战略的三个层次？
4. 概述企业战略管理的过程，你如何认识它的科学性与艺术性？
5. 简要回答企业战略管理的重要性。
6. 你对企业战略管理理论的发展历程是如何认识的？
7. 你对企业战略管理理论的发展趋势是如何认识的？

四、思考题

A公司主营业务为计算机存储芯片。在20世纪80年代中期，日本的制造商意图进军并占领存储芯片市场，这些日本企业采取降价的策略，相对A公司以及其他芯片生产商的价格降低了10%，并在每一次其他企业在价格上进行调整后，日本生产商又降低了10%。

针对日本生产商的挑衅性策略，可供A公司选择的方案有：一是设计更加高级的存储芯片；二是撤退到日本生产商并不感兴趣的市场上去。

最终，A公司决定放弃存储芯片业务，转而致力于为个人计算机开发更加强大的微处理器。

要求：

根据该材料谈谈你对企业战略的认识。

**小论文**

请选择一家煤炭上市公司，概述该公司的基本情况，研究该公司的发展历史，描述在不同历史发展阶段该公司面临的经营环境及其采取的战略措施，然后表述你的观点。

# 第2章

# 企业外部环境分析

## 学习要点

- 宏观环境分析框架：PEST分析
- 行业环境分析的内容和方法
- 行业生命周期各阶段的主要特征
- 行业竞争结构分析框架：五种竞争力量模型
- 进入壁垒与退出壁垒
- 主要竞争对手分析
- 行业内战略集团分析

## 名人名言

没有别的，看到下雨了，就要打伞。只不过是顺应天地自然的规律去工作而已。

——松下幸之助

## 导入案例

### 开滦集团深入把握市场走向、调整企业经营策略

开滦集团有限公司(以下简称“开滦集团”)始建于1878年，迄今已有130多年的历史，有“中国煤炭工业源头”之称，是一个集煤炭生产、洗选加工、煤化工、现代物流、煤电热、装备制造、文化旅游、建筑施工、建材化工等多产业并举的特大型企业集团。2008年9月爆发华尔街金融风暴以后，开滦集团深入地分析了企业外部环境与内部自身条件，适时调整了经营策略，在2009年上半年即取得了初步成效。

1. 企业外部环境与内部条件分析

由美国次贷危机引发的全球金融危机，对世界经济格局产生了深远影响，从企业面临的外部环境看，机遇与挑战并存。

从企业面临的机遇看，国内经济运行总体形势较好，国民经济融入全球经济步伐加快。京津冀都市圈、环渤海经济圈和曹妃甸科学发展示范区加速崛起，有利于开滦集团利用国内外两种资源、两个市场寻求发展和培育新的经济增长点。国家将建设大型煤炭基地、培育大型煤炭企业集团列入《煤炭工业发展“十一五”规划》，为开滦实现跨越式发展提供了重要战略机遇。国家鼓励大型煤炭企业和上下游产业融合，有利于开滦集团延伸产业链，实现产业结构调整。国务院将物流业确定为十大产业调整振兴规划之一，使开滦集团具备了发展物流产业的政策支持环境。

从企业面临的挑战看，国家财税改革、煤炭资源市场化对开滦集团开发异地煤炭资源的资金保障能力形成了挑战；科学发展观对资源与环境的约束力度加大；煤炭产品深加工技术、洁净煤技术和煤炭资源综合开发利用技术对开滦集团的技术进步、产品结构调整提出了更高的要求；大型煤炭基地、大型煤炭企业集团建设及河北省南北两大煤炭企业集团竞相发展格局的形成，也从客观上要求开滦集团加快经营策略的调整。

从开滦集团内部自身条件看，优势大于劣势，基本具备了加快发展的基础。

开滦集团具备发展的基础和条件，即优势为。

(1) 具有煤质优煤种好的优势。

(2) 具有一定的资源保障。

(3) 地处环渤海经济开发区中心京津唐工业集中区，具有独特的区位优势。

(4) 开滦集团作为中国民族工业的摇篮，具有发展物流产业的基础条件。

(5) 近几年通过结构调整，延伸煤基产业链，企业经济实力进一步增长。

(6) 集团旗下精煤股份公司的股票成功上市，具备一定的融资能力。

(7) 改革改制实现了体制机制创新，初步建立起了现代企业制度。

当然，开滦集团也存在制约企业发展的许多问题，即劣势为。

(1) 唐山老区存在着资源减少，开采条件困难，生产成本上升，安全管理难度加大等问题。

(2) 社会包袱沉重，生活设施欠账较多，社会职能及公益事业支出大，企业生存和可持续发展问题还没有彻底解决。

2. 调整企业经营策略

1) 确定了企业经营策略调整的工作思路

坚持以科学发展观为指导，按照“调整、转型、做精、做强”的工作思路，积极转变发展观念、推进创新发展模式，努力将开滦集团建设成为以煤炭产业为基础，以煤焦化、煤电热、现代物流产业为支柱，以装备制造、文化旅游、建筑施工、建材化工为支持，主业突出、结构合理、多元经营的现代化大型企业集团。

2）明确提出了企业的经营目标

开滦集团公司明确提出了确保实现“双四”和“双五”的经营目标。2009年集团公司原煤产量达到4000万吨，营业收入实现400亿元；2010年集团公司原煤产量达到5000万吨，营业收入实现500亿元。

3）企业经营策略调整的主要内容

按照以科学发展观为指导，建设主业突出、结构合理、多元经营的现代化大型企业集团的思路，积极推进以煤炭产业为基础的大煤炭大精煤工程、以发展煤焦化为核心的大煤焦化工程、以建设坑口电站为主体的大煤电热工程和大现代物流工程等四大工程建设。着力发展以装备制造、文化旅游、建筑施工、建材化工为重点的四大相关产业。

(1) 积极推进四大工程建设

① 突出煤炭主业，推进建设大煤炭和大精煤工程

第一，通过现有矿井储量挖潜，提高产能。具体包括：加快技术改造，稳定现有能力；加快设备升级和系统完善，实现安全高效开采模式；积极研究薄煤层开采技术，确保资源的有效利用；利用国家小城镇建设政策，加快村庄搬迁进度，解决压煤问题；积极研究“建筑物下”开采和充填技术，解决压煤问题；开展深部资源储量开发和利用。

第二，加快新井建设。到2010年唐山矿区原煤产能达到2620万吨，蔚州矿区原煤产能达到200万吨，山西矿区原煤产能达到240万吨，承德矿区原煤产能达到140万吨。

第三，以入股、参股、并入、托管等多种方式，加快对地方煤矿资源的整合。

第四，要积极推进和落实大精煤工程。到2010年，集团公司洗精煤产量达到1200万吨。具体措施包括：积极组织现有选煤厂生产，保持精煤总量稳定；积极协调，落实托管协议，尽快将托管选煤厂纳入开滦生产、技术、销售体系；依靠科技，挖掘现有洗煤潜力，提高洗选效率，增加精煤产量；利用资源整合，实现配煤入洗；以山西介休为平台，建设跨地区选煤厂，提高精煤产能；进一步论证动力煤选煤厂的技术改造，为精煤产能提高做好技术储备。

② 以资本扩张为重点，建设大煤焦化工程。唐山区域依托京唐港唐山中润煤化工有限责任公司和迁安中化煤化工有限责任公司，发展成为焦煤产能550万吨、焦炭生产的副产品全部深加工、年销售收入160亿元以上的煤焦化产业规模。

京唐港区域在中润公司焦化项目一期110万吨工程建成投产的基础上，加快二期及三期系列煤化工项目建设进度，2010年年底全部建成投产。迁安中化煤化工有限责任公司在已形成220万吨干全焦生产规模基础上，投资建成中化三期焦化配套干熄焦110万吨工程。

③ 加强资源综合利用，建设大煤电热工程。按照“资源综合利用、废弃物资源化”的思路，充分利用低热值煤矸石、矿井水等资源，建设坑口电站，形成开滦煤电热产业链。到2010年，唐山市电力产业装机容量达到1000兆瓦，实现年销售收入25亿元以上。完成唐家庄电厂2×150兆瓦三期工程建设和煤矸石热电厂2×300兆瓦项目建设并投产，增加装机容量900兆瓦。与大唐国际合作建设的蔚县电厂一期2×660兆瓦机组建成投产。

④ 依托煤路港航和销售网络，推进建设大现代物流工程。开滦集团作为十分典型的资源型企业，随着唐山区域资源愈渐匮乏，煤炭主业发展后劲不足。调整产业结构，实现转型发展是迫在眉睫的任务。特别是2008年以来，通过调整发展战略，加快资源扩张，延伸煤炭产业链，使开滦形成了四个发展物流的优势：具有资源和市场优势；具有完备的煤路港航一体化、布局合理的供销配送基础设施；具有独特的物流区位优势；具有人才优势。

开滦物流公司作为国家5A级综合服务型企业，经过不断探索、实践、创新，依托自身资源、区位、客户优势和创新发展，初步形成了在“支撑企业转型发展、煤路港航一体化、供应链管理、工贸结合、物商互动”等方面独具特色的综合服务型物流发展模式，实现了向社会物流、第三方现代物流的发展。

(2) 着力发展四大相关产业。

① 立足服务煤炭生产，发展装备制造产业。以唐山开滦铁拓重型机械制造公司与开滦设备管理中心合作为基础，以开滦集团煤机工业园规划为导向，形成研发、制造、租赁和大中修理配套的完整煤机产业体系，提升技术装备水平，发展机械装备制造业。

② 依托开滦国家矿山公园，发展文化旅游产业。以国家矿山公园建设为载体，开发工业旅游资源，实施园区建设规划，并融入唐山市文化旅游产业之中，使之为资源枯竭性矿区转型，探索出一条可行之路。开滦国家矿山公园项目建设目标：开发唐山国家矿山公园主要景区，建设成具有国际水准的矿山主题公园；通过矿山主题公园周边地带商业项目的开发和运作，带动唐山矿周边区域的整体经济发展和环境优化；合理利用赵各庄、抚宁林场、迁安林场等旅游资源，使之与市中心旅游资源形成旅游产业链。

③ 以唐山"四城"建设为契机，发展建筑施工产业。抓住唐山"四城"建设的契机，唐山开滦建设集团利用开滦土地、房产存量优势，积极争取政策支持和战略投资，加快房地产综合开发利用。本着改善员工居住条件、美化城市的原则，实施集资建房，切实改善员工居住条件。同时发展现有优势业务，形成集地矿、制冷、安装、房地产为核心业务的现代企业集团。

④ 利用煤矸石等资源优势，发展建材化工产业。充分开发利用矿区的煤矸石和粉煤灰等资源，发展新型建材产业，建立起煤炭资源得到充分利用的循环经济体系，有效保护矿区环境。唐山开滦化工有限公司形成以炸药、雷管为主的产品结构，实现销售收入2亿元。

3. 经营策略调整后的初步成效

通过经营策略调整，开滦集团驶上了发展的快车道，2009年上半年主要指标均创出历史最高水平。原煤产量完成1738万吨，同比增长10.8%；精煤产量完成474万吨，同比增长13.9%；营业收入完成211亿元，同比增长60.9%；企业利润实现50666万元，同比增盈40.04%。集团公司上半年实现的211亿元营业收入中，煤炭产业占30.15%，现代物流占49.27%，煤化工占12.79%，煤电热、装备制造、建筑施工、建材化工等非煤产业占7.79%。

**请思考**：开滦集团在2008年9月爆发华尔街金融风暴后是如何分析外部环境并进行战略调整的？

## 2.1 宏观环境分析

每个企业都希望可以生存下来并发展壮大，发展壮大就意味着要扩大规模和增强竞争实力。世界500强企业中，从1955年开始排名至今，仍然在榜单中的企业仅有65家，占总数的13%。这些跨国公司的平均寿命在40～50年。这些企业之所以长寿，正是由于它们能够适应外部环境的风云变化，并因此制定出成功的战略。所谓的"做大做强"，只是相对的，能否适应外部环境并最终长久的生存下来才是绝对的。

### 2.1.1 外部环境分析概述

外部环境是指存在于企业边界之外的，对企业经营绩效有潜在影响的各类因素的总和(图2.1)。任何一家企业都不是孤立存在的，总要与周围环境发生物质、能量和信息的交流与交换。离开了与外部环境的交流与交换，企业将无法生存和发展。简言之，企业的生存和发展要受到所处外部环境的影响和制约。

目前，中国企业发展面临的外部环境发生了很大的变化。首先是产业结构的调整从一二三产业排序逐渐转向三二一产业排序；其次是政府大力推动民营经济的发展；再次是全球化的趋势日益突出。以煤炭企业为例，目前的外部环境风险因素就包括了煤炭市场供需

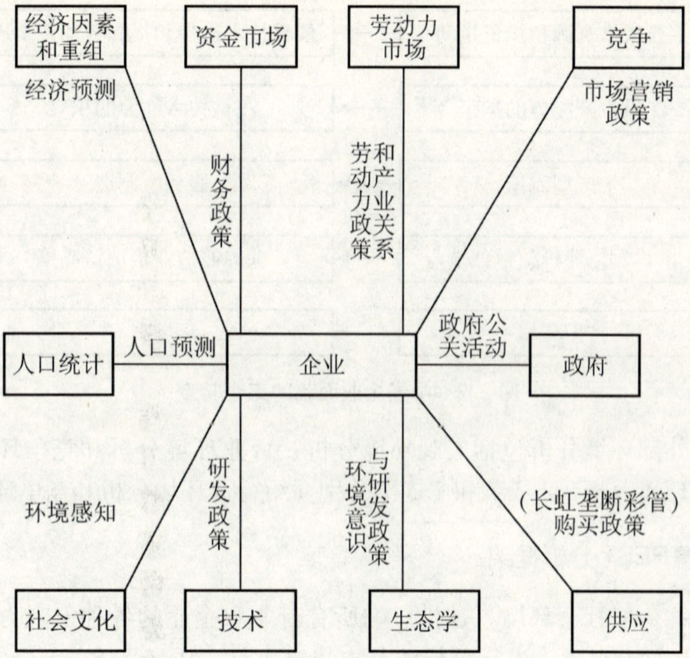


**图 2.1　企业外部环境示意图**

风险、国际金融环境恶化的风险以及节能环保等社会舆论风险等。

外部环境是企业生存发展的土壤，它既为企业的生产经营活动提供必要的条件，同时也对其生产经营活动起着制约的作用。企业生产经营所需的各种资源都需要从外部环境中获取。任何企业，无论生产什么产品或提供什么服务，它们都只能根据外部环境能够提供的资源种类、数量和质量来决定其生产经营活动的具体内容和方向。与此同时，企业利用上述资源经过自身的转换产生出产品，必须考虑到这些产品能否被用户所接受，是否受市场欢迎等。

然而，对企业经营活动有着如此重要作用的环境，其本身又是处于不断变化之中的。外部环境的变化可能会给企业带来两种性质不同的影响：一是为企业的生存和发展提供新的机会，二是可能会对企业的生存造成威胁。如果把时间的因素考虑进去，那么在外部环境中不可能存在着静态固定的一系列因素，外部环境的变化也就是必然发生的事情。

因此，企业要谋求持续的生存和发展，就必须研究和认识外部环境。外部环境研究不仅可以帮助企业决策者了解今天外部环境的特点，而且可以使其认识到外部环境是如何从昨天演变到今天的，从其中发现外部环境变化的一般规律，以便在此基础上估计和预测其在未来一段时间内发展变化的趋势。这样，企业就可以敏锐地发现、预见机会和威胁，进而扬长避短、扬长补短，利用机会，避开威胁，主动地适应环境的变化。在一定条件下还可以发挥企业自身的影响力，选择对自己有利的环境，或促使环境向对自己有利的方向发展。

以中国企业为例，在目前外部大环境日益变化的前提下，中国企业迫切需要的五个转变，如图 2.2 所示。

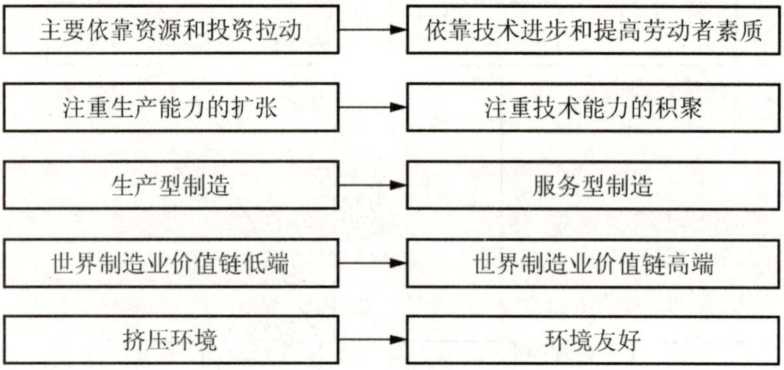


图 2.2　中国企业面临的五个转变

一般说来，外部环境分析包括宏观环境分析、行业环境分析和竞争环境分析。2.1.2 节主要介绍宏观环境分析，2.2 节和 2.3 节分别介绍行业环境分析和竞争环境分析。

### 2.1.2　宏观环境 PEST 分析框架

宏观环境也称一般社会环境，是指影响所有行业和企业的各种宏观力量。一般说来，PEST 分析框架是对宏观环境进行分析的基本战略工具。P、E、S、T 分别代表四类影响企业战略制定的宏观环境的英文首字母：P(political)代表政治环境、E(economical)代表经济环境、S(social)代表社会环境、T(technological)代表技术环境。PEST 分析对宏观环境分析提供了一个基本框架，对战略制定的影响意义重大。表 2-1 汇总了常见的宏观环境因素。

表 2-1　常见宏观环境因素汇总表

| 政治环境 | 经济环境 | 社会环境 | 技术环境 |
|---|---|---|---|
| 政局稳定状况 | 社会经济结构 | 人口因素 | 技术水平 |
| 政府行为 | 经济发展水平 | 社会流动性 | 技术力量 |
| 路线方针政策 | 经济体制 | 消费者心理 | 科技体制 |
| 各种政治利益集团 | 经济政策 | 文化传统 | 科技政策与立法 |
| 法律、法规 | 当前经济状况 | 价值观 | 技术更新速度 |
| 国际政治法律因素 | 其他一般经济条件 | 社会发展趋向 | 技术发展趋向 |

1. 政治环境

政治环境泛指一个国家的社会制度，执政党的性质，政府的方针、政策，以及国家制定的有关法律、法规等。不同的国家有着不同的社会制度，不同的社会制度对企业生产经营活动有着不同的限制和要求。即使在社会制度没有发生变化的同一个国家，政府在不同时期的基本路线、方针、政策也是在不断变化的。对于这些变化，企业必须进行分析研究。另外，随着社会法律体系的建立和完善，企业必须了解与其活动相关的法规体系及其运行状态。通过对政治环境的研究，企业决策者应该明确其所在国家和政府目前禁止企业干什么，允许企业干什么以及鼓励企业干什么，以便使企业活动符合社会利益并受到有关方面的保护和支持。

具体说来，政治环境分析包括以下八个方面：

(1) 企业所在国家和地区的政局稳定状况。

(2) 政府行为对企业的影响。政府如何拥有国家土地、自然资源(森林、矿山、土地等)及其储备都会影响企业战略的制定。

(3) 执政党所持的态度和推行的基本政策，以及这些政策的连续性和稳定性。政府要通过各种政策、法律及其他一些旨在保护消费者、保护环境、调整产业结构与引导投资方向的措施来推行政策，企业必须对此进行关注。正因为如此，观看中央电视台的新闻联播以及关注每年的“两会”，已经成为中国成功企业家的必修课。

(4) 各种政治利益集团对企业活动产生的影响。一方面，这些集团通过议员或代表来发挥自己的影响，政府的决策会去适应这些力量；另一方面，这些集团也可以对企业施加影响，如诉诸法律、利用媒体等。

(5) 法律规范，特别是与企业经营密切相关的经济法律、法规，如公司法、合同法、专利法、商标法、税法、企业破产法等。

(6) 国家司法机关和执法机关。在我国主要有人民法院、人民检察院、公安机关以及各种行政执法机关。与企业联系较为密切的行政执法机关有工商行政管理机关、税务机关、物价机关、计量管理机关、技术质量监督机关、专利管理机关、环境保护管理机关、政府审计机关等。此外，还有一些临时性的行政执法机关，如各级政府的财政、税收、物价检查组织等。

(7) 企业的法律意识。企业的法律意识指企业的法律观和法律思想的总称，是企业对法律制度的认知。企业的法律意识，最终都会物化为一定性质的法律行为，并造成一定法律后果，从而构成每个企业都不得不面对的法律环境。

(8) 国际法所规定的国际法律环境和目标国的国内法律环境。

2. 经济环境

对于企业来说，经济环境是影响企业所在行业诸多因素中最关键、最基本的因素。经济环境主要指国内外各种经济条件、经济特征、经济联系等要素。

具体说来，经济环境分析包括以下六个方面：

(1) 社会经济结构，是指国民经济中不同的经济成分、不同的产业部门及社会再生产各方面在组成国民经济整体时相互的适应性、量的比例以及排列关联的状况。社会经济结构主要包括五个方面的内容：产业结构、分配结构、交换结构、消费结构和技术结构。其中，最重要的是产业结构。

(2) 经济发展水平，是指一个国家经济发展的规模、速度和所达到的水平。反映一个国家经济发展水平的常用指标有国内生产总值(GDP)、国民收入、人均国民收入和经济增长速度。

(3) 经济体制，是指国家经济组织的形式，规定了国家与企业、企业与企业、企业与各经济部门之间的联系，并通过一定的管理手段和方法来调控或影响社会经济流动的范围、内容和方式等。

(4) 宏观经济政策，是指实现国家经济发展目标的战略与策略，包括综合性的全国发展战略和产业政策、国民收入分配政策、价格政策、物资流通政策等。

(5) 当前经济状况，会影响一个企业的财务业绩。经济的增长率取决于商品和服务需求的总体变化。其他经济影响因素包括税收水平、通货膨胀率、贸易差额和汇率、失业率、利率、信贷投放以及政府补助等。

(6) 其他一般经济条件。这对一家企业的成功也很重要。工资、供应商和竞争对手的价格变化以及政府政策，都会影响产品的生产成本和服务的提供成本以及它们被出售的市场的情况。这些经济因素可能会导致行业内产生竞争，或将企业从市场中淘汰出去，也可能会延长产品寿命、鼓励企业用自动化取代人工、促进外商投资或引入本土投资、使强劲的市场变弱或使安全的市场变得具有风险。

3. 社会环境

社会环境包含的内容十分广泛，具体说来，主要包括以下六个方面的内容：

(1) 人口因素。人口因素包括企业所在地居民的地理分布及密度、年龄、教育水平、国籍等。大型企业通常会利用人口统计数据来进行客户定位，并用于研究应如何开发产品。人口因素对企业战略的制定具有重大影响。例如，人口总数直接影响社会生产总规模；人口的地理分布影响企业的厂址选择；人口的性别比例和年龄结构在一定程度上决定社会的需求结构，进而影响社会供给结构和企业生产结构；人口的教育文化水平直接影响企业的人力资源状况；家庭户数及其结构的变化与耐用消费品的需求和变化趋势密切相关，因而也就影响到耐用消费品的生产规模。

对人口因素的分析可以使用以下一些变量：结婚率、离婚率、出生率和死亡率、人口的平均寿命、人口的年龄和地区分布、人口在民族和性别上的比例、地区人口在教育水平和生活方式上的差异等。

(2) 社会流动性。社会流动性主要涉及社会的分层情况、各阶层之间的差异以及人们是否可在各阶层之间转换、人口内部各群体的规模、财富及其构成的变化以及不同区域的人口分布等。

(3) 消费心理。消费心理对企业战略也会产生影响。例如，一部分顾客的消费心理是在购物过程中追求有新鲜感的产品多于满足其实际需要，因此，企业应有不同的产品类型以满足不同顾客的需求。

(4) 生活方式变化。生活方式变化主要包括当前及新兴的生活方式与时尚。国际交流会使社会变得更加多元化、更加开放，人们对物质的要求也会越来越高。随着物质需求的提高，人们对社交、自尊、求知、审美的需要更加强烈，这也是企业面临的挑战之一。

(5) 文化传统。文化传统是一个国家或地区在较长历史时期内形成的一种社会习惯，它是影响经济活动的一个重要因素。文化环境对企业的影响是间接的、潜在的和持久的，文化的基本要素包括哲学、宗教、语言与文字、文学艺术等，它们共同构筑文化系统，对企业文化有重大的影响。

（6）价值观。价值观是指社会公众评价各种行为的观念标准。不同的国家和地区，其价值观是不同的。西方国家价值观的核心是个人的能力与事业心，而东方国家价值观的核心则是强调集体利益。例如，日本、韩国企业注重内部关系的融洽、协调与合作，进而形成了东方企业的高效率模式。

4. 技术环境

技术环境是指与企业生产经营活动相关的科学技术要素的总和，它既包括导致社会巨大发展的、革命性的产业技术进步，也包括与企业生产直接相关的新技术、新工艺、新材料的发明情况、应用程度和发展趋势，还包括国家和社会的科技体制、科技政策和科技水平。当前，技术的突飞猛进大大缩短了产品的生命周期。越来越多的新技术导致了生活方式的重大改变，而且是长期的重大影响，甚至经常超出人们原先的估计。

技术环境对企业战略所产生的影响主要包括以下五个方面：

（1）基本技术的进步使企业能对市场及客户进行更有效的分析。例如，使用数据库或自动化系统来获取数据，能够更加准确地进行分析。

（2）新技术的出现使社会和新兴行业对本行业产品和服务的需求增加，从而使企业可以扩大经营范围或开辟新的市场。

（3）技术进步可以创造竞争优势。例如，技术进步可令企业利用新的生产方法，在不增加成本的情况下，提供更优质和更高性能的产品和服务。

（4）技术进步可导致现有产品被淘汰，或大大缩短产品的生产周期。

（5）新技术的发展使企业更多关注环境保护，企业的社会责任及可持续成长问题，也使生产越来越多地依赖于科技进步。

近年来，世界煤炭行业技术水平发生了很大变化，主要表现在以下三个方面：一是以高分辨率三维地震勘探技术为核心的精细物勘探技术，结合其他高精度、数字勘探技术的应用推广，极大地提高了井田精细化勘探程度，为大型矿井设计提供了技术保障；二是煤矿综采成套装备水平得到提升，大功率电牵引采煤机，具有电液控制功能的大采高强力液压支架，大运力重型刮板运输机及转载机的应用使得矿井的建设高产、高效；三是洁净煤技术水平不断提升，煤炭资源的综合加工利用技术加快发展。同时，浮选技术也日趋完善，有效地提高了精煤回收率和浮选效果。

## 2.2　行业环境分析

所谓行业，是指其产品具有主要共同特征的一大批企业或企业群体。对处于同一行业的其他企业都会发生影响的环境因素的集合就是行业环境。行业环境分析是指对企业经营业务所处行业的行业结构、行业内企业的行为方式、行业平均绩效水平、行业竞争程度以及利润潜力等因素进行分析的过程。通过对行业环境的分析，可找出决定该行业盈利性的因素、该行业目前及预期的盈利性，以及这些因素的变动情况。企业决策者必须在以下方面把本企业与竞争对手区别开：所提供的产品和服务、提供产品和服务的方式及地点，以及在本企业形成竞争优势前希望达到的行业规模。由于行业环境对身处其中的企业的影响往往更加直接，其影响作用也远大于宏观环境，因此进行行业环境分析非常重要。

### 2.2.1 行业环境分析的内容

1. 行业的确定

确定企业经营业务、行业归属是行业环境的首要内容，也是战略决策的前提。企业决策者要了解和判断企业的经营活动范围，了解和判断企业的产品和市场处在何种具有独特发展规律和逻辑的行业之中。

2. 行业历史和发展趋势分析

确定了企业所处行业后，要通过对这些行业的历史、现状相关资料的分析，了解行业演变过程中存在的机会、威胁，对行业未来发展趋势进行判断和预测。

3. 行业结构分析

在行业分析中要着重对企业所处行业的供给结构(厂商集中度、企业间竞争程度、市场占有率、进入壁垒大小)、需求结构(产品差异化和多元化程度、产品需求增长率)、产业链结构(行业内纵向一体化程度)等结构性要素及行业结构的变化历史和发展趋势进行分析。

4. 行业内企业行为分析

对行业结构分析后，还要对行业内企业历史上和当前的策略、行动以及应对行业结构变化的反应等行为模式进行深入剖析。尤其是处于同一战略集团(strategic group)中的企业和主要竞争对手的行为是分析的重点，它们的战略博弈过程体现了行业特点及行为模式。

5. 行业关键成功要素分析

在行业历史和趋势、行业结构等分析的基础上，要总结出企业所处行业内企业实现成功竞争所必须具备的条件，即对行业内的关键成功因素进行分析。

### 2.2.2 行业环境分析的方法

1. SCP 分析

SCP 分析是产业组织经济学的一种分析方法，主要用于对企业所处行业环境中影响战略的要素进行静态和动态分析。S、C、P 分别代表结构(structure)、行为(conduct)、绩效(performance)。结构是指行业结构，以行业中的竞争者数量、产品的异质性以及进入和退出行业的成本为衡量标准；行为是指行业中具体的企业活动，包括价格接受、产品差异化、串谋和利用市场势力等；绩效是指企业的业绩水平。具体使用此方法时可以稍作变化，将其转为动态分析，即行业结构的变化——企业行为的变化——企业绩效的变化。

根据 SCP 范式，一方面，企业所在行业的结构特性限定了企业所面临的选择和范围，并最终对企业的绩效产生影响；另一方面，行业中企业的行为和绩效水平又对行业结构产生重要影响，并使行业结构不断发生动态变化。此外，外部冲击也会对行业结构产生重大的影响。

在对企业进行 SCP 分析时，要通过对行业结构中供给、需求和行业链的分析，对行业结构的变化做出评估；要通过对行业中各战略集团企业的市场营销、垂直整合情况和内部效率分析，对行业中各战略集团企业的行为做出评估；要通过对各战略集团企业的财务、技术、人员等方面的分析，对绩效水平做出评估。经过上述评估过程，将会对企业所处行业和企业的现状有一个基本判断，但还需要考虑行业结构、各战略集团企业行为、绩效水平以及与外部冲击间的相互影响和作用，再对行业结构的未来变化、战略集团企业未来的行为变化和绩效水平的未来变化做出动态评估。

2. 行业关键成功要素分析

行业关键成功要素是在竞争中取胜的关键环节。可以通过判别矩阵的方法定性识别行业关键成功要素，见表 2-2。具体操作过程为：采用集中讨论的形式对矩阵中每一个要素打分，一般采用两两比较的方式，如果 A 要素比 B 要素重要则打 2 分，同样重要打 1 分，不重要打 0 分。在对矩阵中所有格子打分后，横向加总，以此进行科学的权重分配。一般权重最高的要素就成为行业关键成功要素。

表 2-2　识别行业关键成功要素的判别矩阵

| | 技术 | 销售 | 市场推广 | 品牌 | 物流 | 售后服务 | 采购 | 产品价格 | 产品质量 | 资金 | 政府关系 | 生产能力 | 人力资源 | 总分 |
|---|---|---|---|---|---|---|---|---|---|---|---|---|---|---|
| 技术 | | | | | | | | | | | | | | |
| 销售 | | | | | | | | | | | | | | |
| 市场推广 | | | | | | | | | | | | | | |
| 品牌 | | | | | | | | | | | | | | |
| 物流 | | | | | | | | | | | | | | |
| 售后服务 | | | | | | | | | | | | | | |
| 采购 | | | | | | | | | | | | | | |
| 产品价格 | | | | | | | | | | | | | | |
| 产品质量 | | | | | | | | | | | | | | |
| 资金 | | | | | | | | | | | | | | |
| 政府关系 | | | | | | | | | | | | | | |
| 生产能力 | | | | | | | | | | | | | | |
| 人力资源 | | | | | | | | | | | | | | |

### 2.2.3　行业生命周期分析

每个行业都会经历一个对行业的当前业绩和未来前景产生影响的生命周期。行业的很多经济特性都与该行业处于行业生命周期的那个阶段有关。行业生命周期是一个行业从出现直至完全退出社会经济领域所经历的时间。一般来说，它可以分为开发期、成长期、成熟期、衰退期四个阶段。如图 2.3 所示，行业生命周期曲线的形状是由社会对该行业的产品需求状况决定的。行业是随着社会某种需求的产生而产生，又随着社会对这种需求的发展而发展。最后，当这种需求消失时，整个行业也就随之消失，行业的生命即告终止。但是，许多行业往往会通过使用新技术得以更新或再成长，而不会像某些特定产品或服务那样走向衰退。在制定企业战略时，了解行业所处的生命周期属于哪个阶段是非常重要的一个考虑因素。

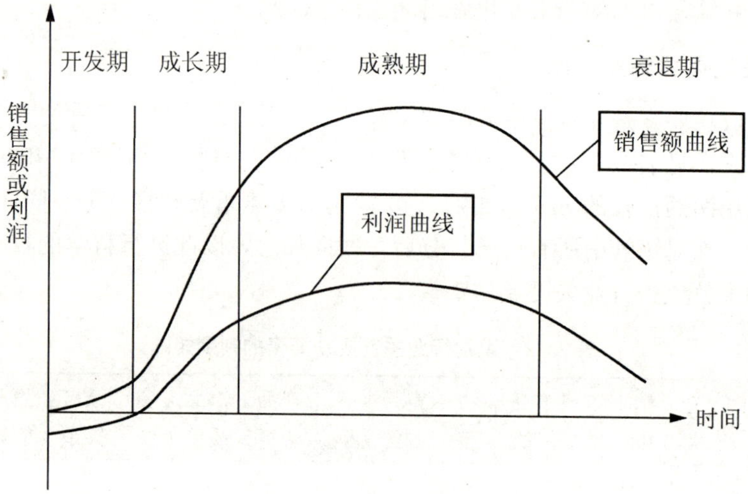


**图 2.3　行业生命周期**

(1) 在开发期，产品设计尚未成熟与定型，产品的开发、销售成本很高，销售增长缓慢且不稳定，利润很低甚至亏损，行业内竞争较少，进入壁垒主要来自产品的设计和开发能力以及投入水平，市场风险很大。处于该阶段的行业领域一般不会成为企业的战略焦点，大多是行业先驱者在做基础性的研究与开发工作。

(2) 在成长期，产品的设计工艺与方法已初步成熟并被迅速模仿，顾客对产品的认知程度迅速提高，销售额和利润迅速增长，规模的增大使得企业的生产成本不断下降，生产能力出现不足，进入壁垒进一步下降，丰厚的利润空间使得大量企业正在以各种方式加入该行业，企业间的竞争在迅速形成和展开，行业内企业应对风险的能力增强。

(3) 在成熟期，原来潜在的市场份额已被“瓜分”完毕，产品销售趋于饱和，利润不再增长。顾客的重复购买行为成为支撑企业生存发展的重要特征。经过市场竞争“大浪淘沙”式的选择后，生存下来的企业彼此之间实力相当，竞争激烈，它们往往依靠不同的竞争战略和市场细分在行业领域内占据一席之地。规模效应的存在使得进入壁垒进一步提高，行业内现存的企业风险不大。

(4) 在衰退期，由于替代品的出现或生产能力严重过剩等原因，产品销售量和利润水平大幅度下降，原有企业纷纷退出该行业领域，市场竞争程度因企业的退出行为而趋于缓和，但企业面临较多难以预料的风险因素。在这一阶段，成功的退出或转移战略的制定与实施成为企业战略管理活动的主要内容。

为了便于比较分析，可以通过表 2-3 来反映行业环境的生命周期特征。

**表 2-3　行业生命周期各阶段的主要特征**

| 阶段因素 | 开发期 | 成长期 | 成熟期 | 衰退期 |
|---|---|---|---|---|
| 1. 市场发展 | 缓慢 | 迅速 | 与 GDP 的增长速度相当 | 需求下降，市场萎缩 |
| 2. 增长的可预见性 | 需求只被现有产品满足一小部分，增长潜力难以预料 | 需求已被满足一大部分，需求上限开始清晰 | 增长潜力已很好确定 | 增长潜力明显有限 |
| 3. 顾客的稳定性 | 顾客以很少的信任试用该产品 | 有一定信任，顾客试用不同的产品，尚未形成品牌忠诚 | 已形成品牌购买倾向，新进入者很难获得高额利润 | 极稳定，顾客很少有寻求其他供应者的动机 |
| 4. 产品系列的拓展性 | 产品品种单一 | 产品系列迅速扩展 | 产品系列扩展减慢或停止 | 不盈利产品逐渐退出，产品品种减少 |
| 5. 技术的作用 | 为了生产适合市场需要的产品，技术是重要的角色 | 前期，产品创新技术至关重要；后期，生产技术更为重要 | 生产工艺和材料替换是重点。可以用新技术更新使该行业延伸 | 技术完全成熟、稳定、易于掌握 |
| 6. 产品创新技术 | 高度的产品创新；尚未产生主导性的产品设计 | 主导性的产品设计已经出现；强调产品多样性 | 小的渐进的革新，基本围绕节省成本、提高效益展开 | 产品很少有改变 |
| 7. 生产技术 | 强调柔性制造，主导产品出现以前，工艺都不固定 | 随着主导性设计的出现，生产工艺开始专门化 | 强调效率，尤其是通过自动化手段 | 很少或没有工艺改变 |
| 8. 定价模式 | 价格高且易变 | 随成本下降和竞争加剧，价格迅速下降 | 价格随生产力允许的成本下降，很慢 | 价格低且稳定 |
| 9. 促销 | 促销目标是“革新者”和“尝鲜者”，主要是唤起欲望 | 侧重建立品牌形象 | 调整促销策略以适应不同的细分市场 | 主要依靠惯性维持市场 |
| 10. 竞争者的数量 | 较少 | 在先入者高边际利润吸引下，竞争者数量迅速增多，到成长期后期达最多 | 竞争力较强的企业已建立稳定地位，并购和弱竞争者被淘汰，行业进一步集中 | 新进入者已很少，且不受欢迎，竞争者继续减少 |

续表

| 阶段因素 | 开发期 | 成长期 | 成熟期 | 衰退期 |
|---|---|---|---|---|
| 11. 市场份额的分布 | 不稳定，市场份额反映企业家的眼光和把握机会的能力 | 稳定性增加，少数竞争者以强有力的态势出现 | 稳定，少数企业常会控制整个行业的绝大部分市场份额 | 或是集中在极少数竞争手中，或是由行业细分化或市场地区化而分散 |
| 12. 竞争的性质 | 有限竞争，企业眼光主要在产品改进上而不是竞争上 | 市场的迅速增长掩盖了竞争 | 为了生存，竞争达到顶峰 | 随着新格局的形成，倾向于低度竞争 |
| 13. 进入与退出 | 进入容易、进入障碍主要是技术、资金和对未知的担心 | 较困难，市场力量已经产生，但不很强。如果没有对立性竞争，是进入的好时机 | 困难，市场已“瓜分”完毕，市场领导者地位已确立，新进入者要从别人那里“抢生意”。行业内开始分化，有的发生动摇 | 因为市场萎缩，很少有新进入者。行业内企业纷纷退出，只留下一些大企业和“补缺”的小企业 |
| 14. 投资需求 | 逐渐地投资以支持新的产品 | 为支持增长，资金需求达到高峰 | 为保存生存能力，仍需再投资 | 很少投资，甚至变卖部分资产以“榨取”现金 |
| 15. 财务状况 | 起动成本高，需要大量现金投入，回本无保障 | 销售增长带来利润，但大部分利润用于再投资 | 稳定的销售带来巨额利润，再投资减少，形成现金来源 | 利润下降，现金流很少（可能是正，也可能是负） |

### 2.2.4 行业竞争结构分析

一个行业的竞争激烈程度取决于行业内的经济结构，而行业的经济结构状况又对竞争战略的制定和实施起制约作用。迈克尔·波特提出的“五种竞争力量模型”是最为流行的一种行业竞争结构分析工具。如图 2.4 所示，这五种力量分别是：新进入者的威胁、替代产品的威胁、同业竞争者的竞争强度、供应方的议价能力、购买方的议价能力。

1. 新进入者分析

一个行业的新进入者通常带来大量的资源和额外的生产能力，并且要求获得市场份额。除了完全竞争的市场以外，行业的新进入者可能使整个市场发生动摇。尤其是当有步骤、有目的地进入某一行业时，情况更是如此。

新进入者威胁的严峻性取决于一家新的企业进入该行业的可能性、进入壁垒以及预期的报复。其中第一点威胁主要取决于该行业的前景如何，行业增长率高表明未来盈利性强，而眼前的高利润也颇具诱惑力。对于第二点和第三点威胁，需要研究进入壁垒难易的条件因素，如钢铁业、造船业、汽车工业，规模经济是进入壁垒的重要条件；此外，还有

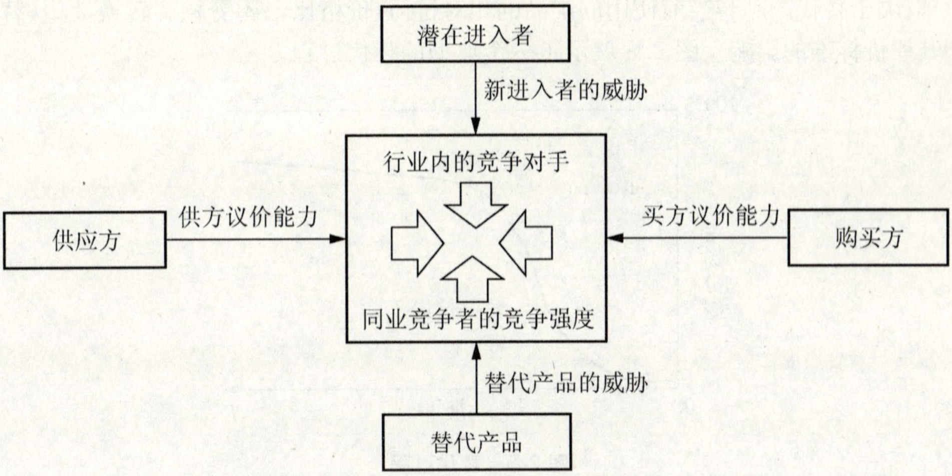


图 2.4　五种竞争力量模型

产品的差异条件，如化妆品及保健品行业产品的差异条件是进入壁垒的主要条件之一。

新进入者一旦进入则将带来新的生产能力，瓜分现有企业的市场份额，减少市场集中度，从而加剧行业竞争，降低行业利润。一般来说，新进入者进入某一行业的原因是该行业中某些企业正在赚取高于正常的利润。如果没有任何阻碍，只要该行业存在超额利润，进入就会继续下去，直到该行业的利润趋于正常水平。当然，进入总会产生进入成本。进入成本取决于进入壁垒的高低和行业中现有企业对进入者的预期反击。

2. 替代产品分析

替代产品是指能够满足顾客同一种需求的不同产品。替代产品限定了原产品价格可能的变化范围，并有可能从根本上取代原产品。在高科技领域，替代产品往往是企业面对的主要竞争。

1）替代产品的识别

识别替代产品可以通过列举替代清单的方法，常通过以下几个问题进行列举：

（1）顾客的需求是什么？

（2）哪些产品能够满足这些需求？

（3）它们的功能特征是什么？

除了传统的狭义替代的概念之外，还有广义替代的概念，是指除产品替代之外，由于各种其他因素引起的产品需求的减少。广义替代和产品替代的相同作用，都是使顾客对本产业产品需求的减少。迈克尔·波特提出的四种广义替代包括：

（1）二手产品对原产品的替代。

（2）产品消耗率的下降。

（3）顾客自己完成了一部分生产任务。

（4）顾客购买倾向的变化。

替代是否真正发生还取决于替代过程给顾客带来的利益是否足以补偿所造成的损失，即一种产品带给顾客的转换诱惑超过了顾客的转换成本，就可以替代另一产品。转换诱惑的大小取决于替代产品与当前使用的产品的相对价值/价格比，还受顾客转换欲望(替代倾向)和其评价标准的影响。图 2.5 展示了一个典型的替代过程。

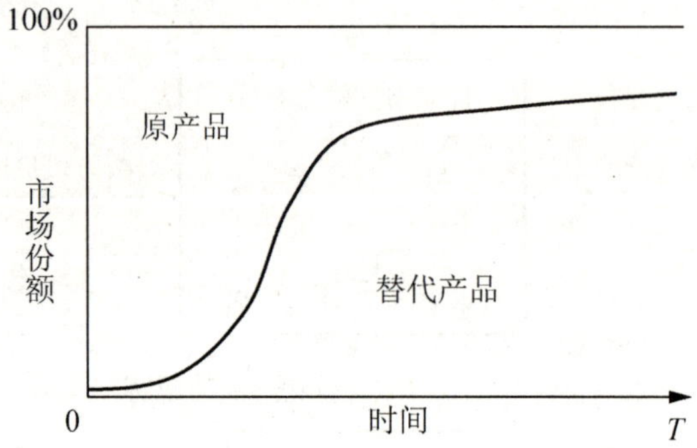


图 2.5　替代过程

2）替代的途径

（1）以早期转换者为目标。

（2）努力提高性价比。

（3）降低用户的转换成本。

（4）努力用向前或向后的整合来拉动需求。

（5）促进互补品的改进或基础设施的改进。

（6）以替代品的新功能来扩大市场。

（7）替代品以获取性价比和克服进入壁垒来定价。

3）防御替代的策略

（1）识别替代品。

（2）降低现有产品的价格或改进现有产品。

（3）改进互补品来改善现有产品的性价比。

（4）改进现有产品的形象。

（5）行业内的现有企业最好采取集体主义的反击行为。

（6）通过各种办法来提高顾客的转换成本。

（7）寻找不受替代品影响的新途径。

（8）目标转向受替代威胁最小的细分市场。

（9）当替代品与产品间有很强关联时，进入替代品产业。

（10）当整个行业因技术进步等带来替代威胁时，寻求与替代品的共存与联合。例如在安保行业，电子警报系统是有强大竞争力的替代品，尤其一些重要部门和单位。安保行业能采取的最佳策略，就是将人工警卫与电子报警系统相结合。

需要指出，与替代产品不同，互补产品是指顾客使用一种产品时必须或经常要使用的另一类产品。如果两类产品的互补关系很密切，顾客对一类产品的需求就会影响到另一类。分析新旧产品的替代过程时，必须考虑新产品所需要的互补产品是否存在，例如，微波炉和菜谱。

### 3. 行业内竞争对手分析

大部分行业中的企业，相互之间的利益都是紧密联系在一起的，作为企业整体战略一部分的各企业竞争战略，其目标都在于使自己的企业获得相对于竞争对手的优势，因此，在战略实施中就必然会产生冲突与对抗现象，这些冲突与对抗就构成了现有企业之间的竞争。现有企业之间的竞争常常表现在价格、广告、产品介绍、售后服务等方面，其竞争强度与许多因素有关。

一般说来，出现下述情况将意味着行业内现有企业之间竞争的加剧：

(1) 行业进入壁垒较低，势均力敌的竞争对手较多，竞争参与者范围广泛。

(2) 市场趋于成熟，产品需求增长缓慢。

(3) 竞争者企图采用降价等手段促销。

(4) 竞争者提供几乎相同的产品或服务，用户转换成本很低。

(5) 一个战略行动如果取得成功，其收入相当可观。

(6) 行业外部实力强大的公司在接收了行业中实力薄弱的企业后，发起进攻性行动，结果使得刚被接收的企业成为市场的主要竞争者。

(7) 退出壁垒较高，即退出竞争要比继续参与竞争代价更高。在这里，退出障碍主要受经济、战略、感情以及社会政治关系等方面因素的影响，具体包括资产的专用性、退出的固定费用、战略上的相互牵制、情绪上的难以接受、政府和社会的各种限制等。

### 4. 供应者分析

企业生产经营所需的生产要素通常需要从外部获取，提供这些生产要素的企业就对企业具有两方面的影响：一是这些企业能否根据本企业要求按时、按质、按量地提供所需的生产要素，这影响着企业生产经营规模的维持和扩大；二是这些企业提供供应品时要求的价格在相当程度上决定着企业生产成本的高低，从而影响企业的获利水平。一旦供应者能够确定它所提供商品的价格、质量、性能、交货的可靠度，那么这些供应商就会成为一种强大的力量。供应者对本行业的竞争压力主要取决于以下几个因素：

(1) 供应者的集中程度和本行业的集中程度。如果是集中的少数供应者供给本行业中分散而众多的企业，那么将对本行业构成较大的竞争压力；反之，则竞争压力较小。

(2) 供应品的可替代程度。如果供应品的可替代程度高，即使供应者再强大，对行业也不会构成较大的竞争压力；反之，则会形成较大的竞争压力。

(3) 本行业对供应者的重要程度。如果本行业是供应者的重要用户，供应者对本行业有很大的依赖性，则来自供应者的压力会较小；反之，则会形成较大的压力。

(4) 供应者对本行业的重要程度。如果供应品对本行业的产品起关键作用，则来自供应者的压力大；反之，则竞争压力小。

(5) 供应品的差异性和转变费用。如果供应品具有特色并且转变费用很大时，供应者讨价还价的能力就会增强，会对本行业施加较大压力；反之，如果供应品是标准商品，或容易得到替代品时，来自供应者的压力就较小。

(6) 供应者前向一体化的可能性。如果供应者有可能向前发展，进入本行业，就会增强它们对本行业的压力。

（7）行业内企业后向一体化的可能性。如果行业内的企业有可能向后发展，自己生产供应品，就会降低他们对供应者的依赖程度，从而减弱了供应者对本行业的压力。

5. 购买者分析

对行业中的企业来讲，购买者也是一个不可忽视的竞争力量。购买者所采取的手段主要有：要求压低价格，要求较高的产品质量或更多的服务，甚至迫使行业中的企业互相竞争等。所有这些都会降低企业的获利能力。来自购买者的本行业的竞争压力主要取决于以下因素：

（1）购买者的集中程度。供应商行业只有大量的小企业，而购买者只有少数大企业，这时购买者比供应商强大。

（2）购买者购买产品的数量。购买者购买产品的数量很大时，他们可以把购买力当作要挟的手段，为降低价格讨价还价。这种情况在购买者的订单占供应商订单总数的比例较大时，更为突出。

（3）购买者购买的产品对其产品的重要程度。如果企业的产品对购买者的产品质量影响很大时，购买者一般在价格上不太敏感。

（4）购买者从本行业购买的产品的标准化程度。如果产品标准化程度高，差别小，购买者常常确信自己总可以找到可以挑选的供应者，并使供应企业互相竞争而获利。

（5）购买者的转换费用。购买者转向购买其他行业产品的选择余地越大，则对本行业形成的压力越大。

（6）购买者的盈利能力。如果购买者的盈利能力很低，则这些用户对价格就会很敏感，这一点在购买者所购产品占其成本的比重较大时，更为突出。

（7）购买者采取后向一体化的威胁。如果买方已部分一体化或形成可信的后向一体化的威胁，那么他们会在讨价还价中处于有利的迫使对方让步的地位，增加对本行业的竞争压力。例如，大型汽车生产企业会在自己内部生产所需的一部分零部件，一方面使一体化的威胁更加可信，另一方面会更好地了解有关成本情况，从而使自己处于更有利的谈判地位。

（8）购买者掌握的信息。购买者掌握了有关市场需求、产品成本等方面的充分信息，就会有较强的讨价还价的能力。

### 2.2.5 行业竞争力量模型的总结

五种竞争力量模型深入透彻地阐述了某一给定市场的竞争模式，最无情的竞争情形如下：

（1）进入壁垒很低，从而每一个新进入者都可以获得一个市场立足点。

（2）替代产品的竞争很强烈。

（3）行业内竞争白热化，但退出壁垒又很高。

（4）供应者和购买者都有相当的谈判优势。

那么，在这种情形下，从利润的角度来看，行业是没有吸引力的。

最理想的情况是：供应者和购买者都处于谈判劣势，没有很好的替代产品，进入壁垒相对较高，现有企业间的竞争也比较温和。那么，从利润的角度来看，行业就是有吸引力的。但是，即使其中几类竞争力量很强大，对于那些市场地位和战略可以防御竞争压力的企业来说，该行业仍旧可能是有吸引力的。

要想成功地与竞争力量展开竞争，企业决策者所制定的战略必须做到：一是尽可能地摆脱这五种竞争力量的影响；二是影响竞争力量，使其向着有利于本企业的方向改变；三是建立强大的安全的优势。

### 2.2.6　行业分析中的进入壁垒与退出壁垒

进入壁垒是影响市场结构的重要因素，它是指行业内既存企业对于潜在进入企业和刚刚进入这个行业的新企业所具有的某种优势的程度。换言之，是指潜在进入企业和新企业若与既存企业竞争可能遇到的种种不利因素。进入壁垒具有保护行业内已有企业的作用，也是潜在进入者成为现实进入者时必须首先克服的困难。

1982 年诺贝尔经济学奖得主施蒂格勒指出，进入壁垒可以理解为打算进入某一产业的企业而非产业内已有企业所必须承担的一种额外的生产成本。进入壁垒的高低，既反映了市场内已有企业优势的大小，也反映了新进入企业所遇障碍的大小。可以说，进入壁垒的高低是影响该行业市场垄断和竞争关系的一个重要因素，同时也是对市场结构的直接反映。

所谓退出壁垒，是指现有企业在市场前景不好、企业业绩不佳时意欲退出该行业(市场)，但由于各种因素的阻挠，资源不能顺利转移出去。退出壁垒有两种，即破产时的退出(被动或强制)和向其他产业转移(主动或自觉)时的退出。

进入壁垒与退出壁垒的关系矩阵，是行业分析的一个重要方面。由图 2.6 可以看出：从行业利润的角度来看，最好的情况是进入壁垒高而退出壁垒低，在这种情况下，新进入者将受到抵制，而在本行业经营不成功的企业会离开本行业。反之，进入壁垒低而退出壁垒高是最不利的情况，在这种情况下，当某行业的吸引力较大时，众多企业纷纷进入该行业；当该行业不景气时，过剩的生产能力仍然留在该行业内，企业之间竞争激烈，相当多的企业会因竞争不利而陷入困境。

| 进入壁垒 \ 退出壁垒 | 低 | 高 |
|---|---|---|
| 低 | 稳定的低利润 | 低利润高风险 |
| 高 | 稳定的高利润 | 高利润高风险 |

**图 2.6　进入壁垒与退出壁垒的关系矩阵**

形成壁垒的原因很多，主要有以下几个方面：

(1) 经济规模。经济规模的存在，使进入者在初期就要形成一定的生产规模，否则同现有企业相比难以取得成本上的优势。

(2) 必要资本量及埋没费用。任何产业都有资本需求，还有不可回收的前期研发费用等埋没成本，即使资本市场能够提供这种资金，也意味着新进入者比现有企业要承担更大的投资风险。

(3) 渠道控制。在一定程度上，现有企业已经控制着产品的分销渠道，新进入者要想确保其产品的销售，必须付出让分销商接受自己产品的代价，甚至要重新建立属于自己的全新分销系统。

(4) 绝对费用。行业内的现有企业由于经营时间较长，已经形成了被认可的特色，比如信誉、顾客忠诚度等。新进入者要想取得市场份额，必须耗费大量的资金和时间，以建立品牌知名度和顾客忠诚度。

(5) 政策法律。包括政府的许可限制、原材料获取限制、产品标准规范、生产标准规范等。

(6) 既存企业的战略性阻止行为。任何企业都不欢迎入侵者再分一杯羹，因此，现有企业会单独或者共同实施针对新进入者的遏制行动。

以煤炭行业为例，目前大多数国有大中型煤炭企业都采用了多元化经营战略。多元化可以使煤炭企业获得较大的经济效益，同时也可以降低经营集中业务的风险。而煤炭企业在选择拟进入行业时，进退壁垒是必须兼顾的条件。行业进退壁垒的高低是影响行业回报率及风险的要因，根据煤炭企业的现状，多元化经营最好的目标是煤炭综合开发、电力、通信等行业，这几类行业进退壁垒皆高，有利于煤炭企业的可持续发展和经济效益的提高。但是进退壁垒皆低的行业也是可行的，比如种植业、食品加工业和第三产业等。应慎重选择的是那种进入壁垒低而退出壁垒高的行业，这种行业易进难出，只能使企业长期处于效益不佳的困境，浪费了各种资源。

## 2.3 竞争环境分析

### 2.3.1 主要竞争对手分析

分析竞争对手的目的，是了解每个竞争对手所可能采取的战略行动及其成功的希望，各竞争对手对其他企业的战略行动可能做出的反应、各竞争对手对可能发生的行业变迁和环境的大范围变化可能做出的反应等。

一般认为，竞争对手就是做同样业务的企业，然而实际上除了与本企业争夺同一客户群或相同市场的企业外，竞争对手也包括不在同一行业，经营范围不同，但提供有替代性的产品和服务的企业。因此，判断其他企业是否为竞争对手的标准，要参看对方的目标和实力。我们可以使用计算经济学中的交叉弹性系数的方法来判断一个企业是对手还是盟友。

$$\text{交叉弹性系数}=\frac{\text{本企品的需求量变动的百分比}}{\text{其他企业产品价格变动的百分比}}$$

一般情况下，如果其他企业降价，本企业产品的需求量增加，那么对方企业是互补性产品的供给者，是本企业的盟友。从公式来看，意味着分母减少，分子增加，交叉弹性系数应该取负值。反之，如果其他企业产品降价，使得本企业的产品需求量下降，说明对方获得了本企业丢失的产品需求量，在这种情况下，对方企业就是竞争对手，交叉弹性系数为正值。

根据迈克尔·波特对竞争对手的分析模型，可以从四个方面来对竞争对手进行全面的分析：未来目标、自我假设、现行战略、企业实力(图 2.7)。

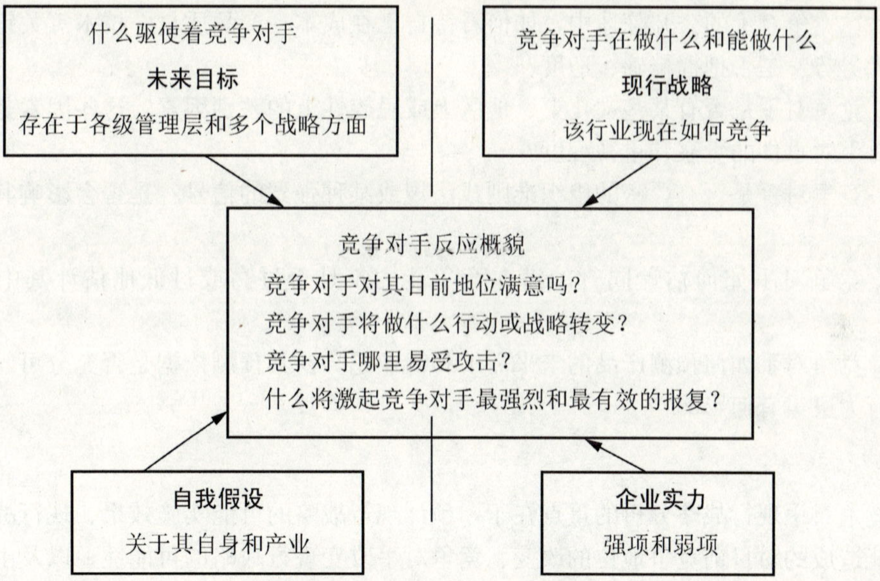


**图 2.7　竞争对手分析框架图**

1. 未来目标

分析并了解竞争对手的未来目标，将有助于推断竞争对手对其自身地位及财务成果的满意度，从而推断其改变战略的可能性以及对其他企业行为的敏感性。一般说来，具有远大志向和长远目标的企业，才是真正值得重点关注的竞争对手。在《三国演义》第二十一回《煮酒论英雄》中，曹操就曾以“今天下英雄，惟使君与操耳!”这样的言语试探刘备，其目的就在于要确定刘备是否是其未来重要的竞争对手。具体而言，对竞争对手未来目标的分析至少应该包括以下内容：

(1) 竞争对手已声明和未声明的财务目标是什么？它如何权衡、协调各目标之间的矛盾？

(2) 竞争对手所追求的市场地位总体目标是什么？是希望成为市场的绝对领导者，还是行业领导者之一；是一般的追随者，还是竞争参与者；是后来居上者，还是仅仅安于做一个积极进取的新手？

(3) 竞争对手各管理部门的未来目标是否具有一致性？如果存在明显的分歧甚至派别，那么是否可能导致战略上的突变？

(4) 竞争对手核心领导者的个人背景和经验如何？其个人行为对整个组织的未来目标的影响如何？

(5) 竞争对手的组织结构在资源分配、价格制定和产品创新等关键决策方面的责权分布如何？奖励制度如何？会计制度和惯例如何？

2. 自我假设

自我假设包括竞争对手对自身企业的假设和对所处行业及其他企业的假设。自我假设常常是企业各种行为取向的最根本的原因，因此了解竞争对手的自我假设，有助于正确判断竞争对手的真实意图。对竞争对手的自我假设进行分析至少应包括以下内容：

(1) 在竞争对手的公开陈述中，如何看待自己在成本、产品质量、技术等关键方面的地位和优劣势？是否把握精确、适度？

(2) 竞争对手是否有某些文化上、地区上或民族性上的差别因素？这些因素是否会影响竞争对手对事件的觉察和重视程度？

(3) 竞争对手是否有严密的组织准则或法规或某种强烈的信号？是否会影响其对事件的看法？

(4) 竞争对手如何估计同行的潜在竞争能力？是否过高或过低地估计其中的任何一位？

(5) 竞争对手如何预测产品的未来需求和行业趋势？其预测依据是否充分可靠？对其当前的行为决策有何影响？

3. 现行战略

对竞争对手现行战略分析的重点在于，预计现行战略的可能实施效果、现行战略成功实施可能造成的对目前竞争地位的改变、竞争对手改变现行战略的可能性，以及由此引起的对本企业的影响。其中，竞争对手改变现行战略的可能性受竞争对手目标和假设支配。通过分析竞争对手现行战略，就可以了解竞争对手正在做什么和正在想些什么，了解竞争对手的具体竞争方式。对竞争对手现行战略的分析需要具体了解以下内容：

(1) 竞争对手市场占有率如何？产品在市场上是如何分布的？采取什么销售方式？有何特殊销售渠道和促销策略？

(2) 竞争对手研究开发能力如何？投入资源如何？

(3) 竞争对手产品价格如何制定？在产品设计、要素成本、劳动生产率等因素中哪些因素对成本影响较大？

(4) 竞争对手采取的一般竞争战略是什么？

4. 企业实力

对竞争对手的实力进行客观评价，是竞争对手分析的一项重要内容，因为竞争对手的实力将决定其对战略行动做出反应的可能性、时间选择、性质和强度。分析竞争对手实力主要包括以下内容：

(1) 核心潜力。核心潜力可以表现为竞争对手在某项职能活动方面独特的长处，如技术开发能力、研究开发的商品化能力、品牌优势和对品牌的利用能力等。在许多情况下，核心潜力可以由产品或服务的竞争力反映，但在产品或服务实际上差别不大时，核心潜力就往往来源于不间断的技术创新和对创新成果的恰当的商品化能力，来源于竞争对手长期市场活动形成的信誉，来源于社会对竞争对手特定经营方式的接受和肯定。

(2) 竞争能力。竞争能力来源于核心潜力。例如，在技术开发上的核心潜力可以形成竞争对手在新产品推出上的竞争能力，在品牌利用上的核心潜力可以形成竞争对手在市场占有上的竞争能力。竞争能力是一个时点概念，需要不断强化和调整。从长期发展角度看，了解竞争对手的竞争能力变化更为重要。

（3）迅速反应能力。迅速反应能力表现为竞争对手对环境变化的警觉性和立即采取有关反应行动的能力。迅速反应能力强的对手能更早觉察环境的变化，也能较早采取相应行动。需要指出，迅速反应能力能否转化为竞争能力取决于迅速反应的正确性程度。

（4）适应变化能力。适应变化的能力可以表现在两个方面：一是能正确认识环境变化的趋势并采取符合环境变化趋势的行动；二是竞争企业内部系统的构成具有足够的弹性，足以使企业能以较低的成本，在不破坏基本能力的情况下对环境变化做出正确的反应。

（5）持久耐力。持久耐力使企业在面临恶劣的外部环境时能坚持较长时间，等待环境改变，或是等待自己所采取反应性行动的效果出现。

### 2.3.2　行业内战略集团分析

由于参与竞争的企业通常在产品的价位、档次、分销渠道、特点、覆盖区域上存在着不同，使一些企业拥有更强势、更具吸引力的市场地位。分析行业中竞争企业的市场地位最好的工具之一就是"战略集团"。战略集团是指一个行业内执行同样或类似战略并具有类似战略特征的一组企业。战略集团内部竞争激烈，战略集团外部竞争不激烈。

进行行业内战略集团分析，是按照行业内各企业战略地位的差别，把企业划分成不同的战略集团，并分析各战略集团之间的相互关系和战略集团内部的企业关系，从而进一步认识行业及其竞争状况。

划分行业中的战略集团可从以下几个方面考虑：

（1）纵向一体化的程度不同。有的企业自己生产原材料和零部件，有的则完全从外部采购；有的企业有自己的销售渠道和网点，有的则全靠批发商和零售商。

（2）专业化程度不同。有的企业只经营某一种产品和服务项目，有的则生产多品种多规格的产品和服务，有的甚至是跨行业经营。

（3）研究开发重点不同。有的企业注重争取开发新产品的领导地位，不断投放新产品；有的企业把研发重点放在生产技术上，力争在质量和成本上取得优势。

（4）营销重点不同。有的企业重视维持高价产品，有的企业则采取低价策略展开竞争；有的企业特别重视对最终用户的推销活动，有的企业主要以为销售者服务来巩固和扩大其销售渠道。

在某一个方面或几个方面的战略不同，就会使企业在行业中的地位有所不同，而相同战略，相同地位的企业的结合，就形成了战略集团。企业的盈利率不仅取决于自身的能力，而且还受到行业的结构状况及企业所处的战略集团状况的影响。识别和划分战略集团的步骤如下：

（1）确定行业内战略集团划分的变量，如价格、质量、技术水平、产品化程度、竞争范围等。

（2）用最能反映企业间差异的变量将行业内样本企业分为不同战略集团。

（3）按选定的变量组归类企业，绘制战略分组图。

(4) 描述每个战略集团的特征。

从煤炭行业的角度分析，我国煤炭产地分布不均，产品多种多样，且不同煤炭产地的产品组合也有很大区别，煤炭产品的运输成本已成为使用者的重要“利得”影响因素。因此，要识别和划分煤炭行业的战略集团，就不能只单纯考虑产品因素，还要考虑产地对战略集团的影响。从煤炭资源的分布区域看，华北地区最多，占全国保有储量的49.25%，其次是西北地区，占全国的30.39%，余下依次为西南地区占8.64%，华东地区占5.7%，中南地区占3.06%，东北地区占2.97%。按省、市、自治区计算，山西、内蒙、陕西、新疆、贵州和宁夏6省区最多，这6省区的保有储量约占全国的81.6%。其中山西作为目前最大的煤炭产地，拥有14个牌号的煤种，9大煤炭品种，分别是气煤、肥煤、焦煤、瘦煤、无烟煤、贫煤、长焰煤、弱粘结煤、褐煤。其中晋城、阳城的无烟煤因其产品质量好，更是被称为“兰花炭”，闻名中外。山东省、陕西省的煤种主要为气煤、肥煤，其次为褐煤、长焰煤、无烟煤、焦煤和瘦煤等，煤种较齐全，煤质也好。内蒙地区虽然产品种类很少，但区域内煤层面积大，分布范围广，且多产优质无烟煤。近期宁夏地区又新增煤炭资源储量60亿吨，且多为优质无烟煤。由此可以看出，在同一地区根据不同的煤炭品种可以划分出不同的战略集团，而不同的煤炭产地又会形成各自的战略集团。

战略集团内部明显存在着竞争现象，这主要是由于各企业的优势不同造成的。同一战略集团内部的企业，虽然经常采用相同的战略，但各企业的战略实施能力是不同的，即在管理能力、生产技术和研究开发能力、销售能力等方面是有差异的，能力强者就会占优势。

战略集团之间的抗衡是由很多因素造成的，一般来说，行业战略集团之间市场相互交叠程度越高，竞争就越激烈；反之则越平和。战略集团的数量和规模对竞争态势也有很大影响，行业内战略集团数量越多，竞争越激烈；行业内战略集团之间相对规模越接近，竞争越激烈。

根据《煤炭工业发展“十二五”规划》，我国煤炭企业将继续兼并重组，到2015年将形成10个亿吨级、10个5000万吨级大型煤炭企业，煤炭资源将进一步集中。国家在政策上鼓励一个矿区一个开发主体，一个开发主体可以开发多个矿区，促进大型煤炭企业集团发展，鼓励培养一些如神华集团那样涵盖煤矿、铁路、港口的大型煤炭企业。这样的大规模企业会形成独立的战略集团，并在集团内部根据涉猎的行业划分出事业部，每一个事业部都会与同行业的其他企业进行竞争。

## 本章小结

本章主要介绍了企业外部环境分析的三个层次：宏观环境、行业环境和竞争环境。

宏观环境分析主要从政治环境、经济环境、社会环境和技术环境四个方面进行，简称为PEST分析。

行业环境分析的方法有两种：SCP分析法和行业关键成功要素分析。

行业生命周期分为四个阶段：开发期、成长期、成熟期和衰退期。

“五种竞争力量模型”用于分析行业的竞争结构。

行业分析中有两个关键概念：进入壁垒、退出壁垒。

根据迈克尔·波特对竞争对手的分析模型，可以从四个方面来对竞争对手进行全面的分析：未来目标、自我假设、现行战略、企业实力。

战略集团是指一个行业内执行同样或类似战略并具有类似战略特征的一组企业。

## 关键术语

PEST 分析 结构—行为—绩效(SCP) 关键成功要素 行业生命周期 五种竞争力量模型 进入壁垒 退出壁垒 战略集团

# 习 题

一、单项选择题

1. 制药行业因其需要投入大量资金来建立公司并进行产品研究与开发而使企业进入该行业的进入壁垒很高，这体现的是进入壁垒高度的(　　)。

A. 客户忠诚度　　B. 资本金投入　　C. 转换成本　　D. 政府政策

2. 商界有句名言，“女人和孩子的钱最好赚”。从战略分析的角度，该说法主要分析的因素是(　　)。

A. 人口因素　　B. 价值观

C. 生活方式变化　　D. 消费心理

3. 下列各项中，不属于 PEST 分析的经济环境因素是(　　)。

A. 产业结构　　B. 经济发展水平

C. 国民收入分配政策　　D. 人口地区分布

4. 某国际快餐连锁公司宣布在中东开设连锁店，但并不出售猪肉汉堡，只出售牛肉汉堡、鸡肉汉堡和鱼肉汉堡。这说明该国际快餐连锁公司在战略分析中考虑了(　　)。

A. 政治和法律因素　　B. 经济因素

C. 社会和文化因素　　D. 技术因素

5. 美国政府规定，外国商品到岸价格不得低于出厂价格，这给国外各个企业的出口带来了一定的影响，对企业来说属于(　　)。

A. 经济环境因素　　B. 社会和文化环境因素

C. 技术环境因素　　D. 政治环境因素

6. 某公司是一家大型皮具加工制造企业，主要为一些国际知名品牌进行代工加工。自经营以来，为了业务需要，一直将工厂设在东部沿海，近几年随着通货膨胀的严重，使该企业成本大幅上升，利润下降明显。该企业召开董事会，讨论将重要加工基地转移到西南部的 A 市。运用 PEST 分析模型判断甲公司召开此次董事会是基于(　　)。

A. 政治法律因素　　B. 经济因素

C. 社会文化因素　　　　D. 技术因素

7. 中介机构关于某行业的调查显示：该行业产品销售增长率降到正常水平，且相对稳定，各年销售量变动和利润增长幅度较小，但竞争更加激烈。其中一些企业因对投资回报率不满意而退出行业，从而形成一小部分企业主导行业的局面。由此可判断该行业可能处于(　　)。

A. 开发期　　B. 成熟期　　C. 衰退期　　D. 成长期

8. 某公司近年来凭借实施低成本战略，甲产品在本行业已拥有70%的市场占有率，成为该行业的龙头企业。2015年年初，因某报纸发表的一篇名为《甲产品爆炸伤人》的文章，致使甲产品4、5月份的总销量比上年同期下降了近40%。这一事件说明，该公司不可忽视外部环境中的(　　)。

A. 政治和法律环境　　　　B. 社会和文化环境

C. 经济环境　　　　D. 技术环境

9. SCP分析是一种常用的行业环境分析方法，以下关于SCP的描述不正确的是(　　)。

A. 结构是指行业结构，行业中的竞争者数量、产品差异性，以及进入和退出行业的成本为衡量标准

B. 外部冲击如技术突破、政府政策等对企业所在行业结构会产生很大的影响

C. 企业所在的行业的结构特性约束了企业所面临的选择范围，并最终对企业绩效产生影响

D. 企业的行为和绩效不会对行业结构产生影响，不能适应行业结构变化的企业可能被淘汰

10. 下列分析方法中，主要用于对企业所处的产业、行业环境中影响战略的因素进行静态和动态分析的是(　　)。

A. PEST分析法　　　　B. SCP分析法

C. 价值链分析法　　　　D. 五种竞争力量分析法

二、多项选择题

1. 某公司是一家重型汽车生产企业。该公司管理层正在考虑进军小轿车生产行业，并创立一个全新品牌的小轿车。该公司在评估面临进入壁垒高度时，应考虑的因素有(　　)。

A. 为加入小轿车行业而成立新厂所需的资金是否足够

B. 政府是否出台限制某些公司进入小轿车行业的政策

C. 公司是否能够承担从重型汽车生产到小轿车生产的转换成本

D. 市场上汽车生产用合金材料供应商的数目及其议价能力

2. 甲公司为国内上市的电信公司。甲公司正在研究收购某发展中国家的乙移动通信公司。下列各项因素中，属于甲公司在PEST分析中应当考虑的有(　　)。

A. 甲公司收购乙移动通信公司符合其总体公司战略

B. 乙移动通信公司所在国政府历来对企业实施高税收政策

C. 甲公司在国内提供电信服务积累的经验与技术有助于管理乙移动通信公司的业务

D. 乙移动通信公司所在国的电信行业十年来发展迅速，移动通信业务过去 10 年增长了 300 多倍

3. 按照波特的五力分析模型，下列各项因素中，可能对某家航空公司获取行业竞争优势产生不利影响的有(　　)。

A. 进入航空业需要大量的资本投入

B. 航空产业的行业增长率开始处于下降趋势

C. 由于廉价航空公司兴起，使得机票价格大幅降低

D. 由于许多大型国际企业采用视频会议管理跨国业务，使得商务航空服务需求降低

4. 某公司拟开办航空业务并将其基地设在印度尼西亚，以使企业多元化发展。在分析该战略提案时，该公司需要对外部环境进行评估，其可使用的分析工具是(　　)。

A. BCG 矩阵分析　　　　B. 4Ps 分析

C. PEST 分析　　　　D. 五力模型分析

5. 下列各项中，属于鼓励行业竞争的主要因素有(　　)。

A. 竞争对手时常更换　　　　B. 行业已进入成熟期

C. 行业的退出壁垒较高　　　　D. 企业拥有稀缺资源

6. 东华公司是全国最大的建筑材料供应商，下列各项中会降低东华公司讨价还价能力的有(　　)。

A. 近年来，东华公司采购人员素质下降

B. 东华公司不能自行生产建筑材料

C. 东华公司 80%的商品销售给少数的几个大客户

D. 市场上存在着多家相同建筑材料的供应商

7. 下列模型中，属于外部环境分析模型的有(　　)。

A. Z 分模型　　　　B. 价值链分析模型

C. 五力模型　　　　D. PEST 模型

8. 某公司是一家玻璃制造企业，目前该公司根据五力分析模型对其所处的行业环境进行分析，分析结果表明该公司的议价能力较强。下列选项中，能够支持该公司分析结果的有(　　)。

A. 市场上能够提供该公司所需原料的供应商众多

B. 该公司一直以来想要实现后向一体化战略，但是都没有成功

C. 该公司高薪聘请了一批谈判技巧很高的采购人员

D. 该公司是某供应商最大的客户，采购量占其可供应总量的 60%以上

9. 行业生命周期阶段包括(　　)。

A. 引入期　　　B. 成长期　　　C. 起步期　　　D. 成熟期

10. 某行业是一个资本密集型行业，产品的生产需要使用一种特殊的设备，该行业的三家企业均购买该种设备，彼此规模相差不大，但客户却遍布全国各地。根据以上信息可以判断，下列选项中说法正确的是(　　)。

A. 该行业进入壁垒较高
B. 该行业同业竞争激烈
C. 该行业退出壁垒较高
D. 该行业现有企业面对客户的议价能力较强

三、简答题

1. 宏观环境分析包括哪些方面？
2. PEST 分析中的政治法律因素和经济因素如何区分？
3. 行业生命周期和产品生命周期的区别？（参阅第 4 章中的市场营销战略）
4. 企业外部环境面临的五种竞争力量是怎样对企业产生影响的？
5. 行业的进入壁垒和退出壁垒有哪些？
6. 什么是战略集团？

四、思考题

1. 某公司是一家中小企业，成立的时间不长。在成立初期，为了在市场上取得较好的成绩，主要投资人以一个较高的起点设立了这家企业，花巨资购买了世界上最先进的一条生产线，并通过给予优厚的待遇招聘到一些资深的研发人员，为他们配备了很好的设备和环境，期望能够在最短的时间内研发出新产品。该公司的产品质量在市场上处于中上游水平，仅位于一家主要竞争对手之后。产品一经推出即得到市场的认同，销售增长速度很快。针对该种产品客户对售后服务的要求，该公司主动与客户建立起了结构性关系，使客户对企业的服务形成无法通过其他途径弥补的依赖。通过这种做法，该企业以优质的客户服务，获得了客户的认同，也维持了现有的市场。

为了制定自身的发展战略，该公司采用五力模型对行业的竞争结构进行了分析。部分因素分析如下：

（1）本行业的新进入者来自国内、国外两个方面。本行业是资本和技术密集型的行业；对国外进入者，国家有一定限制以对本行业进行必要的保护。

（2）本公司产品的主要原材料供应商十分集中，采购量在各供应商之间分布较均匀，主要原材料暂无替代品。

（3）由于本行业中各企业提供的产品差异性越来越小，因此顾客选择机会较多。

（4）由于科技进步加快，市场上已开始出现性能更高的同类产品，只是目前的价格还略高于传统产品。

要求：

（1）上述四个方面因素分别属于五力模型中的哪个方面？

（2）说明每个因素对该行业竞争强度的影响。

2. 由于全球金融危机，计算机制造行业进行了行业内的分析，统计数据表明，该行业内市场占有率前五名的企业为 A、B、C、D、E，市场占有率分别为 29%、25%、21%、15%和 10%。其中，E 公司为了制定自身的发展战略，采用了著名的五力模型对行业的竞争结构进行了分析，其分析的内容如下：

（1）计算机制造行业属于技术和资本双重密集型的行业，其竞争者既包括国外的著名品牌，也包括国内的著名品牌，行业的新进入者也来自国内和国外两个方面，对于国外的进入者，政府制定了一系列的政策对该行业进行保护，但由于中国国内市场巨大，新进入者不断增加。

（2）在现有的行业竞争者中，各个企业所提供的产品差异性越来越小，顾客在购买时选择也变得越来越多。

（3）计算机制造行业更新换代极快，市场上不断出现性能更强大的新产品，但是其价格仅略高于市场上已有的老产品。

（4）E 公司产品的原料供应商集中在少数几家，而且这些原材料没有替代品。

E 公司的管理层不仅运用了五力模型对行业进行分析，而且还运用了 SWOT 分析法对其内部和外部环境进行了分析，其分析的内容如下：

（1）企业自身具有的强大的研发能力，才是计算机制造行业最关键的竞争力。这种能力与先进的生产设备的支持是分不开的。

（2）E 公司现有的产品在市场上认可度很好，性能和质量都处于上游水平。

（3）目前，政府对于高科技行业有一定的政策扶持，提供了较为宽松的金融环境，这为计算机制造行业的不断前进和发展增加了动力。

虽然整体来看 E 公司的发展良好，但其管理层仍清醒地认识到目前公司内部管理上的不完善，很多内部政策实施不利造成员工的积极性有所懈怠，更因其销售渠道的问题，导致产品造成一定程度的积压，销售的不利转而在财务上体现为流动资金的紧张。由于原材料只由少数几家供应商提供，现在由于某些问题，一些供应商不再提供原材料，而购买商也不断拖延货款，E 公司管理层十分苦恼。

要求：

（1）请回答 E 公司面临的情况分别是五力模型中的哪几个方面，并说明各个因素对该行业竞争强度是增强还是减弱。

（2）指出 E 公司应选择何种总体战略。（可在学习完第 4 章后进行回答）

（3）根据 E 公司的内外部环境情况，运用 SWOT 矩阵进行分析。（可在学习完第 6 章后进行回答）

3. 某公司是国内一家大型房地产企业，主要市场集中在西南地区，例如四川、重庆、贵州等地。近年来，随着企业规模扩大，该公司领导人准备北上，进军寸土寸金的北京市场，对北京的房地产市场进行了调查。

北京作为首都，虽然有全球经济危机的影响，但 2009 年，北京市地区生产总值增速仍达 10.1%，人均 GDP 首次突破 1 万美元大关，人均 GDP 的增长就意味着老百姓更富裕了。对于房地产市场而言，经过 2009 年房价的疯狂上涨之后，为了抑制房价的过快上涨，北京市场出现了一些明显的政策信号，如开发商拿地首付款至少 50%，停止二手房营业税优惠，严厉打击捂盘惜售哄抬房价的种种行为，并中止二套房贷优惠，执行利率 1.1 倍政策。这些政策的执行将对北京的房地产市场和开发商产生较为长期的影响。

除了上述宏观政策因素外，该公司人员还走访了北京的一些专业人士以及部分消费者，对北京市居民购买住房的消费行为特征(如居住面积、户型的喜好、家庭结构、收入构成等)、住宅建筑的技术特点等进行了了解，为公司下一步进军北京打下了良好的基础。

要求：

请根据以上信息，说明该公司都进行了哪些宏观环境因素的分析。

**小论文**

利用本章的分析工具，为某煤炭企业撰写一份报告，分析该企业的行业环境和竞争地位。

# 第3章

# 企业内部环境分析

## 学习要点

- 有形资源、无形资源和人力资源分析
- 市场营销能力、生产管理能力、财务管理能力、研发能力与组织管理能力分析
- 核心竞争力
- 企业使命、企业文化

## 名人名言

资源是企业能力的来源，能力又是企业核心竞争力的来源，而核心竞争力则是企业竞争优势的基础。

——D. M. De Carolis

物质资源总会枯竭，唯有文化生生不息。

——华为技术有限公司总裁 任正非

## 导入案例

### 郑煤集团主辅分离、辅业改制管理模式

1. 主辅分离、辅业改制管理模式的具体做法

1）煤炭企业主业和辅业的界定

郑州煤炭工业集团有限责任公司(以下简称“郑煤集团”)，2005年率先在本集团公司进行主辅分离、辅业改制工作，对公司所属25家辅业进行改制。国有大中型企业在进入市场后面临的问题是经营范围过宽，主业不突出，核心竞争力不强。界定主业和非主业首先要对企业有一个准确的战略定位。主业资产是企业具有较强盈利能力，符合企业长远发展要求，能形成核心竞争力的资产。非主业资产包括需要分离的辅业资产、后勤服务单位资产以及与主业关联度不大的其他资产。

原国家经贸委等8个部委《关于国有大中型企业主辅分离辅业改制分流安置富余人员的实施办法》[2002(859号)文] 把这次改制的辅业资产定为三类资产，即非主业资产——主业之外需要分离的后勤服务资产以及与主业关联度不大的其他资产；闲置资产——指闲置一年以上的企业资产；关闭破产企业的有效资产。

煤炭企业以煤为主业，也可以以煤电以及煤化工等为主业，这要以企业的战略目标确定。郑煤集团公司根据这几年发展黑白战略的既定战略目标，确定以煤、电、铝(即煤矿、电厂、铝厂)为主业，与主业相关的运销、供应、供电、铁运等为主业单位，其他列为辅业的都纳入这次改革的范围。同时，主业单位内的多种经营、后勤服务等要与主业分离、然后按辅业改制的政策进行改制。

2）辅业改制要坚持的原则

(1) 正确处理改革、发展、稳定的关系，充分考虑企业职工和社会的承受能力，总体规划方案，分步实施，确保稳定。

(2) 改制分流有利于主业做大做强，有利于促进企业资产结构、组织结构、人员结构优化。把主辅分离与企业的结构调整，改制重组和做强主业结合起来。

(3) 实施改制分流要依法进行。规范操作，坚持“公开、公正、公平”的原则，维护国家、企业及职工的合法权益，防止国有资产损失和逃废银行债务。

3）制定统一的操作程序

第一阶段：学习文件、政策，成立改制办公室，提出改制设想申请。

第二阶段：摸清家底。通过清产核资，中介机构出具审计报告，核实企业的资产状况，剔除不良资产。企业的潜亏、坏账、呆账等损失都要通过清产核资，上报国资部门核销。

第三阶段：评估资产。在清产核资的基础上，搞好资产评估，确认企业的净资产。评估结果要在职工中公示十天。以防止瞒报、少报资产，低估资产价格等损害国有资产的情况发生。

审计和评估是改制前要做的两项基础工作，做好这两项工作，对防止国有资产流失，核实企业的资产都有重要意义。对此，国资部门有专门规定；审计和评估前都要先申请立项，然后由国资部门公开招标，选聘中介机构，清产核资报告由国资部门审批，评估报告还要报国资部门审核备案。

职工住房不列入评估范围。企业所办学校、医院、水、电等公共设施剥离后移交有关部门管理。

第四阶段：制定改制实施方案。根据职工人员结构情况和职工经济补偿金，计算改制成本；职工安置方案、资产处置方案、债务处置方案、股权设置方案、职工代表大会决议等改制方案报国企改革领导小组批复。

第五阶段：实施改制。解除劳动合同，发经济补偿金，召开新公司股东大会、董事会、监事会，进行工商登记，成立新公司。办理税收优惠手续。

4）认真做好改制实施方案

企业改制实施方案的要点包括：

(1) 改制企业基本情况。包括企业名称(按工商管理部门颁发的营业执照全文填写)、成立时间、所在地址、企业法定代表人、所属行业、主要产品及其规模，企业占地面积、建筑面积(应说明土地使用权是国有划拨还是交易所得)，企业资产及负债情况(负债中应说明商业银行贷款本息余额、资产负债率等)，近三年生产经营情况，企业职工状况、职工构成(合同制、占地工、集体工等)、离退休人员及参加当地社会养老、失业、医疗保险情况、伤残职工情况。

(2) 改制的指导思想和原则。

(3) 改制形式和股权设置。

(4) 职工安置方案。

(5) 资产处置方案。

(6) 债务处置方案。

(7) 改制重组后的效果预测(改制后企业生产经营情况，实现利润、职工收入等)。

(8) 其他有关情况主要有：职工代表大会意见，敏感债务(如职工医疗费、集资款等)处理办法，对可能引发的不稳定事件的防范措施。

企业改制的政策是统一的，但各个企业情况不尽相同，因此在制定实施方案时，一定要认真学习和理解国家政策，对改制企业深入调查，摸清情况，一厂一策地搞好实施方案的设计。方案要广泛听取职工代表的意见，在审批过程中不断完善和修改，这样才能确保改制工作顺利进行。

2. 辅业改制五年来经营状况分析

五年过去了，改制单位经营情况如何，我们分别根据改制单位2004年(改制前)和2010年的财务报告数据进行分析。2005年参与辅业改制的单位共25家。其中三家(小铝厂和小水泥等)因国家政策原因被淘汰关闭，其余22家经营状况见表3-1。

表3-1　改制单位2004年与2010年经营状况对比

| | 职工人数/人 | | 平均工资/(元/年) | | 销售收入/万元 | | 实现利润/万元 | |
|---|---|---|---|---|---|---|---|---|
| 年份 | 2004年 | 2010年 | 2004年 | 2010年 | 2004年 | 2010年 | 2004年 | 2010年 |
| 22家改制企业合计 | 5792 | 5633 | 7412 | 20239 | 25720 | 251282 | −1804 | 2272 |
| 工程处 | 445 | 593 | 6966 | 15463 | 3903 | 80014 | 11 | 893 |
| 机电总厂 | 1101 | 1248 | 8923 | 28453 | 3875 | 43416 | 4 | 584 |
| 总医院 | 835 | 539 | 9455 | 30723 | 2626 | 6037 | −519 | 148 |

从以上表内看出，改制企业与改制前相比，表现“三高一低”，即：工人工资提高，销售收入提高，实现利润提高，企业从业人数降低。

(1) 企业人数下降，企业从业人数由2004年的5792人，到2010年的5633人，降低3%，主要原因是企业改制时，有部分职工实行内部退休和退养，也有部分职工自谋他职，使企业人数减少。同时企业主动减人提效，企业人数减少，但效率在不断提高。

(2) 企业销售收入大幅增加，改制前上述企业销售收入2.572亿元，2010年销售收入增长到25.1282亿元，比2004年增长9.7倍。

(3) 改制企业利润大幅度增长。改制前，90%的企业是亏损的，合计亏损1804万元，改制后到2010年改制企业全部实现扭亏为盈，实现利润2272万元。

(4) 职工工资水平大幅度提高，改制前人均年工资7412元，2010年改制企业人均年工资20239元，比2004年增长2.7倍。

3. 改制企业五年实践的启示

(1) 改制是国有企业改革的方向。改制以产权制度改革为突破口，以增强活力为出发点，以股份有限公司为主要形式，投资主体有进有退，多元化经营，使改制企业增强了活力，提高了企业核心竞争力，使企业能够快速发展。郑州矿务局工程处，原来是集团公司的一个土建工程处，仅有土建三级资质，只能在矿务局内部干工程。改制后为"郑州锦源置业有限责任公司"，集团公司占股20%，其余80%由管理层、职工以及社会股东组成，改制后新公司兼并重组，取得建筑工程一级资质，不再满足在矿务局内部做工程，而是走向社会，广泛参与投标、承接工程，生产产值大幅提高。改制前2004年年产值3090万元，改制后到2010年年产值达到80014万元，增长25倍，企业发展之快，令人惊叹。

(2) 改制使企业健全和完善现代企业制度，促使企业加快经济结构调整，实现体制、机构创新，面向市场，自我发展。原郑州矿务局机电总厂，改制后新公司为"河南省万合机械制造有限公司"，改制前为国有企业，改制后，集团公司仅占20%股份，其余80%股份由新公司管理人员和职工持有。改制后既是万合公司职工，同时又是万合公司的股东，企业的效益与职工利益紧密相关，可以极大地焕发职工的积极性和创造性，使企业能够快速发展。五年间，企业销售收入由2004年的3875万元到2010年销售收入达到43416万元，五年增长了11.2倍；企业实现利润2010年达到584万元，比2004年增加129倍；在企业快速发展，销售收入大幅度增长的同时，职工人均年工资也由2004年的8923元，到2010年提高到28453元，增长了3.1倍；另外，分配红利也是职工收入的重要来源。改制后职工人均工资大幅提高以外，职工投入到企业的股份，还可以分配红利。2010年万合公司每股收益0.354元，提取公积金和公益金后，可供分配利润在0.20元以上，如果分配，每入股一万元，每年可以分红2000元，年收益率达20%。

(3) 改制使企业管理创新，资产盘活，企业盈利水平不断提高，活力进一步增强，职工收入进一步提高。改制前，经费单位是老大难，年年高喊减人而人不见减少，年年要求断"粮"断"奶"而经费补贴不断增长。通过改制，问题得到了解决。郑州矿务局总医院改制前有职工835人，改制后，职工减少到539人，但是医院收入却由2004年的2626万元，到2010年收入达到6037万元。人员减少36%，而收入却增长2.29倍。病床利用率由改制前的不足50%，改制后达到90%以上。2004年总医院亏损519万元，由集团公司每年弥补经费400万元。改制后，集团公司取消了经费补贴，每年不再补贴。2010年总医院在没有补贴的情况下，当年实现利润148万元。

(4) 辅业改制促进主业快速发展。郑煤集团公司的辅业改制取得了良好的效果，同时由于辅业剥离改制，促进了主业快速发展，做大做强，煤炭主业也进入快速发展时期。2010年集团公司的多项经济指标都创造了建局以来历史最高水平：

煤炭产量2010年达到2200万吨，比2004年的982万吨翻一番；

销售收入达到206亿元，比2004年29.6亿元，增长6.9倍；

实现利润7.89亿元，比2004年的6502万元，增长12.1倍；

职工人均收入达到41086元，比2004年的13106元增长了3.1倍。

**请思考：**郑煤集团将辅业分离后，保留下来的主业体现了该企业什么样的核心竞争力？

## 3.1 内部资源分析

企业资源是指企业所拥有或控制的有效因素的总和。根据企业资源基础观(resource-based view of the firm)，企业的持续竞争优势主要是由其资源禀赋决定的。

企业内部资源的内容涵盖面非常广泛，一般可以分为三种：有形资源、无形资源和人力资源。

### 3.1.1 有形资源

有形资源是指可见的、能用货币直接计量的资源，主要包括实物资源(物资)和财务资源(资金)。实物资源包括企业的土地、厂房、生产设备、原材料等；财务资源是企业可以用来投资或生产的资金，包括应收账款、有价证券等。企业有形资源的相关特征和主要指标如表3-2所示。

**表3-2 企业有形资源的相关特征和主要指标**

| 企业资源 | | 相关特征 | 主要指标 |
| --- | --- | --- | --- |
| 有形资源 | 实物资源 | 实物资源限制企业的生产能力并影响生产成本 | 固定资产市值 |
| | | 工厂规模、地址、技术先进程度、设备的柔性 | 固定设备年限 |
| | | 土地和建筑物的场所及其可替代性 | 工厂规模 |
| | | 原材料储备 | 固定资产弹性 |
| | 财务资源 | 企业借款和内部资金储备决定企业的经营和投资能力 | 资产负债率 |
| | | | 营业性现金流 |
| | | | 信用评级 |

有形资源一般都反映在企业的资产当中。但是由于会计核算的要求，资产负债表所记录的账面价值往往并不能完全代表有形资源的战略价值。因此，每一种竞争优势的来源并不能完全反映在财务报表中。有形资源的价值也是有限的，很难再深入挖掘它们的价值，即很难从有形资源中获取额外的业务和价值。

### 3.1.2 无形资源

无形资源是指企业长期积累的、没有实物形态的，甚至无法用货币精确度量的资源，主要包括技术资源和商誉。技术资源具有先进性、独创性和独占性等特点，使得企业可以据此建立自己的竞争优势；商誉则是指企业由于管理卓越、顾客信任或其他特殊优势而具有的企业形象，它能给企业带来超额利润。企业无形资源的相关特征和主要指标如表3-3所示。

尽管无形资源难以精确度量，但由于无形资源一般都难以被竞争对手了解、购买、模仿或替代，因此与有形资源相比，无形资源是一种更高级的、更有效的企业能力和核心竞争力来源。事实上，一种资源越不可见，在它之上建立起来的竞争优势就越具有持久性。

与大多数有形资源不同的是，无形资源的价值可以被更深地挖掘。对于无形资源来说，使用者之间的联系越多，对于每一方来说，收益越大。

需要指出，由于会计核算的原因，资产负债表中的无形资产并不能代表企业的全部无形资源，有相当一部分无形资源是游离于企业资产负债表之外的。

表3-3 企业无形资源的相关特征和主要指标

| 企业资源 | | 相关特征 | 主要指标 |
|---|---|---|---|
| 无形资源 | 技术资源 | 知识产权：专利、版权、商业秘密 | 专利数量和重要程度 |
| | | | 专利和版权许可所获收益 |
| | | 创新资源：研究机构、科技人才 | 研发人员占总员工的比例 |
| | | | 研究机构的数量和所在地 |
| | 商誉 | 品牌和商标在消费者中建立的声誉，与顾客之间已确立的关系，企业产品和服务的质量和可靠性的声誉，在供应商中的名声，与政府和政府代理机构以及社区的关系 | 品牌认可 |
| | | | 品牌价值 |
| | | | 重复购买率 |
| | | | 比较产品性能的客观指标 |
| | | | 企业商誉调查 |

### 3.1.3 人力资源

人力资源是企业最宝贵的资源，企业员工根据其技能、知识推理和决策能力向企业提供生产性服务。企业员工协调努力把各自的技能结合为整体的能力，不仅取决于人际关系的技巧，而且取决于组织的环境。企业人力资源的相关特征和主要指标如表3-4所示。

表3-4 企业人力资源的相关特征和主要指标

| 企业资源 | 相关特征 | 主要指标 |
|---|---|---|
| 人力资源 | 员工教育、培训和经验决定企业可能的发展 | 员工的教育、技术和专业资格 |
| | 员工的适应性有利于企业的战略灵活性 | 同行业比较员工的报酬 |
| | 员工的社会和协作技能决定企业将人力资源转化为组织的力量的能力 | 由于停工和行业纠纷导致的日损失百分比 |
| | 员工的承诺和忠诚决定企业获得可持续竞争优势的能力 | 缺勤率 |
| | | 员工流失率 |

## 3.2 内部能力分析

企业能力来源于企业有形资源、无形资源和人力资源的整合，是企业各种资源有机组合的结果。它是指企业配置资源，发挥其生产和竞争作用的能力。具体说来，企业能力主要包括市场营销能力、生产管理能力、财务管理能力、研究与开发能力、组织管理能力。

### 3.2.1 市场营销能力

企业的市场营销能力主要包括产品竞争能力、销售活动能力和市场决策能力。

1. 产品竞争能力

产品竞争能力主要可以从产品的市场地位、收益性、成长性等方面来分析。衡量市场地位的指标有市场占有率、市场覆盖率。收益性可以通过利润空间和量本利(产量、成本、利润)进行分析。成长性可以通过销售增长率、市场扩大率等指标进行比较分析。

2. 销售活动能力

销售活动能力是指对企业销售组织、销售业绩和销售渠道等方面的综合考察。销售组织分析主要包括对销售机构、销售人员和销售管理等基础数据进行评估。销售业绩分析主要以销售计划完成率和销售活动效率为主要内容。销售渠道分析主要是对渠道结构进行分析和对中间商进行评价。

3. 市场决策能力

市场决策能力主要是指企业领导者对市场进行决策的能力。通过对上述产品竞争能力与销售活动能力进行分析，对照企业当前实施的经营方针和经营战略，找出企业在市场决策中的不当之处，评估判断企业领导者的市场决策能力，并探讨企业中长期所应采取的经营战略，以提高企业领导者的决策能力和水平，使企业获得持续的成长和发展。

### 3.2.2　生产管理能力

生产活动是企业最基本的活动。所谓生产，是指将投入(原材料、资本、劳动等)转化为产品或服务并为消费者创造效用的活动。因此，企业的生产功能包括将投入品转变为产品或服务的所有活动。在绝大多数行业，企业生产经营的大部分成本发生于生产过程中，因此生产管理能力的高低决定了企业战略的成败。

生产管理能力主要涉及五个方面，即生产过程、生产能力、库存管理、人员管理和质量管理。

1. 生产过程分析

生产过程分析主要涉及整个生产系统的设计，具体分析内容包括技术的选择、设施的选择、工艺流程分析、设施布局、生产线平衡、生产控制和运输分析。

2. 生产能力分析

生产能力分析主要涉及确定企业的最佳生产能力，具体分析内容包括产量预测、设施和设备计划、生产计划、生产能力计划及排队分析。

3. 库存管理分析

库存管理分析主要涉及原材料、在制品及产成品存量管理，具体分析内容包括订货的品种、时间、数量以及物料搬运。

4. 人员管理分析

人员管理分析主要涉及对熟练及非熟练工人和管理人员的管理，具体分析内容包括岗位设计、绩效测定、丰富工作内容、工作标准和激励方法等。

5. 质量管理分析

质量管理分析主要涉及质量控制、质量检验、质量保证和成本控制。

### 3.2.3 财务管理能力

财务能力主要涉及两个方面，即筹集资金的能力、使用和管理所筹集资金的能力。

(1) 筹集资金的能力可以用资产负债率、流动比率和利息保障倍数等指标来衡量。

(2) 使用和管理所筹集资金的能力可以用销售利润率、资产周转率和投资报酬率等指标来衡量。

财务管理能力衡量指标如表 3-5 所示。

表 3-5 财务管理能力衡量指标

| 指标名称 | 基本含义 | 计算公式 |
|---|---|---|
| 资产负债率 | 反映企业总资产中有多少是负债 | 负债总额/资产总额 |
| 流动比率 | 反映企业短期偿债能力和信用状况 | 流动资产/流动负债 |
| 利息保障倍数 | 反映企业经营所得偿付借债利息的能力 | 息税前利润/利息费用 |
| 销售利润率 | 反映企业销售收入的收益水平 | 利润总额/营业收入 |
| 资产周转率 | 反映全部资产的使用效率 | 销售收入/平均资产总额 |
| 投资报酬率 | 反映企业总资产的利用效果 | 销售利润率×资产周转率 |

### 3.2.4 研究与开发能力

随着市场需求的不断变化和科学技术的持续进步，研发能力已经成为保持企业竞争活力的关键因素。研发活动能够加快产品的更新换代，不断提高产品质量，降低产品成本，更好地满足消费者的需求。

要重点分析新产品研发能力。要在现有产品市场竞争力分析的基础上，着重从新产品研发计划、研发组织、研发过程和开发效果四个方面进行分析，并将分析结果与主要竞争对手进行比较，进而判断企业此项能力的强弱，为企业战略的选择提供依据。

### 3.2.5 组织管理能力

组织是实现战略目标的工具，是进行有效企业管理的手段。分析组织管理能力、发现制约企业长远发展的组织管理问题并加以改进，则可为企业战略的正确制定和成功实施奠定坚实的组织基础。

一般从以下五个方面对组织管理能力进行衡量。

1. 职能管理体系的任务分工

从分析组织任务入手，对组织任务的分解过程和分解结果进行逻辑分析，进而对组织任务的合理性做出判断。

2. 岗位责任

从分析岗位责任制、职责权限对等性入手发现改善的机会。在企业组织的等级链上，每一个环节即职位上都要贯彻责权对等原则。

3. 集权和分权的情况

从分析管理体制入手，对企业集权和分权的有效性进行分析。一般而言，规模较大的企业职权应适度分散，反之需要适度集中；实行多元化经营分权较多，实行专业化经营则集权较多。

4. 组织结构

从分析组织结构入手，确定现有组织结构是否适应未来战略方向。各种组织形式各有优势，此项分析旨在确定适应未来战略方向的最佳组织形式。

5. 管理层次和管理幅度的匹配

从分析管理层次和管理幅度入手，发现新增或合并管理职能部门的可能性。管理层次决定组织的纵向结构，管理幅度决定组织的横向结构。管理层次和管理幅度的确定需要综合考虑企业规模、生产特点、经营性质、授权程度、组织协调程度、管理者的能力、下级的成熟程度、工作的标准化程度、工作条件、工作环境等多种因素。

## 3.3 核心竞争力分析

核心竞争力是指能为企业带来相对于竞争对手的竞争优势的资源和能力。在企业学习如何分配资源和能力的组织过程中，核心竞争力会不断出现。

企业具备多种资源和能力，并不是所有资源和能力都能形成核心竞争力。下面介绍识别核心竞争力的两种方法：四项测试和价值链分析。

### 3.3.1 四项测试

能够通过如下四项测试的资源和能力方可称为核心竞争力。

（1）是否有价值(valuable)？

（2）是否稀缺(rare)？

（3）是否难以模仿(costly-to-imitate)？

（4）是否不可替代(non-substitutable)？

有价值的资源和能力是指那些能为企业在外部环境中利用机会、降低威胁而创造价值的资源和能力。

稀缺的资源和能力是指那些极少数现有或潜在竞争对手能拥有的资源和能力。企业占有的资源越稀缺，越能满足顾客的独特需求，就越有可能成为企业的核心竞争力。

难以被模仿的资源和能力是指其他企业不能轻易建立起来的资源和能力。有三种因素有可能产生难以被模仿的资源和能力：一是历史性因素，即独特而有价值的组织文化和品牌；二是模糊性因素，即不清楚竞争能力的原因和应用；三是社会复杂性因素，即经理、供应商及客户之间的人际关系、信任和友谊。如果企业的某种资源能够很容易地被竞争对手所模仿，那么这种资源所能创造的价值就将是有限的，企业难以据此获得持久的竞争优势。难以被模仿的资源主要包括独特的实物资源、企业文化、商标、专利、公众的品牌忠诚度等。

不可替代的资源和能力是指那些不具有战略对等的资源和能力。如果两种能产生价值的企业资源和能力在执行相同战略的情况下，能分别产生相同的价值，那么它们就被称为战略对等的资源和能力；如果企业的资源或能力能够很容易的被替代，那么即使竞争者不能拥有或模仿该企业的资源或能力，它们也仍然可以通过获取替代资源或能力而改变企业的竞争地位。

一般说来，一种资源或能力越难被替代，它所产生的战略价值就越高。比如，企业的专有知识以及建立在管理者和员工之间信任基础上的工作关系就是很难被了解、也很难被替代的资源和能力。

综上所述，只有那些有价值的、稀缺的、难以模仿的、不可替代的资源和能力，才能帮助企业获得持久性的竞争优势(表 3-6)。

**表 3-6　核心竞争力的四项测试**

| 是否有价值 | 是否稀缺 | 是否难以模仿 | 是否不可替代 | 竞争结果 | 绩效评价 |
|---|---|---|---|---|---|
| 否 | 否 | 否 | 否 | 竞争劣势 | ＜平均回报 |
| 是 | 否 | 否 | 是/否 | 竞争对等 | ＝平均回报 |
| 是 | 是 | 否 | 是/否 | 暂时性的竞争优势 | ≥平均回报 |
| 是 | 是 | 是 | 是 | 持久性的竞争优势 | ＞平均回报 |

### 3.3.2　价值链分析

对企业内部资源和能力进行分析，进而提炼出企业核心竞争力的一个常用战略工具是由美国哈佛大学商学院迈克尔·波特教授提出的价值链，如图 3.1 所示。所谓价值链，就是企业为创造价值而从事的各种活动(如研发、生产、营销、物流以及支持性活动)的集合。

价值链分析是一种把企业生产经营过程中的一系列活动划分为在战略上相互关联的活动类别，从而理解企业的成本变化以及引起变化的原因的分析方法。价值链分析可以帮助企业在内部资源与能力及外部环境中存在的机会和威胁之间建立起一座桥梁。价值链分析的主要目的是确认获得成本优势的机会，有助于创造产品和服务差别化的机会。

价值链分析的主要步骤如下所述。

1. 明确企业的价值创造活动

如图 3.1 所示，企业的价值创造活动可以分为基本活动和支持性活动两类，其中支持性活动有时也称为辅助活动。

1) 基本活动

(1) 进料后勤是指与物料投入生产过程有关的一切活动，包括物料的接收、储存、库存控制、物料在厂内运输和物料的发放等。

(2) 生产活动是指将投入物转变为最终产品过程的各项活动。生产活动决定企业产品或服务的内在质量、种类和生产成本。

(3) 发货后勤是指产品已经生产出来和产品送到用户手中之间的活动，包括产成品的归集、储存、配销和发运活动。

(4) 销售活动是指向用户提供产品购买手段并吸引用户购买本企业产品的有关活动，包括广告、促销和推销活动、产品定价和报价、选择销售渠道、建立销售网络等活动。

(5) 售后服务是指为了提高或维持产品价值而展开的活动，位于产品确定了用户和最终结束其使用寿命之间，包括安装、维修、培训、零部件供应和产品调整等。

2) 支持性活动

(1) 企业基础设施主要是指常规管理系统和管理活动，如财务、计划、会计、组织结构、法律服务、信息管理系统、办公自动化等行为支持着整个价值活动。

(2) 人力资源管理是指对企业所需人员的招聘、培训、激励等活动的管理。高素质的管理人员、营销人员、财务人员、工程技术人员，以及一线操作人员，他们的敬业精神、创造欲望、进取态度和专业知识与技能，是保证企业立于不败之地的首要因素。

(3) 研究与开发是指可以改进企业价值的一系列技术活动。技术研发活动贯穿于企业产品设计及价值链形成过程中各种创造及改良活动中。

(4) 采购是指购买所需资源，获取各种资源输入的全部活动。采购行为需要专门人才进行管理，熟练地掌握与供应商打交道的程序和技巧，审定选择供应商的原则以及货源信息系统。

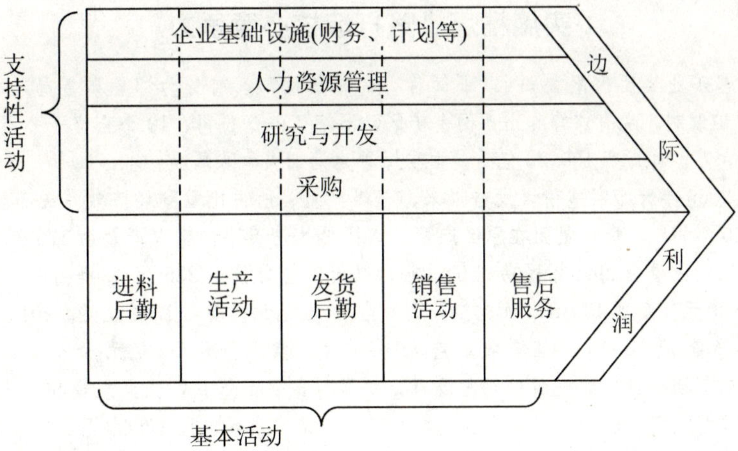


**图 3.1 波特价值链**

2. *确认企业关键的价值创造活动*

从已确定的价值创造活动中进一步确认关键价值创造活动。关键价值创造活动的特征是活动应具有不同的经济性，在总成本中所占比重较大或有上升趋势，对产品和服务差异化产生很大的潜在影响。

3. 进行内部成本分析，并分配成本

价值链中的每个活动都消耗费用和时间，损耗固定资产。要对每个独立活动的费用和固定资产的占用有明确的了解，把企业的总成本合理分配到每个活动中，同时找出关键价值创造活动的成本驱动因素。通过成本驱动因素分析，可以发现降低成本的领域。

一般说来，成本驱动因素主要有两类：

（1）结构成本驱动因素。这类因素将长期影响一个企业的产品或服务的经济成本结构，如规模、范围、学习曲线、技术和复杂性。

（2）执行成本驱动因素。这类因素本质上最具操作性，如管理方式、工厂设计、能力利用、产品结构以及与供应商和企业的垂直关联等。

4. 进行内部差别化分析

从整体上笼统地看待一个企业是不能理解差异化的，必须从一个企业进行的具体活动和这些活动如何影响企业来进行分析。事实上，任何价值活动都是独特性的一个潜在来源。

5. 与竞争者比较

进行价值链分析的最终目的是进行有意义的比较，把企业的资源和能力同竞争者进行比较，评估企业的价值创造活动是处于优势还是劣势，进而提炼出企业的核心竞争力。

阅读案例 3-1

## 实施精煤战略打造核心竞争力

冀中能源邯郸矿业集团有限公司（以下简称“邯矿集团”），前身为邯郸矿务局，成立于1958年。2002年实施公司制改制，现有邯郸和山西两个矿区，下辖7个分公司、10个全资子公司、5个控股子公司，从业人员1.9万，总资产100.23亿元，主要煤种为无烟煤和炼焦煤。

邯矿集团从2006年开始实施精煤战略以来，精煤产量、所占比重和经济效益逐年递增。2009年与“十五”末的2005年相比，邯矿集团在原煤产量基本持平的情况下，精煤产量由170万吨提高到307万吨；精煤占商品煤的比重由29.9%提高到51.2%；煤炭综合售价由285元/吨提高到469.66元/吨；企业总收入由17.6亿元提高到45.48亿元；企业利润由0.45亿元提高到1.52亿元。2010年原煤产量完成1155万吨，精煤产量500万吨，企业总收入完成163亿元，实现利润4.3亿元。

早些年，邯矿集团通过抢抓机遇和深化改革，发展步伐明显加快，生产规模和经济效益大幅提升，但总体上来说生产规模仍比较小，煤种不占优势，特别是销售市场以民用和水泥、化工等中小型企业为主，用户分散，市场不稳定，长期处于“70%是混煤、70%靠地销、70%供散户”的状态，产品缺乏竞争优势，抵御市场风险的能力较弱。再加上争取后续资源竞争日益激烈，单靠提高生产规模来增加效益不切合企业实际。

在这种情况下，邯矿集团通过深入研究和广泛调研，2006年果断做出了调整和优化煤炭产品结构，大力实施精煤战略、打造企业核心竞争力的决策，把精煤战略提升为企业的核心发展战略。通过战略调整，把邯矿无烟煤产品定位在无烟煤的高端市场，逐步实现原煤全部入洗，取消混煤品种，增加大型电厂、钢厂用户比例，创立自己的无烟煤品牌和信誉，以优质的品牌占领市场，增强企业的核心竞争力，使无烟煤和精煤的销售量占到总销量的50%以上，工业用户销量占到总销量的80%以上，实现了企业效益的最大化。

具体说来，邯矿集团通过精煤战略打造核心竞争力主要包含以下内容：

(1) 千方百计提高“出块率”。多出块煤是提高产品附加值最便捷、最有效的途径，就市场行情来讲，一吨块煤和一吨混煤相比，价格相差 400 元以上，出块率每增加 1%，效益就可增加 2500 万元。

(2) 提高原煤入洗能力，增加精煤产量。精煤的主要用户是钢铁企业，实力强、信誉好，稳定可靠。而邯郸是钢铁生产基地，市场需求很大，对邯矿来讲有不可替代的区位优势。自 2006 年以来，邯矿集团共计投入 1.2 亿元资金，先后对 7 个生产矿的洗煤厂进行了工艺改进和扩能改造，采用重介、浮选、干扰床分选等先进工艺装备，大大提高了煤炭洗选的装备水平和入洗能力，全公司原煤入洗达到 560 万吨/年。在 2009 年市场低迷的情况下，邯矿的煤炭综合售价保持了高位运行，仅煤炭加工一项就实现增收 1.78 亿元。

(3) 产品结构的升级转型。通过大力开展煤炭洗选深加工，充分发挥无烟煤高硬度、高固定碳、高灰熔点和低硫、低磷、低挥发的优点，根据用户需求合理调整洗选工艺和技术指标，增加产品品种和附加值，使邯矿无烟煤由低端的混煤为主、民用为主、散户为主，成功向高端的精煤为主、工业为主、大户为主升级转型，而且品种进一步优化细化，各类产品达到 40 多个品种，满足了用户各种需求，实现了产品结构的进一步优化和产品定位的大幅提升，同时也增强了产品的市场竞争力，拓宽了盈利空间。

(4) 用户结构的升级转型。随着产品结构的优化升级，邯矿无烟煤的目标市场和用户结构也发生了根本性的转变，即由原先主要供应民用和水泥、化工等中小型企业，改为主要供应冶金、电力等大型工业用户，与首钢、石钢、邯钢、济钢、天铁等一大批实力强、信誉好的大型企业建立了稳固的合作伙伴关系，用户结构由原先的 300 多家分散、多变的中小企业，浓缩为现在的 50 余家国有大中型企业，既增强了目标市场的集中度和稳定性，同时也提高了企业抵御市场风险的能力。

(5) 未来发展规划：结合企业在邯郸和山西文水两大煤炭基地建设，通过深化精煤战略，搞好产品精加工，邯郸基地以占领冶金、发电、化工行业的高端市场为目标，打造无烟精煤品牌；山西基地以扩大在焦化、化工和气化行业的影响力为目标，培育主焦精煤品牌。抓住产品质量这一品牌根基，大力实施精煤战略，依靠技术创新，不断改进加工工艺，优化调整产品结构，增品种、提质量，做到“人无我有、人有我优、人优我精”，以品牌效应带动和提升企业整体形象，增强企业的核心竞争力。

## 3.4　企业使命与企业文化

### 3.4.1　企业使命

企业使命是指企业在社会经济的整体发展方向中所担当的角色和责任，也是企业的根本任务或其存在的理由。战略规划的第一步就是确定企业使命并将其在企业使命中加以明确。一般而言，高层管理人员负责明确企业使命。

绝大多数企业的使命是高度概括和抽象的，企业使命不是对企业经营活动具体结果的表述，而是企业开展活动的方向、原则和哲学。企业使命是对企业“存在理由”的宣言，它要回答“我们的企业为什么要存在”这一问题。

企业使命至少应当具备五个要素：

(1) 反映企业定位。主要包括盈利方式、企业的社会责任以及市场定位的企业价值。

(2) 有导向作用。明确的企业使命能够指明企业未来的发展方向，能为有效分配和使用企业资源提供一个基本的行为框架，避免向某些严重偏离企业发展方向的领域进行投资，从而做到方向明确，力量集中。

（3）说明业务范围。即生产什么产品，在哪个领域经营。

（4）有利于界定自身的企业形象，加深客户对企业的认知。

（5）企业使命取决于影响战略决策的利益相关者的相对能力。

企业使命陈述是一个正式的书面文件，是对企业使命的明确陈述。使命陈述是企业内部沟通企业价值观、定位和经营目标的有效方式，以协调利益相关者的行为，支持企业的战略和宗旨。

企业使命陈述的作用主要包括三个方面：一是提供了企业监控的基础；二是向利益相关者传递企业的经营哲学和理念，树立企业形象；三是反映企业的核心价值观。

### 3.4.2 企业文化

自1769年世界上第一家用大机器进行生产的纺织厂在英国诞生以来，现代企业已经走过了两百多年的路程。最初的企业管理是经验性的，人治色彩很重，效率低下，管理的稳定性也差。1911年泰勒的《科学管理原理》问世，标志着企业管理由漫长的经验管理阶段，迈进了划时代的科学管理阶段。

科学管理使企业管理走上了规范化、制度化和科学化的轨道，极大地推动了生产效率的提高。但是，在实践中也暴露了其本质的弱点：对人的忽视。发端于20世纪30年代的人际关系学说，兴起在20世纪六七十年代的行为科学理论，都在试图纠正和弥补科学管理理论的不足。20世纪80年代出现的企业文化理论，则是这种努力的最新成果。该理论完整地提出了与科学管理理论不同的管理思想和管理框架。迄今为止，现代企业管理的发展已经经历了三个阶段(表3-7)。

表3-7 现代企业管理所经历的三个阶段

| 阶段 | 经验管理 | 科学管理 | 文化管理 |
|---|---|---|---|
| 年代 | 1769—1910年 | 1911—1980年 | 1981年以来 |
| 特点 | 人治 | 法治 | 文治 |
| 组织 | 直线式 | 职能式 | 学习型组织 |
| 控制 | 外部控制 | 外部控制 | 自我控制 |
| 领导 | 师傅型 | 指挥型 | 育才型 |
| 管理中心 | 物 | 物 | 人 |
| 人性假设 | 经济人 | 经济人 | 自动人、观念人 |
| 激励方式 | 外部激励为主 | 外部激励为主 | 内部激励为主 |
| 管理重点 | 行为 | 行为 | 思想 |
| 管理性质 | 非理性 | 纯理性 | 非理性与理性相结合 |

1. 企业文化的内涵

在学术界，艾德佳 · 沙因（Edgar H. Schein）是研究企业文化的权威者，也被誉为“企业文化大师”。他对企业文化的定义是：组织在学习解决外部适应和内部整合时所创造、发现或发展出来的一套基本假设模型。清华大学的张德教授则给出了一个浅显易懂的定义：企业全体员工在长期发展过程中培育形成并共同遵守的最高目标、价值观念、基本信念和行为规范。

具体说来，企业文化可以被解剖成三个层次：符号层、制度/行为层、精神层。

1）符号层

符号层是企业文化的表层部分，是企业观念的物质载体和识别符号，往往能折射出企业的价值观念、管理哲学、工作作风和审美意识。

符号层主要包括下述内容：企业名称、标志、标准字、标准色，企业外貌，产品的特色、式样、外观和包装，技术工艺设备特性，厂徽、厂旗、厂歌、厂服、厂花，企业的文化体育设施，企业造型和纪念性建筑，企业纪念品，企业的文化传播网络。

图 3.2 展示了福煤集团的企业标识。其中，黑、红、蓝三色块分别代表的含义为：黑色为煤炭色，代表集团的基业；红色为主业煤、电所产生的热能；蓝色为辅业色，既表示产业链的延伸，也代表市场经济的海洋。中间的圆心为炽热的太阳，象征集团核心。三色块内侧的白线，构成三个“人”字，三人为众，既象征众志成城的团队精神，也体现以人为本的企业理念。从整体视觉上看，三个色块围绕核心旋转，代表能源的科学循环，形成强烈的动感，喻示集团的生机和活力。

图 3.3 展示了微山湖矿业集团（以下简称“微矿集团”）的企业标识。其中，左边的黑色是煤炭，中间的圆代表着太阳，右边的红色是光和热的象征。黑色和红色中间的英文字母 K 是矿业的简称，逆时针旋转过来，中间的 W 字母是微字的简称，两个字母连在一起就形成了微矿集团的标识。整个标识简洁明快，无不体现了微矿人走好每一步路、走实每一步路的战略思维，表达了微矿集团对未来的美好憧憬和对事业的坚定信念。

图 3.2　福煤集团企业标识

图 3.3　微矿集团企业标识

2）制度/行为层

制度/行为层是企业文化的中间层次，主要是指对企业组织和企业员工的行为产生规范性、约束性影响的部分，它规定了企业成员在共同的生产经营活动中应当遵守的行为准则。

制度/行为层主要包括三个方面的内容：一般制度是指企业中存在的一些带有普遍意义的工作制度和管理制度，以及各种责任制度；特殊制度是指企业的非程序化制度；企业风俗是指企业长期相沿、约定俗成的典礼、仪式、行为习惯、内部节日、主题活动等。

通常说来，特殊制度更能反映一个企业的管理特点和文化特色。

3）精神层

企业文化中有无精神层是衡量一个企业是否形成了自己的企业文化的主要标志。所谓精神层，是指企业的领导和员工共同信守的基本信念、价值标准、职业道德和精神风貌。

精神层主要包括下述内容：企业愿景、经营哲学、核心价值观、企业精神、企业风气、企业道德、企业宗旨。

可见，企业使命是包含于企业文化的精神层之中的。

2. 企业文化的设计

企业文化是企业核心竞争力的重要来源之一，例如青岛海尔的核心竞争力就是海尔文化。因此，有必要探讨一下如何进行企业文化的设计。

（1）符号层的设计主要是指企业标识、名称及其应用。企业的名称如同人的名字一样，是企业的代码，设计时要格外慎重。企业的标识是企业理念、企业精神的载体，企业可以通过企业标识来传播企业理念，公众也可以通过标识来加深对企业的印象。企业标识出现的次数和频度，也会直接影响社会公众对该企业的认知和接受程度，一个熟悉的标识可以刺激消费欲望。简言之，如果把企业理念比作“底片”，那么企业标识就是“照片”。

（2）制度/行为层的设计主要是指企业制度、企业风俗、员工行为规范的设计，这些都是企业理念的具体表现。企业制度是指工作制度、责任制度、特殊制度，它们是企业有序运行的基础，也是塑造企业形象的关键；企业风俗是指企业长期沿袭、约定俗成的典礼、仪式、习惯行为、节日、活动等；员工行为规范则主要包括仪表仪容、待人接物、岗位纪律、工作程序、素质修养等。

（3）精神层的设计主要是指要设计出一个完整的理念体系，其主要由以下几部分构成：企业愿景、企业哲学、核心价值观、经营理念、企业精神、企业风气和企业道德。

**阅读案例 3－2**

## 观音堂煤业有限公司特色文化管理模式

观音堂煤业有限公司有着上百年的开采历史，据《陕县志》记载，清初就有开采，1905 年即正式向官府呈领矿照合法开采，1920 年爱国将领张钫接管，创立民生煤矿公司，几经辗转，1949 年 7 月民生公司被收归国有，并更名为观音堂煤矿，2009 年 8 月破产重组后更名为观音堂煤业有限公司。观音堂煤业作为资源型企业，历经百年而存续，必然有着独特的文化现象，如 1931 年日产原煤已达千吨，1952 年年底观音堂煤矿自备电厂投产发电，河南省计件工资制、货币工资制等政策均由观音堂煤业最先试行而推广，1994 年的内部模拟市场管理，等等。这些现象说明，观音堂煤业在百年的历史中形成了许多独具特色的文化元素，被企业员工遵循着，同时也引领着企业的发展，支撑着企业负重前行。2009 年 8 月，百年老矿因资源枯竭而破产重组，进行二次创业，更需珍惜观音堂煤业百年积淀的文化内涵，进一步建设适合时代发展趋势的企业文化。

观音堂煤业企业文化建设的基本内涵是：弘扬“艰苦奋斗、自我超越”的企业精神，坚持以人为本和科学发展的理念，以文化力激活生产力、增强竞争力、提升管理软实力，用特色文化建设打造资源节约型、环境友好型煤矿的基础平台，以煤矿重组为契机，实现企业的持续、快速和健康发展。

观音堂煤业企业文化建设坚持传承和创新，注重超越，突出打造安全文化，挖掘历史文化，培养廉洁文化，构建人才文化，亲情文化和财务文化。体现出“百年老矿、文化大矿、人才强矿”的鲜明特色，逐步把做过的事情做成精品，把常规的事情做成特色的工作习惯，使企业真正成为阳光企业，始终处于成熟期，员工成为种子，在市场经济的大舞台上能够长袖善舞，尽显本色。

经过不懈的努力，观音堂煤业企业文化建设所带来的效果有以下几个方面。

1. 精神面貌方面

2009年以来，观音堂煤业明确了“艰苦奋斗自我超越”的企业精神。以“安全第一、成本领先、效益至上、职工富裕”作为自己的经营理念，以打造“百年观音堂、文化观音堂、平安观音堂、和谐观音堂、创新观音堂、现代观音堂”作为企业的目标愿景，寓教于乐，开展了广泛的宣传教育活动和丰富多彩的文体娱乐，陶冶了职工情操，使企业理念家喻户晓，并逐步深入人心。干部职工积极进取、勇于奉献，工作积极性高涨，自觉投身到企业安全生产、经营管理的工作中来。

2. 行为规范方面

近年来，观音堂煤业开展准军事化管理模式，制定并形成了具有特色、符合管理实际、体现企业文明水平的行为规范。企业的“日常行为规范”包括形象规范、岗位规范、会议规范、安全保密规范、思想道德规范等几大方面数十条规定；企业持续开展文明职工评选活动，不断修订文明职工标准，加大奖惩力度，在员工中形成了共识和自觉意识，企业的凝聚力不断得到加强。

3. 安全生产、质量标准化方面

2009年，观音堂煤业提出“实施精品带动，全面提升安全质量标准化水平”的创建要求，井上井下共列出67项工程，从井口到采区基本形成亮化、美化、彩色化的标准化格局。同时组成了采煤掘进、“一通三防”、机电运输和环境刷新四个专业工作组，在全公司形成了“公司领导督导，职能部门监管，基层区队实施，职工家属参与”的安全质量标准化管理网络。

井下采煤工作面做到“三直、两平、两畅通、一干净”，对主要大巷电缆进行了高标准整改，使井下质量标准化焕然一新，建成了一批精装面、精装线、精装硐室，安全质量标准化实现了生产场所安全化、管线吊挂规范化、井下牌板、安全标志艺术化、文明生产洁净化。在集团公司(即义马煤业集团股份有限公司)的安全质量标准化检查中，连续四个季度荣获同类型矿井第一名。在安全生产中，认真落实“安全第一、预防为主”的方针，开展了“三述三化一确认”活动，创新安全管理形式，进一步夯实了安全生产基础。

4. 经济效益方面

观音堂煤业企业文化建设的效果显著，职工精神面貌焕然一新，文明行为和良好工作习惯逐步养成，安全生产创佳绩，经济效益全面提升。2009年，生产原煤50万吨，原煤产量、职工收入均比2008年增长10%，实现了安全生产。2010年，原煤产量、销量均突破历史纪录，人均收入达到46000元以上，原煤日产、月产、销售均创出历史最好水平。

5. 环境建设方面

观音堂煤业共投资1.15亿，建造棚户区楼房43栋，安置居民1820户。全面实施矿区环境规划，先后建成了职工体育中心、科技培训中心、调度监控中心、下河休闲广场、菜市场等，对办公楼、露天大剧院、文化楼、医院、职工宿舍等进行装修改造，建成了平安苑，形成了南有文化苑、北有平安苑，与东山公园平安亭遥相呼应的系列景观。2009年观音堂煤业被评为中国企业文化建设示范单位、全国煤炭工业“先进煤矿”、河南省煤炭系统“文明煤矿”。

3. 企业文化与战略的关系

(1) 企业文化为企业战略提供成功的动力。一家企业自身具有很强的文化特色时，会通过企业成员的共同价值观念表现出企业的特殊性。这有利于企业形成别具一格的战略，为企业的成功奠定基础，提供原始动力。

(2) 企业文化是企业战略实施的关键。企业制定战略以后，就需要全体成员积极有效地贯彻实施。企业文化正是激发人们热情，统一群体成员意志的重要手段。

(3) 企业文化与企业战略的相互适应和协调。随着经营的发展，企业组织规模扩大，企业会增加新的成员。这些新成员会给企业带来新的文化。此外，在企业中，一个新的战略也要求原有的文化配合与协调。但是，由于企业中原有的文化有它的滞后性，很难马上对新战略做出反应，因此企业文化既可以成为实施战略的动力，也可能成为阻力。于是，在企业战略管理过程中，企业内部的新旧文化必须相互适应、相互协调，为战略获得成功提供保证。

## 本章小结

本章主要介绍了企业内部环境分析的相关内容：资源、能力、核心竞争力、企业使命与企业文化。

资源包括有形资源、无形资源和人力资源三种。

能力分析主要包括市场营销能力、生产管理能力、财务管理能力、研究与开发能力以及组织管理能力等。

核心竞争力是指能为企业带来相对于竞争对手的竞争优势的资源和能力。它是企业竞争优势的来源。

企业使命是指企业在社会经济的整体发展方向中所担当的角色和责任，也是企业的根本任务或其存在的理由。

企业文化是指企业全体员工在长期发展过程中培育形成并共同遵守的最高目标、价值观念、基本信念和行为规范。

## 关键术语

资源　能力　核心竞争力　四项测试　价值链　企业使命　企业文化

# 习　　题

一、单项选择题

1. 某企业是某省唯一一家风力发电企业，另外两家发电企业是火力发电企业。与其他两家发电企业相比，该企业具有一定的经营优势，主要包括：风力发电站设在本省最适宜设立风电厂的出口，该出口常年具有风力发电所必需的有效风速；风机和风车等风力发电设备全部从国外进口；拥有省内水平最高的风电工程师；享受国家对风电企业给予的税收优惠政策。与省内其他两家发电企业相比，该企业建立核心竞争力的资源是(　　)。

A. 先进的风力发电设备　　B. 正在享受的税收优惠政策

C. 地理位置和风力资源　　D. 拥有省内水平最高的风电工程师

2. 下列各项表述中可以作为企业使命的是(　　)。

A. 加强开发项目的质量管理

B. 5年内在市区建成2个地标性建筑

C. 为城市建设的现代化、特色化、合理化添砖加瓦

D. 在开发某地标建筑时，以中国传统文化为基础融入科技元素

3. 下列各项中，不能增加企业核心竞争力的是(　　)。

A. 产品差异化　　B. 购买生产专利权

C. 创新生产技术　　D. 聘用生产外包商

4. 在波特的价值链理论中，属于企业价值链中辅助活动的有(　　)。

A. 采购　　B. 发货后勤　　C. 技术开发　　D. 服务

5. 某公司获准开发某一地区的天然景区，该景区景色宜人，四季如春，山间的温泉含有对人体健康有益的微量元素，每天都吸引大量游客前来，从而形成了独特的垄断地位和竞争优势。根据资料可以判断，帮助该企业建立核心竞争力的资源属于(　　)。

A. 不可替代的资源　　B. 稀缺资源

C. 不可被模仿的资源　　D. 持久的资源

6. 战略分析的工具与方法很多，如果要确定企业获得成本优势的机会和创造产品与服务差别化的机会，以下分析工具最适宜的是(　　)。

A. 五种竞争力分析模型　　B. 价值链分析

C. GE矩阵法　　D. 内外部矩阵法

7. 下列说法中，不正确的是(　　)。

A. 愿景分析是衔接企业文化与战略的过渡性步骤

B. 企业使命体现了企业总的发展方向、长期目标和企业行为活动总原则

C. 决定企业使命的因素主要是政府、社区、社会公众等

D. 企业宗旨主要回答本企业成为什么性质的企业或组织类型这一问题

8. 下列选项中，最适合一家服装生产企业作为使命的表述是(　　)。

A. 瞄准世界一流企业，齐头奋进　　B. 不断创新，勇于挑战自我

C. 让人们的生活更加丰富多彩　　D. 让企业成为员工的家

9. 某企业是一家饮料企业，一句“喝了×××，吃饭就是香”响遍大江南北，赢得了巨大的顾客信任，帮助企业积累了第一桶金。这种由顾客信任而形成的企业形象，能给企业带来超额利润是企业的(　　)。

A. 专利　　B. 商誉　　C. 企业文化　　D. 顾客忠诚度

10. 某企业拥有著名的品牌，其领导人曾自豪地讲：“即使我的厂房设备一夜之间全部烧光，只要我的品牌还在，第二天就会有很多人给我投资。”这句话清晰地表明该企业的品牌在市场上具有极高的品牌忠诚度，形成了较强的竞争优势。从形成核心竞争力的资

源角度分析属于(　　)。

A. 稀缺资源　　B. 不可被模仿的资源

C. 不可替代的资源　　D. 持久的资源

二、多项选择题

1. 下列关于企业使命的说法正确的有(　　)。

A. 战略规划的第一步是确定企业使命并将其在企业使命陈述中加以明确

B. 高层管理人员负责明确企业使命

C. 使命是具体的，并不是抽象的

D. 使命是企业在社会经济的整体发展方向中所担当的角色和责任

2. 关于建立核心竞争力的资源说法正确的有(　　)。

A. 由于企业文化很难被模仿，因此企业文化较容易形成企业的核心竞争力

B. 企业占用的资源越稀缺，就越有可能形成企业的核心竞争力

C. 所有的资源都会增加企业的竞争力

D. 若企业的资源虽然很难被模仿，但是很可能出现代替产品，那么该资源不能属于企业的核心竞争力

3. 某公司是一家国际知名的快餐连锁企业。下列各项中，属于该公司战略分析时必须关注的企业资源有(　　)。

A. 自动化生产线　　B. 独特的企业文化

C. 协调、配置各种资源的技能　　D. 作为商业秘密保管的食品配方

4. 下列关于企业资源的表述中，正确的有(　　)。

A. 企业文化和组织经验属于企业的组织资源

B. 企业协调、配置各种资源的能力属于企业的无形资源

C. 企业的无形资源一般难以被竞争对手了解、购买、模仿或替代

D. 企业的有形资源列示在资产负债表的公允价值不能完全代表其战略价值

5. 按照波特的价值链理论，企业的下列各项活动中，属于基础活动的有(　　)。

A. 书店提供网络在线销售服务

B. 家电生产企业利用外包仓库储存其产成品

C. 快递公司重整其人力资源管理，提升员工的服务技能

D. 制鞋企业设立特定研究中心专门从事人体工程学和产品生产的研究

6. 在波特的价值链理论中，属于企业价值链中支持性活动的有(　　)。

A. 采购　　B. 发货后勤　　C. 技术开发　　D. 服务

7. 某公司是苏州一家集团企业，其主营业务为原木材料的供应，其他业务为家具制造、公园设施基建工程业务等。该公司拥有多年加工木材的经验及大型加工场所，木材产量位居全国第二。该公司自主品牌家具在2008年成为欧洲单一品牌家具销量之首。根据上述信息，可以判断该公司所拥有的无形资产有(　　)。

A. 加工厂　　B. 组织经验　　C. 品牌　　D. 专利

8. 企业资源的内容涵盖面非常广泛，大致可以分为三类：有形资源、无形资源和人

力资源。以下属于有形资源的有(　　)。

A. 品牌、商誉、组织文化　　B. 企业积累的组织经验

C. 生产设备、原材料、财务资源　　D. 不动产和计算机设备

9. 某知名品牌企业有 200 家分店，其中 80％的分店为特许经营店。特许经营店均由当地加盟的投资人出资并负责管理与经营活动，同时承担相应的投资风险。该企业近期决定 3 年内以每年 100 家的速度再增加 300 家特许经营店。据此分析，该企业拥有(　　)。

A. 充分利用企业外部资源的能力　　B. 出色的总部管理与运营能力

C. 雄厚的财务资源和能力　　D. 优秀的品牌管理能力

10. 下列属于企业使命应当具备的要素有(　　)。

A. 反映企业定位　　B. 有导向作用

C. 说明业务范围　　D. 有利于界定自身的企业形象

11. 下列各项中属于企业市场营销能力的有(　　)。

A. 质量管理能力　　B. 销售活动能力

C. 组织管理能力　　D. 产品竞争能力

三、简答题

1. 如何进行企业内部资源分析?

2. 如何进行企业内部能力分析?

3. 什么样的资源和能力可以被称为是核心竞争力?

4. 价值链分析中的基本活动和支持性活动有什么关系?

5. 什么是企业使命? 它至少具备哪些因素?

6. 什么是企业文化? 它包括哪些层次?

四、思考题

1. 某公司创建于 1848 年，是国内唯一的由一个半世纪前相传至今的百年老店。已发展成为集科工贸于一体，拥有 20 多家子公司，4 个专业分厂，以及 60 余家连锁银楼、300 多家专卖店和 1000 多家经销商的大型首饰企业集团。

目前，公司拥有职工 1300 多名，其中有 100 多位获得中国工艺美术大师、高级工艺美术师等称号的老、中、青三代设计师以及 300 多位制作巧匠、技师。在历年来的国际、国内首饰设计制作大赛中荣获 130 多个奖项，享有“首饰奥斯卡”的美誉。

多年来，公司坚持走品牌经营之路，不断创新经营理念、严格质量管理、完善银楼管理标准和特色服务，通过连锁银楼、形象专柜、特约经销商、专卖店、区域代理等渠道，其营销网络已遍及全国 30 个省、市、自治区。

“牌子老，款式新，工艺精，信誉好”是消费者对 A 品牌的共识。广为流传的“A 首饰，三代人的青睐”正反映出消费者对这一首饰著名品牌的钟爱。

该公司目前主要在两个方面极具特色：一是中国制笔行业的领军企业，销售水平和盈利能力在国内行业中保持绝对领先地位，在世界铅笔行业也处于领先水平，国内市场占有率近 40％，并垄断高端市场 80％以上的份额。目前公司产品 50％以上用于出口。二是公司著名品牌“B 牌”铅笔和控股子公司××有限公司驰名商标“A”金银饰品双双荣获

“中国名牌”称号，其中“A”品牌专业机构评估后的品牌价值超过 38 亿元。

要求：

请分析该公司拥有的资源、能力与核心竞争力。

2. 某公司是一家生产奶制品的企业，领导人过去更多关注的是企业如何盈利。但是 2008 年发生的三鹿奶粉事件给这家企业带来了巨大冲击，尤其是在现在这样一个严峻的经济形势下，该公司的领导人开始关注企业使命，思考企业到底应该怎么做。

要求：

请针对该公司的企业使命进行简要分析，并解释其企业使命应包含的要素。

### 小论文

请通过使用互联网浏览各煤炭企业主页的方式，收集 10 家煤炭企业的企业使命陈述，并从培育核心竞争力的角度评价之。

# 第4章

# 企业战略类型

## 学习要点

- 产品渗透战略、市场开发战略、产品开发战略
- 纵向一体化战略、横向一体化战略
- 相关多元化战略、非相关多元化战略、企业集团多元化战略
- 暂停战略、无变战略、维持利润战略
- 抽资转向战略、剥离战略、清算战略
- 成本领先战略、差异化战略、集中化战略
- 市场营销战略、生产运作战略、财务战略、人力资源战略、研究与开发战略、信息系统战略

## 名人名言

在双方军队参战之前，战争的胜负已经可以从双方的战略家身上看出来了。

——[德]克劳塞维茨

将者，智、信、仁、勇、严也。

——《孙子兵法》

## 导入案例

### 兖矿集团发展战略透析

近年来，兖矿集团坚持以企业发展战略为统领，以构建适应企业战略转型要求的新型战略管理体系为目标，健全管理体制，优化管理流程，严格绩效考评，抓好战略规划的落地实施，初步形成了决策科学、执行高效、管控有力的战略管理体制和运行机制，推动了企业持续快速健康发展。

1. 兖矿集团发展战略历程简要回顾

兖矿集团自建立以来，总体上经历了建设创业期、快速发展期、扩张发展期三个时期，如图 4.1 所示。

**图 4.1　兖矿集团发展历程**

1. 建设创业期(1976—1990 年)

这一阶段重点是开发兖州煤田，其标志是建成特大型矿务局。在此期间，坚持边生产、边建设，兴隆庄煤矿、北宿煤矿、鲍店煤矿、东滩煤矿、杨村煤矿相继建成投产，加上原有的唐村煤矿、南屯煤矿、兖州煤田建设基本结束，并于 1989 年跨入千万吨特大型矿务局行列，确立了煤炭产业的主体地位。1990 年，原煤产量 1017 万吨，销售收入 8.13 亿元，利税 3539 万元，资产规模 29.38 亿元。

2. 快速发展期(1991—2000 年)

这一阶段重点是开发济东煤田并探索“煤与非煤并重”发展道路，其标志是进入国家企业百强行列。在此期间，济宁二号、济宁三号煤矿先后建成投产，本部矿井建设基本结束，兖州煤业在纽约、香港、上海三地同时上市，率先提出并开始实施“煤与非煤并重”发展战略，企业效益、单产、效率等主要经济技术指标跃升为行业第一名，成为全国煤炭行业的“龙头”企业，经济总量进入中国百强企业中 60～70 位。2000 年，煤炭产量 3040 万吨，销售收入 87.9 亿元，利税 13.2 亿元，资产规模 203 亿元。

3. 扩张发展期(2001 年至今)

这一阶段重点是打造煤基产业链，战略目标是建设主业突出、核心竞争力强和具有国际化水平的大型企业集团。在此期间，兖矿集团在强化本部煤炭生产稳产高产的同时，开辟了贵州、陕西榆林、新疆、内蒙古鄂尔多斯、澳大利亚等五个外部基地，煤化工、铝业、电力、煤机制造等非煤主导产业迅速发展，实现了跨行业、跨区域、跨国界发展。2010 年，煤炭产量 6008 万吨，销售收入 603 亿元，利税 170 亿元，资产规模 1100 亿元。

2. 兖矿集团战略调整实施简析

兖矿集团发展战略随着企业自身的发展和主要领导人的思路而不断调整变化，概括地讲，按战略特征大约划分为五个阶段：

第一个阶段为 1996 年之前。兖矿集团在这一阶段的基本战略特征是：以煤为本，煤与非煤并重。期间侧重于：通过采煤技术创新提高煤炭主业产量规模和生产效率、经济效益；通过“双十亿”工程等大力发展非煤产业，扩大经济规模。企业由全国煤炭行业第 17 位一跃进入前几位的一流水平。

第二个阶段为 1996—2001 年。兖矿集团在这一阶段的基本战略特征是：把兖矿集团建设成为经营机制灵活、产业结构合理、市场竞争实力较强的大型矿业集团。期间侧重于：通过企业参加全国现代企业制度百家试点、120 家企业集团试点、1998 年兖州煤业股改上市等改革改制、管理创新和继续提升技术装备，实现企业经营机制转换、经济实力增强、经营效益提高和社会知名度、企业品牌的大幅度提升。

第三个阶段为2001—2003年。兖矿集团在这一阶段的基本战略特征是：把兖矿集团建设成为具有强大国际竞争力的、国际化、现代化和可持续发展的跨国能源化工集团。期间侧重于：在以往发展实力积累和改革创新机制转换的基础上，提出并开始涉足国外开发(委内瑞拉铁路项目、澳大利亚澳思达煤矿)和赴省外开发煤炭资源，同时开始建设规划中的次主业煤化工、电解铝项目。

第四个阶段2005—2008年。兖矿集团在这一阶段的基本战略特征是：加快建设主业突出、核心竞争力强、具有国际化水平的大型企业集团。期间侧重于：外部基本维持收缩，内部推行精细管理，稳步推进陕北、新疆资源开发，加快山东省鲁南煤化工基地三大化工园区建设，推进铝制品深加工项目和机电成套设备制造基地建设，初现三大主业鼎立之势。

第五个阶段从2009年至今。兖矿集团在这一阶段的基本战略特征是：加快实施国际化经营战略，建设国际化大型企业集团。期间侧重于：国内热点煤炭资源开发区战略资源开发取得阶段性成果，国外在依靠综采放顶煤一整套自主技术收购开发澳洲澳思达煤矿的基础上，继而成功收购兼并菲利克斯公司，搭建了赴澳开发的大平台，至此兖矿集团实质步入了一个带有明显国际化战略发展色彩的新时期。

纵观兖矿集团发展战略的实施轨迹，经过了一个不断探索、调整、优化、提升的过程。从当初考虑到煤炭资源的不可再生性，在大力提高煤炭产业经济效益的同时，大力发展非煤产业；到适时进行战略性调整和产业结构优化，着力改变非煤产业过于分散经营的状况，重点培育非煤支柱产业；再到集中发展煤基产业链，做强做大三大主导产业，构建循环经济发展模式；旨在实现由“小而弱”“全而散”到“专而精”“大而强”的根本性转变，进而以澳大利亚澳思达煤矿为桥头堡，加快实施国际化战略，进军国际采矿业，建设国际化大型企业集团。实践证明，兖矿集团的发展战略是正确的，取得的成效也是显著的。

3. 强化战略管理，调整优化发展思路

兖矿集团坚持以战略管理为主导，不断完善经营管理和风险管理支撑体系，突出重点，创新方法，发挥企业管理的最佳效能。

1) 科学制定发展战略，保证企业发展的正确方向

以战略研究院为核心，与高层政策研究机构、信息、科研机构建立密切联系，聘请国内外知名学者和专家，形成完善的发展战略研究体系。把握国内外经济发展动态和国家产业政策导向，研究制定企业发展战略，保证企业正确的发展目标和发展方向。

一是明确发展定位。按照发展战略国际化、产品调整高端化、体制机制科学化、管理手段信息化、技术先进适用化、矿区环境生态化“六化”发展思路，建设主业突出、核心竞争力强、国际化企业集团，力争进入全国百强企业、煤炭行业前五强，打造中国煤炭行业国际化发展规模最大企业。

二是确定发展原则。坚持以世界经济、国家宏观调控政策和产业发展趋势为导向，培育集约化、集群化发展优势，确保符合经济全球化和低碳、绿色、环保、安全、可持续的新要求；坚持突出发展主业和转方式调结构，着力做强做大“三大主业”，推进“两个改变、两个转变”，优化产业布局和功能定位，推动优势资源向产业链高端集聚，促进产品结构调整和上档升级；坚持以资本运营推动国际化发展，树立世界眼光、全球视野和开放思维，抓住国内外有利时机，加大资本运营力度，稳步实施“走出去”战略，推动国际化程度进一步提高；坚持以人为本实现和谐发展，着力营造良好内外部发展环境，积极履行社会责任，做到与职工共同成长，与地方共谋发展，与客户共享成功，与社会共同进步。

三是确立发展思路。立足济宁，依托山东，辐射国内，走向国际，做强做大煤炭主业，做精做细煤化工产业，做长做实煤电铝产业，做优做特机电成套装备制造产业；发挥比较优势，进一步开发外部资源，拓宽发展空间，加快建设山东鲁南煤化工基地，贵州、陕西榆林、新疆、内蒙古鄂尔多斯煤化电基地和澳大利亚煤炭铝土矿基地；坚持资源开发与节约并重，环境保护和资源综合利用并举，发展循环经济，提高资源综合利用率和企业经济效益，加快建设主业突出、核心竞争力强、国际化企业集团。

四是实现高效跨跃发展。立足新起点，实现新跨跃，结合实际提出“一个率先、三个增强、四个发

展”要求，即率先发展煤炭、煤化工、煤电铝“三大主业”；增强优势产业发展能力，增强科技创新能力，增强可持续发展能力；做到科学发展、安全发展、有效发展、和谐发展，努力走出一条科技含量高、经济效益好、资源消耗低、环境污染少、人力资源优势得到充分发挥的新型工业化道路。

2）分解落实发展规划，强化以项目管理为重点的企业风险管理

按年度、分类别分解总体规划，制定年度计划和人力资源规划、科技发展规划、循环经济规划等子规划，科学确定规划项目投资额、投资进度和项目完成销售收入、利润、节能等考核指标，层层分解落实到各单位、各部门，与各单位经营管理者年薪制和单位工资奖金分配挂钩，严格考核兑现。建立健全企业风险管理机构，完善企业风险评估和防范机制，把控制防范风险与实现又快又好发展有机结合起来。把项目建设作为一项重要工作来抓，在项目开发上严格做到“五个不上”，即：不符合集团公司主业发展方向的项目不上，没有核心技术的项目不上，不是多元投资主体的项目不上，不符合国家环保节能要求的项目不上，市场前景不好、投资回报率不高的项目不上。对建设项目，坚持“又好又快”，推行“6433”管理模式。“好”就是要确保安全、确保质量，“快”就是要确保项目建设进度；在项目实施中，坚持“筹备项目抓核准、手续齐全抓开工、在建项目抓进度、竣工项目抓达产”，遵循最优化的设计、最快的建设速度、最少的建设投资、最简化的系统和设施、最大的产出、最好的经济效益“六最”原则；实施法人负责制、招投标制、工程监理制、合同管理制“四制”管理，加强质量、工期、造价“三大控制”，做到体制、机制、模式“三个创新”。创新体制，即坚持投资主体多元化，面向优势企业和跨国公司，加大招商引资力度，重点搞好与世界500强等跨国公司合作，引进技术、资金、管理、机制和市场；创新机制，即成立兖矿集团控股的独立法人实施项目开发，落实其投资主体、建设主体、管理主体、还本付息主体责任；创新模式，即充分依托社会资源，优化项目设计，新建项目精干主体。通过推行“6433”管理模式，确保项目建成即调试、调试即试车、试车即试产、试产即达产、达产即达效。

3）抓好跟踪监控和规划调整，提高战略规划实施效果。成立由董事长、总经理为组长的规划实施领导小组，明确董事办、总经办、战略研究院、计划部、财务部等牵头部门责任，制定工作程序和协调制度，定期检查发展规划实施情况，对出现的特殊事项及时上报规划实施领导小组研究决策；对因国家政策调整，环境容量和水资源限制等原因，造成难以实施的项目，进行必要的调整。成立规划执行绩效考核办公室，把规划项目完成投资、进度和实现销售收入、利润、成本等绩效考核指标，纳入各单位全面预算管理，及时进行监督控制，年底根据预算控制指标完成情况进行绩效考核。根据每年绩效考核指标完成情况，采用目标指标对比法、时间序列分析法、统筹法等方法，分析企业运营情况，对下年绩效指标进行预测，相应调整发展规划。

4. 兖矿集团新时期跨越发展的战略取向

1）新时期国际化经营战略的定位取向

依据外延性和“量”的扩张概念，目前兖矿集团进入了实质性国际化经营战略时期。这个定位取向有四个方面的含义：

一是从兖矿集团第一主业煤炭未来发展区域空间上看，现已大规模实质性进入国际化。其标志，煤炭产业依托先进适用的开采技术、澳思达煤矿开采成功事例和强大经济实力，不仅在澳大利亚站稳了脚跟——澳思达煤矿运作成功，而且把一个多发火即将报废的矿井搞成了安全高效煤矿。成功收购澳大利亚菲利克斯公司100%股权，按澳大利亚JORC标准获得煤炭资源量20.06亿吨。这是中国第一个煤炭企业大规模跨国成功收购的战略行为，具有标志性、引领性和示范性的战略意义。

二是兖矿集团在澳开发铝土资源行为取得重大进展，完成了澳大利亚铝土矿资源公司（BRL公司）8.5%的股权收购，与该公司签署《进一步合作框架协议》（简称《协议》），参与西澳优质铝土资源开发。按照《协议》内容，兖矿集团将拥有BRL公司11.5%的股权，取得铝土矿资源储量约5.4亿吨，建设年产80万吨氧化铝生产项目，解决长期制约电铝产业的原料供应问题。此项目发展前景广阔，战略意义深远。

三是兖矿集团承揽的委内瑞拉铁路项目基本成功，虽付出了许多艰辛和经历了诸多曲折，但终有所获，赢得了委内瑞拉政府和业内人士的高度赞赏。

四是兖矿集团控股子公司兖州煤业境外上市表现良好，由于其业绩稳定突出，被美国标准普尔指数推为全球最具投资价值的 30 只股票之一，扩大了兖矿集团的国际化影响力和品牌价值量。

2）新时期主导产业结构优化升级的战略取向

依据内涵延伸和“质”的提升概念，兖矿集团产业结构优化已到了关键时期。按照“高端高质高效”产业发展战略，对现有产业结构进行优化升级。

一是煤炭产品在“高”上下工夫。优化煤炭产品结构，一方面按照大市场需求培育开发大产品的方略，加快煤制油这个高端产品的产业化进度，抢占全国油品大市场；另一方面适应绿色经济、低碳经济发展要求，着力抓好煤炭洁净生产和产品的综合洗选加工。同时以用户需求为依据，着力培育名牌产品，大力抓好煤炭产品的结构调整和优化升级，促进企业经济效益不断提高。

二是电力产品在“大”上下工夫。除坑口综合利用电厂外，凡新建电厂在条件许可的情况下都应力争上大规模，因为只有大规模电厂才能实现高效率、低消耗。

三是煤化工产品在“细”上下工夫。坚持以市场需求为导向，以资源、环境、资金、技术、人才和管理为保障，通过技术创新优化选定主导产品链，实现煤化工由初级产品向高技术含量、高附加值的精细化工产品转变。当前着重全面审查调整煤化工项目建设规划，适当压缩初级产品项目，开发精细化工项目。

四是铝业产品在“深”上下工夫。优化铝产品结构，增强市场竞争力，积极应对国家宏观调控政策和国内外供求关系不断变化，拉长铝产品产业链，在铝产品深加工上下工夫。当前重点是大力推进铝型材高端产品开发，并在上游资源开发方面有所作为。

五是辅业产品在“专”上下工夫。优化辅业产品结构，按照现有产业情况，寻找市场空间，拓展发展领域，着力培育辅业中的支柱产业，走“专、精、特”之路，大力开发高附加值产品，增强核心竞争力，实现又好又快发展。

**请思考**：兖矿集团在其发展历程中都采用了哪些战略？

## 4.1　专业化战略

专业化战略是指企业充分利用现有产品或服务的潜力，强化现有产品或服务竞争地位的战略。

专业化战略主要包括三种类型：市场渗透战略、市场开发战略和产品开发战略。

### 4.1.1　市场渗透战略

市场渗透战略是指增加现有产品或服务的市场份额，或增加正在现有市场中经营的业务。具体的方法包括以下内容。

1. 扩大市场份额

这种方法特别适用于整体正在成长的市场。企业可以通过提供折扣或增加广告来增加在现有市场中的销售额，还可以通过改进销售和分销方式来提高所提供的服务水平，或者通过改进产品或包装来提高和加强其对消费者的吸引力并降低成本。

2. 开发小众市场

即在行业中的一系列小众市场中获得增长，从而扩大总的市场份额。当与竞争对手相比企业规模较小时，这种方法尤为适用。

3. 保持市场份额

当整体市场发生衰退时，保持市场份额对于企业而言就是一种增长。总体而言，企业运用市场渗透战略的难易程度取决于市场的性质和竞争对手的市场地位。当整个市场在增长时，拥有少量市场份额的企业提高质量和生产力并增加市场活动可能比较容易；而当市场处于停滞状态时，则比较难。

经验曲线效应使企业很难向成熟市场渗透，在成熟市场中领先企业的成本结构会阻止拥有少量市场份额的竞争对手进入市场。具体来说，市场渗透战略适用于以下五种情况：

（1）当整个市场正在增长，或可能受某些因素影响而产生增长时，企业要进入该市场可能会比较容易，那些想要取得市场份额的企业能够以较快的速度达成目标。相反，向停滞或衰退的市场渗透可能会难得多。

（2）如果一家企业决定将利益局限在现有产品或市场领域，即使整个市场衰退时也不允许销售额下降，那么企业可能必须采取市场渗透战略。

（3）如果其他企业由于各种原因离开了市场，市场渗透战略可能是比较成功的。

（4）企业拥有强大的市场地位，并且能够利用经验和能力来获得强有力的独特竞争优势，那么向新市场渗透是比较容易的。

（5）对应的风险较低，高级管理者参与度较高，且需要的投资相对较低的时候，市场渗透战略是比较适合的。

### 4.1.2 市场开发战略

市场开发战略是指将现有产品或服务打入新市场的战略，主要途径就是开辟其他区域市场或细分市场。

采取市场开发战略主要基于以下三个原因：

（1）企业发现现有产品生产过程的性质，导致难以转而生产全新的产品，因此希望开发其他市场。

（2）市场开发往往与产品开发结合在一起。

（3）现有市场或细分市场已经饱和，这会促使企业去寻找新的市场。

具体说来，市场开发战略适用于以下六种情况：

（1）存在未开发或未饱和的市场。

（2）可得到新的、可靠的、经济的和高质量的销售渠道。

（3）企业在现有的经营领域十分成功。

（4）企业拥有扩大经营所需的资金和人力资源。

（5）企业存在过剩的生产能力。

（6）企业的主业属于正在迅速全球化的产业。

### 4.1.3　产品开发战略

产品开发战略是指通过改进或改变产品和服务以增加产品销售量的战略。该战略有利于企业利用现有产品的声誉和商标，吸引用户购买新产品。此外，由于该战略是对现有产品进行改进，对现有市场较为了解，产品开发的针对性较强，因此较易取得成功。

但是，产品开发战略对企业具有一定的挑战性，因为它通常要求企业致力于对产品进行强有力的研究与开发。这既可能是由产品的本质或市场需求决定的，也可能是由产品需要更具特色所迫使的。一般而言，企业采取产品开发战略主要基于以下四点原因：

(1) 充分利用企业对市场的了解。

(2) 保持相对于竞争对手的领先地位。

(3) 从现有产品组合的不足中寻求新的机会。

(4) 使企业能继续在现有市场中保持安全的地位。

具体说来，产品开发战略适用于以下五种情况：

(1) 企业产品具有较高的市场信誉度和顾客满意度。

(2) 企业所在产业属于适宜创新的高速发展的高新技术产业。

(3) 企业所在产业正处于高速增长阶段。

(4) 企业具有较强的研究与开发能力。

(5) 主要竞争对手以类似价格提供更高质量的产品。

## 4.2　一体化战略

一体化战略是指企业对具有优势和增长潜力的产品或业务，沿其经营链条的纵向或横向扩大业务的深度和广度，扩大经营规模，实现企业成长。该战略按照产品或业务拓展的方向，可以分为纵向一体化和横向一体化两种战略。

### 4.2.1　纵向一体化战略

纵向一体化战略是指企业沿着产品或业务链条向前或向后，延伸和扩展企业现有业务的战略。向前延伸被称为前向一体化战略，向后延伸被称为后向一体化战略。无论采用前向一体化，还是后向一体化，该战略的风险主要来源于进入不熟悉的新业务领域所带来的风险。

1. 前向一体化

前向一体化战略是指获得分销商或零售商的所有权或加强对他们的控制权的战略。该战略通过控制销售过程和渠道，有利于企业控制和掌握市场，增强对消费者需求变化的敏感性，提高企业产品的市场适应性和竞争力。具体说来，该战略适用于以下三种情况：

(1) 企业现有销售商的销售成本较高或可靠性较差而难以满足企业的销售需要。

(2) 企业所在产业的增长潜力较大，企业具备前向一体化所需的资金和人力资源等。

(3) 销售环节的利润率较高。

2. 后向一体化

后向一体化战略是指获得供应商的所有权或加强对他们的控制权的战略。该战略有利于企业有效地控制关键原材料等投入的成本、质量及供应的可靠性，确保企业生产经营活动稳步进行。具体说来，该战略适用于以下五种情况：

（1）企业现有的供应商供应成本较高或者可靠性较差而难以满足企业对原材料和零部件等的需求。

（2）供应商数量较少而需求方竞争者众多。

（3）企业所在产业的增长潜力较大，企业具备后向一体化所需的资金和人力资源等。

（4）供应环节的利润率较高。

（5）企业产品价格的稳定对企业而言十分关键。

3. 煤炭企业煤电一体化

从煤炭企业来看，发展煤电一体化，变输煤为输电，既可避免长距离运输，降低燃煤成本，又可实现资源的优化配置，节省建设投资，减少环境污染，并使不宜长途外运的低热值煤也得到了充分利用。

早在1989年3月，国务院就批准推行由能源局提出的煤电联营方案，并指出特别支持和推进对低热值的煤炭资源实行煤电联营。从煤电联营的进程来看，2002年以前，煤电联营主要是煤炭企业进行尝试，在煤炭基地附近建设坑口电厂。但由于国家宏观调控政策和电力体制改革的滞后，电力和煤炭两大行业利益纠纷等原因，坑口电厂发的电大多上不了网，只能是“体内循环”，建设的电厂也基本是自备电厂，自己发电，自己消化。

2002年电力体制改革后，煤电联营加速发展，电力企业首先提出由煤电联营拓展为煤电一体化。近年来不断凸显的煤电矛盾又使得煤电一体化受到了更大的重视，以神华集团为代表的煤炭企业加速建设坑口电厂，并大举收购电厂，以煤电一体化积极应对电力行业的“重压”。2011年9月，国家能源局重申，煤电联营将作为长期政策坚持下去，并承诺在相关项目审批方面给予特殊政策和待遇，这为煤电一体化进程注入了强心剂。

目前，在全国的主要产煤区，煤电一体化早已演变为两个行业之间的博弈和妥协，煤电企业的选择模式有三种：

（1）一个投资主体下煤矿和电厂并行，实现煤电联营。

（2）煤炭企业和电力企业之间相互参股。

（3）大型煤炭集团和电力集团合并。

今后煤电一体化的发展趋势可以概括为：煤炭控股、专业管理、资本联营。

煤电矛盾的关键点就是缺煤，“电荒”的背后是“煤荒”。煤炭价格上涨和电价受控的现实，直接导致电厂亏损严重，市场有煤但不愿卖给电厂，电厂煤炭库存下降，电煤吃紧，有的电厂甚至有厂无煤，处于闲置状态。近几年的“煤炭大省闹电荒”“山西电厂闹煤荒”等现象说明，煤电一体化项目必须解决电煤供给的核心问题。如果仅仅只是相互参股，总会存在产权的边界，将无法实现“把煤矿的利润补到电力上来”，改变不了煤企赚钱、电企亏损的现实。因此，由煤炭企业主导或控股相关项目，率先保障电煤的供应，才能实现合作双方的共赢。此外，煤炭企业作为一线生产单位，所承担的生产责任和安全风险较大，从收益分配和权责一致上来看，由煤炭企业牵头煤电一体化也比较合适。

当前国内对煤电一体化的主要质疑就是煤电一体化不符合经济全球化背景下的专业化大生产趋势。煤炭进入电力或电力进入煤炭，显然都会影响行业本身的效率。电企缺乏煤炭勘探、开采、经营管理经验。煤炭勘探、开发是专业技术性的工作，如果电企缺乏煤炭人才和管理经验，可能造成电企对煤企实施并购的过程中，对煤炭资源价值评估出现偏差，对煤矿项目的监管不够有效等情况。同时，我国煤炭行业机械化水平不高，井下作业人员较多，煤矿安全问题尤为重要，对于不具备专业管理和技术优势的电企来说，为谨防安全事故的发生而必须提高安全生产的投入，成本必然上升。同样，煤企也缺乏电力人才和管理经验，电力是资金技术密集性行业，煤企进入电力是从低端进入高端产业，缺少技术管理优势。因此，在满足现代企业"投资主体多元化、经营管理专业化"的要求下，煤矿由煤炭企业管理，电厂由电力企业管理，实现专业管理，保证煤、电企业的独立发展利益，加速煤电产业各自的专业化发展。

国家实施煤电一体化战略的目的是实现煤电产业协调发展，消化煤价上涨的影响，保障电力供应，实现双方利益最大化。换句话说，煤电一体化必须起到协同作用。无论是煤上电或电搞煤，单纯延伸产业链，充其量只是一种产业结构的调整，意在对对方行业的渗透，以减轻受对方的控制程度，为的是抢占资源，做强做大自己的产业规模，增加话语权和相关利益。然而，煤和电唇齿相依，其在国民经济中的协同作用是明显的，煤和电不应是"顶牛"，也不应是互相渗透，而应是合作共赢。因此，资本联营的产权结构一体化更符合煤电一体化的本质要求。

在实际操作中，可以考虑由煤炭企业和电力企业共同出资设立由煤炭企业控股的能源股份公司，旗下由煤炭企业控股、电力企业参股从事煤炭生产的矿井和由电力企业控股、煤炭企业参股从事电力生产的电厂，以产权、股权关系为纽带，有效化解煤电企业之间的利益冲突，使企业外部经营成本内部化、外部需求矛盾内部化。

### 4.2.2　横向一体化战略

横向一体化战略是指企业收购、兼并或联合竞争企业的战略。该战略的主要目的是减少竞争压力、实现规模经济和增强自身实力以获取竞争优势。

具体说来，该战略适用于以下五种情况：

(1) 企业所在行业竞争较为激烈。

(2) 企业所在行业的规模经济较为明显。

(3) 企业的横向一体化符合反垄断法律法规，能够在局部地区获得一定的垄断地位。

(4) 企业所在行业的增长潜力较大。

(5) 企业具备横向一体化所需的资金和人力资源等。

党的十一届三中全会以后，全党的工作重心转移到经济建设上来。"六五"时期，"国家修路、群众办矿"和"国家、集体、个人一起上""强化开采、有水快流"等口号，极大地刺激了山西乡镇集体和农民群众办矿采煤的积极性，乡镇煤矿(含集体和个体)迅速发展，异军突起。1978 年，山西全省国有重点及地方国有煤矿实现年产量达 7751 万吨，而以乡镇(时称"社队")煤矿为主的非国有煤矿年产量只有 1874 万吨。到"六五"期末的

1985年，山西全省国有重点及地方国有煤矿年产量为1.17亿吨，而非国有煤矿年产量达9685万吨。到“七五”末的1990年，山西仅乡镇煤矿的年产量就已达1.17亿吨，比全省国有重点煤矿当年产量高出6.1%。

乡镇煤矿的兴起，在增加煤炭产量、满足国家对煤炭能源的需求以及促进煤区经济发展方面，发挥了积极的作用。但是这种“一哄而起”的办矿趋势，使行业管理在规模布局、技术规范等方面陷入被动境地，暴露出小煤矿发展中若干不可忽视的弊端。

以山西省为例进行阐述。山西全省各国有重点煤矿(有时称中直统配矿)以大中型矿井为主，到1990年平均单井规模已达150万吨/年。而乡镇煤矿在迅速崛起阶段大部分为小型矿井，基本上无核定能力可言。尽管有少数矿井年产量已达9万吨，但大部分矿井仅3万吨左右，部分矿井尚不足万吨，以“多、小、散、乱”为基本特征。

山西全省各国有重点煤矿所属矿井，机械化采煤程度由1985年的76.81%上升到1990年的94.03%，其中综合机械化采煤程度由46.27%提高到62.25%。全省地方国有骨干煤矿实现机械开采的矿井以普采、高档普采为主，机械化采煤程度1985年只有22.56%，到1990年提高到37.08%，远远落后于国有重点大矿。而几千个乡镇煤矿除个别装备有简单机械采煤外，大部分为炮采落煤，无极绳、小绞车、串车运输提升，仍采用锹挖镐刨、人背肩扛、骡驮马拉等原始型开采方式者也不在少数。

山西全省各国有重点煤矿所属矿井自20世纪50年代逐步推行正规工作面采煤，20世纪70年代后逐步采用综合机械化开采，至1990年各国有重点煤矿平均采区资源回收率为70.73%～83.2%，地方国有骨干煤矿为70.28%～82.92%。而镇煤矿直至20世纪90年代，虽有少数矿井有壁式工作面布置，但其中多数矿井开拓无部署、掘进无方向、采煤无方法、采厚丢薄、吃肥弃瘦，只掘不采或以掘代采，破坏、浪费、丢失资源十分严重。据抽样调查，平均采区资源回收率仅为10%～20%。

1980—1990年的11年间，山西全省各国有重点煤矿因生产事故累计死亡2186人，百万吨死亡率最高为1980年的3.99%，最低为1990年的0.73%，分别比本年度全省煤炭生产平均百万吨死亡率低1.77%和1.99%。而同期全省乡镇煤矿因生产事故死亡5216人，百万吨死亡率最高为1980年的9.27%，最低为1990年的3.7%，分别比本年度全省煤炭生产平均百万吨死亡率高3.51%和0.98%。安全状况差、死亡事故频发、死亡人数多，已经成为山西乡镇煤矿发展中存在的若干弊端中的要害。

基于上述分析，可以看出，在一个较长时期内，以这样“多、小、散、乱”落后的生产力去满足社会经济快速发展的需求，是不切实际的。乡镇煤矿企业制度落后、管理混乱、经营粗放，经济核算大部分以承包方式被纳入乡镇村财务，用工制度基本上以招收外籍农民临时工为主。因此，实施煤炭资源整合、横向一体化、企业兼并重组，是山西省煤炭资源有序开发、科学合理利用的必然选择。

“十五”期间，随着大集团、大公司战略的实施，山西省各矿务局在相继完成改制组建集团公司之后，大同煤矿公司成功兼并依法破产的轩岗矿务局，兼并重组大同、朔州、忻州市的市国有煤矿企业及煤炭运销企业；西山煤电集团、汾西矿业集团、霍州煤电集团共同组建山西焦煤集团公司，进而参股兼并华晋焦煤公司。山西由国有重点煤矿企业实施煤炭资源整合、企业兼并重组，取得了实质性进展。

“十一五”时期，山西省政府确定了对地方小煤矿实行“资源整合、关小上大、能力置换、联合改造、淘汰落后、优化结构”的发展思路，明确规定：“对于 30 万吨/年以下的小型煤矿，不再办理扩界、扩层手续，对矿区布局不合理的煤矿，采矿许可证到期后不再延续”，“鼓励国有重点煤炭企业和地方骨干煤矿采取收购、兼并、控股、参股等多种形式整合、改造地方乡镇煤矿，组建和发展大型煤炭企业集团”。

2008 年，山西省煤炭资源整合、企业兼并重组进入了整体实施阶段。山西省人民政府于 2008 年 9 月下发了《关于加快推进煤矿企业兼并重组的实施意见》（晋政发［2008］23 号），2009 年年初下发了《关于进一步加快推进煤矿企业兼并重组整合有关问题的通知》（晋政发［2009］10 号），启动了新一轮煤炭资源整合、企业兼并重组。根据山西省人民政府的部署要求，全省矿井数量控制目标到 2010 年年底设定为 1000 座，兼并重组整合后煤矿企业规模原则上不低于 300 万吨/年，矿井生产规模原则上 90 万吨/年，并全部实现以综采为主的机械化开采。

到 2009 年年末，山西煤炭资源整合、企业兼并重组取得了重大阶段性成果。煤矿重组整合正式协议签订率达 98.6%，兼并重组主体到位率达 96%，采矿许可证换发超过 90%。全省煤矿矿井数量，由整合前 2008 年年末的 2598 座缩减到 1053 座。保留煤矿企业中，国有、民营和多种所有制股份制办矿的比例为 2∶3∶5。年产 30 万吨以下的煤矿已经全部淘汰，达到 90 万吨及以上年生产规模的矿井已占 70%，全省煤矿平均单井规模由整合前的 36 万吨/年提高到 117 万吨/年，办矿主体由整合前的 2200 余个减少到 130 个。山西煤矿“多、小、散、乱”的局面得以扭转。

## 4.3 多元化战略

多元化战略是指企业进入与现有产品和市场不同的领域。当现有产品或市场不存在期望的增长空间时，企业通常会考虑多元化战略。具体说来，企业采用多元化战略主要基于以下三个原因：

（1）在现有产品或市场中持续经营并不能达到目标，具体原因可能是产品衰退而导致回报率降低，或同一领域中的技术创新机会很少，或行业缺少灵活性。

（2）企业以前由于在现有产品或市场中成功经营而保留下来的资金超过了其在现有产品或市场中的财务扩张所需的资金。

（3）与在现有产品或市场中的扩张相比，多元化战略意味着更高的利润。

开展多元化经营已经成为煤炭企业做大做强的重要途径。中国神华煤、电、路、港、航多业并举的发展模式受到众多煤炭企业集团的广泛认可。大同煤矿集团、冀中能源、永城煤电等大企业集团全部走上了多元化经营之路。企业战略由最初的“以煤为主、多种经营”，改变为煤、电、化等多项产业并重、共同发展的格局。

煤炭企业实施多元化战略的原因主要包括以下几个方面：

（1）安置富余的企业劳动力。当煤炭企业自然资源枯竭时，或企业机械化、自动化水平大幅提高时，众多富余煤矿工人的安置成为首要问题。而开展多种经营，为煤矿工人拓展就业渠道，实现转产再就业提供了空间和渠道。

（2）实现产业链条的延伸。在煤炭行业整体不景气时，为寻找新的经济增长点，众多煤炭企业投身于非煤行业，以求渡过难关。而当煤炭行情好转，行业利润大幅提高之际，煤炭企业资本实力大大增强，使企业能够从战略的高度规划自身发展。为摆脱单纯资源开采利润来源狭窄，利润水平受制于下游产业的不利局面，大型煤炭企业纷纷以煤为基础，向产业链上、下游进行纵向扩张，搭建起煤—电、煤—化等一体化价值链。同时，大力拓展煤炭开采服务行业，如煤机制造煤炭运销、专营铁路、港口、金融服务等多种领域，为企业开拓更多的利润来源。

（3）行政干预较多。我国的特殊国情决定了政府行政力量对企业有较强的影响力。当大型煤炭企业实力不断壮大时，政府为帮助所属非煤国有企业摆脱经营困境，或出于其他考虑，往往会动用行政力量，要求国有煤炭企业对其进行兼并重组。

煤炭企业实施多元化战略所面对的风险与挑战有以下几种：

（1）分散资金实力。煤炭企业发展煤化工、坑口电厂、专营铁路、港口、航运等非煤产业，需要巨额的资金投入，不仅使得煤炭主业资本积累降低，而且还可能使企业背负沉重的债务负担。严重时，甚至会影响主业的健康、持续发展。非煤产业不仅投资巨大，而且回收期普遍较长，短期内难以为企业带来正向现金流。多元化产业布局迫使煤炭企业集团不得不同时面对多个市场风险，进一步威胁了煤炭企业集团的财务健康。

（2）加大管理难度。煤炭企业要严格控制多元化边界。受行政力量等多种非理性因素影响，对我国煤炭企业多元化边界难以控制。当多元化经营范围过宽时，管理者将困于专业知识不足；容易忽视企业的能力和企业专用性资产的独特性；企业内部盈利产品和非盈利产品相互影响而导致企业的总体绩效降低；多元化企业复杂的管理有时可能影响管理职能的正常发挥；信息的复杂化，必然降低企业经营者各种预测的准确性，从而加大了企业经营的风险；企业经营的业务种类太多将限制企业进行战略调整的灵活性，弱化企业对环境的适应能力等。

（3）人力资源短缺。对我国煤炭企业特别是历史悠久的大型煤炭企业来说，人力资源历来是企业发展的重要“瓶颈”，特别是高水平的管理人员、技术人员缺口巨大。而非煤产业中安置了大量主业转产工人，使其人力资源产生了先天的不足。多业并进的产业布局，需要大量的专业优秀人才，对煤炭企业集团人力资源管理与开发提出了挑战，在专业人才的选择与招聘、转产职工的培训等方面均面临较大难度。

根据企业新进入领域与原有产品和市场的联系程度，多元化战略可以分为两种：相关多元化和非相关多元化。

### 4.3.1 相关多元化

相关多元化也称同心多元化，是指企业以现有业务为基础进入相关产业的战略。该战略有利于企业利用原有产业的产品知识、制造能力和营销技能优势来获取融合优势，即两种业务同时经营的盈利能力大于各自经营不同业务时的盈利能力之和。

相关多元化的相关性，可以是产品、生产技术、管理技能、营销技能以及用户等方面的类似性。当企业在产业内具有较强的竞争优势，但产业成长性或吸引力逐渐下降时，比较适宜采用同心多元化战略。需要说明的是，纵向一体化战略往往也被认为是一种相关多元化战略。

井陉矿业集团有限公司(以下简称“井矿集团”)于 1898 年建井开采至今已有 100 余年的历史，以盛产优质主焦煤著称，年产量最高时达到 455 万吨，累计为国家生产煤炭 1 亿多吨。在 20 世纪 80 年代企业进入衰老期，煤炭产量随之锐减，企业资本积累、总资产增长均为负增长，资产负债率比煤炭行业平均值高 4.87%，职工年人均工资仅为河北省煤炭企业平均工资的 57%，职工人数由最多时的近两万人减到 4000 余人，而离退休人员达到 1 万多。

2006 年年初，井矿集团制订“十一五”发展规划，确立了构建“煤炭采选、机械制造、焦化化工”三大产业发展规划。2008 年，新一届领导班子以科学发展观为指导，站在新起点，立足大发展，用新的理念、新的视野，运用 SWOT 分析法对企业的优势、劣势、机遇、威胁进行分析研究，修订完善了“十一五”后三年(2008—2010 年)规划，制定了“三步走翻两番，再造新井矿”的发展战略。该战略本质上是一个以煤为核心的相关多元化战略。

该战略的总体内涵就是“坚持以煤为主，带动相关产业，做深两条产业链，大力构建三大基地，建设新型、文明、和谐、繁荣的新井矿”。坚持以煤为主，即尽快获取煤炭资源、重振煤炭产业，大力发展煤炭生产、煤炭洗选、煤炭物流、煤化工产业，做大做强煤炭主业。带动相关产业，即在发展煤炭主业的同时，带动化工、发电、建筑等相关产业发展。做深两个产业链，即做深“采—选—焦—化”和“供—配—送”两条产业链。构建三大基地，即构建晋中煤炭生产基地、建设煤炭物流基地、建设煤化工基地。

### 4.3.2 非相关多元化

非相关多元化战略也称复合多元化战略，是指企业进入与当前产业不相关的产业的战略。如果企业当前产业缺乏吸引力，而企业也不具备较强的能力和技能转向相关产品和服务，较为现实的选择就是采用该战略。

采用非相关多元化战略的原因不是利用产品、技术和营销等方面的共同性，而是从财务上考虑平衡现金流或获取新的利润增长点。一般认为，相关多元化的风险比非相关多元化稍微低一些。企业做出了一些新的尝试，但是仍然在其自身所限定的行业中，并因此能运用自身的经验。通过技能和资源的分享与交流，相关多元化提供了获取协同效应的可能性。对于煤炭企业而言，不相关多元化则意味着企业要从煤炭行业转型进入其他非煤行业。

德国鲁尔集团是全世界资源型城市和资源型企业转型的样板。鲁尔集团煤炭开采历史可以追溯到 1847 年，煤炭开采的顶峰时期是 1957 年，当年产量高达 1.3 亿吨。但由于产业结构单一和煤炭市场激烈的竞争，鲁尔集团由繁荣走向了衰落。在这种情况下，鲁尔集团在 1969 年开始转型，其主导产业逐步从煤炭转向(其他)能源、化工、房地产三大非煤产业，重新成为德国和欧洲第一大企业。

我国的开滦集团在近些年也遇到了类似的问题。1878 年 7 月 24 日，开滦集团的前身——“开平矿务局”正式挂牌；1878 年 10 月 2 日，旗下唐山矿一号井正式开凿。开滦集团有绵长的历史根脉，享有“中国煤炭工业源头”“北方民族工业的摇篮”等盛誉。开滦集团是中国第一家官督商办的股份制企业，开创了中国煤炭工业的先河；是中国最早使用机器进行煤炭开采的煤炭企业。然而，近十年来，开滦集团与其他煤炭企业相比，在发展速度和规模上的差距开始拉大。从 2002 年以来全国煤炭工业 100 强企业排序变化看，开滦集团没能保持住连续三年(2002—2004 年)煤炭工业前十强的地位。从 2005 年开始排序更是连年下降：2005 年为第 12 位，2006 年为第 17 位，2007 年为第 18 位。

开滦集团在深入调查、反复研究的基础上，发现开滦集团与鲁尔集团有很多相似之处，存在着老区资源匮乏等资源型企业的通病，固守单一产业势必会因资源枯竭而衰退，抓住机遇转型就可能开辟一片蓝天。2002—2007 年，开滦集团煤炭产业收入占总收入的 64%，煤炭产业一业独大和非煤产业发展缓慢的矛盾十分突出。因此，2008 年 7 月开滦集团制定了《开滦集团 2008—2010 年及“十二五”发展战略规划》，确定了“开放融入，调整转型，科学发展，做大做强”的战略指导方针，形成了“内部挖掘，外部扩张，纵向延伸，横向拓展”的战略转型思路。

2009 年，开滦集团认真贯彻河北省委、省政府和省国资委关于构建现代产业体系的指导意见，依托技术创新，促进产业升级要求，进一步充实和完善战略内容，明确了开滦集团“一基五线”现代产业格局，实现“六大转型突破”，“十二五”建成主业突出、结构合理、多元经营、科学发展的跨地区、跨行业、跨所有制、跨国的国际领先、国内一流的现代化大型企业集团。

“一基”，即煤炭基础产业。开滦集团做大煤炭基础产业的方式是“内挖外扩”，把增产的出路放在唐山区域挖潜、外部资源扩张上，增加战略储备，增强发展后劲。目前开滦集团已获得煤炭资源 167 亿吨，形成了“五大区域”、“七大战略基地”的煤炭生产格局。“五大区域”包括河北、内蒙古、新疆、山西和海外。“七大战略基地”包括唐山矿区焦精煤生产基地、张家口蔚州矿区动力煤生产基地、内蒙古鄂尔多斯动力煤生产基地、山西介休焦煤供给基地、新疆淮东动力煤生产基地、新疆伊犁动力煤生产基地、加拿大盖森焦煤生产基地。

“五线”，即煤化工产业、现代物流产业、装备制造产业、文化创意产业、节能减排产业。具体介绍如下：

(1) 煤化工产业。开滦集团按照精细化工发展方向，实现技术瓶颈、加工深度、产能规模“三个突破”，构建“三精三气”格局。“三精”，即构建形成甲醇链、苯链、煤焦油链三条精细化工产业链。“三气”，即通过强强联合与先进技术对接，建设内蒙古、新疆、唐山曹妃甸等三大区域的三个大型煤气化产业链项目。

开滦集团具有煤炭资源、水资源和区位优势，对煤化工产业的发展定位是“做大、做精、做优”。“做大”，就是打造河北省综合规模最大、循环产业链最完整、节能减排措施最优的科学发展示范园区和全国最大的独立煤化工企业。“做精”，就是向精细化工延伸和开发。“做优”，就是工艺优、节能减排措施优。

(2) 现代物流产业。开滦集团借助计算机网络技术搭建社会物流公共服务平台，实现供应链的横向拓展和纵向延伸。发展电子商务系统，积极构建第三方数字物流。积极创新供应链管理模式，提高物流产业的综合效益。开滦集团物流公司目前是煤炭行业首家“国家 5A 级综合服务型物流企业”“中国物流实验基地”“河北省物流领军企业”。

(3) 装备制造产业。开滦集团围绕“三机一架”(采煤机、掘进机、刮板输送机和电液控高端支架)推进技术创新，打造优质或高附加值拳头产品，实现产业升级。加快技术引进和研发进程，打造液压千斤顶制造中心、洗选设备制造中心和小型卧底机等名牌产品。

(4) 文化创意产业。开滦集团在 130 多年的发展历程中积淀了深厚的文化底蕴，在中国民族工业企业中独树一帜，发展文化创意产业具有得天独厚的优势。作为开滦集团文化创意产业的开滦国家矿山公园开园揭碑仪式于 2008 年已经成功举办。

开滦集团还把发展文化创意产业融入唐山市城镇三年大变样和大南湖生态城建设布局之中，坚持开滦国家矿山公园建设、文化产业开发、房地产开发统筹发展。开滦集团以文化创意产业带动房地产开发，加大存量房产资源整合和引资开发力度，推进建筑、建材、服务等形成产业链，积极推进以唐山矿 A 区开滦国家矿山公园博物馆及矿山工业遗迹、大白井老唐山风情小镇、B 区北方现代工业博览园及老唐胥铁路为内容的唐山市“三点一线”项目建设。

(5) 节能减排产业。开滦集团深入开展能效对标活动，完善在线监测系统，持续推广矿井提升控制系统变频改造技术等规模型节能技改项目和技术，增加水源热泵技术覆盖面。积极构建以瓦斯抽放燃烧发电、矸石综合利用、采煤塌陷治理等为主要内容的节能环保型产业体系。

“六大转型突破”的内容如下：

(1) 从以煤为主的一元发展战略转向以比较优势为基础的多元发展战略。

(2) 从以产量增长为导向的资源驱动型发展模式转向以循环经济为导向的科技创新驱动型发展模式。

(3) 从着眼企业自身的发展模式转向融入区域经济的城企互动发展模式。

(4) 从单区域挖掘型发展模式转向以总部经济为基础的多区域发展模式。

(5) 从封闭式整合发展模式转向开放式横向战略合作发展模式。

(6) 从传统粗放型管理方式转向以精细化、科学化为特征的现代企业管理体系。

### 4.3.3　企业集团多元化

企业集团多元化是多元化战略和一体化战略的高级表现。企业决定采用企业集团多元化可能有以下几个原因：

(1) 企业希望寻找高利润的市场机会。

(2) 现有产品和市场存在缺陷。

(3) 企业的某个部门能力过于薄弱，必须进行企业集团多元化。

(4) 从增加产品市场广度和灵活性中获得好处。

(5) 可避免与垄断有关的限制，这些限制使企业不能从现有产品和市场以外获得发展。

(6) 能更容易地获得资金，部分原因是可以从更广泛的活动组合中获得资金。

(7) 管理层的偏好和所受培训可能会使他们倾向于选择企业集团多元化。

企业集团多元化具有的优点：

(1) 分散风险。当现有产品及市场失败时，新产品或新市场能为企业提供保护。

(2) 获得高利润机会。购买方通过购买同行业中比其自身拥有更佳经济特征的企业来提高自身的盈利性和灵活性。

(3) 从现有的业务中撤离。

(4) 能更容易地从资本市场中获得融资。

(5) 在企业无法增长的情况下找到新的增长点。

(6) 运用盈余资金。

(7) 利用未被充分利用的资源。

(8) 获得资金或其他财务利益，例如累计税项亏损。

(9) 运用企业在某个市场中的形象和声誉来进入另一个市场，而在另一个市场中要取得成功，企业形象和声誉是至关重要的。

企业集团多元化具有的缺点：

(1) 如果企业进入一个具有低市盈率的成长型行业中，其股东收益会被稀释。

(2) 企业集团式收购不会给股东带来额外的利益。因为不会产生协同效应，所以与投资于控股企业相比，个人投资者对其子公司进行投资反而会获得更高的投资收益。

(3) 企业集团式企业缺乏共同的身份和目的。企业集团式企业要取得成功，各种负责联合经营的总部必须拥有优秀的管理能力和财务能力。

(4) 某项业务的失败会将其他业务拖下水，因为它会耗尽资源。

(5) 对股东来说，这不是一个好办法。股东通过购买多样化的股票组合就可以轻而易举地分散掉投资风险，不需要管理层越俎代庖。

## 4.4 稳定型战略

稳定型战略也称为维持型战略，是指企业在战略方向上没有重大改变，在业务领域、市场地位和产销规模等方面基本保持现有状况，以安全经营为宗旨的战略。

稳定型战略有利于降低企业实施新战略的经营风险，减少资源重新配置的成本，为企业创造一个加强内部管理和调整生产经营秩序的休整期，并有助于防止企业过快发展。具体说来，稳定型战略主要有以下三种：暂停战略、无变战略和维持利润战略。

### 4.4.1 暂停战略

暂停战略是指企业在一段时间内降低成长速度、巩固现有资源的临时战略。该战略主要适用于在未来不确定性产业中迅速成长的企业，目的是避免出现继续实施原有战略导致企业管理失控和资源紧张的局面。该战略具有让企业积聚能量，为今后发展做好准备的功能。

### 4.4.2 无变战略

无变战略是指企业不实行任何新举动的战略。该战略看起来是一种“没有战略的战略”。具体说来，其适用的环境有两种：

（1）企业过去的经营相当成功，并且企业内外环境没有发生重大的变化。

（2）企业并不存在重大的经营问题或隐患，因而企业战略管理者没有必要进行战略调整，或者害怕战略调整会给企业带来利益分配和资源分配的困难。

### 4.4.3　维持利润战略

维持利润战略是指为了维持目前的利润水平而牺牲企业未来成长的战略。很多情况下，当企业面临不利的外部环境时，管理人员会采用减少投资、削减一些可控费用等方式来维持现有利润水平。需要指出，维持利润战略只是一种渡过困境的临时战略，长期使用该战略会对企业持久竞争优势产生不利的影响。

具体说来，稳定型战略的优点有：

（1）企业经营风险相对较小。由于企业基本维持原有的产品和市场领域，从而可以利用原有的生产经营领域、渠道，避免开发新产品和新市场所必需的巨大的资金投入、激烈的竞争抗衡和开发失败的巨大风险。

（2）能避免因改变战略而改变资源分配的困难。由于经营主要是与过去大致相同，因而稳定型战略不必考虑原有资源的增量或存量调整，相对其他战略态势来说，显然要容易许多。

（3）能避免因发展过快导致的弊端。在行业发展迅速时，许多企业无法清醒地看到潜伏的危机而盲目发展，结果造成资源的大量浪费。在过去煤炭行业发展的“黄金十年”中，很多煤炭企业就犯了这种毛病，造成了设备闲置、效益不佳的结局。

（4）能给企业一个较好的休整期，使企业积聚更多的“能量”，以便为今后的发展做好准备。从这点上说，适时地采取稳定型战略是将来企业发展壮大的一个必要的酝酿阶段。

当然，稳定型战略也有其缺点：

（1）稳定型战略的执行是以包括市场需求、竞争格局在内的外部环境的基本稳定为前提的。一旦企业的这一判断没有被验证，就会打破战略目标、外部环境、企业实力三者之间的平衡，使企业陷入困境。因此，如果环境预测有问题的话，稳定型战略会给企业带来很大的风险。

（2）特定细分市场的稳定型战略往往也隐含着较大的风险。由于资源不够，企业会在部分市场上采用稳定型战略，这样做实际上是将资源重点配置在这几个特定的子市场上，因而如果对这部分特定市场的需求把握不准，企业可能更加被动。

（3）稳定型战略也容易使企业的风险意识减弱，甚至形成惧怕风险、回避风险的企业文化，这就会大大降低企业对风险的敏感性、适应性和冒险的勇气，从而也增大了以上所述风险的危害性和严重性。

总体说来，稳定型战略较适宜在短期内运用，长期实施则存在较大的风险。主要的风险有：稳定型战略的成功实施要求战略期内外部环境不发生重大变化，竞争格局和市场需求都基本保持稳定；该战略的长期实施容易导致企业缺乏应对挑战和风险的能力。

# 4.5 收缩型战略

收缩型战略也称为撤退型战略，是指企业因经营状况恶化而采取的缩小生产规模或取消某些业务的战略。采取该战略一般是因为企业的部分产品或所有产品处于竞争劣势，以至于销售额下降、出现亏损等，从而采取收缩措施，以抵御外部环境的压力，保存企业实力，等待有利时机。

收缩型战略的目标侧重于改善企业的现金流。因此，一般都采用严格控制各项费用等方式渡过危机。收缩型战略也是一种带有过渡性质的临时战略。按照实现收缩目标的途径，可将收缩型战略分为三种类型：抽资转向战略、剥离战略和清算战略。

## 4.5.1 抽资转向战略

抽资转向战略是指企业在现有的经营领域不能维持原有的产销规模和市场时，不得不采取措施缩小产销规模和市场占有率，或者企业在存在新的更好的发展机遇的情况下，对原有的业务领域进行压缩投资、控制成本以改善现金流为其他业务领域提供资金的战略方案。

抽资转向战略可以通过采取以下措施来配合实施：

(1) 调整企业组织。包括改变企业的关键领导人，在组织内重新分配责任和权利等。调整企业组织的目的是使管理人员适应变化了的环境。

(2) 降低成本和投资。包括压缩日常开支、实行更严格的预算管理、减少一些长期投资项目等，也可以适当减少培训、广告、研究开发、公共关系等活动，缩小或减少某些管理部门或降低管理费用。在必要的时候，企业也会以裁员作为压缩成本的方法。

(3) 减少资产。包括出售与企业基本生产活动关系不大的土地、建筑物和设备；关闭一些工厂或生产线；出售某些在用的资产，再以租用的方式获得使用权；出售一些盈利产品，以获得急需使用的资金等。

(4) 加速收回企业资产。包括加速应收账款的回收期，派出讨债人员收回应收账款，降低企业的存货量，尽量出售库存产品等。

抽资转向战略会使企业经营的主方向发生转移，因而会涉及经营的基本宗旨的变化，其成功的关键是管理者明晰的战略管理概念，即必须决断是对现存的业务给予关注还是重新确定企业的基本宗旨。

## 4.5.2 剥离战略

剥离战略是指企业出售或停止经营下属经营单位的战略。实施该战略的目的是使企业摆脱那些缺乏竞争优势、失去吸引力、不盈利、占用过多资金或与企业其他活动不相适应的业务，以此来优化资源配置，使企业将精力集中于优势领域。在某些情况下，企业实施剥离战略，也是为战略性收购或投资筹集资金。

剥离战略适用于以下五种情况：

(1) 企业已经采取了扭转战略而未见成效。

（2）某下属经营单位维持现有竞争地位所需投入的资源超出了企业现有能力。

（3）某下属经营单位经营失败，从而影响了整个企业的业绩。

（4）企业急需资金。

（5）该业务在管理、市场、客户、价值观等方面与企业其他业务难以融合。

但是，以下退出壁垒的存在可能会给剥离战略的实施造成一定的阻力：

（1）结构上或经济上的阻力，即一家企业的技术特征及其固定和流动资本妨碍其退出。例如，当一家煤炭企业准备退出采矿业时，其采煤机械设备很难出售。

（2）公司战略上的阻力。如果准备剥离的业务与企业的其他业务有较强的联系，则该项业务的剥离会使其他有关业务受到影响。

（3）管理上的阻力。企业内部人员，特别是管理人员对剥离战略往往持反对意见，因为这往往会威胁他们的职业和业绩考核。

### 4.5.3　清算战略

清算战略是指将企业的全部资产出售，从而停止经营的战略。该战略是承认经营失败的战略，通常是在实行其他战略全部不成功时的被迫选择。尽管所有的企业管理者都不希望进行清算，但及时清算可能是比继续经营导致巨额亏损更有利的选择。清算能够有序地将企业资产最大限度地变现，并且股东能够主动参与决策，因而较破产更为有利。需要指出，清算战略的净收益是企业有形资产的出让价值，而不包括其相应的无形资产价值。

## 4.6　竞争战略

竞争战略是指在给定的一个业务或行业内，企业用于区分自己与竞争对手业务的方式，或者是企业在特定市场环境中如何营造、获得竞争优势的途径和方法。

企业在市场竞争中获得竞争优势的途径虽然很多，但是根据哈佛商学院迈克尔·波特的观点，企业有三种通用的竞争战略，即成本领先战略、差异化战略和集中化战略。波特认为，这是企业可以使用的最高战略，当企业对通用竞争战略做了选择，这个战略即适用于企业的所有活动，而不仅仅适用于市场营销活动。

### 4.6.1　成本领先战略

成本领先战略的目标是成为整个行业中成本最低的制造商。低成本可能并不会减少消费者从产品中获得的价值，即使是购买一件低成本的产品，他们仍然愿意支付一个合理的价格。通过低成本生产，制造商在价格上可以与行业中的任一制造商竞争，并赚取更高的单位利润。

成本领先战略的优势主要体现在以下三个方面：

（1）可以抵御竞争对手的进攻。低成本使企业可以制定比竞争者更低的价格，且仍然可以获得适当的收益。因此，即使面对激烈的竞争，成本领先者仍然可以有效地保护企业。

（2）具有较强的对供应商的议价能力。成本领先战略往往通过大规模生产或销售建立起成本优势，较大的购买量使这类企业对供应商往往具有较强的议价能力，从而进一步增加其成本优势。

(3) 形成了进入壁垒。成本领先战略充分利用了规模经济的成本优势，使得无法达到规模经济的企业难以进入该行业并与之竞争。于是，成本领先者有可能获得高于平均水平的投资回报。

成本领先战略适用于以下四种情况：

(1) 市场中存在大量的价格敏感用户。

(2) 产品难以实现差异化。

(3) 购买者不太关注品牌。

(4) 消费者的转换成本较低。

企业实施成本领先战略需要的资源和技能有：

(1) 建立生产设备来实现规模经济。

(2) 采用简单的产品设计，通过减少产品的功能但同时又能充分满足消费者需要来降低成本。

(3) 采用最新的技术来降低成本和改进生产力，或在可行的情况下采用廉价的劳动力。

(4) 专注于生产力的提高。

(5) 在高科技行业和在产品设计、生产方式方面依赖于劳动技能的行业中，充分利用学习曲线效应。

(6) 将制造成本降到最低。

(7) 获得更优惠的供应价格。

当然，采用成本领先战略也是要面临以下风险：

(1) 可能被竞争者模仿，使得整个产业的盈利水平降低。

(2) 技术变化导致原有的成本优势丧失。

(3) 购买者开始关注价格以外的产品特征。

(4) 与竞争对手的产品产生了较大的差异。

(5) 采用成本集中战略者可能在细分市场取得成本优势。

### 4.6.2 差异化战略

差异化战略是指企业针对大规模市场，通过提供与竞争者存在差异的产品或服务来获取竞争优势的战略。这种差异性可以来自于设计、品牌形象、技术、性能、营销渠道或客户服务等各个方面。

成功的差异化战略能够吸引品牌忠诚度高且对价格不敏感的顾客，从而获得超过行业平均水平的收益。与成本领先战略主要用于提高市场份额不同，差异化战略有可能获得比成本领先战略更高的利润率。

差异化战略主要适用于以下三种情况：

(1) 产品能够充分地实现差异化，且为顾客所认可。

(2) 顾客的需求是多样化的。

(3) 企业所在产业技术变革较快，创新成为竞争的焦点。

企业实施差异化战略应具备的资源和技能有：

(1) 强大的研发能力。

(2) 较强的产品设计能力。

(3) 富有创造性。

(4) 很强的市场营销能力。

(5) 在质量和技术领先方面享有盛誉。

(6) 能够获得销售商的有力支持。

当然，采用差异化战略也是要面临以下风险：

(1) 竞争者可能模仿，使得差异消失。

(2) 产品或服务差异对消费者来说失去了重要意义。

(3) 与竞争对手的成本差距过大。

(4) 采用差异化战略者能够在细分市场实现更大的差异化。

### 4.6.3　集中化战略

集中化战略是指针对某一特定购买群体、产品细分市场或区域市场，采用成本领先或产品差异化来获取竞争优势的战略。采用该战略的企业，由于受自身资源和能力的限制，无法在整个产业实现成本领先或产品差异化，故而将资源和能力集中于目标细分市场，实现成本领先或差异化。因此，该战略的适用对象是中小企业。

集中化战略适用于以下三种情况：

(1) 企业资源和能力有限，难以在整个产业实现成本领先或差异化，只能选定个别细分市场。

(2) 目标市场具有较大的需求空间或增长潜力。

(3) 目标市场的竞争对手尚未采用同一战略。

实施集中化战略的主要风险为：

(1) 竞争者可能模仿。

(2) 目标市场由于技术创新、替代产品出现等原因导致需求下降。

(3) 由于目标细分市场与其他细分市场的差异过小，大量竞争者涌入细分市场。

(4) 新进入者充分瓜分市场。

## 4.7　职能战略

### 4.7.1　市场营销战略

市场营销战略主要由两部分组成：目标市场战略和营销组合战略。

#### 1. 目标市场战略

目标市场的选择是企业营销战略的重要内容。企业必须有明确的目标市场，才能有助于明确产品诉求和目标消费者，并根据特定目标市场确定产品或品牌定位和进行形象设计。

目标市场的选择分为两个步骤：

(1) 市场细分。市场包括多样的异质性群体。企业需对市场进行细分，了解不同细分市场的特点、需求趋势和竞争状况。市场细分一般按特定标准，如人口、地理、心理、购买行为等因素进行，细分后的市场还要按一定的原则来检验是否有效。市场细分的好坏将决定着市场营销战略的正确与否。

在细分市场时，要考虑如下因素：可衡量性，即是否有充分的已公布数据使企业能够精确地识别并选择细分市场；可进入性，即企业是否能够有效地进入细分市场；适应性，即细分市场是否符合企业的目标和资源；稳定性，即细分市场是否在一定时间内保持稳定；足量性，即细分市场的大小是否足以在财务上具有可行性和获利性。

(2) 选择目标市场。一个企业通常难以满足所有的市场，选择目标市场就是在上述细分的市场中决定企业要进入的市场。目标市场的选择应考虑本企业的资源，选择具有市场机会并符合资源优势的市场。

2. 营销组合战略

目标市场明确后，企业该如何进入目标市场就是营销组合(marketing mix)的设计。营销组合设计是营销战略的关键环节，即对产品、价格、渠道、促销等各种营销要素进行优化组合以满足目标市场的需要。

1) 产品战略

(1) 产品定位。进行市场细分后，企业可以选择特殊客户群为目标，即选择目标市场。接下来就是要找出这些顾客有哪些需要，即如何定位企业的产品。进行产品定位需要进行分析和调查。人们常犯的一个主要错误就是假定企业已经知道客户的需求。然而，不计其数的研究表明，顾客认同的服务及这些不同服务的重要性与企业认为应提供的服务之间存在着巨大的差异。许多企业都是通过填补顾客与企业在优质服务认同上的差异而取得了成功。最重要的是顾客认为哪些服务是优质服务，而不是企业认为应该提供什么样的服务。

产品定位是指了解顾客认为具有竞争性的品牌或产品。产品定位需要开发一种图表，以反映如下内容：与竞争者的产品或服务相比，要想在业内取得成功，自身产品或服务最重要的方面。将产品定位用作战略实施工具的经验法则如下：最佳的战略机会可能就是尚未开发的细分市场；不要定位在若干细分市场之间；不要对两个细分市场采用同一战略；不要将自己定位在定位图的中间区域。

(2) 产品生命周期。一种产品进入市场后，它的销售量和利润都会随时间推移而改变，呈现一个由少到多、由多到少的过程，就如同人的生命一样，由诞生、成长到成熟，最终走向衰亡，这就是产品的生命周期现象。因此，产品生命周期是指产品从进入市场开始，直到最终退出市场为止所经历的市场生命循环过程。这一过程由四个阶段组成：引入阶段、成长阶段、成熟阶段和衰退阶段(图 4.2)。

这些阶段的划分，以产品销售额增长曲线的拐点为标志。在引入阶段，由于顾客的迟疑，销售额增长平缓；一旦产品被证明是成功的，顾客会大量涌入，开始进入成长阶段，此时销售额会快速增长；当购买力与市场供应基本平衡后，增长放慢，产品进入成熟阶段；当新的代用品出现以后，产品逐步衰退，直至完全退出市场。

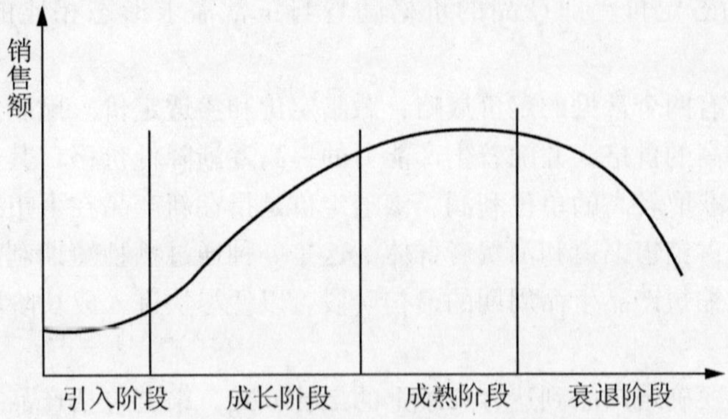


**图 4.2　产品生命周期的四个阶段**

产品的生命周期理论不仅适用于特殊产品，而且适用于相关的一组产品(业务单位)。如果企业只有一个产品或业务单位，则它也适用于企业本身。产品生命周期各阶段的特征如表 4－1 所示。

**表 4－1　产品生命周期各阶段的特征**

| | 引入阶段 | 成长阶段 | 成熟阶段 | 衰退阶段 |
|---|---|---|---|---|
| 1. 顾客 | 需要培训<br>早期采用者 | 更广泛接受<br>效仿购买 | 巨大市场，重复购买，品牌选择 | 有见识，挑剔 |
| 2. 产品 | 处于试验阶段，质量没有标准，也没有稳定的设计，设计和发展带来更大的成功 | 产品的可靠性、质量、技术性和设计产生了差异 | 各部门之间标准化的产品 | 产品范围缩减<br>质量不稳定 |
| 3. 风险 | 高 | 增长掩盖了风险 | 重大 | 广泛波动 |
| 4. 利润率 | 高价格，高毛利率<br>高投资，低利润 | 利润最高，公平的高价和高利润率 | 价格下降<br>毛利和利润下降 | 降低流程和毛利<br>选择合理的高价和利润 |
| 5. 竞争者 | 少 | 参与者增加 | 价格竞争 | 一些竞争者退出 |
| 6. 投资需求 | 最大 | 适中 | 减少 | 最少或者没有 |
| 7. 战略 | 市场扩张，研发是关键 | 市场扩张，市场营销是关键 | 保持市场份额 | 集中于成本控制或者减少成本 |

2）价格战略

定价是营销工具中最有力的战略。常见的两类定价方法为：产品差别定价法和产品上市定价法。

产品差别定价，即对市场不同部分中的类似产品确定不同的价格。差别定价依据的标准有：细分市场，例如居民用电和商业用电的价格不同；地点，例如剧院的座位根据其位置定价；产品的版本，例如同一款汽车从低配到高配制定不同的价格；时间，最常见的就是季节性定价；动态定价，即产品的价格随着与正常需求形态相比的现有需求程度而变化。

产品上市定价有两个常见的定价战略：撇脂定价和渗透定价。撇脂定价是指在新产品投放市场时确定较高的价格，并随着生产能力的提高逐渐降低价格，其目的在于在产品生命周期的早期阶段获取较高的单位利润。渗透定价是指在新产品在上市之初确定一个非常低的价格，以便抢占销售渠道和消费者群体。这是一种通过牺牲短期利润来换取长期利润的战略。企业通过缩短产品生命周期的最初阶段，以便尽快进入成长阶段和成熟阶段。

3）渠道战略

渠道战略就是要确定产品到达客户手上的最佳方式。渠道包括产品或服务的移动和交换过程中所涉及的所有机构或人员，如零售商、批发商、分销商和经销商、代理商、特许经营商和直销人员。

渠道战略主要包括两种：直接渠道和间接渠道。直接渠道是指产品无须具体的中间商而直接从生产商到消费者；间接渠道则是指利用了中间商(如批发商、零售商等)的分销渠道。选择中间商，生产商能够扩大核心业务而不用在分销渠道上投入大量的资金，从而获取较高的投资回报率。

4）促销战略

促销即促进销售。该战略一般由四个要素组成：广告，其涉及在媒体中投放广告，以此来使潜在客户对企业产品和服务产生良好印象；营业推广，其采用非媒体促销手段；公共宣传，通常是指宣传企业形象，以便为企业及其产品建立良好的公众形象；人员推销，即企业的销售代表直接与预期客户进行接触。

### 4.7.2 生产运作战略

1969年，美国哈佛大学商学院的Wicham Skinner教授在《哈佛商业评论》上指出了制造业企业的五大职能：市场营销、生产运作、财务、人力资源、研究与开发，并首次提出了生产运作战略的概念。

所谓生产运作战略，是指企业利用生产运作资源所制定的各项生产决策和计划。生产运作资源由五部分组成：人力(people)、工厂(plant)、部件(parts)、工艺(processes)、计划控制系统(planning and control system)。生产运作战略主要包括三种类型：基于成本的战略、基于质量的战略、基于时间的战略。

#### 1. 基于成本的战略

基于成本的战略是指通过发挥生产系统的规模经济优势，以及实行设计和生产的标准化，使产品成本大大低于竞争对手的同类产品，获取价格竞争优势并造成市场进入壁垒。该战略与成本领先战略遥相呼应。

基于成本战略的实质，是不断追求生产系统的规模经济性，即单位产品成本随着规模的增加而下降。随着企业规模的扩大，内部劳动分工更细致，工人操作内容简化，熟练程度提高；企业可以采用高效率、大型化的专用设备和工艺装备，劳动生产率大大提高。企业规模扩大也可得到借款获得、原材料采购、人才供给等方面的便利条件，企业因此能以相对较少的投入获得较多的产出，降低产品成本，带来规模经济效益。

然而，片面追求规模经济性，盲目实施基于成本的战略，对企业也是不利的。除了容易造成垄断而损害市场竞争之外，仅从企业管理的角度看，企业规模过大，管理不便，需增加机构，增加内部通信、协调、监督等费用，也使管理效率降低，容易造成企业生产系统的僵化，缺乏灵活性，无法很好地满足消费者日益多样化的需求。

2. 基于质量的战略

基于质量的战略是指企业把质量作为竞争优势的来源，依靠顾客感知到的产品或服务的相对质量的领先地位，赢得市场占有率和稳定利润。

根据战略计划学院(SPI)进行的一项名为“市场战略对利润影响”的研究表明，产品质量与其在市场上的份额密切相关。具有高质量产品的企业会拥有更大的市场份额，同时也会从市场成长中获取最大利益。此项研究还说明，当产品价格不变时，在可感知到的产品相对质量上占前三名的厂商与占后三名的厂商之间的利润关系为 2∶1。这个结论不因产业、地理位置或市场类型而有太大的变化。

从生产运作战略角度看，在市场中处于劣势的企业应注重质量，把质量作为赢得市场份额的出路。质量改善为提高投资回报提供了最大的潜力，企业应优先选择产品质量而不是价格或销售费用作为工作重点。

3. 基于时间的战略

基于时间的战略是指企业把时间转化成一种关键的竞争优势来源，通过缩短产品开发周期和制造周期来提高对市场需求的反应速度，使自己具备提供众多产品种类和覆盖更多细分市场的能力。

运用这一战略最成功的企业当属日本的丰田汽车公司。它首创的准时制生产(Juse In Time，JIT)实现了工厂的弹性化，取得了显著的竞争优势。所谓准时制生产方式，是指以顾客需求为起点，按必要的时间、生产必要的数量，不过多、过早地生产不必要的产品。运用 JIT 可以同时兼得低成本和多品种的好处。

新一代的企业以弹性制造及快速反应系统参与竞争，并不断增加产品的种类，不断进行创新。依据这一循环过程来制定战略的企业，和以采用低工资、大规模、专业化生产等传统战略取胜的企业相比，具有更强的竞争力。那些致力于减少延误、利用自身快速反应优势的企业，将工厂设在接近顾客的地方，组织结构更有利于快速反应，能吸引到最多有利可图的顾客。对采用时间战略的企业而言，时间已经成为衡量业绩的最高标准。它们减少了各种业务时间消耗，从而降低了成本、提高了质量，与顾客保持了密切的联系。

### 4.7.3　财务战略

1. 财务战略概述

财务战略是指财务决策者在特定环境下，根据企业既定的战略目标和整体战略，在充分考虑企业长期发展中各环境因素变化对理财活动影响的基础上，所预先制定的用以指导企业未来较长时期财务管理全局的总体目标，以及实现这一目标的总体方略。

财务战略的实施既关系到企业其他各职能战略的效果，又关系到企业整体战略的效果，所以财务战略的目标和效果往往成为其他战略的重要约束前提。

一般而言，财务战略的目标是企业价值最大化，即通过企业的合理经营，采用最优的财务政策，在考虑资金的时间价值和风险报酬的基础上，不断增加企业财富，使企业的总价值达到最大。

具体说来，财务战略包括以下三个类型：

（1）筹资战略。该战略是指企业筹资决策者在特定环境下，以企业的整体战略为指导，以实现企业财务战略目标为目的，在对所处筹资环境进行科学分析的基础上制定的企业最佳筹资目标、资本结构、筹资渠道和方式选择的总体方略。

（2）投资战略。该战略是指企业投资决策者在特定环境下，以企业的整体战略为指导，以实现企业财务战略目标为目的，在对所处投资环境进行科学分析的基础上制定的企业最佳经济资源组合和运用的总体方略。

（3）分配战略。企业在经营过程中会产生利润，也可能会因为对外投资而分得利润，这表明企业有了资金的增值或取得了投资报酬。分配战略主要包括以下几个步骤：确定分配原则、根据法律和法规的要求安排分配程序、决定企业的分配决策和可行的分配方式等。

需要指出，筹资战略、投资战略和分配战略并不是相互割裂、互不相关的，而是相互联系、相互依存的。上述三个相互联系又有一定区别的战略构成了完整的财务战略活动。

2. 财务战略矩阵

如上所述，创造价值是财务管理的目标，也是财务战略管理的目标。如果这个目标是不变的，那么财务战略的问题就只剩下战略路径问题，即如何实现这个目标的问题。从战略上看，管理者为增加企业价值可以操纵的管理杠杆十分有限。

1）影响价值创造的主要因素

影响企业价值创造的主要因素分析过程如下：

假设企业也是一项资产，可以产生未来现金流量，其价值可以用永续固定增长率模型估计。

$$\text{价值}=\frac{\text{现金流量}}{\text{资本成本}-\text{增长率}}$$

其中，

$$\begin{aligned}\text{现金流量}&=\text{息税前利润}\times(1-\text{税率})+\text{折旧}-\text{营运资本增加额}-\text{资本支出}\\&=\text{税后经营利润}-(\text{营运资本增加额}+\text{资本支出}-\text{折旧})\\&=\text{税后经营利润}-\text{投资资本增加额}\end{aligned}$$

假设企业的价值等于企业的市场价值，即

$$\begin{aligned}\text{企业市场增加值}&=\text{资产市场价值}-\text{投资资本}\\&=\frac{\text{税后经营利润}-\text{投资资本增加额}}{\text{资本成本}-\text{增长率}}-\text{投资资本}\end{aligned}$$

$$=\frac{\text{税后经营利润}-\text{投资资本增加额}-\text{资本成本}\times(\text{资本成本}-\text{增长率})}{\text{资本成本}-\text{增长率}}$$

$$=\frac{\left(\dfrac{\text{税后经营利润}}{\text{投资资本}}-\dfrac{\text{投资资本增加额}}{\text{投资资本}}-\text{资本成本}+\text{增长率}\right)\times\text{投资资本}}{\text{资本成本}-\text{增长率}}$$

根据“增长率是固定的”这一假设，有

$$\text{增长率}=\frac{\text{投资资本增加额}}{\text{投资资本}}$$

$$\text{投资资本回报率}=\frac{\text{税后经营利润}}{\text{投资资本}}$$

于是，

$$\text{企业市场增加值}=\frac{(\text{投资资本回报率}-\text{资本成本})\times\text{投资资本}}{\text{资本成本}-\text{增长率}}$$

由上式可以看出，影响企业价值创造的因素主要有三个：

(1) 投资资本回报率。该指标反映企业的盈利能力，由投资活动和运营活动决定。

(2) 资本成本。该指标通过加权平均资本成本来计量，反映权益投资人和债权人的期望值，由股东和债权人的期望以及资本结构决定。

(3) 增长率。该指标用预期增长率来计量，由外部环境和企业的竞争能力决定。

需要指出，上述三个因素对企业市场增加值的影响是不同的：

(1) 投资资本回报率是公式的分子，因此提高盈利能力有助于增加市场增加值。

(2) 资本成本同时出现在公式的分子(减项)和分母(增项)中，资本成本增加会减少市场增加值。

(3) 增长率是分母的减项，提高增长率对市场增加值的影响，要看分子是正值还是负值。当公式的分子是正值时，提高增长率使市场增加值变大；当公式的分子为负值时，提高增长率反而使市场增加值变小，即市场价值减损更多。因此，高增长率的企业也可能损害股东价值，低增长率的企业也可以创造价值，问题的关键在于投资资本回报率是否超过资本成本。

2) 财务战略矩阵

在上述分析的基础上，进一步区分两种不同的增长率：销售收入实际增长率(以下简称“销售增长率”)和可持续增长率。销售增长率反映的是一家企业在某一段时间内销售收入的变化程度；可持续增长率是由美国华盛顿大学的罗伯特 .C. 希金斯(Robert C. Higgins)教授提出的，是指在不需要耗尽财务资源的情况下，公司经营所能增长的最大比率。这两种增长率之间会出现下述三种关系：

(1) 销售增长率超过可持续增长率时，企业会出现“现金短缺”。这种增长状态被定义为“高速增长”。这里的“现金短缺”是指在当期的经营效率和财务政策下产生的现金不足以支持销售增长，需要通过提高经营效率、改变财务政策或增发新股来平衡现金流动。

(2) 销售增长率低于可持续增长率时，企业会出现“现金剩余”。这种增长状态被定义为“缓慢增长”。这里的“现金剩余”是指在当前的经营效率和财务政策下产生的现金超过了支持销售增长的需要，剩余的现金需要投资于可以创造价值的项目(包括扩大现有业务的规模或开发新的项目)，或者还给股东。

(3) 销售增长率等于可持续增长率时，企业的现金保持平衡。这种增长状态被定义为“均衡增长”。有序的“现金平衡”是指在当前的经营效率和财务政策下产生的现金，与销售增长的需要可以保持平衡。但是，这只是一种理论上的状态，现实中的平衡是不存在的。

依据上述分析，从财务的战略目标考虑，必须区分两种“现金短缺”和两种“现金剩余”。

(1) 两种“现金短缺”：一种是创造价值的现金短缺；另一种是减损价值的现金短缺。对于前者，应当设法筹资以支持高增长，创造更多的市场增加值；对于后者，应当提高可持续增长率以减少价值减损。

(2) 两种“现金剩余”：一种是创造价值的现金剩余；另一种是减损价值的现金剩余。对于前者，企业应当利用这些现金提高股东价值增长率，创造更多的价值；对于后者，企业应当把钱还给股东，避免更多的价值减损。

现在，可以通过财务战略矩阵(图 4.3)将上述因素全部融入进去。

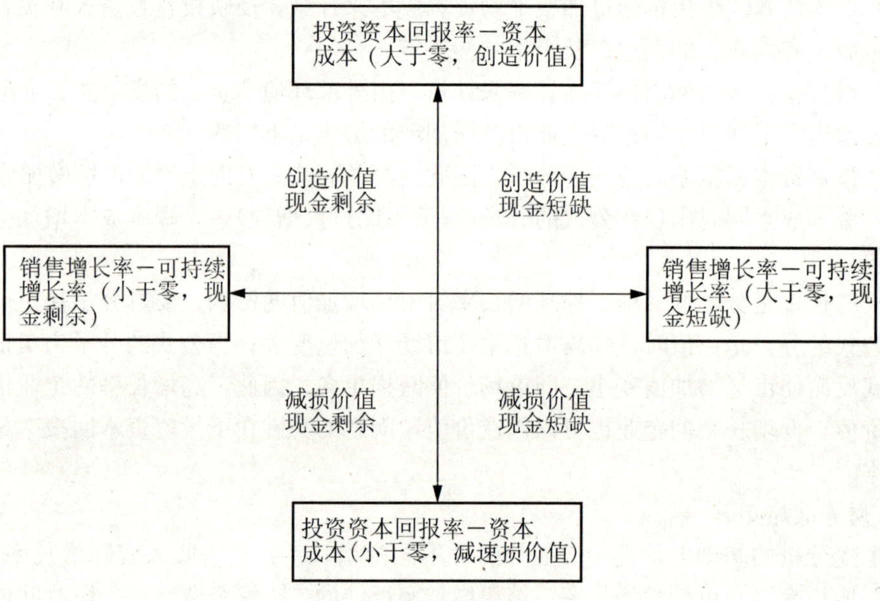


图 4.3 财务战略矩阵

财务战略矩阵假设一家企业有一个或多个业务单位。纵坐标是一个业务单位的投资资本回报率与其资本成本的差额。当差值为正数时，该业务单位为股东创造价值；当差值为负数时，该业务单位减损股东价值。横坐标是销售增长率和可持续增长率的差额。当差值为正数时，企业现金短缺；当差值为负数时，企业现金剩余。

据此建立的矩阵有四个象限：处于第一象限的业务，属于增值型现金短缺业务；处于第二象限的业务，属于增值型现金剩余业务；处于第三象限的业务，属于减损型现金剩余业务；处于第四象限的业务，属于减损型现金短缺业务。处于不同象限的业务单位应当选择不同的财务战略。

（1）增值型现金短缺。处于第一象限的业务可以为股东创造价值，但自身经营产生的现金不足以支持销售增长，会遇到现金短缺的问题。

应判明这种高速增长是暂时性的还是长期的。高速增长是供不应求的反映，会引来许多竞争者。高速增长通常是不可持续的，增长率迟早会下降。如果高速增长是暂时的，企业应通过借款来筹集所需资金，等到销售增长率下降后企业会有多余现金归还借款。如果预计这种情况会持续较长时间，不能用短期周转借款来解决，则企业必须采取战略性措施解决资金短缺问题。长期性高速增长的资金问题有两种解决途径：一是提高可持续增长率，使之向销售增长率靠拢；二是增加权益资本，提供增长所需的资金。

a. 提高可持续增长率。提高可持续增长率的方法有两种：提高经营效率和改变财务政策。

提高经营效率是应对现金短缺的首选战略。它不但可以增加现金流入，而且可以减少增长所需的资金数额。但是，通常企业改善经营效率的努力从未停止过，绝大多数企业的经营业绩已经达到现有经营条件下的极限，一般的降低成本或加快资金周转的措施很难解决面临的问题。企业需要改变经营战略，寻求突破性的改善。

提高经营效率的具体措施包括：降低成本，进行作业分析，重构作业链，消除无增值作业，提高增值作业的效率；提高价格，改变价格形象，在维持利润的同时抑制销售增长，减少资金需要；降低营运资金，重构价值链，减少资金占用；剥离部分资产，将资产利润率较低的资产剥离出去，用节省出的资金支持核心业务增长；改变供货渠道，增加外购以减少自制，减少资产占用，提高资产周转率。

改变财务政策的具体措施包括：停止支付股利；增加借款的比例。

b. 增加权益资本。如果可持续增长率的提高仍不能解决资金短缺问题，就需要设法增加权益资本。不能因为资金短缺就降低增长率，那将不利于创造价值。增加权益资本包括增发股份和兼并成熟企业两种，所谓成熟企业，是指那些增长缓慢、但有多余现金的企业。

在增发股份的同时要按目标资本结构增加借款，以维持目标资本结构。增发股份的必要前提是所筹资金要有更高的回报率，否则不能增加股东的财富。增发股份的缺点是分散了控制权，而且会稀释每股收益。

（2）增值型现金剩余。处于第二象限的业务可以为股东创造价值，但是增长缓慢，自身经营产生的现金超过销售增长的需要时会出现现金剩余。因此，问题的关键在于能否利用剩余的现金实现迅速增长，使销售增长率接近可持续增长率。

利用剩余的现金加速增长的具体途径包括：内部投资，扩大产销规模，增加生产线，增加分销渠道等；收购相关业务，收购与该项业务相关的业务，迅速扩大规模。

如果加速增长后仍有剩余现金，找不到进一步投资的机会，则应把多余的钱还给股东。分配剩余现金的途径包括：增加股利支付，陆续把现金还给股东；回购股份，快速把现金还给股东。

（3）减损型现金剩余。减损型现金剩余表明企业资源未得到充分利用，存在被收购的风险。减损型现金剩余的主要问题是盈利能力差，而不是增长率低，简单的加速增长很可能有害无益。应认真分析盈利能力差的原因，寻找提高投资资本回报率或降低资本成本的途径，使投资资本回报率超过资本成本。

首选的战略是提高投资资本回报率。应仔细分析经营业绩，寻找提高投资资本回报率的途径。这是一个艰难的过程，经常要增加研究与开发费用(技术创新)，进行矛盾重重的组织结构变动(管理创新)等。提高投资资本回报率的具体途径包括：提高税后经营利润率，包括扩大规模、提高价格、控制成本等；提高经营资产周转率，降低应收账款和存货等资金占用。

在提高投资资本回报率的同时，审查目前的资本结构政策，如果负债比率不当，可以适度调整，以降低平均资本成本。如果企业不能提高投资资本回报率或者降低资本成本，无法扭转价值减损的状态，就应当把企业出售。

(4) 减损型现金短缺。处于第四象限的业务单位会减损股东财富，并且由于增长缓慢遇到现金短缺问题。这种业务不能通过扩大销售得到改变。由于股东财富和现金都在被吞食，需要快速解决问题。具体措施有以下两种：

a. 彻底重组。如果盈利能力低是本企业的独有问题，应在仔细分析经营业绩，寻找价值减损和不能充分增长的内部原因后，对业务进行彻底重组。当然，这样做也是有风险的：如果重组失败，股东将蒙受更大损失。

b. 出售。如果盈利能力低是整个行业的衰退引起的，企业无法对抗衰退市场的自然结局，应尽快出售以减少损失。即使是企业独有的问题，由于缺乏核心竞争力，无法扭转价值减损的局面，也需要选择出售。在一个衰退行业中挽救一个没有竞争力的业务，成功的概率不大，往往会成为资金的陷阱。

### 4.7.4 人力资源战略

任何战略的关键成功因素就是确保在适当的时间、适当的地点有可利用的适当的人力资源。有效的人力资源战略应该包括现实的计划和程序，该战略的目标应包括如下几个：

(1) 精确识别出为实现企业短期、中期和长期的战略目标所需要的人才类型。

(2) 通过培训、发展和教育来激发员工潜力。

(3) 应尽可能地提高任职早期表现出色的员工在员工总数中所占的比重。

(4) 招聘足够的、有潜力成为出色工作者的年轻就业者。

(5) 确保采取一切可能的措施来防止竞争对手挖走企业的人才。

(6) 招聘足够的、具备一定经验和成就的人才，并使其迅速适应企业

(7) 激励有才能的人员实现更高的绩效水平，并激发其对企业的忠诚度。

(8) 寻求方法来提高最有才能的人员的绩效和生产效率。

(9) 创造企业文化，使人才能在这种文化中得到培育并能够施展才华。

人力资源战略的内容主要包括以下几个方面：

(1) 人力资源规划。即企业为取得、利用、改善和维持企业的人力资源而采取的策略。

(2) 人力资源计划。该计划旨在消除人才的预期供需之间的缺口。

(3) 招聘与选拔。所有企业都有其自身的招聘方式，并且招聘成功的比例也不尽相同。重要的是，企业应认清过去有用的、成功的招聘和选拔方法，并努力开发出一种适用

的、设计良好的体系。

(4) 继任计划。该计划应支持企业所选择的战略，应能够适应企业经营方式可能发生的任何变化。只有当管理层的发展与企业的发展步调一致的时候，企业的战略目标才有可能实现。

(5) 激励和奖励机制。人力资源管理最重要的方面就是激励员工，确保他们按照企业的目标高效率地进行有效工作。激励战略的确定取决于企业的理念。领导者需要使其员工赞成这一战略并愿意为实现这一战略付出努力。

(6) 绩效评估。绩效评估有助于目标的制定，有助于实现整体战略目标。

(7) 员工的培训和发展。为确保员工在技术和社交上的能力、促进其职业发展，以及为使其胜任专业部门或管理职位，培训是非常必要的。

### 4.7.5 研究与开发战略

研究与开发简称研发，可以被定义为组织层面的企业创新，包括科学技术的基础研究和应用研究，以及原型机和工艺方法的设计与开发。

研发中的研究既可以指基础研究，也可以指应用研究。基础研究是指为了增加对某个主题或领域的理解，不是刻意去追求特定商业应用而进行的研究；应用研究则是为了满足特定的需求而进行的研究。企业的研究通常有着明确的商业目标，因而大多数属于应用研究，而且研究的对象通常是产品或工艺流程。

研发中的开发是指把一般的科学知识或研究所取得的发现应用于产品或工艺流程上，即应用知识生产实用的装置、材料或工艺的活动。

研发战略的重要性主要体现在以下几个方面：

(1) 产品创新是差异化战略的来源。工艺流程创新使企业能够采用差异化战略或成本领先战略。

(2) 在波特的价值链中，研发被纳入了支持性活动的范畴，企业可以通过提供低成本的产品或改良的差异化产品来强化价值链。

(3) 在安索夫矩阵中，研发支持着四个象限的战略，即可以通过产品求精来实现市场渗透战略和市场开发战略，通过产品创新来实现产品研发和产品多元化战略。

(4) 考虑到行业和产品的生命周期，产品研发会加速现有产品的衰退，因而需要研发来为企业提供替代产品。

通常而言，企业存在三种主要的研发战略：

(1) 成为向市场推出新技术产品的企业，这种战略富有魅力、令人兴奋，但同时也是危险的。

(2) 成为成功产品的创新模仿者，从而使启动风险和成本最小化。这种方法必须有先驱企业开发第一代新产品并证明存在该产品的市场，然后由落后的企业开发类似的产品。这种战略要求企业拥有优秀的研发人员和优秀的营销部门。

(3) 通过大量生产与新引进的产品相类似、但价格相对低廉的产品来成为低成本生产者。这种研发战略要求企业对工厂和设备进行不断地投资，但与前两种战略相比，其所需的研发费用较低。

关于企业是从外部获取研发技术，还是内部进行研发，可从以下几点进行考虑：

(1) 如果技术进步速度缓慢、市场增长率适中，并且新的市场进入者有很大的进入障碍，则企业内部研发是最佳选择。原因在于，如果研发成功，则能够为企业带来可以利用的、暂时性的产品或工艺流程垄断。

(2) 如果技术变化较快而市场增长缓慢，则花费大量精力进行研发会给企业带来较大风险。原因在于，这可能使企业开发出一种完全过时的、没有任何市场的技术。

(3) 如果技术变化速度缓慢但市场增长迅速，则通常没有足够的时间进行企业内部的研发。在这种情况下，最佳方法是从外部企业取得独家或非独家的研发技术。

(4) 如果技术进步和市场增长都很迅速，则应从业内的资深企业取得研发技术。

### 4.7.6 信息系统战略

信息系统战略确定了一家企业的长期信息需求，并且对可能存在的不同信息技术提供了一把保护伞。信息系统战略应遵循企业的经营战略，并且必须确保在经营战略实施的过程中，可获得、保存、共享和使用恰当的信息。

信息系统包括所有涉及信息收集、储存、产生和分配的系统和程序。信息系统可分为七类：事务处理系统、管理信息系统、企业资源计划系统、战略性企业管理、决策支持系统、经理信息系统和专家系统。

1. 事务处理系统

事务处理系统执行和处理常规事务。它收集与商业交易相关的源数据，如顾客订单、销售、采购和库存变动等相关数据。它会定期对这些信息进行报告。事务处理报告对控制和审计而言是很重要的，但是只能提供很少量的管理决策信息。

2. 管理信息系统

管理信息系统将主要来自内部的数据转化成综合性信息，如摘要报告和异常报告。这些信息使管理层能对与自己所负责的活动领域有关的计划、指导和控制及时做出有效的决策。它从事务处理系统获得数据并生成报告。这些报告往往是标准报告，但是其中的信息通常需要再进行其他处理。在将信息从标准报告中摘录出来，并转移到电子表格中供管理层进行处理和分析的过程中，管理信息系统十分有用。但是，在计划层面上，管理信息系统并不是特别有用。

3. 企业资源计划系统

企业资源计划系统是基于以“企业整体”系统化的管理为依据，为企业合理调配资源、最大化的创造价值，实现企业内部决策和管理的应用信息系统平台。它有助于整合数据流和访问与整个公司范围的活动有关的信息。企业资源计划系统通常记录用于会计处理的事务数据、操作型数据和客户及供应商数据，同时可通过数据仓库获得这些数据，并在此基础上生成自定义的报告。

企业资源计划系统包括财务预测、生产能力、调整资源调度等方面的功能，能配合企业实现存货全面管理、质量管理和生产资源调度管理及辅助决策。企业资源计划系统是企业进行生产管理及决策的平台工具。

企业资源计划系统中的数据可用于更新平衡计分卡系统中的业绩指标，也可用于作业成本核算、股东价值分析、战略计划、客户关系管理和供应链管理。

4. 战略性企业管理

战略性企业管理是一种为战略管理过程提供所需支持的信息系统。信息技术是以储存在数据仓库的数据为基础的，这些数据同时又能被应用于一系列分析工具中，如股东价值管理、作业成本核算和平衡计分卡系统。战略性企业管理可成为企业业绩的重要驱动力，因为它能使企业各个层次的决策过程变得更快、更完善。

5. 决策支持系统

决策支持系统包含了一些数据分析模式，这些分析模式能使管理层模拟并提出“如果发生了某事，应该怎么办”的问题，从而使管理层在决策过程中能考虑到不同的选项并获得对决策有帮助的信息。决策支持系统可被包含在一张电子表或复杂的软件包中。

6. 经理信息系统

经理信息系统是提供决策支持的系统，它包含了对摘要数据的访问，使高层经理能对与企业及其环境有关的信息进行评价。经理信息系统采用“向下钻取”功能，从总计数据下移到更具体详细的层次。当然，它也可以从外部来源(如公共数据库)获取信息。易于使用是经理信息系统的一个重要特点。

7. 专家系统

专家系统储存从专家处获得的与专门领域相关的数据，并且将其保存在结构化的格式或知识库中。专家系统为那些需要酌情判断的问题提供解决方案。使用者通过图表式的用户界面来向系统提问，系统会要求提供更多的信息。然后，专家系统采用各种规则做出决策。专家系统的最佳实例是用于信用批准。

## 本章小结

本章主要介绍了在一个封闭经济体内部企业可能采取的各种战略。企业战略分为三个层次：公司战略(也称总体战略)、竞争战略(也称业务单位战略)、职能战略。公司战略具体包括：专业化战略、一体化战略、多元化战略、稳定型战略和收缩型战略。其中，专业化战略、一体化战略和多元化战略统称为“成长型战略”。竞争战略主要有三种类型：成本领先战略、差异化战略和集中化战略。职能战略主要包括：市场营销战略、生产运作战略、公司财务战略、人力资源战略、研究与开发战略和信息系统战略。

## 关键术语

专业化战略　市场渗透　市场开发　产品研发　纵向一体化战略　横向一体化战略　相关多元化　非相关多元化　暂停战略　无变战略　维持利润战略　抽资转向战略　剥离战略　清算战略　成本领先战略　差异化战略　集中化战略　职能战略

# 习　题

一、单项选择题

1. 美国 WCI 公司先后于 1971 年收购了弗兰克林电器公司，1972 年收购了西屋自动空气阀公司的冰箱部，1978 年买下了美国汽车公司的电器部，1979 年兼并了通用汽车公司的电冰箱部。该资料表明美国 WCI 公司采用的战略是(　　)。

A. 横向一体化战略　　B. 稳定型战略

C. 纵向一体化战略　　D. 集中化战略

2. 在某一品牌婴儿用品的包装上都有这样一句话“成人同样适用”，表明该企业采取的战略是(　　)。

A. 市场渗透战略　　B. 产品开发战略

C. 市场开发战略　　D. 多元化战略

3. 某家电生产企业在推出一款功能更全、洗涤更干净的洗衣机时，制定了比较低的价格，以便抢占销售渠道和消费者群体，从而使竞争者较难进入市场，这种定价方式属于(　　)。

A. 渗透定价法　　B. 撇脂定价法

C. 产品差别定价法　　D. 动态定价法

4. A 市地铁站在上下班时间段，客流量巨大，经常出现人们排长队安检的现象，而在其他时间段客流量则相对较少。为了鼓励人们在地铁客流量较大的时间段选择公交车等其他交通方式，A 市地铁在客流高峰时间段采用了较高的价格，该定价策略属于(　　)。

A. 差别定价法　　B. 产品上市定价法

C. 细分定价法　　D. 转移定价法

5. 某公司是一家日用洗涤品生产企业。该公司在市场调研中发现，采购日用洗涤品的消费者主要是家庭主妇，她们对品牌的忠诚度不高，但对价格变动非常敏感。目前，该公司主要竞争对手的各类产品与甲公司的产品大同小异。在这种市场条件下，最适合该公司选择的竞争战略是(　　)。

A. 成本领先战略　　B. 差异化战略

C. 集中化战略　　D. 一体化战略

6. 在激烈的市场竞争中，处在同一行业的企业纷纷通过市场营销争取某产品的最大市场份额，这种情形标志着该产品已进入生命周期的(　　)。

A. 引入期阶段　　B. 成长期阶段

C. 成熟期阶段　　D. 衰退期阶段

7. 下列财务政策中，可以用来改善增值型现金短缺企业资金状况的是(　　)。

A. 增加债务比例　　B. 支付现金股利

C. 降低资本成本　　D. 重组

8. 某国内汽车制造厂对中国经济增长潜力抱着乐观态度，除继续生产中等档次的车种外，在 2009 年开始生产高端越野车，希望吸引国内市场的高端消费者。这种做法属于(　　)。

A. 市场渗透　　B. 市场细分　　C. 工业细分　　D. 产品分散化

9. 某律师事务所系经司法部门批准成立的我国最早的合伙制律师事务所。今年该所与国内的另一律师事务所进行了合并。该律师事务所的合并战略属于(　　)。

A. 集中化战略　　B. 市场渗透战略

C. 纵向一体化战略　　D. 横向一体化战略

10. 新推出的计算机产品在上市初期的定价相对较高，这种定价策略是(　　)。

A. 渗透定价法　　B. 撇脂定价法

C. 增脂定价法　　D. 成本领先定价法

11. 某公司为国内经营多年的制药公司，近期成功研制了一种预防新型流感的疫苗。该公司管理层计划将此疫苗规模化生产，并同时在国内市场和国外市场销售，预计该疫苗的销售可为公司未来数年带来较高的净收益。该公司进军国外市场的计划属于(　　)。

A. 市场渗透战略　　B. 市场开发战略

C. 产品开发战略　　D. 多元化战略

12. 国美电器和大中电器是两家知名的家电零售企业，国美电器和大中电器的合并属于(　　)。

A. 多元化战略　　B. 横向一体化战略

C. 纵向一体化战略　　D. 产品开发战略

13. 某公司是一家家具制造企业，该企业在全球范围内进行制造外包，大量采购，采用"平板包装"的方式运输商品节省仓储及运输费用，或要求顾客自行运输购买的物品，以最大限度地降低制造成本。该公司采用的战略是(　　)。

A. 差异化战略　　B. 集中化战略

C. 成本领先战略　　D. 多元化战略

14. 某企业是从事太阳能技术研究的企业，致力于将太阳能技术用于取暖、供电等多方面，由于太阳能技术进步缓慢，且取得收益的时间比较漫长，因此新进入者相对较少，则该企业最适合采用的研发策略为(　　)。

A. 企业内部研发　　B. 购买专利

C. 合作研发　　D. 委托科研机构研发

15. 针对消费者所面临的脱发问题，潘婷洗发水推出强韧防脱系列洗发水，从公司战略的角度看，潘婷洗发水采取的战略是(　　)。

A. 稳定型战略　　B. 一体化战略

C. 多元化战略　　D. 密集型战略

16. 某集团公司正在组建财务中心，管理层希望该中心的财务职能有利于降低资金成本，能较容易地控制集团中各子公司的财务活动。基于以上要求，最适合该集团公司财务职能的安排是(　　)。

A. 外包财务职能　　B. 由内控部门履行财务职能

C. 权力下放的财务职能　　D. 集中的财务职能

17. 下列企业应采用的成长型战略中，属于多元化成长战略的是（　　）。

A. 甲碳酸饮料生产企业通过按季更换饮料包装、在各传统节日期间附赠小包装饮料等方式增加市场份额

B. 乙汽车制造企业开始将其原在国内生产销售的小型客车出口到南美地区

C. 丙洗衣粉企业通过自行研发，开始生产销售具有不同功效的洗发水

D. 丁酸奶生产企业新开发出一种凝固型酸奶，并将其推向市场

二、多项选择题

1. 下列各项中，属于促销战略构成要素的有（　　）。

A. 广告促销　　B. 人员促销　　C. 营业推广　　D. 公共关系

2. 某笔记本电脑生产企业正在大力宣传其新推出的某系列笔记本电脑。该系列笔记本电脑不但具有多种可以选择的外壳颜色，而且具有突出的音响、游戏功能配置。其主要目的是满足追求时尚和个性化的年轻人的需要。根据上述情况可以判断，该笔记本电脑生产企业营销该系列笔记本电脑时重点考虑的市场细分基础包括（　　）。

A. 人口细分　　B. 应用细分　　C. 价值细分　　D. 心理细分

3. 关于将产品定位用作战略实施工具的经验法则的下列各项表述中，正确的有（　　）。

A. 最佳的战略机会可能就是尚未开发的细分市场

B. 不要定位在若干细分市场之间

C. 不要对两个细分市场采用同一战略

D. 不要将本企业的产品定位在产品定位图的中间区域

4. 某研究员提出，经过20多年的发展，饮用水市场目前已进入成熟阶段。支持该研究员结论的市场现象包括（　　）。

A. 行业内出现企业兼并的机会较多

B. 市场上饮用水品牌的数量逐渐减少

C. 行业产品利润率及企业的市场占有率同时处于低位

D. 同行业企业战略重点倾向于关注效率、成本控制和市场细分

5. 下列具有不同特征的企业中，可以选择前向一体化战略的有（　　）。

A. 销售环节利润率较高的企业

B. 供应环节利润率较高的企业

C. 现有上游供应商供应成本较高的企业

D. 现有下游销售商销售成本较高或可靠性较差的企业

6. 下列具有不同特征的企业中，可以选择后向一体化战略的有（　　）。

A. 销售环节利润率较高的企业

B. 供应环节利润率较高的企业

C. 现有上游供应商供应成本较高的企业

D. 现有下游销售商销售成本较高或可靠性较差的企业

7. 某市自来水公司由市政府全资控股，其确定的公司使命和目标是为该市所有企事业单位和个人提供生产、生活用水服务。根据公司战略理论，下列各项战略类型中，该自来水公司可以选择的有(　　)。

A. 密集型成长战略　　B. 无变战略

C. 维持利润战略　　D. 扭转战略

8. 某企业集团的下列业务单位中，适合选择成本领先战略的有(　　)。

A. 甲业务单位，生产顾客需求多样化的产品

B. 乙业务单位，生产购买者不太关注品牌的产品

C. 丙业务单位，生产消费者转换成本较低的产品

D. 丁业务单位，生产目标市场具有较大需求空间或增长潜力的产品

9. 下列关于企业财务战略矩阵分析的表述中，正确的有(　　)。

A. 对增值型现金短缺业务单位，应首先选择提高可持续增长率

B. 对增值型现金剩余业务单位，应首先选择提高投资资本回报率

C. 对减损型现金剩余业务单位，应首先选择提高投资资本回报率

D. 对减损型现金短缺业务单位，应首先选择提高可持续增长率

10. 价值创造是财务战略的目标，现代财务实践认为经济增加值是判断经济活动是否带来价值创造的一个重要指标。影响经济增加值的直接因素包括(　　)。

A. 资本成本　　B. 净资产收益率

C. 投资资本　　D. 税后经营利润

11. 某玩具制造商拟实施包括实现规模经济、针对 3 岁以下的幼儿设计独有的“幼童速成学习法”玩具系列等在内的战略方案，以增加其业务的竞争优势。该玩具制造商上述业务层战略属于(　　)。

A. 成本领先战略　　B. 多元化战略

C. 集中差异化战略　　D. 集中成本领先战略

12. 企业集团多元化经营的优点有(　　)。

A. 能够分散业务风险

B. 企业可利用未被充分利用的资源

C. 为企业提供规模经济的成本优势

D. 企业较容易从资本市场中获得融资

13. 以下关于信息系统战略的说法，正确的有(　　)。

A. 信息系统战略应遵循企业的经营战略

B. 信息系统须确保可获得、保存、共享和使用恰当的信息

C. 信息系统战略对可能存在的不同信息技术提供了一把“保护伞”

D. 信息系统包括所有涉及信息收集、储存、产生和分配的系统和程序

14. 钻石公司有三个事业部，分别从事空调、冰箱、压力锅三类家电产品的生产和销售。为了进一步研究三个事业部的发展情况，钻石公司对三个事业部的相关指标进行了测算，结果如表 4 - 2 所示。

表 4-2 钻石公司旗下事业部相关指标

| | 空调事业部 | 冰箱事业部 | 压力锅事业部 |
|---|---|---|---|
| 销售增长率 | 11% | 10% | 9% |
| 可持续增长率 | 13% | 9% | 7% |
| 资本成本 | 8% | 10% | 7% |
| 投资资本回报率 | 10% | 12% | 5% |

根据以上资料，判断下列说法正确的有(　　)。

A. 空调事业部应判明高速增长是暂时性还是长期性的，然后再决定如何筹集资金

B. 冰箱事业部属于增值型现金剩余

C. 压力锅事业部属于减损型现金短缺

D. 考虑到压力锅事业部的颓势由于整个行业衰退引起，欲尽快出售该事业部

15. 如果某企业处于财务战略矩阵的第三象限，则关于该企业的下列说法中正确的是(　　)。

A. 该企业在为股东创造价值

B. 该企业首选提高投资资本回报率

C. 该企业不可能会采取出售业务单元的措施

D. 该企业可以适度调整负债比率

16. 某公司是一家正在迅速发展的、市场占有率较高的高科技企业。该公司管理层正在实施企业特征分析，以便选择合适的财务战略。下列各项关于该公司企业特征和财务战略选择的表述中，正确的有(　　)。

A. 该公司属于经营风险较高的企业　　B. 该公司适合风险投资者投资

C. 该公司应该主要依靠权益融资　　D. 该公司适宜派发高股利

17. 下列选项中，有利于企业实施差别化战略的是(　　)。

A. 提供使用产品的用户特色　　B. 提高购买者从产品得到的性能

C. 强化企业的内部管理体系　　D. 提供非经济的满意度

18. 某企业是一家新建立的焦化厂，与其他焦化企业比较，其生产设备的脱硫能力较强，生产的焦炭产品中的硫含量明显降低。该企业在业务层面作战略决策时，决定实施差别化战略。以下支持这一决策的因素是(　　)。

A. 焦炭产品硫含量低，客户在使用时可以省却脱硫装置

B. 焦炭产品硫含量低，客户使用时可以减少对于生产设备的损耗

C. 焦炭产品硫含量低，客户使用时可以减少硫排放，符合环保要求

D. 焦炭产品硫含量低，该企业获得行业嘉奖

三、简答题

1. 什么是专业化战略？它包括哪些类型？

2. 什么是一体化战略？它包括哪些类型？

3. 试比较相关多元化与非相关多元化战略的适用范围。

4. 稳定型战略都有哪些类型？

5. 试分析抽资转向战略、剥离战略和清算战略之间的异同点。

6. 什么是竞争战略？它包括哪些类型？

7. 职能战略都包括哪些？

8. 简述财务战略矩阵。

四、思考题

1. 某公司是一家全资国有电力公司，主要为国内企事业单位和个人提供生产、生活用电。该公司成立于100多年前，一直用煤发电。该公司承担着保持社会稳定发展及民生的责任，为居民提供合理或较低价格水平的电力服务，政府对该公司产生的亏损提供补贴。为鼓励该公司提高营运效率，建立符合市场竞争需求的运行模式，政府于2010年决定将该公司改制为股份有限公司，通过公开招股募集资金并将其股票上市。

2011年，该公司股票上市后，政府持有该公司股票的比率由原有的100%降至51%。该公司上市后，开始实行低成本、低碳排放的发电模式，如研究用风力发电、地热发电、天然气发电取代煤炭发电的可能性。同时，该公司还着手对上市前咨询机构提交的多个境外投资方案进行评估。但当该公司管理层要求信息技术部提供评估需要的相关数据时，被信息技术部告知有关信息系统的一些月度数据已被人删除，无法提供。该公司调查发现，一名已被该公司辞退的后勤部人员，在辞退之后未经允许进入系统删除了有关信息。

要求：

（1）简要分析该公司上市前后的总体战略及其选择该种战略的主要原因。

（2）简述信息系统战略的内涵，并指出该公司为实行低成本、低碳排放发电模式需要获得的基本信息(包含外部信息及内部信息)。

2. 万利家具公司为中档卧室家具生产企业，成立于1995年，并于2000年在深圳证券交易所公开发行股票及上市。万利家具公司2005—2010年间分店数量、职工人数、收入总额及税前利润数据如表4-3所示。

表4-3 万利家具公司2005—2010年相关数据

| 年份 | 2005年 | 2006年 | 2007年 | 2008年 | 2009年 | 2010年 |
|---|---|---|---|---|---|---|
| 分店数量/个 | 235 | 240 | 230 | 220 | 200 | 200 |
| 职工人数/人 | 5600 | 5400 | 5200 | 5000 | 4800 | 4600 |
| 收入总额/万元 | 36000 | 38000 | 40000 | 42000 | 44000 | 46000 |
| 税前利润/万元 | 3600 | 4000 | 4500 | 3800 | 2200 | 1800 |

鉴于2011年第一季度税前利润继续下滑，万利家具公司董事会于2011年5月召开扩大会议，销售总监张某、设计师与采购总监李某、财务总监王某均参加了会议。

在讨论到万利家具公司未来发展时，张某认为，万利家具公司2011年第一季度每件家具的税前边际贡献已经降至最低水平，建议采取措施增加销量。采取的措施包括扩大产能并降价，如果可能还可以进军客户众多的低档卧室家具市场。

王某不同意张某进军低档卧室家具市场的建议，认为该成本领先战略不能解决万利家具公司所面临的问题。王某建议继续采取有效措施发展公司现有的中档目标客户群，并力争增加税前边际贡献。

李某同意王某的看法，并且还建议委托国外顶级设计师设计多种类型的卧室家具，采取包括在高级时尚杂志刊登广告等更有效的营销推广措施，以此进军高档卧室家具市场。同时，改造现有生产线，考虑生产具有特色主题的家具以及与家具相关的附带装饰物品，并接受客户定制家具生产。

董事会对张某、王某和李某的建议进行了深入的讨论，但未能达成共识。

要求：

(1) 列示万利家具公司选择进军低档卧室家具市场战略可能需要采取的措施。

(2) 简要分析万利家具公司选择进军低档卧室家具市场战略的优点和不足。

(3) 简要分析万利家具公司选择进军高档卧室家具市场战略的优点和不足。

(4) 简要分析万利家具公司选择生产特色主题家具、家具附带装饰及定制服务的差异化战略的优点和不足。

(5) 简要分析万利家具公司做出战略选择应考虑的关键因素。

3. 大明钢铁股份有限公司(以下简称“大明钢铁”)为一家上市公司，主要从事以不锈钢为主的特殊钢产品的生产和销售。随着我国经济迅速增长，制造机器、设备及汽车的工业不断发展，带动我国不锈钢需求的显著增加。行业普遍认为，在未来数年不锈钢产品的需求仍将持续上升。

制造不锈钢的一种重要原料为镍。我国的镍矿石本地供应量有限，因此近年镍的进口量大幅上升。2007 年 1 月，镍成为首种突破每盎司 1 美元的基本金属，价格创历史新高，镍价格急升主要是由于存量低而需求上涨。由于我国本地镍矿石的供应量不可能在可预见的未来大幅增加，我国必须继续进口镍矿石以应付本地需求。

大明钢铁所需的镍矿石原本在国内采购，但随着大明钢铁的不锈钢产量大幅提高，国内供应商所能提供的镍矿石已不能满足大明钢铁的生产需要。并且由于镍矿石本地供应量有限，大明钢铁近两年的需求基本上由国外进口镍矿石满足。

大明钢铁的镍矿石一般是从加拿大及澳大利亚的不同供应商进口，在计入运输费用后每吨的平均采购价较国内的采购价仍略低，但采购价及供应量随国际总体需求波动，大明钢铁未能获得稳定的镍矿石供应。

大明钢铁于 2009 年在某东南亚岛国找到了一个新的镍矿石供应商(以下简称“岛国供应商”)，并向其试采购了数批镍矿石。该供应商提供的镍矿石品质较好，镍含量为 1%，其他供应商镍矿石的镍含量平均为 0.7%。由于该岛国较为接近我国，海运费用较低，由该岛国矿石提炼的镍金属单位成本比从加拿大及澳大利亚进口矿石的提炼成本低，最终生产出来的不锈钢产品毛利率由原来的 25%提高到 30%。

随后，大明钢铁成功地收购了岛国供应商，由于当地法规的要求，必须以岛国货币现金结算与岛国供应商购买矿石的货款，大明钢铁将会面对较大的外币汇兑风险。

要求：

(1) 简述成长型战略的三种基本类型，指出哪一种类型最为适合大明钢铁，并说明原因。

(2) 列出大明钢铁董事会在决定收购岛国供应商时必须考虑的在成功收购后出现的五个主要风险因素。(可在学习完第 8 章后进行回答)

(3) 针对岛国的政治风险和法律风险，大明钢铁应采取哪些应对措施?(可在学习完第 8 章后进行回答)

4. 1984—1991 年是海尔实施品牌战略的阶段，别的企业上产量，而海尔扑下身子抓质量。此战略在海尔创立之初即以张瑞敏砸冰箱的戏剧化举动宣告推出。此后的六七年间，海尔完善了生产过程的全面质量管理，同时在销售方面推出星级服务的概念，在消费者心目中树立起质量超群的国产品牌形象。海尔在实践中，形成以人本主义为核心的企业文化。在此基础上，海尔在 20 世纪 90 年代提出了 OEC 工作法，它的中文表述则为“日事日毕，日清日高”。至此，海尔以其全面质量管理或 OEC 工作法、以星级服务为特色的营销方式和顾客导向的产品改进与开发，三位一体形成了一个高效率、高品质的经营管理体系。

从 1991 年起，海尔先后兼并了原青岛空调器厂、冰柜厂、武汉希岛、红星电器公司等十多家大中型企业，集团资产从几千万元迅速增长至 39 亿元，成为中国第一家家电特大型企业。其中，海尔内部认为并购红星是所有并购中最成功的。青岛红星电器股份有限公司曾是我国三大洗衣机生产企业之一，拥有 3500 多名员工，年产洗衣机达 70 万台，年销售收入 5 亿多元。但从 1995 年上半年开始，其经营每况愈下，出现多年未有的大滑坡现象，资产负债率高达 143.65%，资不抵债 1.6 亿元，前景堪忧。为了盘活国有资产和 3500 多名职工的生计，1995 年 7 月 4 日，青岛市政府决定将红星电器股份有限公司整体划归海尔集团。这是一次引人注目的旨在盘活国有资产而在政府牵线搭桥下进行的产权交易，其成败扣人心弦。青岛红星电器股份有限公司整体划归海尔集团后，更名为青岛海尔洗衣机有限总公司，从而使它成为海尔梅洛尼洗衣机有限公司之后海尔集团下属的第二个洗衣机子公司。并购后取得巨大成功，截至 1995 年年底，该公司出口洗衣机 8.2 万台，创汇 1230 万美元，位居全国洗衣机行业首位。

要求：

(1) 分析海尔 1984—1991 年采用了哪种竞争战略。

(2) 说明上述竞争战略面临的主要风险。

(3) 1995 年并购青岛红星电器股份有限公司属于哪种企业总体战略?

(4) 简要分析该总体战略的实现途径及适用情况。

5. 某手机生产企业是国内老牌的手机生产商，技术在国内领先，生产规模大，管理水平高，在市场占有较高的份额，在行业中居领先地位。近年来，国内传统手机市场日益饱和，它们利用在同行业中成本低的优势，大幅度降低了产品价格，虽然保住了较大的市场份额，但越来越感到企业发展后劲不足。经董事会研究，在聘请世界著名的某管理咨询公司对该企业进行诊断和数据收集、对比国内外同类型企业的数据资料进行分析、演算、模拟后，做出了以下重大决策：

(1) 开发生产高技术彩屏手机以获得较高收益。由于生产彩屏手机技术要求高，投入大，风险也大，准备在购买国外技术的情况下根据国情进行开发。

(2) 新建空调、冰箱生产线。虽然这些产品生产企业多，市场竞争激烈，收益相对较低，但技术相对成熟、风险小，如充分发挥企业的管理和营销优势，成功的把握较大。

(3) 随着彩屏手机、空调、冰箱等生产企业的逐步投产，企业组织机构也做出了相应调整：在公司总部保留人事、财务、法律等职能部门；成立通信产品、空调、冰箱三个部门，分别负责这三类产品的生产和销售；同时成立一个研究开发部门，统一负责公司的新产品开发和技术创新工作。

要求：

(1) 试分析该企业原来的经营战略和新的企业战略。

(2) 试分析该企业为实施新战略所采取的组织结构类型。(可在学习完第 7 章后进行回答)

6. 某公司是美国一家大型汽车制造企业，在 2008 年爆发的金融危机影响下，公司销售持续下滑。为了扭转这种不利的局面，该公司采取了关闭工厂、降低高管薪酬等一系列措施但仍未好转。最终，该公司被迫决定将旗下拥有的汽车品牌进行重组，将原先的十余种品牌缩减为四大品牌，其余全部转让给其他公司。

要求：

(1) 该公司采取的战略是什么类型？

(2) 该种战略适用于什么情况？

**小论文**

请登录巨潮咨询网(http：//www. cninfo. com. cn/)，从中选择一家你感兴趣的煤炭上市公司，下载其最新的年报，运用前面第 1～3 章及本章学习到的知识分析其发展战略，并提出你自己的看法。

# 第5章

# 企业国际化战略

## 学习要点

- 国际化战略的环境因素：经济、政治、法律、文化
- 国际化战略的动因：寻求资源、寻求市场、寻求效率、寻求战略性资产
- 全球化战略、多国化战略、跨国化战略
- 出口、交钥匙工程、技术授权、特许经营、对外直接投资

## 名人名言

我们在美国设厂本身就是自找苦吃，但只有这样才能真正提高我们的国际竞争力：你不去大海行驶，你就永远不知道风浪的险恶。

——海尔集团董事局主席兼CEO　张瑞敏

中国企业最大的问题是本土市场太大。

——(日)索尼集团原董事长兼CEO　出井伸之

进行全球化的企业家、各位前辈、各位同行，今天非常残酷，明天更残酷，后天很美好，但是绝大部分人死在明天晚上。

——阿里巴巴集团董事局主席　马云

## 导入案例

### 开滦集团的国际化战略

开滦(集团)有限责任公司始建于1878年，为国有特大型煤炭企业，肥煤、焦煤、1/3焦气煤等煤种齐全，主要供应冶金、焦化、发电等大企业。除煤炭产品外，还经营机械制造、建筑安装、电力、焦化、新型建材、化工、矾土、运输、商贸等产业。2010年在全国500强企业中名列第103名，在全国煤炭企业100强中名列第8名。开滦集团作为河北省人民政府国有资产监督管理委员会直接监管的第二大煤炭企业，是一个历史悠久且享誉盛名的企业。与加拿大德华国际矿业集团公司企业合作，购买开发海外煤矿资源就是国有煤炭企业成功实施跨国经营战略的典范。

早在2008年，开滦集团就开始制定和实施"走出去"的资源战略。为了推进集团"煤、焦、化"综合发展齐头并进的战略的实施，增加集团炼焦煤等稀缺资源的储备，完备产业链，为高端煤化工产业的发展提供原材料保障，并确保集团的可持续发展和业务稳健经营，2008年9月19日，开滦集团旗下的开滦精煤股份有限公司与加拿大德华国际矿业集团公司在北京签署了《合资勘探协议》和《开滦精煤股份有限公司与加拿大德华国际矿业集团公司合作开发框架性协议》，双方于同年的12月份共同投资设立开滦德华公司，并由该公司对加拿大的不列颠哥伦比亚省的盖森煤田进行勘探。在新成立的开滦德华公司中，开滦集团是最大的股东，占了整个公司股份的51%。这一举动也标志着河北省的资源型企业首次在海外开疆辟土，大规模地参与稀缺矿产资源的合作开发。

据2008年9月份发布的《开滦精煤股份有限公司第三届董事会第三次会议决议公告》显示，加拿大的盖森煤田煤种以炼焦煤为主，煤质优良，储量丰富。该煤田位于加拿大不列颠哥伦比亚省东北部，总面积228平方公里，煤田共划分为四个区域，其中Bri-Dowling区面积为43.84平方公里，勘探程度较高。依据美国Norwest公司出具的《BD区地质报告》，该区煤炭储量为2.84亿吨，其中：已验证储量为1.41亿吨(为测定储量与推算储量之和)，另外还有1.43亿吨的推断储量。

按照开滦集团与加拿大德华国际矿业集团公司在2008年所签署的协议约定，对盖森煤田的开发将分为两个阶段进行：第一阶段即为双方共同出资，并确保开滦德华矿业公司在国外的正常注册和成立，而开滦德华公司则肩负了早期对盖森煤田和相应BD区域的地质勘探工作，其中包括水文，瓦斯情况和煤质煤种的确定，并提供相应的环境评价资料。第二阶段则为该项目的实施阶段，如果勘探结果及相关资料显示该区所蕴含的煤炭资源为开滦集团所需要的优质焦煤和肥煤，并在开发可行经济合理的前提下，开滦集团将开始对矿区的正式开发并投资建设年产精煤200万吨矿井，然后再开发盖森煤田其他区域和加拿大其他省份的煤炭资源，以形成千万吨级的生产能力和规模。而首采矿井43平方公里的勘探工作已于2010年顺利完成，结果令人满意，2011年的主要任务将是组织对该煤田的开发，筹建新矿井等。

在2008年的初战告捷后，开滦集团又在2009年年底再次签署了确定开发加拿大墨玉河北部煤田的意向书。这个意向书的签订可谓意义重大，尤其是在我国煤炭进口量大幅增加、连年飙升的大背景下。这次开滦进行的海外矿产资源投资与上一次在盖森煤田的投资又稍有不同。除开滦集团还将是开发公司中的最大股东，这次的海外战略中还包括了其他的大型国企作为其战略伙伴。河北钢铁集团作为焦煤的最终使用者也将参股25%以求使自己的焦煤需求得到稳固保证。另外，据业内人士的介绍，就我国钢铁行业中所使用的焦煤来说，国外进口的焦煤各项主要指标均好于国内产品，而且国际市场焦煤价格有时候会低于国内水平，钢厂如果能在煤炭资源开发方面参股则会大大降低其原料成本。开滦集团董事长、党委书记说："企业发展要善于利用国际、国内两种资源。作为海外战略的试金石，加拿大区域盖森、墨玉河北部等煤田的开发建设一定要抓紧加快。要积极谋划研究海外焦炭等深加工项目，进一步延伸产业链条。通过与德华国际矿业集团公司的合作，共同搭建开滦集团新的国际业务平台。"可见这一次开滦集团的海外行动不仅仅是单纯的资源购买行为，而是联合其他国有大型企业和战略伙伴，通过与国际矿业集团公司合作，跨国经营，共同搭建起具有国际水准的业务平台。可见开滦集团的跨国经营战略，不仅仅是国内需求的产物，也是对国际环境的考量。

**请思考：**开滦集团走出去进行跨国经营，需要注意哪些要点？这一战略对于企业未来发展有何利弊？

## 5.1　国际化战略的环境因素分析

国际扩张和全球化为企业提供了开发新市场的机会，以及将部分业务转移到经营更容易或成本更低的国家或地区的机会，而且企业可以通过增加生产规模和扩大市场来获得规模经济。当然，这期间通常会伴随跨国收购和兼并的发生。

企业要进行国际扩张，首先就要对国际经营环境进行分析。所谓国际经营环境，是指企业开展国际经营活动中各种外部因素和条件的总和。与国内经营环境相比，它具有更多的不确定性、不可控性和高风险性。对国际化经营环境的分析包括对东道国市场的经济、政治、法律和文化环境的分析。

### 5.1.1　经济环境

世界各国的经济环境各不相同，从而形成不同的市场需求，从而对产品和服务的数量、质量、价格提出不同的要求。对经济环境的分析主要从经济体制、经济发展阶段、国际收支和技术水平四个方面展开。

1. 经济体制

世界各国经济体制不尽相同，有以公有制为主体的经济，也有以私有制为主体的经济。在一些以个人目标为主的国家，较多的是实行自由市场经济体制，在一些以集体目标为主的国家中，国家可能控制企业的同时限制了市场的开放程度。因此在国际化经营中，要对东道国的经济体制予以充分了解，才能制定相应的策略。

1）计划经济

在计划经济体制下，国家在生产、资源分配以及产品消费各方面，都是由政府或财团事先进行计划。由于几乎所有计划经济体制都依赖政府的指令性计划，因此计划经济也被称为“指令性经济”。

计划经济是有规划、计划地发展经济，从而避免了市场经济发展的盲目性、不确定性等问题给社会经济发展造成的危害，如重复建设、企业恶性竞争、工厂倒闭、工人失业、地域经济发展不平衡、产生社会经济危机等。但计划经济也有其弊端：

（1）对微观经济活动与复杂多变的社会需求之间的矛盾难以发挥有效的调节作用，容易产生生产与需求之间的相互脱节。

（2）不能合理地调节经济主体之间的经济利益关系，容易造成动力不足、效率低下、缺乏活力等现象。

（3）计划容易脱离实际，造成不必要的巨大浪费。

2）市场经济

市场经济又称为自由市场经济或自由企业经济，在这种体系下产品和服务的生产及销售完全由自由市场的自由价格机制所引导，而不是像计划经济一般由国家所引导。市场经济具有如下特点：

（1）市场经济是自主经济。

（2）市场经济是货币经济。

（3）市场经济是竞争经济。

（4）市场经济是法制经济。

（5）市场经济是开放型经济。

（6）市场经济是按要素贡献分配的经济。

3）混合经济

混合经济是指既有市场调节，又有政府干预的经济。在这种经济制度中，决策结构既有分散的方面又有集中的特征；相应地，决策者的动机和激励机制可以是经济的，也可以是被动地接受上级指令；整个经济制度中的信息传递也同时通过价格和计划来进行。

在混合经济中，政府可能会对以下领域进行调控：

（1）通过税收、补贴或直接控制价格来调控商品和投入的相对价格。

（2）通过收入税、福利支出或直接控制工资、利润、房租等来调节相对收入。

（3）通过法律、直接提供产品和服务、税收、补贴或国有化调控生产和消费的类型。

（4）通过使用税收和政府开支、控制银行借贷和利息、直接控制价格和收入、汇率来调控失业、通货膨胀、经济增长和支出赤字的平衡等宏观经济问题。

总之，在混合经济中，通过市场机制的自发作用，经济社会解决生产什么和生产多少、如何生产和为谁生产的基本问题，而在市场机制出现错误时，则通过政府干预以促进资源使用的效率、增进社会平等、维持经济稳定和增长。

2. 经济发展阶段

一国的经济发展阶段不同，消费者的偏好、进出口商品的数量和结构、其市场功能和特点均会存在差异，这些对企业进行国际化经营会产生重要影响。因此，任何一个企业都必须根据市场所在国的经济发展阶段，研究制订经营计划，创造经营机会，克服经营中的问题。

美国著名经济学家和经济史学家罗斯托认为，人类社会发展共分为六个经济成长阶段：

（1）传统社会阶段。其特征是不存在现代科学技术，生产主要依靠手工劳动，农业居于首要地位，消费水平很低，存在等级制，家庭和氏族起着重要作用。

（2）为起飞创造前提的阶段。即从传统社会向起飞阶段过渡的时期，在这一时期，世界市场的扩大成为经济成长的推动力。

（3）起飞阶段。根据罗斯托的解释，起飞就是突破经济的传统停滞状态。实现起飞需要三个条件：一是较高的积累率，即积累占国民收入的10%以上；二是要有起飞的主导部门；三是建立能保证起飞的制度，例如建立使私有财产有保障的制度，建立能代替私人资本进行巨额投资的政府机构等。罗斯托认为，一国只要具备了上述三个条件，经济就可实现起飞，一旦起飞，经济也就可以自动持续增长了。在西方国家中，英国在18世纪的最后 20 年里实现了起飞，法国和美国在 1860 年以前的几十年里实现了起飞，德国是在 1850—1875 年，日本在 19 世纪最后 25 年。

(4) 成熟阶段。这是起飞阶段之后的一个相当长的、虽有波动但仍持续增长的时期。其特点是，现代技术已被推广到各个经济领域；工业将朝着多样化发展，新的主导部门逐渐代替起飞阶段的旧的主导部门。

(5) 群众高额消费阶段。这时的社会是一个高度发达的工业社会。

(6) 追求生活质量阶段。

市场学家菲立浦·柯特勒把经济发展阶段分成四种类型：

(1) 维持生存的经济。在这种经济里，大部分人从事农业。他们消费了自己生产的大部分产品，并将余下的产品以物换物，取得简单的货物和服务，几乎没有出口的机会。

(2) 原材料出口经济。这种经济建立在一种或几种自然资源丰富的基础上，但是在其他方面却十分贫乏。国家大部分收入来源于出口这些自然资源。这些国家是提炼设备、工具和备用品、材料处理设备以及卡车的理想市场。由于一些外国居住者和当地富人的需求，这些国家也成为一般消费品和奢侈品的市场。

(3) 工业化经济。在这种经济中制造业在国民生产总值中所占的比重达 10%～20%。当制造业日益发展时，国民经济越来越依靠进口纺织品原材料、钢材和重型机器，但不进口纺织品、纸品。新的富裕阶层和正在发展的中产阶级则希望进口新的商品以满足需求。

(4) 工业经济。这种经济类型的国家是制成品和投资资金的主要出口国。工业国之间互相进行制成品贸易，同时也向其他经济类型国家出口商品，换取所需的原材料和半成品。工业国之间的大规模目的不同的生产活动以及大量中产阶级的存在，使这些国家成为各种商品的市场。

罗斯托的经济发展理论和柯特勒的理论所要揭示的是经济发展的阶段和经济结构的改变与收入水平的提高有密切关系。随着经济结构的改变，进出口商品的结构、层次和数量会发生很大的变化。比如，低收入国家的制造业多以纺织品和食品加工业为主，而高收入国家则以机器制造业和生产其他高、精、尖产品为主。这样，不同产品的市场特征会有很大区别，而由于收入水平的提高，消费者花费在必需品上的份额减少，而用来购买制造业、服务业所提供的奢侈品、服务、休闲及其他物品上的份额则会增加。

不同经济发展阶段的国家对国际投资的需求是不同的。在工业品市场方面，发达国家着重投资较大而节省劳动力的生产设备，即资本集约型或知识集约型。发展中国家，生产设备偏重于多用劳动力而节省资金，即劳动集约型，以适应劳动力对资本的合理比率以及熟练技术工人偏少的现实。

#### 3. 国际收支

国际收支是一个国家在一定时期由对外经济往来和对外债权债务清算而引起的所有货币收支，是一国对外政治、经济等关系的反映。一国的国际收支通常用国际收支平衡表来表示，它是系统记录一定时期内该国国际收支项目及金额的统计表，这张表是各国全面掌握本国对外经济往来状况的基本资料，是政府制定对外经济政策的依据，同样也是国际经营决策制定者所要考虑的目标国经济因素。

企业需考虑所在国的国际收支状况，一方面是因为国际收支影响该国本位货币的币值；另一方面是因为国际收支影响该国政府的经济政策以及对外资的态度。例如东欧各国，市场潜力很大，对各类消费品和资本品都有很大需求，但是由于国际收支状况连年恶化，通货膨胀严重，他们的货币又是不可自由兑换的，所以出口企业在同这些国家的厂商交易时，就受到时很大局限性。

4. 技术水平

技术是利用“有关研究客观事物存在及其相关规律的学说”能为自己所用、为大家所用的知识，其技术直接影响到企业的产品开发、设计、销售和管理。企业在国际化经营过程中，要密切注意目标国市场的科技发展情况和相关产业技术水平。一般而言，科技水平高的国家，其产业结构已经过重大调整，集中发展的是技术密集型产业，而技术性不强的产品往往需要大量进口，这就为发展中国家提供了一个市场发展的机会。科技水平高的国家的市场成熟，专业化人才供应多，可降低企业国际经营活动的技术风险，并可以有效提升企业的技术水平。相对而言，发展中国家则往往由于科技水平不高，主要以资源和劳动力优势吸引企业的进入。

### 5.1.2 政治环境

在现代经济中，政府是企业活动不可分割的组成部分，东道国政治体制的差异、行政体制的结构和效率、对企业竞争和利润的态度、对企业活动的限制或鼓励都会影响企业的国际经营活动，所以政治环境也是国际经营环境的一个重要方面。

1. 政治体制

政治体制是指构成政府的一整套正式机构，其主要功能是在法律的基础上维持社会的稳定，确保该国不受外国威胁，并协调有价值的资源在社会成员之间的分配。在规范和控制企业方面，政治体制无所不包，从对国有经济企业和国内商业的控制到政府对商业活动最低限度的干预。近年来，政治体制被划分为三种主要类型：极权主义、社会主义和民主主义。

1）极权主义

在极权主义制度下，国家试图控制公众和私人行为的方方面面，专制政府不但试图控制全部的经济和政治事务，还试图控制国民的态度、价值观和信仰。极权主义国家通常是建立在宗教神权基础上的，或者是世俗的国家，其权力通过秘密警察、由国家控制的大众媒体传播的宣传信息、对言论自由和批评自由的管制，以及恐怖策略来维持。目前来看，世界上多数极权主义国家或者消失了，或者将政治和经济体制转变为民主主义和资本主义，一些中东和非洲国家仍处于极权主义的统治之下。

2）社会主义

社会主义的宗旨是资本和财富应当归国家所有，并应当主要用于生产实用的而非获利的物品。这种思想建立在集体主义思想的基础之上，认为人们的集体财富要比个人财富更加重要，政府应当控制生产、分配和交换活动的基本过程。

3）民主主义

民主主义有两个主要特征：

（1）私有财产权。个人拥有私有财产和通过积累财富增加个人财产的权利，这里的财产既包括土地等有形财产还包括股票、专利等无形财产。

（2）政府作用有限性。政府只行使为全体公民服务的主要职责，如国防，维持法律、秩序、外交关系，以及公路、学校和公共设施等基础设施的建设和维护。国家对个人或企业经济活动的控制和干预降到最低，通过让市场力量规范经济活动来实现最有效的资源配置。

### 2. 行政体制

行政体制又称行政管理体制，主要是指政府系统内部行政权力的划分、政府机构的设置及运行等各种关系和制度的总和。从国家的层面看，是指行政机关与立法、司法机关权力的划分。行政体制是政治体制的重要组成部分，政治体制决定行政体制。行政体制的类型主要有四种。

1）行政权力体制

行政权力体制指国家行政机关与其国家机关、政党组织、群众团体等之间的权力分配关系的制度。它反映国家行政机关在该国政治体制中所拥有的职权范围、占有的权力地位，通常由宪法和法律明确规定。行政权力体制主要有三权分立制、议行合一制、军政合一制、政教合一制、党政合一制等类型。

2）政府首脑体制

政府首脑体制最高行政权力的代表者与其实际承担者之间权力关系的制度。根据国家元首与政府首脑职位担任者的关系及人数情况，可分为“一元制”“二元制”和“多元制”。

3）中央政府体制

中央政府体制指国家最高行政机关的职权划分、活动方式和组织形式等制度。中央政府体制类型主要有：中央集权型、地方分权型、集权与分权结合型；合议制和首长制；政府首脑负责制和集体领导负责制。资本主义国家的中央政府体制分为：内阁制、总统制、委员会制。社会主义国家的中央政府体制一般分为：部长会议体制、国务院体制、政务院体制。

4）行政区划体制

行政区划体制指国家将全国领土划分为若干层次的区域单位，并建立相应的各类行政机关的制度。

### 3. 政治风险的评估

政治风险评估就是针对政治变动可能性，对经济机会进行预测和评估。

1）政治风险的评估步骤

（1）政府对外国投资的态度。

（2）政治稳定性分析。

（3）将评估结合到战略计划中。

（4）评估相对力量。

2）政治风险的测量办法

（1）专家调查法。专家调查法或称专家评估法，是以专家作为索取信息的对象，依靠专家的知识和经验，由专家通过调查研究对问题做出判断、评估和预测的一种方法。专家调查法包括以下内容：

① 确定主持人，组织专门小组。

② 拟订调查提纲。所提问题要明确具体，选择得当，数量不宜过多，并提供必要的背景材料。

③ 选择调查专家。所选的专家要有广泛的代表性，他们要熟悉业务，有特长、一定的声望、较强的判断和洞察能力。选定的专家人数不宜太少也不宜太多，一般以10～50人为宜。

④ 轮番征询意见。通常要经过三轮：第一轮是提出问题，要求专家们在规定的时间内把调查表格填完寄回；第二轮是修改问题，请专家根据整理的不同意见修改自己所提问题，即让调查对象了解其见解后，再一次征求他本人的意见；第三轮是最后判定，把专家们最后重新考虑的意见收集上来，加以整理。有时根据实际需要，还可进行更多几轮的征询活动。

⑤ 整理调查结果，提出调查报告。对征询所得的意见进行统计处理，一般采用中位数法，把处于中位数的专家意见作为调查结论，并进行文字归纳，写成报告。

（2）高层巡访法。高层巡访法是指公司行政人员出访投资目标国后，再形成评估意见的方法。这种访问通常包括一系列与政府官员、当地商人和潜在客户的会谈。

（3）外部专家法。外部专家法是指向外部顾问征求建议的方法。这些顾问通常是大学教授、外交官、当地政客或商人，这些顾问的知识和经验决定了政治风险评估的质量。

（4）内部员工法。内部员工法是通过发挥公司内部员工的评估能力对政治风险进行分析。可以通过派往外国分支机构的职员监视当地的政治活动，或通过雇用那些对企业营运中关键的政治经济条件有深刻理解的人来实施。

（5）利用商业机构开发的风险评级信息。一些商业风险评估的机构定期计算相应的风险指数，并进行风险排名。如商业环境风险信息机构(BERI)、世界政治风险服务中心(WPRS)、国际商业的国家评估服务机构(CAS)、欧洲货币等机构都开发了相应的国家风险等级表。

### 5.1.3 法律环境

1. 法律制度的类型

1）大陆法系

大陆法系(civil law system)又称罗马法系，是以古代罗马法为基础而发展起来的法律的总称。这个法系现时主要由欧洲大陆的国家(例如法国、意大利、德国等)及其他受上列国家影响的国家(例如日本)采用。就法律渊源而言，大陆法系具有约束力的法律渊源主要是成文法，包括宪法、法律(法典)、行政法规等；条约以及经认可的习惯也属于有约束力的法律渊源；判例、法理或一般原则只能在特定意义上，即没有约束力但却有说服力这一意义上，才能作为法律的渊源。

2）英美法系

英美法系又称普通法法系，是指以英国普通法为基础发展起来的法律的总称。它首先产生于英国，后扩大到曾经是英国殖民地、附属国的许多国家和地区，包括美国、加拿大、印度、巴基斯坦、孟加拉、马来西亚、新加坡以及非洲的个别国家和地区。到18世纪至19世纪时，随着英国殖民地的扩张，英国法被传入这些国家和地区，英美法系最终发展成为世界主要法系之一。从英美法系的结构上看，它不同于大陆法系将法律明确地分为公法和私法的做法，而是分为普通法和衡平法两部分，二者的主要渊源是判例。在衡平法兴起以前，普通法是一种独立的、自成一体的法律，但衡平法从一开始就不是一种独立的、自成一体的法律，它是以普通法为前提并围绕普通法而产生和发展起来的。

2. 国际公约与惯例

1）关于产品责任的国际公约

（1）《斯特拉斯堡公约》。《斯特拉斯堡公约》是《欧洲共同体关于造成人身伤害与死亡的产品责任的欧洲公约》的简称，由欧洲理事会各成员国1977年1月27日签订于斯特拉斯堡。《斯特拉斯堡公约》共有19条正文和1个附件，主要内容包括公约的适用范围、所规定的产品责任原则、免责条款和诉讼时效。

（2）《产品责任法律冲突规则公约》。《产品责任法律冲突规则公约》于1973年10月2日由海牙国际私法会议各成员国签署。《产品责任法律冲突规则公约》目前对第12届海牙国际私法会议后加入海牙国际私法会议组织的各成员国，或联合国各专门机构的成员国，或《国际法院公约》的参加国开放。

2）关于知识产权的国际公约

（1）《保护工业产权巴黎公约》。《保护工业产权巴黎公约》是以保护工业产权为目的的一个国际公约，1883年3月20日在巴黎正式签订，于1884年7月7日正式生效。公约主要包括成员国之间实行国民待遇原则、优先权原则、专利权独立原则、关于强制许可和撤销专利权的规定以及关于临时性的保护措施等内容。

（2）《商标国际注册马德里协定》。《商标国际注册马德里协定》于1891年在马德里缔结，并于1892年7月正式生效，主要包括注册程序、注册条件、保护的期限、非独立性原则、续展手续和国际注册商标使用的限制等内容。

3）关于国际货物买卖的条约和惯例

（1）国际法协会1932年制定的《华沙—牛津规则》。

（2）国际商会1936年制定、1953年修订的《国际贸易术语解释通则》。2010年，国际商会依据国际贸易环境的变化以及通则在使用中出现的主要问题对其进行了修订，并于2011年1月1日正式生效，现简称《INCOTERMS® 2010，2010通则》。

（3）《联合国国际货物销售合同公约》。它是1980年3月10日至4月11日联合国国际贸易法委员会在维也纳召开的外交会议上通过的一项国际条约，于1988年1月1日正式生效。公约由序言和四部分共101条组成。序言规定的基本原则是：有利于建立国际经济新秩序；在平等互利的基础上发展国际贸易和促进各国友好关系；照顾到不同社会、经济、法律制度。公约的四个部分是：使用范围和总则、合同的订立、货物销售、最后条款。

### 5.1.4 文化环境

文化是某一特定人类社会在其长期发展历史过程中形成的，它主要由特定的价值观念、行为方式、伦理道德规范、审美观念、宗教信仰及风俗习惯等内容构成，它影响和制约着人们的消费观念、需求欲望及特点、购买行为和生活方式，对企业营销行为产生直接影响。

文化环境是指企业所处的社会结构、社会风俗和习惯、信仰和价值观念、行为规范、生活方式、文化传统、人口规模与地理分布等因素的形成和变动。文化环境是影响企业营销诸多变量中最复杂、最深刻、最重要的变量，下面从社会结构、宗教、语言、教育、商务惯例和禁忌几个方面进行阐述。

1. 社会结构

一个社会的社会结构指的是它基本的社会组织结构。社会结构有两个方面尤为重要：一是社会组织的基本单位是个人还是群体；二是社会分成阶层或等级的程度。

1）个人和群体

个人或称个体，一般指一个人或是一个群体中的特定主体。在很多西方社会，个人是社会组织的基本单位，这反映了在社会和商务活动中人们如何看待自己和他人之间的关系。比如，很多西方社会的价值观体系很强调个人成就，个人的社会地位并不取决于他们为谁工作，而是取决于个人工作的绩效。这种个人主义使得西方社会有很多创业活动的产生，但另一方面又导致企业中的跳槽现象十分严重，甚至可能导致在一个组织内执行集体任务时难以建立团队精神。

群体是指两个或两个以上的人的集合体，他们有共同的认知，按照一种对相互行为的共同预期以某种特定的方式相互影响。与西方强调个人不同的是，群体是许多其他社会组织的基本单位。例如，在一些东方国家，个人的社会地位同时取决于其所属群体的地位及个人成就。群体主义的价值观抑制了人员的流动，建立起群体第一的核心理念。但有时候群体第一的价值观反而限制了企业家精神和创业精神。

2）社会阶层

所有社会都按某种等级分成不同的社会群体，即社会阶层。这些社会阶层通常是按家庭背景、职业和收入等因素划分的。所有社会都程度不等地分成某些等级，在两个方面会显露出重要差异：一方面，社会不同阶层间的流动性。社会流动性是指个人能从自己所出生的那个社会阶层流动到其他阶层的可能性。与之相关的一个概念就是阶级制度。一般说来，阶级制度越严格，社会流动性越小；反之，社会流动性越大。另一方面，社会不同阶层对商务活动的相关意义。在一些社会，高度的社会流动性以及对个人主义的高度重视，限制了阶级背景对商务活动的影响，这对于商务活动是有利的；反之，对商务活动就是有害的，往往会导致管理层与劳工之间的敌意。

2. 宗教

佛教与伊斯兰教、基督教并称为世界三大宗教。佛教主要分布在亚洲的东部和东南部。伊斯兰教主要传播于亚洲、非洲，以西亚、北非、中亚、南亚为主。基督教形成于亚洲的西部，目前主要集中分布在欧洲、美洲和大洋洲。

1）佛教

佛信徒大多数分布在东亚和东南亚，包括中国、朝鲜和日本，佛教对这些地区经济影响至深。佛教认为，生活充满苦难，人们要按照佛经修行八正道，以有效抑制人们追求享乐的欲望，并在来生得到福报。但在佛教中找不到创造财富的思想，因此，在佛教社会中看不到西方所强调的企业家文化。

2）伊斯兰教

伊斯兰教是世界第二大宗教，伊斯兰教徒遵循《古兰经》的教义。伊斯兰教的许多经济原则都赞同自由的创业精神，其中一些在《古兰经》中有明确记载，例如赞同自由经商和通过贸易与商业赢得合法的利润。

3）基督教

基督教是世界上最广为信奉的宗教，主要有天主教、东正教和新教三大分支。在其发展历史中，基督教(尤其是新教)强调努力工作、创造财富和节俭，是资本主义发展所需要的价值观。新教打破了天主教历史上长期作为其宗教社会生活主要特征的等级制度，强调了个人宗教自由，进而强调了个人经济和政治自由，这为个人开创性活动铺平了道路，涌现了大量而持久的创业活动。

### 3. 语言

各国之间一个比较明显的差异就是语言。语言包括口头和非口头的两种沟通形式，它是文化的明显特征之一。

1）口头语言

语言不仅能使人们相互交流，其本质也构成人们理解世界的方式，也是文化的重要构成之一。在拥有一种以上语言的国家里，经常会存在一种以上的文化。如加拿大有说英语的文化和说法语的文化，两种文化之间的关系相当紧张。

世界上最大多数人的母语是汉语，其次是英语和印地语(在印度说的语言)。但世界上使用最为广泛的语言是英语，其次是法语、西班牙语和汉语。然而，在英语被广泛使用的同时，学习地方语言就会产生很大的优势。大多数人愿意用自己的语言交谈，而能够说地方语言会产生亲和力，这对商务交易很重要。不懂得地方语言的国际企业，由于翻译欠佳可能会导致一些重大失误。

2）非口头语言

非口头语言是指非言语的沟通形式。据统计资料，人们相互之间的沟通很多是通过非口头语言进行的，例如，微笑表示高兴。但要注意的是，非口头语言在不同国家的含义可能不同。

非语言交流的另一方面是个人空间。在美国，人与人之间进行谈话的习惯距离是 3～5 英尺，而拉美人认为近距离谈话是一种亲切。结果，许多北美人在和拉美人交谈时，不自觉地往后退以保持自己的私人空间，而拉美人往往认为这种后退是一种冷淡。不同的文化导致二者之间产生了隔阂。

4. 教育

从广义上看，教育统指增进人们的知识和技能、影响人们的思想品德的一切活动。从国际商务的角度看，教育是决定国家竞争优势的一个重要方面。例如，日本在第二次世界大战后经济成功的一个重要原因是日本良好的教育制度造就了一大批有技术和受过教育的劳动力，这为日本经济的迅速发展注入了活力。

教育也是企业进行国际化经营过程中进行区位选择时的重要决定因素。例如，近年来大量信息技术的工作岗位流向印度，其中一个原因就是印度涌现了足够数量的训练有素的工程师，而这要归功于印度的教育制度。对于需要高技术水平劳动力的企业而言，其在国际化的过程中会选择高教育水平的国家，而非教育制度差、无法提供熟练劳动力的国家。

5. 商务惯例和禁忌

在商务合作中，由于习惯、方式的差异而导致交易失败以及因不同文化背景对特定事物或现象的好恶差别而导致营销失败的风险是普遍存在的。比如，一种较普遍的观点认为，谈话时直视对方的眼睛是西方人显示诚意的一种方式，其实并不都是这样，在美国、法国等国的确有这样的习惯，但是在南美国家的人看来，这是一种非常粗鲁的挑衅。又如，欧美国家的公司都有在会议室里进行谈判并签订合同的习惯，但是阿拉伯国家的公司往往习惯在非正式的场合谈判签约。

## 5.2 国际化战略的动因

对大部分企业而言，其首要的目标是在合法、合乎道德规范和履行社会责任的前提下，为企业所有者及股东创造最高的企业价值。对于很多企业，面对饱和的国内市场，企业发展缓慢甚至停顿，价值也不再增加，在这种情况下，最好的方式就是走出去，到更广阔的天地去实现企业价值。

兖矿集团是传统的资源型企业，近年来，面临着本部资源储量减少、接续困难的生存危机。据统计，2010 年，山东省煤炭产量 1.58 亿吨，消费总量 3.1 亿吨，扣除调往省外和出口因素，当年山东省调入煤炭 1.6 亿吨。兖矿本部可采储量约 16 亿吨，扣除“三下压煤”后，仅可采 20 年左右，其中厚煤层仅可采 10 年左右。如何解决后续煤炭资源储备不足及可持续发展问题，应对经济全球化、竞争国际化快速发展的新形势，在日趋激烈的市场竞争中赢得主动，是兖矿集团急需解决的重要课题。实施国际化战略能有效发挥兖矿集团在煤炭开采、煤炭清洁利用等方面的优势，解决兖矿集团本部基地煤炭资源面临枯竭的发展危机，实现企业的可持续发展。

对于兖矿集团来说，实施国际化战略有利于带动煤炭技术输出和开采成套设备出口。兖矿集团研究开发并成功运用了具有国际领先水平的综采放顶煤成套技术，该技术在澳大利亚获得专利，是我国煤炭行业最具对外输出条件的先进技术。目前，澳大利亚政府、国际大型煤炭公司和科技界对综采放顶煤技术有了深刻认识，普遍认为是中厚煤层开采的先进技术。随着国际化战略的实施，将进一步推广应用综采放顶煤技术，带动开采成套设备出口。同时，实施国际化战略也是响应国家政策，占有海外资源，增加煤炭储备的需要。

事实上，企业国际化战略的动因很广泛，可以是开发另一国家的资源，或是寻求新的市场，或是通过对海外办事处或业务的战略定位来保护国内市场等。

1. 寻求资源

企业往往会寻找不同的方法来降低其在其他国家的生产成本。由于市场在劳动力和知识方面的不完善，例如最低工资标准、劳动力的流动性、技术和专业技能的不同，导致了各国之间的资源成本存在差异。这些市场不完善性就转化为企业走向国际化的机会。

2. 寻求市场

市场寻求者包括那些维持和保护现有市场、探索和发展新市场的企业，能占领新的市场对实现他们的战略来说十分重要。

3. 寻求效率

效率寻求者的目的在于，以某种方式对现有资源投资的结构进行合理化调整，从而使投资能通过对分布在不同地理区域的活动进行统一管理而获利。寻求效率的企业有两类：一类是根据劳动分工将活动分布于发达国家和不发达国家，这类企业希望通过劳动分工来享受规模经济的好处；另一类则是将活动分布于经济结构和收入水平类似的国家。

4. 寻求战略性资产

战略性资产寻求者与效率寻求者是紧密相关的。这类企业可能追求一体化的全球性或区域性战略。战略性资产寻求者主要分为保护型和扩张型两类：保护型战略性资产寻求者，是指那些将业务分布在另一国家以保护其本国基础的企业；扩张型战略性资产寻求者，则包括那些通过在不熟悉的市场中建立竞争优势而进行首次扩张的企业。

## 5.3　国际化战略的模式选择

国际化战略是指企业从国内经营走向跨国经营，从国内市场进入国外市场，在国外设立多种形式的组织，对国内外的生产要素进行配置，在一个或若干个经济领域进行经营活动的战略。

企业国际化战略的模式选择包括两部分的内容：一是企业的国际化行为；二是选择适当的国际市场进入方式。

### 5.3.1　企业的国际化行为

在全球市场上竞争的企业面临着两种典型的竞争压力，一种是降低成本的压力，应对这一压力要求一个公司努力去降低其价值创造的成本，将其单位成本最小化；另一种是地区调试的压力，地区调试压力的来源包括很多方面，如消费者在兴趣与偏好上的差异、分销渠道的差异和东道国政府政策和要求的差异等，应对这一压力则要求企业对不同的国家提供差异化的产品与营销策略，以满足各国因不同的消费者兴趣与偏好、企业实践、分销渠道、竞争条件以及政府政策而产生的多样化需求。但这些压力又给企业带来了相冲突的问题，即当企业面对地区调试的压力时，对满足不同国家要求的定制产品可能涉及大量的重复劳动以及缺少标准化，其结果将会抬高成本，这与降低成本的压力是相矛盾的。

1. 全球化战略(global strategy)

全球化战略也称全球标准化战略，是指在全世界范围内生产和销售同一类型和质量的产品或服务，即向世界市场推广标准化的产品和服务。企业采用这种战略主要是为了通过经验曲线和规模经济效益，实现成本领先，获得高额利润。企业根据最大限度地获取低成本竞争优势的目标来规划其全部的经营活动，它们将研究与开发、生产、营销等活动按照成本最低原则分散在少数几个最有利的地点来完成，但产品和其他功能则采取标准化和统一化以节约成本。

全球化战略采用高度集权的方式，强调由母国总部控制。不同国家的战略业务单元相互依存，而总部试图将这些业务单元整合。在成本压力大而当地特殊要求较少的情况下，企业采用全球化战略是有利的。但是，在要求提供当地特色的产品的市场上，这种战略是不合适的。

虽然全球化战略降低了企业所承担的风险，但也可能带来一些负面影响，如放弃了本地市场的一些发展机遇，或者因为这些市场难以辨认，或者因为该机遇要求产品进行本土化。全球化战略对本地市场的反应相对迟钝，并且由于企业需要跨越国界的协调战略和业务决策，所以难以管理。

2. 多国化战略(multinational strategy)

多国化战略也称多国本土化战略，是指企业将大部分活动，如战略和业务决策权分配到所在国以外的战略业务单位(Strategic Business Unit，SBU)进行，由这些 SBU 向本地市场提供本土化的产品，把自己有价值的技能和产品推向外国市场从而获益。该战略强调在不同国家的市场上提供与其消费者兴趣与偏好相适应的产品，通过改变企业的产品或服务来增加利润。在当地市场强烈要求根据当地需求提供产品和服务，即各国消费者的兴趣和偏好差异较大，而且降低成本的压力不太高时，多国本土化是最合适的战略。

多国化战略注重每个国家或地区之间的竞争，认为每个国家或地区市场情况不同。它采用高度分权的方式，允许每个部门集中关注一个地理区域、地区或国家。简言之，每个国家消费者的需求、行业状况、政治法律制度和社会标准都各不相同，多国化战略让各国子公司的管理者有权将企业产品个性化来满足本地消费者的特殊需求和爱好，因此该战略能最大程度地优化企业面对各个市场异质需求时的反应。

需要指出，多国化战略生产设施重复建设并且成本比较高，在成本压力大的行业中不太适用。同时，实行该战略，会使得在每一个东道国的子公司过于独立，企业最终有可能会失去对子公司的控制。

3. 跨国化战略(transnational strategy)

跨国化战略是指在全球激烈竞争的情况下，形成以经验为基础的成本效益和区位效益，转移企业内部的核心竞争力，同时注意当地市场的需要。简言之，跨国化战略力图同时取得全球化战略的效率和多国化战略的地方响应能力(表 5-1)。

表 5-1　采取全球化、多国化、跨国化战略的战略导向与资产能力组合

| | 全球化战略 | 多国化战略 | 跨国化战略 |
|---|---|---|---|
| 战略导向 | 通过集中化、全球规模运营建立成本优势 | 通过强大的、随机应变的和开拓性的运营建立灵活性，以对国家差别做出反应 | 同时发展全球效率、灵活性和全球范围的学习能力 |
| 资产和能力 | 集中化和全球规模化 | 组合分散化和一定程度的自足 | 分散化，相互依赖以及专门化 |

考虑到全球化战略和多国化战略均有难以克服的局限性，跨国化战略力求创造一个能够整合全球化效率和地方响应的资源配置方式和管理模式。实施跨国化战略，总部需要决定企业的价值创造活动以及相关的资源和能力如何在全球范围内实现最优配置；企业应该在哪些价值创造活动上集权以保证获得全球效率的最大化；采取什么样的组织结构、管理机制和企业文化去支撑这种矩阵结构的有效运行。

显然，跨国化战略的实施是非常困难的，因为企业既需要强有力的中央集权和协调以图达到效率，又同时必须分权增加弹性使产品或服务能针对当地市场的特点做出响应，这种资产、资源和能力的复杂组合，要求企业必须具备高水平的管理能力，使这些分散而专业化的资源结为整体。简言之，跨国化战略既需要强有力的中央控制和协调来实现有效性，也需要分权来实现对当地市场的反应。

### 5.3.2　进入国际市场的方式

当企业决定进入一个外国市场，就面临如何选择最佳进入模式的问题。企业通常运用五种不同的方式进入外国市场，它们各有优、缺点。

1. 出口

出口是指任何实物货品或消费品等，以船运、陆路运输或空运方式离开生产地(出境)，而运送到世界各地。广义的出口，还包括服务等无形商品的出口。出口主要是贸易和销售活动，可分为直接出口和间接出口两种方式。

1）直接出口

直接出口就是企业将产品出售给国外市场上独立的经销商或进口商。严格说来，采取直接出口的方式，企业才算真正开始从事国际市场营销。直接出口和间接出口的区别在于，企业要独立地完成出口管理任务。这就意味着企业要花费一定的资金和精力来从事出口管理工作。企业的直接出口可以有四种方式：

(1) 设立国内出口部。该部门负责实际的对外销售工作。它通常由一名出口销售经理和几名职员组成。它有可能演变成为独立的出口部门，负责企业所有有关出口的业务，甚至还可能成为企业的销售子公司，单独计算盈利。

(2) 国外经销商和代理商。国外经销商直接购买企业产品，拥有产品所有权；而国外代理商是代表企业在国际市场推销企业产品，不占有产品，但要抽取佣金。在企业不了解国外市场又想尽快地进入国际市场时，可以把产品卖给国外经销商，或委托国外代理商

代售。

（3）设立驻外办事处。设立办事处实质是企业跨国化的前奏。办事处可从事生产、销售、服务等一条龙服务。其优点一是可以更直接接触市场，信息回馈准确迅速；二是可以避免代理商的三心二意，集中力量攻占某个市场。但其缺点是设立国外办事处需要大量投资。

（4）建立国外营销子公司。国外营销子公司的职能与驻外办事处相似，所不同的是，子公司是作为一个独立的当地公司建立的，而且在法律、赋税和财务上都有其独立性，这说明企业已更深入地介入了国际营销活动。

企业利用直接出口进入国际市场有许多优点：选择直接出口方式进入国际市场可以使企业摆脱中间商渠道与业务范围的限制，以对拟进入的海外市场进行选择；企业可以获得较快的市场信息反馈，据以制定更加切实可行的营销策略；企业拥有较大的海外营销控制权，可以建立自己的渠道网络；有助于提高企业的国际营销业务水平。

直接出口方式的缺点是：企业要增加国际市场营销人员，或增设负责出口的专门机构，这样就增加了市场营销费用；企业必须亲自经营出口业务，工作量大，责任较重；从事直接出口时，还会遇到各种国际问题，如外国政府对产品的要求、货币兑换率的变化等；在很多的情况下，直接出口的成败关键在于选择外国市场的经销商。

2）间接出口

间接出口是指企业将其产品卖给国外的中间商，由其负责产品进入东道国市场。间接出口的渠道不少，有国内出口商、国内出口代理商、出口管理公司、合作组织以及利用外企驻中国采购处将产品转售国外市场。

（1）国内出口商。这种中间商购买制造商的产品，并自己负责把产品销往国外。

（2）国内出口代理商。这种代理商替企业寻找国外购买者，同时抽取一定的佣金。贸易公司亦属此类。

（3）出口管理公司。这种中间商管理企业的出口业务，同时收取一定费用。

（4）合作组织。合作组织代表几个制造商进行出口活动，初级产品制造商常常利用这种出口方式。

（5）外企驻中国采购处。一些外国企业的大型批发商、零售商和国际贸易公司往往在其他国家设有采购处。

企业采用间接出口的优点是：企业可以利用国内其他组织机构在国外的分销渠道和经验，迅速地将产品销售到国外市场；可以在一定程度上减轻出口贸易资金方面的负担，而且不必承担外汇风险以及各种信贷风险；进行间接出口时，由于产品是利用中间商销售到国际市场的，因此企业不需要设立出口专门机构，不需要增加国际市场营销人员，这样便节省了投资。

当然间接出口也有其一定的缺点：不能迅速地、直接地掌握国际市场信息，难以根据国际需求及时改进产品和提高产品的适应性和竞争，不利于扩大销路；企业对海外市场的控制程度低或根本不能控制；企业没有亲自进行海外经营与销售，无法取得直接经验，而这种经验对从事国际营销工作来说是十分重要的。

因此，间接出口主要是一些缺乏足够力量的中小型生产企业采用的方式。对于资源雄厚、经验丰富的大型企业来讲，间接出口的方式只是同时所采取的几种出口方式中的一种。

2. 交钥匙工程

交钥匙工程指跨国公司为东道国建造工厂或其他工程项目，一旦设计与建造工程完成，包括设备安装、试车及初步操作顺利运转后，即将该工厂或项目所有权和管理权的“钥匙”依合同完整地“交”给对方，由对方开始经营。因而，交钥匙工程也可以看成是一种特殊形式的管理合同。

交钥匙工程是在发达国家的跨国公司向不够开放的发展中国家投资受阻后发展起来的一种非股权投资方式。如在实行改革开放前的社会主义国家，除了南斯拉夫、罗马尼亚等少数国家外，大多数国家不准许外来企业进行投资，因此外国企业只能依赖其他方式从事投资或经营，交钥匙工程就是其中行之有效的一种。另外，当自己拥有某种市场所需的尖端技术，在希望快速地大面积覆盖市场，但所能使用的资本等要素又不足的情况下，就可以考虑采用交钥匙工程方式。

大体上讲，交钥匙工程应包括如下阶段：

（1）构想阶段。在此阶段内，应完成服务内容在技术、经济、政策、环保诸方面的可行性论证；根据双向选择原则，确定服务对象；在广泛调查研究、听取各层次人员意见后，因时因地拟订可行性方案。

（2）设计阶段。在此阶段，服务单位主要从事软件的设计、制造、加工。

（3）实施阶段。本阶段的任务主要是将大部分软件转化为硬件，即广义的硬件加工制造、组合装配，同时完成相应的人员培训等，或可以称为广义的工艺装备加工。

（4）终结阶段。此阶段是交钥匙工程的终结，即进入软硬件相结合的调试、试生产、投产应用。它是对服务单位现场应变和处理能力的考验，也直接关系到服务对象能否最终接受服务单位交出的钥匙去“开门入室”。

3. 技术授权

技术授权是指技术许可企业通过签订合同的方式，向技术受许可企业提供所必需的专利、商标或专有技术的使用权以及产品的制造权和销售权。受许可企业应向技术许可企业支付使用费，并承担保守秘密等项义务。相对来说，技术许可方一般不需要进行大量投资或参与管理，主要是帮助技术受许可方掌握技术，协助组织初始生产，帮助选购合适的设备、原材料，协助指导安装调试、工艺流程设计等。企业的参与和资源投入的程度介于直接出口与间接出口之间。

根据技术授权的大小程度不同，可分为以下五种类型：

（1）独占许可。独占许可是指许可方给予被许可方在规定的地区、规定的期限内，制造、使用和销售某项技术产品的独占权或垄断权，而技术许可方及第三者都不得在这个规定地区内制造、使用和销售该技术产品。

（2）排他许可。排他许可是指技术许可方和被许可方在规定的地区内有制造、使用和销售的权利，但许可方不得将此种权利给予第三者。

（3）普通许可。普通许可是指技术许可方给予被许可方在规定地区内制造、使用和销售的权利，而许可方自己仍保留自己或转让给第三者在这个地区内制造、使用和销售的权利。

(4) 可转售许可。可转售许可是指技术的被许可方有权将其所得到的权利以自己的名义再转售给第三者。

(5) 交叉许可。交叉许可是指双方相互授予价值相当、互惠的技术使用权，双方的权利可以是独占的，也可以是非独占的。

技术授权的优点：首先，作为一种进入方式，技术授权最显著的优点是可以绕过增加出口商品的成本(关税)或数量限制(配额)的进口壁垒。在某些情况下，技术授权方式首先借助于向受权方发运中间产品以代替发运最终产品的做法，使企业有可能继续向实行限制的目标市场出口。其次，技术授权方式克服了高运输成本问题。再次，技术虽然转让了，但其所有权仍在手中，可以进行多次转让，也可收回技术开发的成本。最后，从投资的角度看，技术授权可以把技术当作股份投资，实现技术资本化，以技术打进那些对外国资本进入有严格限制的国家或地区的市场。此外，在技术授权中，受权方常常获准采用授权方的商标或同时采用双方的商标，这样可以提高授权方在当地市场上的知名度，对授权方其他产品进入当地市场有利。

技术授权的缺点：首先，控制程度低。授权方在许可证的交易期间总是努力保持他们对这一次交易在某种程度上控制，因此在合同中往往规定了授权方的某种监督权力，但是授权方的控制程度远远小于直接投资。而且，当受权方按许可证协议制造许可产品的质量达不到规定质量标准时，就会影响授权方产品和技术的商誉。其次，培养起潜在的竞争对手。因为受权方通过取得技术许可，至少已取得授权方的一部分优势，从而使授权方要冒失去对自己专有利益独占的风险。当受权方逐渐成熟起来后，极易成为授权方的竞争对手，因此，技术授权方式有可能构成授权方进一步拓展市场的障碍。再次，授权方通过许可证协议的利润较有限。技术提成费率通常由合同预先规定，目前由东道国政府决定的做法正日益普遍，提成费率一般很少超过5%，并且授权方式收入还要受到许可证协议有效期限的限制，期限通常为5～7年(对于那些制定有管制许可证贸易规则的国家，比如，不允许对某些特定产品或地区享有独占权利以及对许可证转让技术的提成费支付实行外汇管制或其他限制的国家，则不宜于采用技术授权形式)。

4. 特许经营

特许经营(franchise)是指特许人将自己拥有的商标、商号、产品、专利、专有技术和经营模式等以特许经营合同的形式授予受许人使用，受许人按合同规定，在特许人统一的业务模式下从事经营活动，并向特许人支付相应的费用。

特许经营最早出现于20世纪20年代的汽车、石油等产业领域。在第二次世界大战结束以后，特许经营取得了重大进展，几乎涉及各个产业领域。特许经营的本质是控制、沟通、自主及持续关系，即授权企业为实现合作的“双赢”，对接受特许权的企业进行经营指导和控制，并收取一定的特许费。

1) 特许经营的特点

按我国法律规定，特许经营是一种销售商品和服务的方法，而不是一个行业。作为一种商业经营模式，在其经营过程和方法中有以下四个共同特点：

(1) 个人(法人)对商标、服务标志、独特概念、专利、经营诀窍等拥有所有权。

(2) 权利所有者授权其他人使用上述权利。

(3) 在授权合同中包含一些调整和控制条款，以指导受许人的经营活动。

(4) 受许人需要支付权利使用费和其他费用。

2) 特许经营的类型

特许经营按其特许权的形式、授权内容与方式、总部战略控制手段的不同，可以分为以下三种类型：

(1) 生产特许。受许人投资建厂，使用特许人的商标或标志、专利、技术、设计和生产标准来加工或制造取得特许权的产品，然后经过经销商或零售商出售，受许人不与最终用户(消费者)直接交易。典型的案例包括：可口可乐的灌装厂、奥运会标志产品的生产。

(2) 产品－商标特许。受许人使用特许人的商标和零售方法来批发和零售特许人的产品。作为受许人仍保持其原有企业的商号，单一地或在销售其他商品的同时销售特许人生产并取得商标所有权的产品。

(3) 经营模式特许。受许人有权使用特许人的商标、商号、企业标志以及广告宣传，完全按照特许人设计的单店经营模式来经营；受许人在公众中完全以特许人企业的形象出现；特许人对受许人的内部运营管理、市场营销等方面实行统一管理，具有很强的控制。

3) 特许经营的优点

(1) 特许商利用特许经营实行大规模的低成本扩张：其一，特许商能够在实行集中控制的同时保持较小的规模，既可赚取合理利润，又不涉及高资本风险，更不必兼顾加盟商的日常琐事。其二，由于加盟店对所属地区有较深入的了解，往往更容易发掘出企业尚没有涉及的业务范围。其三，由于特许商不需要参与加盟者的员工管理工作，因而本身所必需处理的员工问题相对较少。其四，特许商不拥有加盟商的资产，保障资产安全的责任完全落在资产所有人的身上，特许商不必承担相关责任。其五，从事制造业或批发业的特许商可以借助特许经营建立分销网络，确保产品的市场开拓。

(2) 加盟商借助特许经营“扩印底版”：其一，可以享受现成的商誉和品牌。加盟商由于承袭了特许商的商誉，在开业、创业阶段就拥有了良好的形象，使许多工作得以顺利开展；否则，借助于强大广告攻势来树立形象是一大笔开支。其二，避免市场风险。对于缺乏市场经营经验的投资者来说，面对激烈的市场竞争环境，往往处于劣势。投资一家业绩良好且有实力的特许商，借助其品牌形象、管理模式以及其他支持系统，其风险大大降低。其三，分享规模效益。这些规模效益包括：采购规模效益、广告规模效益、经营规模效益、技术开发规模效益等。其四，获取多方面支持。加盟商可从特许商处获得多方面的支持，如培训、选择地址、资金融通、市场分析、统一广告、技术转让等。

(3) 特许经营因其管理优势而受到消费者欢迎。特许经营成功发展的重要原因就是准确定位。由于能准确定位，使企业目标市场选择准确，能围绕目标市场进行营销策略组合，并能及时了解目标市场的变化，使企业的产品和服务走在时代前列。

4) 特许经营的缺点

(1) 正是由于特许本身，使得加盟商得到了一套完善的、严谨的经营体系。可是，正因如此，加盟商很难改变这种经营模式来适应市场的、政策的各种变化。另外，由于各个地区消费者的需求不同，特许经营也很难在任何地方都能保持持续的优势。

（2）对消费者来说，加盟商的频繁变更给他们带来的是疑惑，造成了特许商、现任加盟商和以往加盟商之间的责任不清，相互推脱责任。

（3）特许经营只能专注于某一个领域，而不可能在各个市场都取得战略性的胜利。

5. 对外直接投资

对外直接投资(Foreign Direct Investment，FDI)是指企业以跨国经营的方式所形成的国际间资本转移，是一国投资者为取得国外企业经营管理上的有效控制权而输出资本、设备、技术和管理技能等无形资产的经济行为。

1）对外直接投资的原因

（1）开拓市场。跨国企业进行对外直接投资开拓市场要么是满足当地需求，要么是作为国内市场之外的出口市场。一些对外直接投资是为了在海外市场出口货物，提高销售并抢占市场；另一些对外直接投资的目的是为出口商的货物提供销售渠道以及在海外经济体中建立营销组织。

（2）获取原材料。对于采矿、石油、种植园和林业这类行业的企业，它们需要从开采地提取原材料，决定是出口还是进一步加工并在东道国市场进行销售。

（3）寻求提高生产效率。对于劳动密集型的企业，往往会通过对外直接投资将生产基地放置在劳动力价格相对便宜的国家和地区。

（4）寻求知识和专门技术。知识寻求型企业会选择在那些它们可以获取技术或管理经验的国家和地区设立业务。

（5）寻求政治庇护的公司会在一些国家收购现有业务或设立新业务。在这些国家中，财产没收或征用、对私有企业的干扰以及进口管制不大可能发生。更积极的一面是，这些公司还可能获得补助和税收优惠。

（6）规模经济和区域经济效应。凭借企业庞大的规模可以获得在生产、销售、融资投资、研究开发、运输和采购等方面的优势。企业可以通过建造大型工厂获得规模经济，或通过在世界范围内利用生产专业化来合理组织生产获取区域经济效应。

（7）管理专业化，适应当地市场情况。在大型跨国企业的经营环境中可以提升管理专业化程度，同时可以从对外国市场的了解中提升管理专业化程度。实证研究表明，跨国公司往往在当地建立生产基地之前，先向当地出口产品，从而克服了其对当地的了解程度不如总部设在东道国的其他公司这一劣势。

2）对外直接投资的特点

对外直接投资与其他投资相比，具有实体性、控制性、渗透性和跨国性的重要特点。

（1）对外直接投资是长期资本流动的一种主要形式，它不同于短期资本流动，它要求投资主体必须在国外拥有企业实体，直接从事各类经营活动。

（2）对外直接投资表现为资本的国际转移和拥有经营权的资本国际流动两种形态，既有货币投资形式又有实物投资形式。

（3）对外直接投资是取得对企业经营的控制权，不同于间接投资，他通过参与、控制企业经营权获得利益。

3）对外直接投资的形式

对外直接投资形式多种多样，一般是在海外某国或某地区，设立从事生产、销售、经营及其他盈利性业务机构。目前，对外投资形式主要有全资子公司、分公司和合营企业三种形式。

（1）全资子公司。全资子公司指的是完全由唯一一家母公司所拥有或控制的子公司。母公司可以通过两种方式来设立全资子公司：第一种是，从头开始成立一家新公司并修建全新的生产设备(例如工厂、办公室和机器设备等)；第二种是，收购一家现有的公司并将其设备纳为己用。究竟是以收购还是新建的方式成立一家国际子公司，这在很大程度上取决于母公司计划进行的经营活动。例如，当母公司成立子公司的目的是生产最新的高科技产品时，它一般得建立新厂，因为依靠当地的条件要想达到这种尖端技术水平是非常困难的。换句话说，我们很容易在大多数目标市场上发现许多制作瓶瓶罐罐之类的小东西的公司，但是生产最先进的计算机芯片的公司却很少。重新建立一家子公司的主要缺点是耗时太长，因为修建新设备、雇用和培训工人、开发产品等都将花费大量时间。与此相反，寻找一家现有的、具备市场营销和销售能力的公司作为收购对象，相对来说会比较容易办到，因为这一般不需要专门技术。通过在目标市场上收购现有公司的市场和销售这一方式，母公司可以让子公司更快地运作起来。特别是当被收购的公司在目标市场上拥有有价值的商标、品牌或工艺技术时，收购方式更是一种好的战略。

采用全资子公司的形式进入一国市场主要有两个优点：

① 管理者可以完全控制子公司在目标市场上的日常经营活动，并确保有价值的技术、工艺和其他一些无形资产都留在子公司。这种完全控制的方式同时还可以减少其他竞争者获取公司竞争优势的机会，尤其是在公司以技术作为其竞争优势的情况下，这一点显得特别重要。另外，管理者对子公司的产出和价格也可以保持完全控制。与许可和特许经营方式有所不同，子公司创造的所有利润也必须上交给母公司。

② 如果公司想协调旗下所有子公司的活动，全资子公司将是一种非常好的进入模式。公司可以从全球战略的角度出发，把每个国别市场视作相互联系的全球市场的一部分。因此，拥有对全资子公司的完全控制权对于追求全球战略的公司管理者来说更具吸引力。

采用这种形式也有两个重要的缺陷：

① 这种方式可能得耗费大量资金，公司必须在内部集资或在金融市场上融资以获得资金。对于中小企业来说，要获得足够的资金往往非常困难。因此一般来说，只有大型企业才有能力建立国际全资子公司。然而，一国在海外定居的公民可能会发现，他们所具备的独特知识和能力是他们的重要优势(在海外设立的国际子公司非常需要这方面的才能)。

② 由于成立全资子公司需要占用公司的大量资源，所以公司面临的风险可能会很高。风险来源之一是目标市场上政治或社会方面的不确定性或者说不稳定性。这类风险严重时可能会使公司的物质财产和个人安危都受到威胁。全资子公司的所有者可能还得承担消费者拒绝购买公司产品所带来的全部风险。当然，只要在进入目标市场之前充分了解目标市场上的消费者，母公司就能降低这种风险。

（2）分公司。分公司是总公司管辖的分支机构，是指公司在其住所以外设立的以自己的名义从事活动的机构。分公司虽有公司字样但并非真正意义上的公司，无自己的章程，公司名称只要在总公司名称后加上分公司字样即可。分公司是相对总公司而言的，作为法人的有限责任公司或者股份有限公司，根据生产经营活动的需要，在公司内部按照经营业务的分类及地域范围，采取设置分支机构的管理方式，进行合理分工。按照《中华人民共和国公司法》的规定，有限责任公司或股份有限公司设立的分公司不具有企业法人资格，其民事责任由该总公司承担。

分公司的特点：分公司是由隶属公司依法设立的；分公司没有自己独立的财产，与隶属公司在经济上统一核算，其在经营活动中的负债由隶属公司负责清偿；分公司不独立承担民事责任，没有自己的章程，没有董事会等形式的公司经营决策和业务执行机关；分公司没有独立的名称，其名称只要在总公司名称后加上分公司字样即可。

（3）合营企业。合营企业是指企业非全部股权拥有的子公司。在合营企业里，企业根据其股权策略可以占多数股权，也可以占少数股权。

合营企业可以分为两种形式：一种是合资经营企业，另一种是合作经营企业。合资经营企业通常是指一个或一个以上的外国企业、其他经济组织或个人与当地的企业或其他经济组织在当地或第三国举办的合营企业。它在东道国注册，服从东道国的公司法，是具有法人地位的有限责任公司。合资经营企业的合作双方(或几方)共同商定投资比例。双方(或几方)可以以现金、设备、土地使用权、厂房、工业产权等作为投资股份，独立纳税，双方(或几方)按参股比例分取利益。合作经营企业则是契约式合营企业，它不是独立的法人，只是一种合伙关系，合作双方的责任、权利、义务均由双方通过协议，在合同中加以明确规定。合营企业根据合作双方的条件，制定产品、收入和利润的分成比例。

**阅读案例 5－1**

## 兖矿集团实施国际化战略的历程

兖矿集团国际化战略的总体目标是：依托兖矿集团的技术、人才、资金、品牌优势，发挥区域之间、产业之间的协同效应，在全球范围内实现资源最佳配置，稳步推进国际化战略，推动兖矿集团由本土化企业向国际化企业转型，建成主业突出、核心竞争力强的国际化企业集团，打造中国煤炭行业国际化发展规模最大、具有国际影响力的能源企业，保障国家能源安全。

兖矿集团的国际化战略历程可以分为六个阶段。

1. 输出品牌技术——形成实施国际化战略的先导

2000 年 12 月，兖矿集团与澳大利亚联邦科学院签署《综采放顶煤开采技术在澳大利亚应用的预可行研究的合作项目协议》。2002 年 4 月，双方又签署《煤层自燃早期预报和控制技术研究协议》。

兖矿集团自主研制的世界上第一套两柱掩护式放顶煤支架向德国 DBT 公司进行技术转让，实现了我国向发达国家输出先进采煤技术的历史性突破。近年来，兖矿集团有 14 项技术进行了有偿转让，专利技术贸易收入 3.26 亿元。兖矿集团是我国向国外输出开采技术和国外专利最多的企业。

2. 收购澳思达煤矿——建立澳洲开发桥头堡

兖矿集团收购澳思达煤矿，成为中国第一家“走出去”开发海外煤炭资源的企业，为兖矿开发澳洲煤炭资源建立了桥头堡。

澳思达煤矿位于澳大利亚新南威尔士州港口城市纽卡索市境内，距纽卡索市区 65 公里，有铁路与纽卡索煤港相连。其前身是南田煤矿，矿井井田面积 63 平方公里，煤矿资源丰富，地质储量 1.41 亿吨，可采储量 0.83 亿吨，煤层厚度为 4.5～7.5 米，煤层倾角 4°。矿井采用主斜井开拓方式，立井分区通风布置。井下煤炭运输为胶带运输机运输，辅助运输采用无轨柴油机车运输，系统设计能生产能力 250 万吨。矿井主采煤层厚 5～7 米，埋深 400～650 米，煤层硬度适中，节理、层理发育，适合兖矿集团核心技术综采放顶煤开采工艺的应用。巷道全部采用锚网支护，地面建有配套洗煤厂，拥有 8 公里自营铁路，产品为低灰、低硫、高挥发分、高流动度的半硬焦煤，发热量 8000 大卡/千克。通过纽卡索港向日本、韩国、巴西、土耳其等国出口，在国际煤炭市场享有较高的声誉。

2003 年 12 月，澳大利亚南田煤矿因采矿区出现发火而被迫关闭停产，并决定对外出售。兖矿集团依托成熟的综放开采和防灭火技术，参与了该矿的收购竞标。2004 年 10 月，兖矿集团投资 3200 万澳元成功收购因自燃发火先后五次关闭停产、九易其主的南田煤矿。11 月，兖矿集团在澳大利亚独资设立兖煤澳大利亚公司有限公司。12 月，完成了南田煤矿的资产交割，并改名为澳思达煤矿。2005 年 6 月，澳思达煤矿开始恢复矿井掘进工作。2006 年 10 月，成功调试授权德国 DBT 公司制造的兖矿集团的综采放顶煤成套设备正式恢复生产，成为澳洲历史上第一个采用综采放顶煤生产工艺的矿井。2009 年，该矿的现金流已与投入基本持平，相当于收回全部投资。澳思达煤矿连续五年被评为新南威尔士州安全最好矿井。

3. 收购菲利克斯——搭建澳洲战略基地运作平台

兖矿集团成功收购菲利克斯公司 100%股权，是中国企业在澳大利亚的最大投资交易之一。这是兖矿集团继在澳大利亚开发澳思达煤矿之后又一战略举措，标志着兖矿集团通过跨国收购海外优质煤炭资源、实施国际化经营发展战略又迈出了一大步。

菲利克斯公司位于澳大利亚昆士兰州布里斯班市。1970 年 1 月 29 日在澳大利亚证券交易所上市。2003 年 11 月，公司进行重组，并更名为菲利克斯资源公司。其主要从事煤炭开采和勘探，产品主要包括动力煤、高炉喷吹煤和半软焦煤，主要客户为亚洲、欧洲、美洲和澳大利亚本土的钢铁制造商、发电企业和其他工业企业。其煤炭资产包括 5 个运营中的煤矿、2 个开发中的煤矿以及 3 个煤炭勘探项目。除上述煤炭资产外，菲尼克斯公司还持有纽卡斯尔港煤炭基础设施集团(NCIG)15.4%的股权。通过在 NCIG 的权益及相关协议，菲利克斯公司将根据其股权比例相应获得纽卡斯尔港第三码头的吞吐量配额。此外，菲利克斯公司还拥有超洁净煤技术的专利资产。

2008 年下半年以来，全球性金融危机爆发，菲利克斯公司受宏观环境影响，经营出现困难，而且公司的主要股东年龄较大，急于转让股份，实现资金变现，安享晚年。7 月，兖矿集团获悉菲利克斯公司拟出售的信息。10 月，公司两次组团赴澳大利亚与菲利克斯公司管理层会面，现场考察了其全部下属煤矿，对收购可行性做了初步调研。11 月，山东省国资委同意收购意向。2009 年 1 月，国家发改委对该收购事项进行了确认。8 月 7 日，兖矿集团口头报价 16.95 澳元/股，并声明是最终报价。9 日，菲利克斯董事会同意接受报价。13 日，兖矿集团与菲利克斯公司正式签署了《安排执行协议》。12 月 10 日，澳大利亚联邦法院举行第二次法庭听证，批准菲利克斯公司股东大会决议，安排方案正式生效。30 日，菲利克斯公司从澳交所退市，整个收购过程结束。

4. 收购新泰克等 3 个项目——实现澳洲产业基地规模化发展

收购新泰克项目、普力马项目、格罗斯特项目为澳洲产业基地规模化发展奠定了坚实的基础。

1）新泰克项目

新泰克项目包括在昆士兰州布里斯班市注册的两个公司，即“新泰克控股公司”和“新泰克 II 控股公司”，均由高盛能源控股公司绝对控股。其中，新泰克由三家股东持有，分别为高盛控股 87.5%、AMH 新泰克持股 2.5%、澳大利亚矿业财务公司持股 10%；新泰克 II 由两家股东持股，分别为高盛控股 87.5%、AMH 新泰克 II 持股 12.5%。

新泰克项目地处澳大利亚昆士兰州的苏拉特盆地，位于布里斯班西北约 360 公里，距布里斯班港煤炭码头约380公里，距格拉斯通港威金斯码头约460公里。新泰克项目拥有的煤种是动力煤，高位发热量6300大卡/千克，全部为露天资源，总资源量17.32亿吨。

2010年6月，兖矿集团获悉新泰克公司的所有人欲出售该公司资产。随即与新泰克的控股股东高盛控股进行了接触，并商讨了收购新泰克项目的意向。9月，公司组织相关人员对新泰克项目进行了现场初步调查。2011年2月11日，兖矿澳洲与高盛控股签署了"独家谈判协议"，兖矿获得了进行全面尽职调查的排他性权利，随即组成工作团队就新泰克项目的技术、法律、财务与税务等方面展开全面细致的尽职调查。最终意向性报价2.05亿澳元，高盛控股接受意向性报价。5月3日，国家发改委出具了确认函。6月10日，山东省国资委做出了同意收购批复。7月，完成收购新泰克项目100%股权工作。

2）普力马项目

普力马煤矿公司和西农木炭公司均注册于西澳大利亚州首府珀斯市，是西农公司的间接全资附属公司。普力马煤矿公司主要从事煤炭勘探、生产和加工业务。西农煤炭资源有限公司持有期100%股权。普力马煤矿为露天煤矿，位于珀斯市以南约200公里。主要煤种为供应电力客户的低灰分、低硫分次烟煤，并生产少量供应冶金客户和工业客户的块煤。

西农木炭公司拥有创新性生产工艺，可将低等级煤炭加工成煤焦，可取代某些工业使用的煤和碳质产品，并注册了澳大利亚和国际技术专利。西农化工能源与化肥有限公司持有其100%股权。本公司于2009年5月暂停商业运营，只进行日常维护和保养。

截至2011年6月30日，普力马煤矿公司和西农木炭公司合并报表账面资产总额2.432亿澳元，负债总额7100万澳元，净资产总额1.722亿澳元。2011年9月27日，兖矿集团全资附属公司——澳思达公司签署交易协议，拟以2.968亿澳元打包收购普力马煤矿公司和西农木炭公司100%股权。11月，山东省发改委和国家发改委外资司对该项目核准文件予以登记。12月30日，完成股权交割。

3）格罗斯特项目

格罗斯特总部位于新南威尔士州首府悉尼市，主要从事煤炭采掘，生产煤炭品种主要为焦煤和动力煤。其主要资产位于新南威尔士州和昆士兰州，包括5个在产矿、2个在建矿以及纽卡斯尔港基础设施集团11.6%的股权。格罗斯特公司股票自1985年起在澳交所上市交易，其已发行普通股为2.0029亿股，其中来宝集团持有64.5%的股份。

2011年12月22日，兖州煤业、兖煤澳洲与格罗斯特签署了《合并提案协议》。根据协议约定，格罗斯特将向其现有股东实施现金分配，兖煤澳洲将换股合并格罗斯特全部股份。烟煤澳洲参与本次合并的资产不包括其在普力马煤矿公司、新泰克资源公司、原菲利克斯下属尚处于勘探开发阶段的哈利布兰特、雅典娜和维尔皮纳项目、兖煤澳洲技术发展有限公司以及超洁净煤技术公司等的权益。本次交易完成后，兖州煤业持有兖煤澳洲77%的股份，格罗斯特现有股东将持有兖煤澳洲的23%股份，兖煤澳洲取代格罗斯特在澳交所上市交易。2012年3月，澳大利亚国库部长韦恩·斯万在有附加条件的前提下，批准了兖煤澳洲与格罗斯特的合并交易。3月6日，兖州煤业发布最新公告称，兖煤澳洲和格罗斯特的合并交易调整方案被批准。完成合并交易后，兖州煤业持有兖煤澳洲78%的股份。兖煤澳洲公司成为澳大利亚最大的独立上市煤炭公司。

5. 成功上市交易——形成国际化经营的新跨越

2012年6月28日，烟煤澳洲公司与格罗斯特公司合并上市交易，成为澳大利亚最大的独立上市煤炭公司。完成合并交易后，兖州煤业和格罗斯特公司原有股东分别持有兖煤澳洲公司股份的78%和22%。2011年，兖煤澳洲公司生产原煤1306万吨，煤炭销售为1006万吨；格罗斯特公司生产原煤484万吨，商品煤285万吨。兖煤澳洲公司可利用格罗斯特富余的港口运能，加速那些可能受到港口运能限制的资源的开发。合并上市后，兖煤澳洲2012年港口装载能力由1220万吨增长至2300万吨，到2016年有望达到3200万吨。

至此，兖矿集团在澳大利亚拥有11对生产矿井，总产能3200万吨，资源储量62.5亿吨，成为我国第一家通过换股加现金方式成功收购澳大利亚煤炭企业的典范和境内外四地(美国纽约，中国香港、上海，澳大利亚)上市的公司。

6. 拓展资源开发领域——形成国际化综合发展新平台

兖矿集团在成功收购菲利克斯公司的基础上，积极推进与澳大利亚铝土矿资源公司(BRL 公司)的合作。合作包括四个方面：一是兖矿集团收购 BRL 公司 1970 万股，占 BRL 公司总股本的 11.5%；二是合作勘探 1000 平方公里铝土矿资源；三是合作勘探开发 1000 平方公里专属资源区，为氧化铝厂提供原料；四是合资建设年产 80 万吨氧化铝项目。

兖矿集团在澳洲铝土资源的收购，保障了国内铝土资源的供给。据统计，2009 年中国进口铝土 2800 万吨，山东省占了 2400 万吨。上述收购同时为山东的铝土业发展提供了筹码。目前，西澳铝土矿资源开发获得勘探资源储量 5100 万吨，兖矿集团成为拥有澳洲铝土矿资源最大的中国企业。同时，兖矿集团积极推进加拿大钾矿资源项目。加拿大也是世界上矿产资源最为丰富的地区之一，兖矿集团自 2010 年下半年开始运作加拿大钾矿资源项目。2011 年 9 月以 2.6 亿美元完成萨斯喀彻温省 19 项钾矿资源探矿权收购，矿权总面积约 5363.84 平方公里。此次收购已获加拿大萨省能源资源部批准，完成探矿权变更登记程序。保守估测钾矿资源量约 397 亿吨。根据花旗银行评估测算，如果将其中 1 块钾矿矿权进行开发，建成年产 250 万吨钾肥生产项目，该项目净值就能达到 4.1 亿美元。

## 本章小结

本章介绍了企业在进行跨国扩张时所要分析的环境因素，企业采取国际化战略的动因：资源、市场、效率和战略性资产，并指出了企业实施国际化战略可供选择的模式。

## 关键术语

环境因素分析　全球化战略　多国化战略　跨国化战略　战略性资产

# 习　题

一、单项选择题

1. 甲公司是一家大型跨国企业，在世界范围生产和销售同一类型和质量的产品，其将产品研发部门设在美国，生产制造部门设在中国，以最大限度地获取低成本竞争优势，这种国际化经营行为属于(　　)。

A. 多国化战略　　B. 全球化战略

C. 跨国化战略　　D. 本土化战略

2. 乙公司是一家牛肉生产、加工及零售的企业。近期开始考虑将其业务扩展到国际市场，在劳工成本较低的越南建立统一的牛肉加工厂，并在多个国家从事牛肉加工食品零售业务。乙公司管理层采用集权式管理方式，为确保牛肉加工食品的质量，乙公司计划将所有原料牛在日本农场饲养。根据以上内容，适合乙公司选择的国际化发展战略是(　　)。

A. 多元化成长战略　　B. 全球化战略

C. 多国化战略　　D. 跨国化战略

3. 丙公司是一家大型炸鸡连锁餐饮企业，业务遍及全球多个国家。各家分店除经营传统产品炸鸡外，还向顾客提供包括汉堡、薯条、饮料在内的多种食品，并采用全球标准进行控制。考虑到各地饮食习惯上的差异，丙公司还在中国、墨西哥、日本等国家推出了具有当地特色的小吃，以吸引更多的顾客。这种国际化模式称为(　　)。

A. 多国化战略　　B. 跨国化战略

C. 全球化战略　　D. 全球一体化战略

二、多项选择题

1. 下列关于国际化的说法正确的有(　　)。

A. 多国化采用高度分权的方式，不利于企业实现规模效应，因此成本较高

B. 全球化采用高度集权的方式，注重规模经济

C. 多国化战略能最大程度地优化企业面对各个市场异质需求时的反应

D. 跨国化战略融合了多国化战略和全球化战略的优点

2. 某企业是我国一家大型袜业企业，产品主要在国内市场进行销售。2006 年，该企业管理层根据国际经济社会环境的变化，决定在劳动力成本更低的东南亚国家建立生产企业，以有效降低成本，同时积极开拓欧美客户，扩大销售。该企业进行国际化经营的动因包括(　　)。

A. 寻求资源　　B. 寻求市场

C. 寻求效率　　D. 寻求战略性资产

3. 跨国公司进行对外直接投资的原因包括(　　)。

A. 开拓市场　　B. 寻求政治庇护

C. 寻求提高生产效率　　D. 寻求知识和专门技术

三、简答题

1. 国际化战略的环境因素分析包括哪些内容?

2. 企业采取国际化战略的动因有哪些?

3. 简述全球化战略。

4. 简述多国化战略。

5. 简述跨国化战略。

四、思考题

A 企业是国内一家企业，经过多年的打拼，已经具有一定规模，但公司创始人发现，自己所处的行业经过多年的竞争，生产能力已经严重过剩，同时替代品的出现也降低了产品的利润率，市场增长率严重下降。面对这种现状，企业要想再进一步发展已经没有什么空间了。但与中国相邻的越南对此种产品的需求却呈现出如火如荼的局面，十分旺盛。虽然竞争企业数量也不少，但由于市场增长迅速，盈利水平仍然可观。A 企业随即决定将自己的产品出口到越南。

经过一段时间的运作后，销售效果并不是很明显。A 企业经过分析发现，原来越南对

出口到该国的产品征收了高额关税，导致公司产品竞争力下降。为此，A 企业决定改变原来直接出口产品的策略，而是在越南当地收购了一家生产同种产品的企业，从而提升了企业产品竞争力。最终，企业经营又重新恢复了生机。

要求：

（1）根据材料判断国内相关行业处于生命周期的哪一个阶段。

（2）A 企业进军海外市场的动因是什么？除了这种动因，一般企业在进军海外市场时还可能存在哪些动因？

（3）A 企业由直接出口改为收购当地企业，这种策略的变化受到了什么宏观因素的影响？

## 小论文

请在互联网上查找已经进行跨国经营的煤炭企业，选择一家你所感兴趣的企业，详细叙述其国际化经营的全部历程，分析其中的经验与教训。

# 第6章

# 企业战略选择

## 学习要点

❖ 差距分析

❖ SWOT 矩阵、BCG 矩阵、GE 矩阵、GS 矩阵、SPACE 矩阵、IE 矩阵、QSPM 矩阵

❖ 战略选择的影响因素、标准、陷阱

❖ 战略方案设计

## 名人名言

适合自己的才是最好的。

——佚名

## ■ 导入案例

### 徐州矿务集团2003—2012年战略方案设计

1. 战略指导思想

以“三个代表”重要思想和党的十六届三中全会精神为指导，结合江苏省及徐州市经济和社会发展的总体规划和部署，以发展为主题，调整为主线，创新为动力，改制转型，调整升级，企业联动，创新发展，走煤业与多元产业并重、产品经营与资本经营并举、国有资本与民营资本并存、实体经济与虚拟经济互促的发展道路，力争用十年左右时间，把徐州矿务集团(以下简称“徐矿集团”)建设成为企业快速成长、职工生活殷实、矿区环境优美的极具创新力和竞争力的特大型能源企业集团。具体可以概括为：改制转型、调整升级、企业联动、创新发展。

1）改制转型

深化企业内部配套改革，建立规范的现代企业制度，对集团公司和子、分公司进行产权制度改革，实现投资主体多元化、投资方式多样化，形成归属清晰、权责明确、保护严格、流转顺畅的现代产权制度；改革集团现有的组织架构，形成机构精简、管理幅度适中、运转高效灵活的组织架构；改革企业的人事制度和分配制度，完善企业住房、医疗卫生和劳动保障制度，有序分离企业办社会职能；变煤业为主的单一经营模式为以能源产业(煤、电)为主体，房地产、物流、建材、机械制造、矿泉水、煤化工等多业并举的经营模式。

2）调整升级

实施产业结构调整，形成合理的上下游产业链和产业结构，通过合理方式对集团公司现有产业进行整合、重组、改造，使具有明显优势的产业形成竞争力，使具有发展前景但组织规模低的产业形成聚合力，使具有发展潜力但国有资本运行效率低下的产业形成创新力，使没有发展前景的产业稳定退出；实施产品结构调整，提高产品的科技含量和附加值，培育和发展具有潜在优势的拳头产品；通过产业升级和产品升级，带动企业升级。

3）企业联动

企业发展要融入地方经济发展，积极争取省市政府的政策支持，利用区域经济的优势，参与地方经济产业结构调整和产业分工，在区域经济发展中找准自己的位置，以企业自身的发展促进地方经济的发展，对地方经济的发展起到拉动和优化作用。

4）创新发展

要把发展作为企业的根本要务，用创新发展的思路来解决企业面临的困难和问题。运用先进的科技改造现有产业，提高煤炭产业集约化程度，增加产品附加值，提升多元产业技术创新度和产品技术含量；通过管理制度创新，增强企业活力；实施资本、技术、劳务的走出去战略，扩宽发展空间。

2. 战略定位

1）企业发展定位

立足大都市，融入长三角，挺进中西部，参与国际化，坚持走出去、引进来，力争用十年左右的时间，把徐矿集团建设成为极具创新力和竞争力的特大型能源企业集团。

2）产业发展思路

徐矿集团今后十年内的产业发展构想是：重点发展煤炭、电力、房产业，积极培育物流、建材、机械制造、矿泉水、煤炭，放开搞活建筑施工、商贸宾服和医疗等产业。

(1) 重点发展产业。

煤炭产业做精，电力产业做强，房地产业做优。

煤炭产业：集团公司本部维持现有生产规模下适度开采，加快对外扩张，实施战略合作，加快关键技术和核心技术突破，实施集约高效生产，加大洗选投入，调整产品结构，提升企业效益，建成江苏最大的煤炭生产供应基地。

电力产业：利用矿区煤矸石及劣质煤资源，享受国家产业优惠政策发展综合利用电厂；通过与电力企业联合、重组整合地方电力等多种形式，扩大规模，提升竞争力。

房地产业：坚持民居与工业房地产开发并重，本地与异地开发并举，盘活存量，寻求增量，带动关联产业，服务招商引资，美化城市环境，改善职工生活。

(2) 积极培育产业。

物流产业：结合区域性物流发展规划，实施以煤炭为主的物流资源重组战略，加快建设靖江洁净煤物流基地。初期以内部物流为主，逐步扩大第三方物流的比例，最终成为江苏最大的煤炭供应商。

建材产业：做大水泥产品，利用国家优惠政策发展新型墙体和防水材料。

机械制造产业：内改外联，优化产品结构，着力培植名特优产品。

矿泉水产业：采取与国内外知名企业联合开发的快速发展方式或自我开发，滚动发展，自创名牌战略。

煤化工产业：以徐矿集团高硫煤或异地煤炭为原料，紧紧跟踪国内燃料甲醇、二甲醚和煤制油生产技术，条件成熟时启动发展。

(3) 放开搞活产业。

改制重组工程施工、商贸宾服、医疗等产业，集团公司以现有存量资产入股，在可能的条件下采取吸收职工入股、管理层收购、引进战略投资者，改变产权结构，形成自我激励机制，提高企业效益。集团公司不参与这些产业的经营，只对重大事项行使出资人权利。

根据以上产业定位，本着“有所为有所不为，有进有退”的方针，按照专业化分工、产业链延伸的原则，对集团公司现有产业进行重组整合，根据各产业发展状况，同时考虑管理的高效、变革的平稳，组建以下公司，即煤业公司、成熟的多元产业公司、物业公司等，成熟的多元化产业公司根据产业发展层次，逐步成立，成熟一个，分离一个。

3. 战略目标

总体目标是：三年打基础，五年翻一番，十年达“小康”。

三年打基础：2003—2005 年，以打基础、上层次为重点，基本完成改制、调整和重组，重点促进产业长足发展，多元产业呈现活力，资产总额、营业总收入达到 80 亿元，职工生活得到进一步改善。

五年翻一番：2003—2007 年，产权、产业结构合理，核心竞争力突出，煤电一体化格局基本形成，培育产业强势发展，煤基产业链初见端倪，资产总额、营业总收入实现双百亿元，职工生活得到较大改善。

十年达“小康”：2003—2012 年，企业步入全面、协调、可持续发展的轨道，一个新型的极具创新力和竞争力的特大型能源企业集团基本建成，资产总额、营业总收入达到双二百亿元，企业优大强，生活富新美，成为江苏省“两个率先”的排头兵。

徐矿集团主要产业(产品)发展目标见表 6-1。

**表 6-1　徐矿集团主要产业(产品)发展目标**

| 项目名称 | | 单位 | 2005 年 | 2007 年 | 2012 年 |
|---|---|---|---|---|---|
| 煤炭产业 | 老矿区原煤产量 | 万吨 | 1355 | 1230 | 1200 |
| | 新矿区原煤产量 | 万吨 | 400 | 800 | 3800 |
| 电力产业 | 电厂装机容量 | MW | 410 | 1145 | 1745 |
| 房地产业 | 房地产建筑面积 | 万平方米 | 10 | 30 | 30 |

续表

| 项目名称 | | 单位 | 2005 年 | 2007 年 | 2012 年 |
|---|---|---|---|---|---|
| 物流产业 | | 亿元 | 8 | 10 | 20 |
| 建材产业 | 水泥 | 万吨 | 155 | 310 | 650 |
| | 防水材料 | 亿元 | 0.6 | 1.2 | 1.2 |
| | 煤矸石砖 | 亿块 | 0.6 | 1.2 | 1.2 |
| 机械产业 | 机械产品 | 亿元 | 3.5 | 6.5 | 10 |
| 矿泉水产业 | 矿泉水量 | 万吨 | — | 1.5 | 2.5 |
| 化工产业 | 甲醇 | 万吨 | — | — | 60 |
| | 二甲醇 | 万吨 | — | — | 60 |

徐矿集团效益目标见表 6－2。

**表 6－2　徐矿集团效益目标**

| 项 目 | 单位 | 2002 年 | 2005 年 | 2007 年 | 2012 年 |
|---|---|---|---|---|---|
| 资产总额 | 亿元 | 65 | 85～110 | 130～150 | 200～230 |
| 销售收入 | 亿元 | 48.04 | 65～80 | 90～110 | 195～215 |
| 净利润 | 亿元 | 0.37 | 1.8～2.5 | 8.5～10 | 19～21 |
| 职工年人均收入 | 元 | 14375 | 25000 | 35000 | 50000 |

4. 战略重点

第一阶段：战略准备阶段

2003—2005 年为战略准备阶段。

煤炭产业实施对外扩张，异地办矿生产规模达到 400 万吨，形成 20 亿吨的资源占有量；

完成徐矿集团债转股公司的组建，降低财务风险；

完成青山泉、新河、卧牛山、马坡四个矿井的关闭破产；

完成坨城 2x135MW 高温、超高压机组一期和庞庄 2x55MW 电厂的建设，电力产业达到 410MW 的装机容量；

完成煤业公司、非煤资产经营管理公司的组建；

房地产开发建筑面积达到 10 万 $m^2$，为开发工业房地产做好准备；

完善集团公司法人治理结构，对集团公司的组织管理机构实施战略性调整。

第二阶段：结构调整阶段

2006—2007 年为结构调整阶段。

通过完成坨城 2x135MW 高温、超高压机组二期和权台 600MW 大型电厂的建设和地方其他电厂资产的划拨合资，发电装机容量达到 1145MW 以上；

完成韩桥、义安两个矿井的关闭破产；

房地产业形成年 30 万平方米的发展规模，逐渐成为集团的重要支柱；

物流产业、建材产业、机械产业、矿泉水产业经过改组和技术升级，成为集团公司重要的利润中心；

现有矿区煤炭生产规模产量基本维持不变的前提下，全员生产效率达到 12 吨/人；

异地煤炭生产规模达到800万吨/年，再形成煤炭资源量30亿吨；

煤化工产业跟踪国内产业发展，在技术上取得突破，为下一步发展奠定基础。

第三阶段：快速成长阶段

2008—2012年为快速成长阶段。

电力产业规模继续扩大，达到1745MW以上，电力产业效益明显增加，成为徐矿集团主要效益增长点；

房地产产业在维持20万平方米的基础上，提高产品附加值，带动关联产业发展；

完成60万吨/年的甲醛生产能力和60万吨/年二甲醚的生产能力建设；

物流产业、建材产业、机械产业、矿泉水产业规模快速增长，成为徐矿集团新的效益增长点；

异地煤炭生产规模达到3800万吨/年以上。

**请思考**：徐矿集团是如何制定出这一战略方案的？

## 6.1 差距分析

在进行具体战略选择之前，首先需要进行差距分析。所谓差距分析，是指比较一家企业的最终目标与预期业绩之间的差距，并确定可以填补差距的方法。一个完整的差距分析，应该就规划期制定的目标与企业不改变经营战略的预期结果进行比较。

### 6.1.1 外部环境与经营战略的差距分析

1. 宏观环境与经营战略的差距

在确定可能的差距之前，首先要做的是列示出影响行业未来增长率的趋势及影响趋势发展的重要因素，然后再评价企业现在的战略是否符合趋势。表6-3是拥有高增长率的企业战略实例。

**表6-3 宏观环境与经营战略差距**

| 要素 | 关键性趋势 | 战略一致性 |
|---|---|---|
| 经济 | 预计缓慢增长 | 不一致 |
| 社会和文化 | 教育质量的提高以及大众对工作的态度 | 一致 |
| 人口统计 | 预计缓慢增长 | 不一致 |

从表6-3可以看出，该企业的战略不符合整个正在下滑的宏观经济。此外，由于人口增长放缓将导致市场规模增长缓慢，不利于战略目标的实现。

2. 行业环境与经营战略的差距

表6-4列出了企业的行业环境与经营战略之间的差距，考察了行业环境的要素以及给出了每个要素的水平，并且指出现在的经营战略与这些要素一致或不一致的原因。

表 6-4　行业环境与经营战略差距

| 行业环境 | 强度 | 具体要素 | 战略一致性 |
|---|---|---|---|
| 新进入者的威胁 | 高 | 整个行业的高增长 | 一致 |
| 行业对手 | 一般 | 高增长，不用的细分目标 | 一致/不一致 |
| 供应商议价能力 | 高 | 差异化产品 | 不一致 |
| 替代品 | 低 | 少量的替代品 | 一致 |

在表 6-4 这个例子中，企业的战略目标是实现高增长。分析表明，行业的增长带来更多新进入者的威胁，这与企业的战略目标一致。另外，由于原材料的独特性，供应商议价能力高，企业议价能力低，这有可能导致企业增加产品成本，而企业的经营战略并没有考虑到这一点，从而导致不一致。

这种分析通常表明，企业的经营战略和行业环境的诸多要素是不一致的，这意味着企业需要考虑如何把握这些要素从而缩小差距。这就要求企业调整自己的职能战略，如果行业环境不能改变，企业甚至要调整经营战略。

3. 行业竞争对手与经营战略的差距

不同于宏观环境和行业环境的差距分析，企业的另一种差距分析是考察企业自身与行业竞争对手之间的差距。这种方法使用了四个变量，即财务表现、市场地位、技术性能和服务质量，见表 6-5。

表 6-5　行业竞争对手与经营战略差距

| 竞争对手 | 财务表现 | 市场地位 | 技术性能 | 服务质量 |
|---|---|---|---|---|
| 企业 1 | 满意 | 15% | 一般 | 好 |
| 企业 2 | 非常满意 | 27% | 一般 | 下降 |
| 企业 3 | 满意 | 8% | 优越 | 改善中但仍较低 |
| 企业 4 | 低于平均水平 | 14% | 下降 | 好 |

从表 6-5 可以看出，竞争对手企业 2 的市场份额是 27%，拥有突出的财务业绩，但是服务质量有所下降。另外，企业 3 虽然是主要竞争对手中市场份额最小的一家企业，但是它拥有先进的技术并且在不断提高服务质量，将会成为企业未来强劲的对手。

### 6.1.2　内部环境与经营战略的差距分析

在企业内部，经营战略需要符合企业的能力，还需要通过比较其业绩表现和主要利益相关者期望，以确定在内部环境要素与当前战略之间是否存在差距。

1. 企业能力与经营战略的差距

表6－6就是用来评估企业能力和经营战略之间差距的工具。在此差距分析中第一步要做的是列出所有有利于主要经营活动的重要能力，它包括本书前面提到的为企业带来竞争优势的战略能力。第二步要做的是，评估企业在每个战略能力上的竞争地位，以确定企业是否已经拥有其所必需的能力。把企业的各项能力与其竞争对手进行比较，对衡量企业的相对表现很有帮助。典型的结果是，部分能力优于竞争对手，但其他部分却低于平均水平，这时就会出现差距。

表6－6　企业能力与经营战略的差距分析

| 能　力 | | 等级-相对于多数竞争对手的优势水平 |
|---|---|---|
| 有形资源 | 实物资源 | |
| | 财务资源 | |
| 无形资源 | 商标 | |
| | 信誉 | |
| | 客户口碑 | |
| 企业文化 | 价值观 | |
| | 变动管理 | |
| | 学习 | |
| 流程和系统 | 财务信息 | |
| | 控制信息 | |
| | 经营信息 | |
| | 激励系统 | |

2. 企业业绩与经营战略的差距

评估内部环境与经营战略之间差距的另一个方面是确定企业业绩与经营战略之间的差距。首先，要确定企业战略的关键要素。然后，企业依照设定的目标记录当前的业绩表现。正面差距给企业提供了利用优势或者在该处撤出部分资源以弥补其他方面的负面差距的机会。

3. 主要利益相关者与经营战略的差距

在确定差距时，企业还需要考虑内部环境中的另一个要素，即主要利益相关者的预期。企业很少关注经营战略与主要利益相关者预期之间的差距，然而做此差距分析是非常必要的。因为主要利益相关者的预期很可能会影响企业未来的战略决策。但是，要量化他们的预期并非易事，通常掺杂着许多主观的判断，通过分析以及衡量这些预期，有利于了解利益相关者是如何看待企业战略和未来业绩的。对照预期值得到企业的相对业绩，是确定差距的重要方面，因为主要利益相关者是对照自己的预期来评价企业业绩表现的。

### 6.1.3 企业层面之间的差距分析

对于一家经营着多种业务的大企业而言，战略的主要层面是业务层。对于该层面的每一项业务，都要进行上述外部环境与内部环境分析。

但是，对于这种大企业，还需要进行企业层面的差距分析，即分析企业总体战略与企业能力之间的差距以及企业总体战略与企业业绩之间的差距。后者与按照业务战略的分析方法得出企业业绩的差距类似。不同的是，这里不需要进行行业分析，因为在企业内部的每个业务层面已经分析过了。

表 6－7 就是一个企业层面差距分析的简单例子。

表 6－7　企业层面的差距分析

| 企业总体战略 | 企业能力 | 是否存在差距 |
|---|---|---|
| 打入中国市场，实施多元化战略 | 在中国仅经营零售业 | 存在差距 |
| **企业总体战略** | **企业业绩** | **是否存在差距** |
| 利润以每年 10%的速度增长 | 过去三年，利润平均每年增长 7% | 存在差距 |

## 6.2 战略选择的矩阵工具

战略前辈们总结出了一系列工具帮助企业选择出适合自身的战略，而这些工具通常是以矩阵的形式出现，我们姑且把它们叫做矩阵工具。本节主要介绍这些矩阵。

### 6.2.1 SWOT 矩阵

1. SWOT 矩阵概述

一种有效的战略应该能够最大限度地利用企业内部优势和外部环境机会，同时使企业的内部劣势和外部环境威胁降至最低限度。SWOT 矩阵就是系统确认企业内部的优势(strength)和劣势(weakness)、外部的机会(opportunity)和威胁(threat)，并据此提出企业战略的一种方法。显然，SWOT 矩阵将第 2 章外部环境分析与第 3 章内部环境分析综合到了一起，它实际上是对企业内外部环境进行了综合和概括，做到"知己知彼"，进而制定出适合企业的战略。

(1) 优势(strength)是指能使企业获得战略领先并进行有效竞争从而实现自己目标的某些强大的内部因素或特征，通常表现为企业的一种相对优势。例如，某煤炭企业拥有充足的资金来源、丰富的采掘或洗选经验、煤质好、市场领导地位、完善的服务系统、先进的工艺设备、极其低廉的产品成本、健全的营销网络等。

(2) 劣势(weakness)是指给企业带来不利、导致企业无法实现其目标的消极因素和内部的不可能性。例如，某煤炭企业缺乏明确的发展方向或战略导向、技术落后或设备陈旧、煤炭品种比较单一、产品线过窄、销售渠道不畅、缺乏管理经验和科学知识、内部管理混乱等。在多业务单位的公司，一个公司整体的劣势主要体现在不协同和不平衡上。

各种优势、劣势因素对企业经营的影响程度是不同的。其中，那些对企业的成功起着关键作用的因素，被称为关键的成功因素；那些最强于竞争对手的因素，被称为核心竞争力，它是企业赖以战胜竞争对手的最有力武器；同样，也有一些因素对企业经营会造成致命的影响。这些最重要的，不管是优势还是劣势，都要予以高度重视。

优势和劣势，好比战略平衡表的两个栏目，优势好比“资产”，劣势好比“负债”。对一个企业来说，“资产”越多，企业的竞争优势就越明显，制定战略的基础就越好。判定自己的优势和劣势，需要通过与同行业中最好的企业进行比较，比较产品和流程，思考为什么这些公司的产品和流程如此优秀，并竭力模仿他们的最佳实践，从而提升自己的优势。

(3) 机会(opportunity)是指那些不断地帮助企业实现或超过自身目标的外部因素和状况。企业面临的机会很多，比如，煤炭开采技术上有了重大突破、其他竞争对手出现了自满现象等等。

机会有两种形式，即产业机会和企业机会。产业机会是某一产业环境向所有企业提供的发展机会，这种机会对每一个企业来说都是平等的。但是，由于每一个企业的优势和劣势不同，抓住机会的能力也就不同。对于那些具备捕捉机会能力的企业来说，产业机会就容易被转化为现实的企业机会。

为准确把握机会，避免发生失误，企业在面对机会时应该问自己几个关键的问题：这个机会是否违背企业的宗旨；这个机会是否违背企业的既定战略；这个机会是否要求企业学习一个全新领域；这个机会是否符合企业财务上的要求。通过回答以上四个问题，就可以避免企业战略误入歧途。

(4) 威胁(threat)是指对企业经营不利并导致企业无法实现既定目标的外部因素，是影响企业当前地位或其所希望的未来地位的主要障碍。例如，煤炭企业面临的威胁来自各个方面，主要有：国外低价煤炭的压力、运力增长缓慢、替代品的销售额上升、市场增长速度趋缓、顾客讨价还价能力的增强等等。

经过详尽分析以后，把内外环境中存在的优势、劣势、机会、威胁逐项排列出来，形成SWOT矩阵。表6-8是某煤炭企业的SWOT矩阵。

### 2. 依据SWOT矩阵得出的战略组合

当然，只列出这些要素是不够的，还必须根据上述对各要素的分析，从优势、劣势、机会、威胁的可能组合中寻找出企业未来发展的战略大方向。简单说来，有四种可能的战略组合，如图6.1所示。

#### 1) 增长型战略

这种情况是环境中出现了机会，而公司本身恰好有这样的优势(SO)。这是最理想的，企业可以采取充分发挥内部的优势去利用外部环境中的机会，实现企业的快速增长。如第4章所述，企业增长型战略主要包括专业化战略、一体化战略和多元化战略，甚至包括第5章谈及的国际化战略。

表 6－8　某煤炭企业的 SWOT 矩阵

| | | |
|---|---|---|
| 内部环境 | 优势(strength) | 劣势(weakness) |
| | (1) 产品和品牌优势：煤层储存条件优越、煤质优良，产品品牌知名度高；在同行业竞争中业绩优良。<br>(2) 企业实力雄厚，有丰富的采掘或洗选经验；<br>(3) 企业管理优势：管理基础好，管理经验丰富，有一批出色的工程技术人员和职工队伍；<br>(4) 具有规模优势：全国最大的动力煤集团。<br>(5) 买主的良好印象：重信誉，合同兑现率高。稳定的各大用户。<br>(6) 有足够的厂房和土地资源。<br>(7) 高岭土资源丰富。<br>(8) 煤挥发分含量在 30%～34%，很容易点燃，宜于制煤气，是加工转化成煤化工产品的好原料，且硬度高，运输方便。 | (1) 运输战线长，离用煤客户距离远。<br>(2) 煤炭品种比较单一，销售价格比较低，利润空间较小。侏罗纪煤炭储量逐步减少。<br>(3) 企业退休职工多，职工队伍庞大，企业负担比较重。<br>(4) 非煤产业发展缓慢，没有形成规模优势。缺乏生产经验及销售渠道，非煤专业人才短缺。<br>(5) 老矿井煤炭资源逐渐枯竭，资源分布与开采强度的矛盾日益突出。<br>(6) 设备陈旧，采掘深度不断加大，相应的管理难度和成本加大。<br>(7) 矿区生态恶化，水资源严重短缺。<br>(8) 企业办社会现象尤为突出。 |
| 外部环境 | 机会(opportunity) | 威胁(threat) |
| | (1) 纵向一体化：坑口电厂的建设、煤化工、甲醇、活性炭等。<br>(2) 环渤海湾的开发建设。<br>(3) 国家改革电力管理体制，为煤电联营和煤炭企业进入电力领域创造了条件。<br>(4) 国家继续加大结构调整力度，淘汰落后产能。实施高耗能、高污染行业的差别电价和水价政策。大力发展区域热电联产工程。鼓励节约和替代石油工程。鼓励发展坑口电站和低热值燃料电厂。<br>(5) 加强煤炭资源综合利用，推进清洁生产，发展循环经济，保护矿区环境的煤炭产业政策。<br>(6) 推进市场化改革，完善煤炭市场价格形成机制。<br>(7) 煤炭仍是我国主要的一次能源。 | (1) 市场增长较慢：基础建设放缓、电力集团的技术改造、高能耗的小水泥、小火电厂的关停等。<br>(2) 竞争压力增大：神华、中煤、伊泰等煤炭集团产量大增，内蒙古成为产煤第一大省，新疆煤炭的快速兴起等。<br>(3) 低碳经济的兴起，减少了对煤炭的需求。<br>(4) 不利的政府政策：环保要求越来越高等。<br>(5) 新竞争者进入行业：电力集团、化工集团开发煤矿。<br>(6) 替代品销售额上升：水能、核能、太阳能等的利用逐步增加。<br>(7) 用户议价能力增强：电力、化工集团的实力大增，自办煤矿。<br>(8) 交通运输的紧张，运力增长缓慢。<br>(9) 国外低价煤炭的压力。 |

2) 扭转型战略

这种情况是环境中存在机会，但是企业在这方面是劣势，力量不够(WO)。这就要求企业应致力于改变内部劣势，采取扭转型战略，同时，有效地利用市场机会。

如第 4 章所述，扭转战略是防御型战略(收缩型战略)的一种，它是指企业采取缩小产销规模、削减成本费用、重组等方式来扭转销售和盈利下降趋势的战略。实施该战略，对企业进行“瘦身”，有利于企业整合资源，改进内部工作效率，加强独特竞争能力，是一种“以退为进”的战略。

3）防御型战略

这种情况是环境中存在着威胁，而企业在这方面本身又具有劣势(WT)。这是最不理想的情况。在这种情况下，企业最好采取防御型战略。如第4章所述，防御型战略具体包括扭转、撤退和清算三大战略。这种通常用的是撤退和清算战略。著名的案例则是IBM公司将个人电脑业务转卖给联想集团，就是因为能发现威胁和劣势，并及时制定相应战略来改变业务方向的结果。

4）多种经营战略

这种情况是环境中存在一些威胁，但企业在这方面有优势(ST)。针对这种情况，企业可以采取两种态度：一种是利用现有优势在其他产品或市场上建立长期机会，实行分散化或多样化战略，这是具有其他发展机会的企业通常采取的态度。灰狗运输公司在城市之间客运业务拥有优势，但由于政府放松管制，面临着航空空运的竞争和劳动力成本日益增加的威胁。经过SWOT分析后，公司决定由客运改变为货运，这样既利用了公司业务上的优势又避开了环境条件的威胁。另一种就是采取与环境威胁直接正面斗争的态度。当然，这种做法通常只有在企业优势足以战胜环境威胁时才会采用。

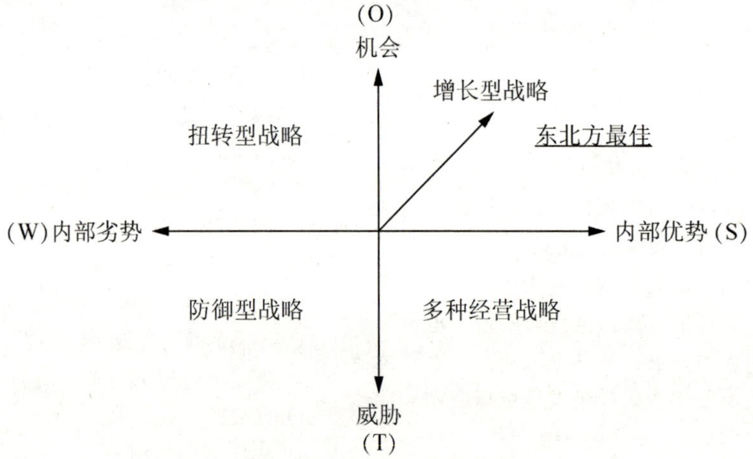


**图6.1　依据SWOT矩阵得出的战略组合**

### 6.2.2　BCG矩阵

1. BCG矩阵概述

BCG矩阵即波士顿咨询集团(boston consulting group)矩阵，也称市场增长率—相对市场份额矩阵。它是由美国企业管理咨询公司——波士顿咨询集团于20世纪70年代开发的一种战略选择的工具。BCG矩阵主要关注多元化企业的业务组合问题，是对企业的战略业务单元(SBU)进行业务组合分析的一个管理模型，其理论基础是产品生命周期理论，实质是通过优化业务组合实现企业现金流量的平衡。

BCG矩阵使用两个简单的指标作为分析坐标：相对市场份额作为横坐标，反映企业在行业竞争中的地位；市场增长率作为纵坐标，反映行业吸引力的大小。

其中，相对市场份额和市场增长率的计算方法分别为：

$$相对市场份额=\frac{本企业产品的销售额}{同行业中最大竞争者的销售额}$$

$$市场增长率=\frac{今年市场销售额-上一年市场销售额}{上一年市场销售额}\times 100\%$$

在相对市场份额的计算中，如果企业本身就是行业中的最大竞争者，那么分母选择行业中排名第二的竞争者的销售额。因此，相对市场份额以数值 1.0 作为分界线，以此反映企业在行业竞争中的地位。

对于市场增长率，通常认为年增长率高于 10%就是比较高的增长率，因此以 10%作为界线来划分市场增长率的高低，以此反映行业吸引力的大小。

于是，我们得到了如图 6.2 所示的 BCG 矩阵示意图。

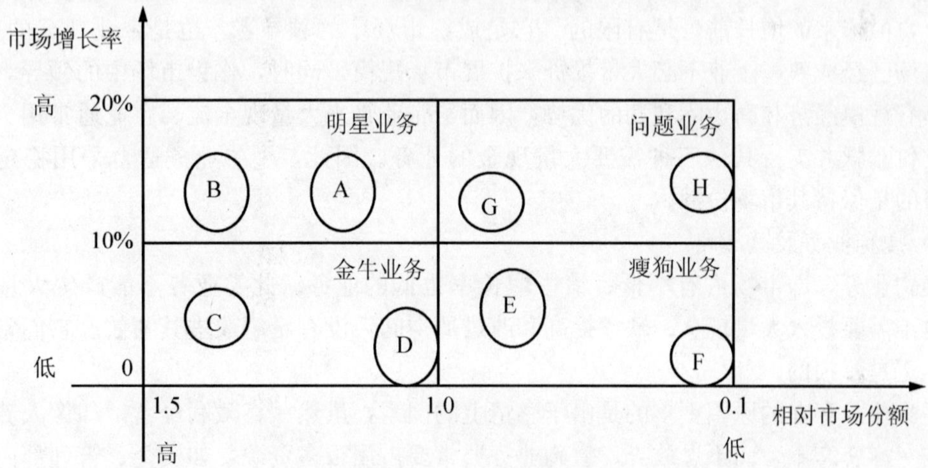


图 6.2　BCG 矩阵示意图

2. 依据 BCG 矩阵得出的战略组合

由图 6.2 可以看出，根据相对市场份额和市场增长率的高低，BCG 矩阵区分出了四种业务组合：问题业务、明星业务、金牛业务、瘦狗业务。

1）问题业务及其战略

问题业务，即市场占有率低、销售增长率高的业务。处在这个领域中的是一些投机性产品，带有较大的风险性。这些产品可能利润率很高，但占有的市场份额很小，这往往是企业的一项新业务。为发展问题业务，企业必须建立工厂，增加设备和人员，以便跟上迅速发展的市场，并超过竞争对手，这些都意味着大量的资金投入。

“问题”非常贴切地描述了企业对待这类业务的态度，因为这时企业必须慎重回答“是否继续投资发展该业务？”这个问题。只有那些符合企业发展长远目标、企业具有资源优势、能够增强企业核心竞争力的业务才能得到肯定的回答。

得到肯定回答的问题业务适合于采用增长型战略，目的是扩大该战略业务单元的市场份额，甚至不惜放弃近期收入来达到这一目标，因为问题业务要发展成为明星业务，其市场份额必须有较大的增长。得到否定回答的问题业务则适合采用收缩战略。

2）明星业务及其战略

明星业务，即市场占有率高、销售增长率也高的业务。这类业务处于快速增长的市场中，并且占有支配地位的市场份额。明星业务是由问题业务继续投资发展起来的，可以视为高速成长市场中的领导者，它将成为公司未来的金牛业务。

但这并不意味着明星业务一定可以给企业带来源源不断的现金流，因为市场还在高速成长，企业必须继续投资，以保持与市场同步增长，并击退竞争对手。企业如果没有明星业务，就失去了希望；但群星闪烁也可能会闪花企业高层管理者的眼睛，导致做出错误的决策。这就要求企业管理者必须具备识别行星和恒星的能力，将企业有限的资源投入到能够发展成为金牛的恒星上。因此，明星业务适合采用增长型战略。

3）金牛业务及其战略

金牛业务，即市场占有率高、销售增长率低的业务。处在这个领域中的业务产生大量的现金，但未来的增长前景是有限的。它是成熟市场中的领导者，也是企业现金的来源。由于市场已经成熟，企业不必大量投资来扩展市场规模，同时，作为市场中的领导者，该业务享有规模经济和高边际利润的优势，因而给企业带来大量现金流。企业通常用金牛业务来支付账款并支持其他三种需要大量现金的业务。因此，金牛业务适合采用稳定型战略，目的是保持其市场份额。

4）瘦狗业务及其战略

瘦狗业务，即市场占有率低、销售增长率也低的业务。此类业务不能产生大量的现金，也不需要投入大量现金；缺乏提高和改进的空间，没有希望改进其绩效。它们常常是微利甚至是亏损的。

瘦狗业务存在的原因更多的是由于感情上的因素，虽然一直微利经营，却像人养了多年的狗一样恋恋不舍而不忍放弃。瘦狗业务通常要占用很多资源，如资金、管理部门的时间等，多数时候是得不偿失的。因此，瘦狗业务适合采用收缩战略(出售或清算)，以便把资源转移到更有利的领域，也不需要投入大量现金。

3. 产品生命周期理论与BCG矩阵的组合

回忆一下第4章4.7节所介绍的产品生命周期理论，事实上，它与BCG矩阵之间有着天然的联系。引入阶段的产品属于问题业务，成长阶段的产品属于明星业务，成熟阶段的产品属于金牛业务，衰退阶段的产品属于瘦狗业务。

1）引入阶段

引入阶段的产品用户很少，只有高收入用户尝试新的产品。产品虽然设计新颖，但质量有待提高，尤其是可靠性。由于产品刚刚出现，前途未卜，只有很少的竞争对手。为了说服顾客购买，引入阶段的产品营销成本很高，广告费用大，而且销量小、产能过剩、生产成本高。产品的独特性和顾客的高收入使得价格弹性较小，可以采用高价格、高毛利的政策，但是销量小使得净利润较低。

企业的战略目标是扩大市场份额，争取成为领头羊。这个时期的主要战略路径是投资于研究与开发和技术改进，提高产品质量。

引入阶段的经营风险非常高。研制的产品能否成功，研制成功的产品能否被顾客接受，被顾客接受的产品能否达到经济生产规模，可以规模生产的产品能否取得相应的市场份额等，都存在很大不确定性。通常，新产品只有成功和失败两种可能，成功则进入成长阶段，失败则无法收回前期投入的研发、市场开拓和设备投资成本。

2）成长阶段

成长阶段的标志是产品销量节节攀升，产品的销售群已经扩大。此时消费者会接受参差不齐的质量，并对质量的要求不高。各厂家的产品在技术和性能方面有较大差异。广告费用较高，但是每单位销售收入分担的广告费在下降。生产能力不足，需要向大批量生产转换，并建立大宗分销渠道。由于市场扩大，竞争者涌入，企业之间开始争夺人才和资源，会出现兼并等意外事件，引起市场动荡。由于需求大于供应，此时产品价格最高，单位产品净利润也最高。

企业的战略目标是争取最大市场份额，并坚持到成熟阶段的到来。如果以较小的市场份额进入成熟阶段，则在开拓市场方面的投资很难得到补偿。成长阶段的主要战略路径是市场营销，此时是改变价格形象和质量形象的好时机。

成长阶段的经营风险有所下降，主要是产品本身的不确定性在降低。但是，经营风险仍然维持在较高水平，原因是竞争激烈了，市场的不确定性增加。这些风险主要与产品的市场份额以及该份额能否保持到成熟阶段有关。

3）成熟阶段

成熟阶段开始的标志是竞争者之间出现挑衅性的价格竞争。成熟阶段虽然市场巨大，但是已经基本饱和。新的顾客减少，主要靠老顾客的重复购买支撑。产品逐步标准化，差异不明显，技术和质量改进缓慢。生产稳定，局部生产能力过剩。产品价格开始下降，毛利率和净利润都下降，利润空间适中。

由于整个产业销售额达到前所未有的规模，并且比较稳定，任何竞争者想要扩大市场份额，都会遇到对手的顽强抵抗，并引发价格竞争。既然扩大市场份额已经变得很困难，经营战略的重点就会转向在巩固市场份额的同时提高投资报酬率。成熟阶段的主要战略路径是提高效率，降低成本。

成熟阶段的经营风险进一步降低，达到中等水平。因为引入阶段和成长阶段的高风险因素已经消失，销售额和市场份额、盈利水平都比较稳定，现金流量变得比较容易预测。经营风险主要是稳定的销售额可以持续多长时间，以及总盈利水平的高低。企业和股东希望长阶段停留在能产生大量现金流入的成熟阶段，但是价格战随时会出现，衰退阶段迟早会到来。

4）衰退阶段

衰退阶段的顾客大多很精明，对性价比要求很高。各企业的产品差别小，因此价格差异也会缩小。为降低成本，产品质量可能会出现问题。产能严重过剩，只有大批量生产并有自己销售渠道的企业才具有竞争力。有些竞争者先于产品退出市场。产品的价格、毛利都很低。只有到后阶段，多数企业退出后，价格才有望上扬。

企业在衰退阶段的经营战略目标首先是防御，获取最后的现金流。战略途径是控制成本，以求能维持正的现金流量。如果缺乏成本控制的优势，就应采用退却战略，尽早退出。进入衰退阶段后，经营风险会进一步降低，主要的悬念是什么时间将产品完全退出市场。

### 6.2.3 GE 矩阵

1. GE 矩阵概述

GE 矩阵是由美国通用电气公司与全球最大的战略咨询公司麦肯锡公司于 20 世纪 70 年代共同开发的一种新的投资组合分析方法，因此也叫通用一麦肯锡矩阵。与 BCG 矩阵相比，GE 矩阵也提供了产业吸引力和业务竞争力之间的类似比较，但 GE 矩阵有了很大的改进，不仅在两个坐标轴上都增加了中间状态，而且还增多了反映业务经营特征的变量，所以更接近于实际。

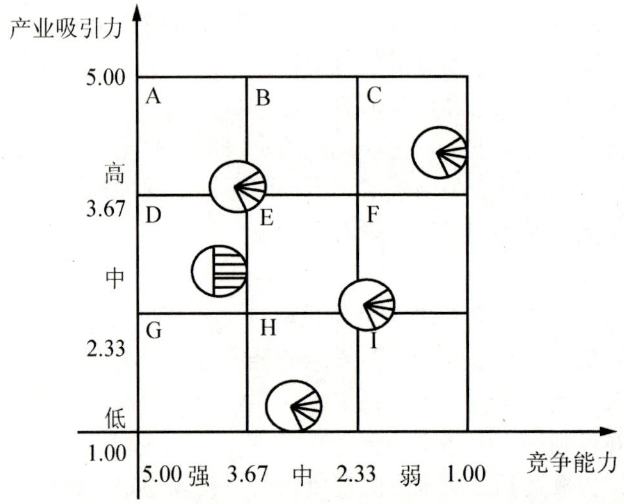


图 6.3 GE 矩阵示意图

图 6.3 是一张典型的 GE 矩阵示意图。纵轴表示产业吸引力，横轴表示竞争能力。如果均以 5 分表示市场吸引力和竞争能力的最大值，产业吸引力和竞争能力为 1 分以下不考虑，同时将 1～5 分范围内的产业吸引力和竞争能力的大小分为三等份，这就构成了一个由九象限组成的初步的 GE 矩阵，而 BCG 矩阵是四象限的。将企业不同业务的产业吸引力和竞争能力的综合评价值标在图中，就可以得到一个企业完整的 GE 矩阵。图 6.3 中的圆圈大小表示该种业务的市场规模，圆圈中的阴影部分表示企业该种业务的市场占有率大小。

问题的关键在于，如何确认每一项业务的产业吸引力和竞争能力大小?

GE 矩阵认为，可以针对不同的业务首先分析其产业吸引力和竞争能力的因素，然后给予这些因素一定的权重，并进行打分，最后计算出加权平均分，即得到产业吸引力和竞争能力的大小。表 6 - 9 展示了这一过程。

需要指出，这里对产业吸引力和竞争能力的打分方法都是五级评分。对产业吸引力各因素而言，1=毫无吸引力，2=没有吸引力，3=中性影响，4=有吸引力，5=极有吸引力；对竞争能力各因素而言，1=极度竞争劣势，2=竞争劣势，3=同竞争对手持平，4=竞争优势，5=极度竞争优势。

表6-9　评价某项业务的产业吸引力和竞争能力

| 评估变量 | 构成要素 | 权数 $W_i$ | 分值 $J_i$(1~5) | 评估值=权数 $W_i$ × 分值 $J_i$ |
|---|---|---|---|---|
| 产业吸引力 | 总体市场规模 | 0.20 | 4.00 | 0.80 |
| | 年市场增长率 | 0.20 | 5.00 | 1.00 |
| | 历史毛利率 | 0.15 | 4.00 | 0.60 |
| | 竞争程度 | 0.15 | 2.00 | 0.30 |
| | 技术要求 | 0.15 | 4.00 | 0.60 |
| | 通货膨胀 | 0.05 | 3.00 | 0.15 |
| | 能源要求 | 0.05 | 2.00 | 0.1 |
| | 环境影响 | 0.05 | 3.00 | 0.15 |
| | 总分 | 1.00 | | 3.70 |
| 竞争能力 | 市场份额 | 0.10 | 4.00 | 0.40 |
| | 市场份额增长 | 0.15 | 2.00 | 0.30 |
| | 产品质量 | 0.10 | 4.00 | 0.40 |
| | 品牌知名度 | 0.10 | 5.00 | 0.50 |
| | 分销网 | 0.05 | 4.00 | 0.30 |
| | 促销效率 | 0.05 | 3.00 | 0.15 |
| | 生产能力 | 0.05 | 3.00 | 0.15 |
| | 生产效率 | 0.05 | 2.00 | 0.10 |
| | 单位成本 | 0.15 | 3.00 | 0.45 |
| | 物资供应 | 0.05 | 5.00 | 0.25 |
| | 研发能力 | 0.10 | 3.00 | 0.30 |
| | 管理人员 | 0.05 | 4.00 | 0.20 |
| | 总分 | 1.00 | | 3.40 |

2. 依据GE矩阵得出的战略组合

从图6.3可以看出，左上角三格所代表的三项业务(A、B、D)一般都是处于产业吸引力较大、竞争能力较强的战略地位，不仅行业有发展前景，而且自身还有经营实力，一般采取优先投资战略，以促进其进一步发展，为企业创造更多的收益。

右下角三格所代表的三项业务(F、H、I)处于产业吸引力低且竞争能力不强、甚至很差的处境，一般应采取不投资战略；对一些还有利润的业务，应采取逐步回收资金的抽资转向战略；而对不盈利又占资金的业务，应采用放弃或清算战略。

从左下角到右上角这条对角线上三格所代表的三项业务(G、E、C)总的形势处于中间，有的产业吸引力不大，处于成熟或饱和阶段、甚至衰退阶段，但实力在同行中却很强；有的在同行中实力不强或很弱，但所处的行业却有前景或吸引力；有的所处行业吸引力及在行业中实力皆处于中间状态。对这三类业务应有分析、有选择地进行投资，作为次优投资对象；对那些经分析确能为企业带来收益的业务应投资扶持；其余的应抽资转向或退出。

上述是将 GE 矩阵中的业务单元分为三类阐述其战略，图 6.4 则针对九种业务单元分别提出了战略方案。

| 市场吸引力 \ 竞争能力 | 弱 | 中 | 强 |
|---|---|---|---|
| 高 | A 着眼长远的扶持战略 | B 迅速提高市场占有率的发展战略 | C 力保优势的集中资源战略 |
| 中 | D 选择性进行投资的收缩战略 | E 平衡收益与风险的稳定战略 | F 抓住机会扩大收益战略 |
| 低 | G 坚持撤退收缩战略 | H 停止投资坐吃山空战略 | I 逐渐减少投资的收回资源战略 |

**图 6.4 依据 GE 矩阵得出的战略组合**

### 6.2.4 GS 矩阵

1. GS 矩阵概述

GS 矩阵即大战略矩阵(Grand Strategy Matrix)，是由小汤普森(Arthur A. Thompson，Jr.)和斯特里克兰(A. J. Strickland)根据 BCG 矩阵修改的一种战略聚类模型。

如图 6.5 所示，GS 矩阵使用市场增长率和竞争状况作为决定企业选择战略的两个参数。市场增长状况分为迅速和缓慢两级，竞争地位也分为强弱两级。于是就可以得到市场增长状况与竞争地位的四个象限。

2. 依据 GS 矩阵得到的战略组合

根据这一模型，象限Ⅰ中的企业必须认真评估其现有战略，找出绩效不佳的原因，判断有无可能使竞争地位转弱为强，四种可能的选择是专业化战略、横向一体化战略、剥离战略和清算战略。一般说来，在迅速增长的市场中，专业化战略通常是企业的首选战略，即可以选择市场开发、产品开发和市场渗透中的任何一种。如企业通过上述措施仍无力获得成本效益，则可考虑采取横向一体化战略。如再无力增强竞争地位，可考虑退出该市场或产品领域的竞争，若企业生产的产品品种较多，则可剥离出耗费大、效益低的业务。最后，当某些业务很难盈利时，可以采取清算战略，以避免拖延造成更大的损害。

象限Ⅱ中的企业处于最佳战略地位，宜继续集中力量经营现有的市场(市场渗透和市

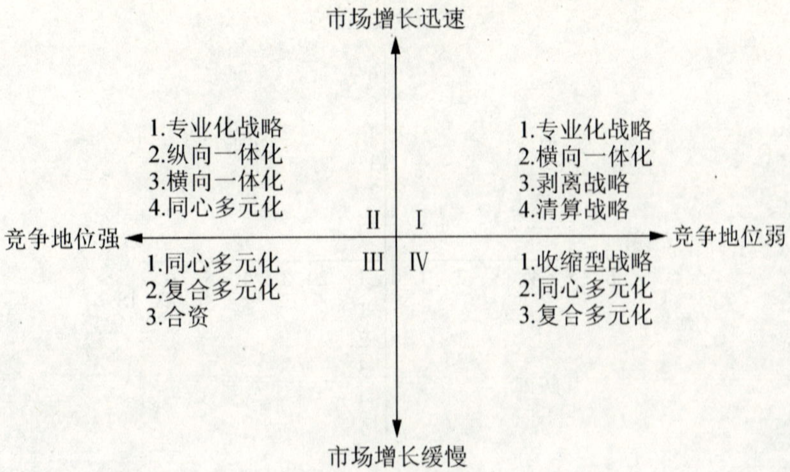


**图 6.5　大战略矩阵**

场开发)和产品(产品开发)，不宜轻易转移其既有的竞争优势。但如果企业资源除扩大现有业务外还有剩余，则可考虑采用纵向一体化或横向一体化战略。当企业过分偏重于某单一产品时，同心多元化战略可以降低过于狭窄的产品线所带来的风险。

若企业处于第Ⅲ象限，即企业的相对竞争地位较强，但市场增长比较缓慢。这类企业有能力在有发展前景的领域进行多元化经营。此外，跨国经营的企业最好采取合营战略，通过与东道国企业的合作，可以开拓有前途的新领域。

若企业处于第Ⅳ象限，即企业的相对竞争地位较弱，同时又面对一个增长较慢的市场。这类企业必须迅速进行某些重大的变革，以避免情况的进一步恶化及可能的结业清算。具体可供选择的战略首选收缩型战略(扭转、剥离、清算)，在此基础上，可将回收的资源转向其他业务领域，即采取多元化战略(同心多元化或复合多元化)。

### 6.2.5　SPACE 矩阵

#### 1. SPACE 矩阵概述

SPACE 矩阵全称战略地位与行动评价矩阵(strategic position and action evaluation matrix，SPACE)，是一种较为复杂的战略选择工具。该矩阵采用两个内部维度和两个外部维度进行战略选择分析。两个内部维度分别为：财务优势 FS 和竞争优势 CA；两个外部维度分别为：环境稳定性 ES 和产业优势 IS。

在构建坐标系时，财务优势 FS 与环境稳定性 ES 构成纵坐标，而竞争优势 CA 与产业优势 IS 构成横坐标。由此将企业的战略地位划分为进取、保守、防御和竞争四个象限(图 6.6)。

建立 SPACE 矩阵的具体步骤如下：

(1) 选择构成财务优势 FS、竞争优势 CA、环境稳定性 ES 和产业优势 IS 的一组变量。

一般说来，构成财务优势的指标有：投资收益、杠杆比率、偿债能力、流动资金、现

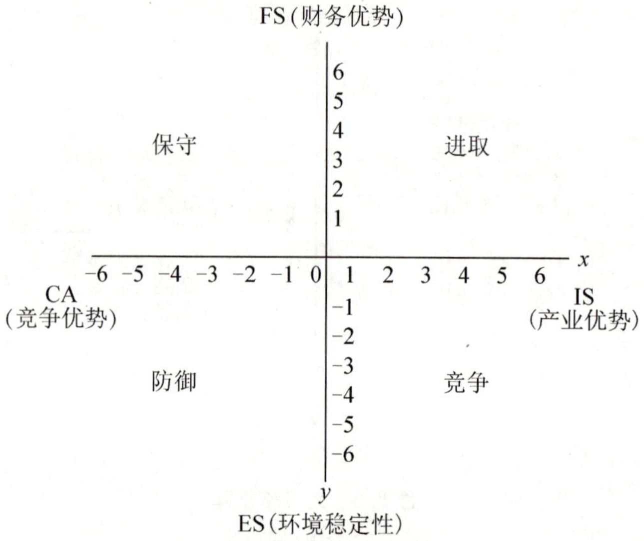


图 6.6 SPACE 矩阵示意图

金流。构成竞争优势的指标有：市场份额、产品质量、产品生命周期、用户忠诚度、竞争能力利用率、专有技术知识、对供应商和经销商的控制。构成环境稳定性的指标有：技术变化、通货膨胀率、需求变化性、竞争产品的价格范围、市场进入壁垒、竞争压力、退出市场的方便性、价格需求弹性、业务风险。构成产业优势的指标有：增长潜力、盈利潜力、财务稳定性、专有技术知识、资源利用、进入市场的便利性、生产效率和生产能力利用率。

(2) 对构成 FS 和 IS 轴的各变量给予从+1(最差)到+6(最好)的评分值。而对构成 ES 和 CA 轴的各变量给予从−1(最好)到−6(最差)的评分值。

(3) 将各数轴所有评分变量相加，再分别除以各数轴变量总数，从而得出 FS、CA、IS 和 ES 各自的平均分数。

(4) 将 FS、CA、IS 和 ES 各自的平均值标在各自数轴上。

(5) 将 $x$ 轴上的两个分数相加，将结果标在 $x$ 轴上；将 $y$ 轴上的两个分数相加，将结果标在 $y$ 轴上。标出 $x$ 和 $y$ 数值的交点。

(6) 自 SPACE 矩阵原点至 $x$ 、$y$ 数值的交叉点画一条向量。这一向量即表明了企业可以采取的战略类型：进取、竞争、防御或保守。

2. 依据 SPACE 矩阵得到的战略组合

1) 进取象限

该象限表示企业处于比较好的战略地位，应采取积极行动，尽可能地发挥优势，抓住外部机会进行发展。

可选的战略有：多元化战略、一体化战略、新产品开发和市场渗透战略等。

2) 保守象限

该象限表示企业应该在保持现有竞争优势的基础上谨慎地发展，避免过于冒险的行动。

可选的战略有：市场开发、市场渗透、集中化战略等。

3）防御象限

该象限表示企业处于比较危险的位置，应小心防御外部的威胁，并尽快克服内部的劣势。

可选的战略有：收获、调整、放弃和清算一部分业务等。

4）竞争象限

该象限表示企业处于激烈竞争的环境中，应积极发挥优势，争取尽快占有市场先机。

可选的战略有：一体化战略、市场渗透战略、产品开发战略等。

### 6.2.6　IE 矩阵

1. IE 矩阵概述

IE 矩阵，即内部—外部要素匹配(internal-external matrix，IE)矩阵。这一矩阵综合了内部要素评价(internal factor evaluation，IFE)矩阵和外部要素评价(external factor evaluation，EFE)矩阵，通过对企业内部要素和外部要素进行定量分析，进而得出企业的战略选择。

一般说来，内外要素匹配(IE)矩阵将整个企业的业务组合划分为九类(表 6-10)，其中：横轴为从内部要素评价(IFE)矩阵得到的综合加权评价值，当该综合加权评价值为 1.0 到 1.99 时表示内部地位较弱，为 2.0 到 2.99 时表示内部地位中等，为 3.0 到 4.0 时表示内部地位较强；纵轴为从外部要素评价(EFE)矩阵得到的综合加权评价值，当该综合加权评价值为 1.0 到 1.99 时表示外部地位较弱，为 2.0 到 2.99 时表示外部地位中等，为 3.0 到 4.0 时表示外部地位较强。

表 6-10　IE 矩阵基本框架

| 某企业样本 | | IFE 加权评分 | | |
|---|---|---|---|---|
| | | 强(4.0—3.0) | 中(3.0—2.0) | 弱(2.0—1.0) |
| EFE 加权评分 | (4.0～3.0)强 | 组合Ⅰ | 组合Ⅱ | 组合Ⅲ |
| | (3.0～2.0)中 | 组合Ⅳ | 组合Ⅴ | 组合Ⅵ |
| | (2.0～1.0)弱 | 组合Ⅶ | 组合Ⅷ | 组合Ⅸ |

在具体介绍 IE 矩阵所得出的战略组合之前，我们先对内部要素评价矩阵和外部要素评价矩阵作一介绍。

2. IFE 矩阵

内部要素评价矩阵(IFE)可以帮助企业归纳和评价内部各领域的优势与弱点，并为确定和评价这些领域间的关系提供基础。建立 IEF 矩阵的步骤如下：

(1) 列出在企业内部环境分析中确认的内部关键因素，包括企业的主要优势和弱点。因素总数在 10～20 个，要尽量写具体。

(2) 赋予每个因素一定的权重，以表达该因素对于企业经营成败的相对重要性。权重的数值由 0.0(不重要)到 1.0(非常重要)，并使各因素权重值之和为 1。无论关键因素是内部优势还是弱点，只要是对企业绩效有较大影响的因素，就应当得到较高的权重。

(3) 对各关键因素进行评分，范围是 1～4 分。“1”表示“重要弱点”，“2”表示“次要弱点”，“3”表示“次要优势”，“4”表示“重要优势”。需要指出，优势的评分必须是 3 或 4，弱点的评分必须是 1 或 2；评分是以企业为基准，而权重是以产业为基准。

(4) 用每个因素的权重乘以它的评分，即可得到每个因素的加权分数。

(5) 将所有因素的加权分数相加，即可得到企业总的加权分数。

显然，根据上述评价过程可知，对于任一企业来说，其可能的加权分数最高为 4.0，最低为 1.0，平均综合加权评价值为 2.5。无论因素有多少，总的加权分数在 1.0～4.0。总加权分数大大低于 2.5 的企业的内部状况处于弱势，而分数大大高于 2.5 的企业的内部状况则处于强势。参见表 6－11 的企业示例。

表 6－11　某煤炭企业的 IFE 矩阵

| | 关键内部因素 | 权重 | 评分 | 加权评分 |
|---|---|---|---|---|
| 优势 | 1. 产品和品牌优势 | 0.05 | 4 | 0.20 |
| | 2. 企业实力雄厚，有丰富的采掘或洗选经验 | 0.05 | 3 | 0.15 |
| | 3. 企业管理优势 | 0.05 | 4 | 0.20 |
| | 4. 具有规模优势 | 0.10 | 3 | 0.30 |
| | 5. 买主的良好印象 | 0.10 | 4 | 0.40 |
| | 6. 有足够的厂房和土地资源 | 0.10 | 4 | 0.40 |
| | 7. 高岭土资源丰富 | 0.05 | 3 | 0.15 |
| | 8. 煤挥发分含量在 30%～34%，很容易点燃，宜于制煤气，是加工转化成煤化工产品的好原料，且硬度高，运输方便 | 0.05 | 3 | 0.15 |
| 弱点 | 1. 运输战线长，离用煤客户距离远 | 0.05 | 1 | 0.05 |
| | 2. 煤炭品种比较单一，销售价格比较低，利润空间较小。侏罗纪煤炭储量逐步减少 | 0.10 | 2 | 0.20 |
| | 3. 企业退休职工多，职工队伍庞大，企业负担比较重 | 0.05 | 1 | 0.05 |
| | 4. 非煤产业发展缓慢，没有形成规模优势 | 0.05 | 2 | 0.10 |
| | 5. 老矿井煤炭资源逐渐枯竭，资源分布与开采强度的矛盾日益突出 | 0.05 | 2 | 0.10 |
| | 6. 设备陈旧，采掘深度不断加大，相应的管理难度和成本加大 | 0.05 | 2 | 0.10 |
| | 7. 矿区生态恶化，水资源严重短缺 | 0.05 | 1 | 0.05 |
| | 8. 企业办社会现象尤为突出 | 0.05 | 1 | 0.05 |
| 合计 | | 1 | | 2.65 |

上述 IFE 矩阵的总评分为 2.65，高于平均水平 2.5，说明该煤炭企业内部综合能力

较强。

3. EFE 矩阵

外部要素评价矩阵(EFE)可以帮助企业归纳和评价经济、社会文化、政府、政治法律、技术及竞争等方面的信息，使企业了解自身面临的机会和威胁，明确企业的吸引力。建立 EFE 矩阵的步骤如下：

(1) 列出在企业外部环境分析中确认的外部关键因素，包括企业所面临的主要机会和威胁。因素总数在 10～20 个，要尽量写具体。

(2) 赋予每个因素一定的权重，以表达该因素对于企业经营成败的相对重要性。权重的数值由 0.0(不重要)到 1.0(非常重要)，并使各因素权重值之和为 1。确定权重的方法包括对成功的竞争者和不成功的竞争者进行比较，以及通过集体讨论达到共识。

(3) 按照各关键因素对企业的影响进行评分，范围是 1～4 分，“1”表示“一般威胁”，“2”表示“重大威胁”，“3”表示“一般机会”，“4”表示“重大机会”。

(4) 将每个因素的权重与相应的评分相乘，得到各要素的加权评分。

(5) 将所有的加权评分相加，可以得到企业外部机会与风险的综合加权评分值。

显然，根据上述评价过程可知，对于任一企业来说，其可能的加权分数最高为 4.0，最低为 1.0，平均综合加权评价值为 2.5。无论因素有多少，总的加权分数在 1.0～4.0。如果综合加权评价值为 4.0，反映出企业处于良好的外部环境状态，或者说处在一个有吸引力的行业中。综合加权评价值为 1.0，说明企业处于不好的外部环境状态，或者说正处在一个没有吸引力的行业中。综合加权评价值为 2.5，表明企业处于平均水平。参见表 6 - 12 的企业示例。

表 6 - 12　某煤炭企业的 EFE 矩阵

| | 关键外部因素 | 权重 | 评分 | 加权评分 |
|---|---|---|---|---|
| 机会 | 1. 纵向一体化：坑口电厂的建设、煤化工、甲醇、活性炭等 | 0.05 | 3 | 0.15 |
| | 2. 环渤海湾的开发建设 | 0.05 | 4 | 0.20 |
| | 3. 国家改革电力管理体制，为煤电联营和煤炭企业进入电力领域创造了条件 | 0.10 | 4 | 0.40 |
| | 4. 国家继续加大结构调整力度，淘汰落后产能。实施高耗能、高污染行业的差别电价和水价政策。大力发展区域热电联产工程。鼓励节约和替代石油工程。鼓励发展坑口电站和低热值燃料电厂 | 0.10 | 4 | 0.40 |
| | 5. 加强煤炭资源综合利用，推进清洁生产，发展循环经济，保护矿区环境的煤炭产业政策 | 0.05 | 3 | 0.15 |
| | 6. 推进市场化改革，完善煤炭市场价格形成机制 | 0.05 | 3 | 0.15 |
| | 7. 煤炭仍是我国主要的一次能源 | 0.05 | 3 | 0.15 |

续表

| | 关键外部因素 | 权重 | 评分 | 加权评分 |
|---|---|---|---|---|
| 威胁 | 1. 市场增长较慢：基础建设放缓、电力集团的技术改造、高能耗的小水泥、小火电厂的关停等 | 0.10 | 1 | 0.10 |
| | 2. 竞争压力增大：神华、中煤、伊泰等煤炭集团产量大增，内蒙古成为产煤第一大省，新疆煤炭的快速兴起等 | 0.10 | 2 | 0.20 |
| | 3. 低碳经济的兴起，减少了对煤炭的需求 | 0.05 | 2 | 0.10 |
| | 4. 不利的政府政策：环保要求越来越高等 | 0.05 | 1 | 0.05 |
| | 5. 新竞争者进入行业：电力集团、化工集团开发煤矿 | 0.05 | 2 | 0.10 |
| | 6. 替代品销售额上升：水能、核能、太阳能等的利用逐步增加 | 0.05 | 2 | 0.10 |
| | 7. 用户议价能力增强：电力、化工集团的实力大增，自办煤矿 | 0.05 | 2 | 0.10 |
| | 8. 交通运输的紧张，运力增长缓慢 | 0.05 | 2 | 0.10 |
| | 9. 国外低价煤炭的压力 | 0.05 | 1 | 0.05 |
| 合计 | | 1 | | 2.50 |

上述 EFE 矩阵的总评分为 2.50，正好等于平均水平，说明该煤炭企业处于不好不坏的外部环境中，或者说正处在吸引力为一般水平的行业中。

4. 依据 IE 矩阵得到的战略组合

由表 6-10 可以看出，IE 矩阵中的九类业务组合可以分成三个具有不同战略含义的区域，每个区域包括三类业务组合，其中，第一个区域包括业务组合Ⅰ、Ⅱ、Ⅳ；第二个区域包括业务组合Ⅲ、Ⅴ、Ⅶ；第三区域包括业务组合Ⅵ、Ⅷ、Ⅸ。

对落在 IE 矩阵不同区间的不同业务或产品，企业应采取不同的战略：

(1) 落入Ⅰ、Ⅱ、Ⅳ象限的业务应被视为增长型或成长型(grow)业务。所以应采取专业化战略(市场渗透、市场开发和产品开发)、一体化战略(前向一体化、后向一体化和横向一体化)或多元化战略(同心多元化、复合多元化)。

(2) 落入Ⅲ、Ⅴ、Ⅶ象限的业务适合采用稳定型战略(暂停、无变、维持利润)。

(3) 落入Ⅵ、Ⅷ、Ⅸ象限的业务应采取收缩型战略(扭转、剥离、清算)。

### 6.2.7 QSPM 矩阵

1. QSPM 矩阵概述

QSPM 矩阵，即定量战略计划矩阵(quantitative strategic planning matrix，QSPM)，是一种使战略制定者基于事先确认的外部及内部关键要素来客观评价备选战略的工具。QSPM 矩阵具有非常广泛的适用性，可以用于各类大大小小的盈利性及非盈利性组织的战略决策。尽管该方法在一些小企业中也用得非常成功，但从方法优点的发挥来说，可能对大型公司的战略决策更为有用，因为大型公司的战略决策往往需要同时考虑众多要素影响，此时使用一般的方法不太有效，而 QSPM 矩阵正好能够同时进行多要素决策的分析。

表 6-13 反映了某煤炭企业在进行营销战略决策时使用 QSPM 矩阵选择较好方案的具体做法。

表 6-13　某煤炭企业的 QSPM 矩阵

| 关键要素 | | 权重 | 备选营销战略 | | | | | |
|---|---|---|---|---|---|---|---|---|
| | | | 提高市场占有率 | | 维持区域优势 | | 实施大客户策略 | |
| | | | AS | TAS | AS | TAS | AS | TAS |
| 外部机会 | 1. 资源整合，深化资源有偿使用 | 0.05 | 4 | 0.20 | 3 | 0.15 | 2 | 0.10 |
| | 2. 市场化改革，价格体制建设 | 0.15 | 3 | 0.45 | 4 | 0.60 | 3 | 0.45 |
| | 3. 环渤海湾开发，京津塘需求增加 | 0.05 | 3 | 0.15 | 4 | 0.20 | 2 | 0.10 |
| | 4. 资源综合利用，推进清洁生产 | 0.05 | 3 | 0.15 | 2 | 0.10 | 2 | 0.10 |
| | 5. 发展区域热电联产工程。鼓励发展坑口电站和低热值燃料电厂 | 0.15 | 2 | 0.30 | 3 | 0.45 | 4 | 0.60 |
| 外部威胁 | 1. 市场增长较慢 | 0.15 | 4 | 0.60 | 3 | 0.45 | 2 | 0.30 |
| | 2. 对手日益强大，竞争压力增大 | 0.15 | 3 | 0.45 | 3 | 0.45 | 4 | 0.60 |
| | 3. 环保要求高，低碳经济兴起 | 0.05 | 2 | 0.10 | 3 | 0.15 | 4 | 0.20 |
| | 4. 用户议价能力增强 | 0.05 | 3 | 0.15 | 3 | 0.15 | 4 | 0.20 |
| | 5. 交通运输的紧张，运力增长缓慢 | 0.05 | 4 | 0.20 | 3 | 0.15 | 3 | 0.15 |
| | 6. 替代品销售额上升 | 0.05 | 3 | 0.15 | 3 | 0.15 | 2 | 0.10 |
| | 7. 国外低价煤炭的压力 | 0.05 | 3 | 0.15 | 3 | 0.15 | 4 | 0.20 |
| 总计 | | 1.00 | | | | | | |
| 内部优势 | 1. 煤炭质量优势 | 0.05 | 4 | 0.20 | 4 | 0.20 | 4 | 0.20 |
| | 2. 交通运输优势 | 0.05 | 4 | 0.20 | 3 | 0.15 | 3 | 0.15 |
| | 3. 生产成本优势 | 0.05 | 4 | 0.20 | 4 | 0.20 | 4 | 0.20 |
| | 4. 循环经济优势 | 0.15 | 2 | 0.30 | 1 | 0.15 | 1 | 0.15 |
| | 5. 具有规模优势 | 0.15 | 4 | 0.60 | 3 | 0.45 | 3 | 0.45 |
| | 6. 企业管理优势 | 0.05 | 3 | 0.15 | 2 | 0.10 | 1 | 0.05 |

续表

| 关键要素 | | 权重 | 备选营销战略 | | | | | |
|---|---|---|---|---|---|---|---|---|
| | | | 提高市场占有率 | | 维持区域优势 | | 实施大客户策略 | |
| | | | AS | TAS | AS | TAS | AS | TAS |
| 内部劣势 | 1. 运输战线长，离用煤客户距离远 | 0.05 | 3 | 0.15 | 3 | 0.15 | 4 | 0.20 |
| | 2. 煤炭品种单一，销售价格比较低 | 0.15 | 4 | 0.60 | 3 | 0.45 | 2 | 0.30 |
| | 3. 侏罗纪煤炭储量逐步减少 | 0.05 | 3 | 0.15 | 3 | 0.15 | 4 | 0.20 |
| | 4. 设备陈旧，采掘深度不断加大，相应的管理难度和成本加大 | 0.15 | 2 | 0.30 | 3 | 0.45 | 2 | 0.30 |
| | 5. 矿区生态恶化，水资源严重短缺 | 0.05 | 1 | 0.05 | 2 | 0.10 | 2 | 0.10 |
| | 6. 退休职工多，员工多，负担重 | 0.05 | 2 | 0.10 | 2 | 0.10 | 2 | 0.10 |
| 总计 | | 1.00 | | 6.05 | | 5.80 | | 5.50 |

2. 建立 QSPM 矩阵的步骤

(1) 在 QSPM 矩阵的左栏列出公司的关键外部机会与威胁，关键内部优势与弱点。这些信息可以直接从 EFE 和 IFE 矩阵中得到。QSPM 矩阵中应至少包括 10 个外部关键要素和 10 个内部关键要素。

(2) 给每个外部和内部关键要素赋予权重，这些权重应与 EFE 矩阵和 IFE 矩阵中的相同。权重标在紧靠外部和内部因素的纵栏中。需要指出，外部和内部关键要素权重值的和应该分别为 1。

(3) 将企业的备选战略标在 QSPM 矩阵的顶部横行中。

(4) 确定吸引力分数(attractiveness scores，AS)，即用数值表示每个备选战略的相对吸引力。AS 的确定方法为：依次考察各外部或内部关键要素，对其提出这样的问题：“这一因素是否影响战略的选择?”如果回答为“是”，那么应就这一要素对各备选战略的吸引力进行评分。吸引力评分的范围和涵义为：1=没有吸引力；2=有一些吸引力；3=有相当吸引力；4=很有吸引力。如果对上述问题的回答是否定的，则说明该关键要素对特定的战略选择没有影响，那么就不给备选战略以吸引力分数。

(5) 计算吸引力总分(total attractiveness scores，TAS)。TAS 等于各横行的权重(步骤 2)乘以吸引力分数(步骤 4)。TAS 表示对相邻外部或内部关键要素而言，各备选战略的相对吸引力。TAS 越高，战略的吸引力就越大(只考虑相邻的关键因素)。

(6) 计算吸引力总分和(sum total attractiveness scores，STAS)。STAS 表明了在各备选战略中，哪个战略最具吸引力：分数越高的战略越具吸引力。它是通过将 QSPM 矩阵中各备选战略纵栏中的 TAS 相加而得出。从表 6－13 可以看出，提高市场占有率是该煤炭企业应选择的战略。

## 6.3 战略选择的注意事项

### 6.3.1 战略选择的影响因素

1. 现行战略的继承性

对现行战略的评价是战略选择的基础，现行战略在资源、组织和人力等方面已经产生既定的投放，而且战略选择的决策者绝大部分是现行战略的设计者。因此，现行战略必然对新战略产生重要的影响，战略选择在一定程度上表现为一种战略演变的过程。在稳定和成熟的市场中，战略制定通常是一个渐进的过程，企业不断进行分步骤、小规模的变化，并进行试探性的承诺和行动，而不是一步到位的，除非有强迫力量(例如立法或者母公司的决定)的介入。对于处于快速变化中的新兴产业，现行战略的继承性可能会相对较弱。

这种渐进性和继承性的优点便于战略的实施。但是，如果企业现行战略与国家政策或倡导的理念相悖，应当要高度重视，做出相应的调整来适应政策的变化。

如我国“十二五”能源规划明确提出了“优化能源结构，调整能源产业布局，推进能源科技创新，完善能源宏观调控体系，深化能源体制改革，进一步建立能源可持续发展的政策标准体系。”低碳经济的兴起，绿色环保的要求，对煤炭企业都将产生巨大的影响。对于煤炭行业这种受国家政策影响较大的行业来说，变革势在必行。

2. 企业对外部环境的依赖程度

企业战略制定和选择必然受到外部环境和各利益相关者的影响。企业对外部环境和利益相关者的依赖程度越高，其战略选择的余地就越小。例如，有的煤炭企业向银行贷款数额过大，即贷款占其流动资金很大部分，那么该企业在选择战略时，一般就会受到该银行的限制或支持。

此外，企业的决策者和各级管理人员对待外部环境的态度是影响战略制定和选择的重要因素。正如战略管理中的一个经典的案例所述，一个鞋品公司的业务员到一岛上发现没人穿鞋，便认为没有市场，而另一个业务员则认为是人人没有鞋穿，这是个巨大的市场机遇。这取决于企业在多大程度上愿意并有能力改变环境。

3. 管理者对待风险的态度

战略是基于未来的，未来的不确定性决定了战略的风险性。因此，企业决策者和各级管理人员对待风险的态度必然会影响战略的制定和选择。

风险偏好型的决策者可能会选择进攻性战略，愿意承担较高的风险以期获得更高的回报，而风险厌恶型的决策者则更多地会选择稳定的发展战略。相对来说，风险偏好型的决策者有较大的战略选择余地，风险厌恶型的决策者战略选择余地相对较小。

4. 企业文化与内部权力关系

任何企业都存在一定的企业文化。企业文化与战略选择是一个动态平衡相互作用的过程。企业在选择战略时，不可避免地要考虑企业文化的特点及其对企业的要求。企业未来战略的选择只有充分考虑到目前的企业文化和未来预期的企业文化相互包容、相互促进的情况，才能被成功地实施，

另外，企业中总存在着一些正式和非正式组织。由于种种原因，某些组织成员会共同支持某些战略而反对另一些战略，这些成员的看法有时甚至能左右战略的选择。因此在现实企业中，战略选择决策不可避免地或多或少要打上各种势力影响的烙印。

5. 时间因素

时间因素从多方面影响战略的选择。首先，有些战略必须在某个时限前做出。例如，对项目进行联合的建议，要求在一定时限内决策是否接受。在时间紧迫，来不及做出全面、科学的分析时，决策者往往着重考虑否定这种方案的后果，而较少考虑这种方案的收益。其次，为战略选择合适的时机。一个很好的战略，如果不合事宜，很可能会变成一场灾难。最后，不同战略产生效果所需的时间是不同的。如果决策者关心短期的经营问题，就不会关注 5 年后才会产生效果的企业战略。

6. 竞争者的反应

战略的选择和制定需要考虑竞争者对不同战略的不同反应。如果选择一种攻击型的战略则很可能引起竞争者的强烈反应，决策者必须考虑到这种反应，提前估计竞争对手的反应程度，以及这种反应对企业战略的影响。

### 6.3.2 战略选择的标准

1. 适应性测试

一个好的战略应该能够适应企业的内外环境条件。在评估战略适应性时一般主要考虑以下几点：

(1) 该战略对在战略分析中发现的问题(如企业在资源、能力和技术方面的劣势以及外部环境威胁)解决到什么程度。例如，该战略是提高还是降低了组织的竞争地位，增加还是削弱了企业与供应商和顾客的讨价还价能力，是否有利于对付来自新进入者和替代品的威胁。

(2) 该战略是否完全利用了组织的优势和外部环境提供的机会。例如：一个技术水平很高的公司是否利用了其科研开发能力。

(3) 该战略与组织的使命和目标是否一致。例如，该战略的实施虽然改善了企业的财务绩效，但却破坏了企业长期形象，那么该战略不是什么好战略。

2. 竞争优势测试

一个好战略应该能够为企业带来竞争优势，提升企业的竞争地位。战略为企业建立的优势越大，战略就越好。在竞争优势测试中，主要评估战略对提升企业适应市场需求的核

心能力的贡献，是加强了企业某一关键性资源和能力的独特性，还是弱化了某一关键性资源和能力的独特性。

3. 业绩测试

一个好战略应该能带来企业业绩的提高。在业绩评估中，主要是对盈利能力、市场占有率或份额、成本效率进行计算、比较和分析。

4. 可行性测试

一个好的战略不仅前景吸引人，而且应该有实施的条件和可行性。在评估可行性时，主要看实施战略所需的资源(财力、物力、人力)和能力(管理能力、营销能力、科研能力、生产能力等)是否具备或准备好。

5. 可接受性测试

一个好的战略应该使各方面利益相关者均可接受，那种一部分人支持而另一部分人反对的战略不是好战略。在评估可接受性时，要注意以下几点：

(1) 内外利益相关者都能接受，即企业与社会各方都满意。

(2) 上下利益相关者都能接受，即企业的上层与中下层管理人员和职工都支持。

(3) 左右都能接受，即企业内部各部门、各单位都同意，有关方面股东、债权人和经营者、职工都理解。

如果某一战略方案不能通过上述一项或几项测试，那么对它就可以不予考虑；如果某一战略方案在五项测试中结果最好，那么它就是最有吸引力或最优战略选择；如果企业已经对某一战略做出了选择，但是已经过了很长时间预期结果仍未出现，同样可以用这五项测试来检查既定战略的好坏。

### 6.3.3 战略选择的陷阱

1. 盲目跟随

片面仿效行业中领先企业的做法，而忽视了行业中同类产品市场可能已趋于饱和、很难再打入的现实情况。或者在社会上风行企业兼并、收购、联合时，不顾企业自身实力与对方企业的具体情况，甚至不惜购进衰退行业中的弱小企业，这必将会使企业未来发展背上沉重的包袱。

2. 墨守成规

由于开发成功了一个新产品，并取得了巨大的成功，就期待再次交好运，倾向于按照同样的思路再开发出另一个成功的新产品，结果往往是第二次开发出来的新产品不能给企业带来较高的利润。

3. 军备竞赛

为了增加企业的市场份额，置可能引发的价格战于不顾，针锋相对地与另一家企业展开白热化的市场争夺战，这样做的结果或许能够为企业带来销售收入的增长，但却可能由于广告、促销、研究开发、制造成本等方面费用的更大增长使企业的盈利水平反而下降，结果两败俱伤、得不偿失。

4. 多方出击

在企业面临许多有发展前途的机会时，往往会自觉或不自觉地希望抓住所有的机会，以实现广种多收的目的，而结果常常会受到企业内部时间、精力、资金等方面的制约。实际上很难同时兼顾所有项目的发展需要，必然是蜻蜓点水，不能面面俱到，在许多市场上建立了弱小地位，但却没有一个市场的地位是强大稳固的。

5. 孤注一掷

当企业在某一战略上投入大量的资金后，企业高层管理者往往难以接受战略不成功的现实，总希望出现奇迹，所以，在战略决策上就倾向于认为既然已经投入了这么多的资金，就决不能半途而废，应该再投入一些力量以争取成功，结果在最后失败时浪费了更多的资源。

6. 本末倒置

在市场开拓与产品促销上投入大量的资金，而不在解决产品质量及性能上下工夫。将研究开发精力放在企业力量单薄的产品上，而不是放在企业有实力的产品上，将降低产品成本摆在中心工作地位上，而忽视了怎样抓住机会，以便在选定的市场中建立较强的竞争地位。

7. 克服缺点

许多面临困境的企业往往倾向于将更多的精力用于改正缺点，而不是想方设法利用自己的优点来获益。事实上，每个企业任何时候都会有缺点存在，同样也有优点存在；而对一个企业来说，由于受资源条件所限，通常很难做到既能从优点中获益，又能对缺点有所改正。考虑到改正缺点至多是起到减少失误的作用，而利用优点则有可能从中受益，所以对于企业来说，比较积极的态度应该是努力抓住机会，以免企业在不断解决沉积问题中丧失各种发展机会。

## 6.4 战略方案设计

战略方案设计作为战略选择的一个重要组成部分，在整个战略管理中具有举足轻重的地位。例如，一个总体发展战略方案通常由以下要素构成：战略背景、战略思想、战略目标、战略阶段、战略重点、战略策略以及结论，而总体战略方案设计就是对上述要素的具体谋划和明确规定。

### 6.4.1 战略背景

战略背景是战略方案设计的基本要素之一。它主要考察、分析企业所处的环境条件，所以也称为外部战略环境分析和内部战略条件分析。外部战略环境分析通常按三个层次展开分析，即宏观环境分析、产业环境分析和竞争对手分析；内部战略条件分析主要涉及资源、文化、组织等各个部分及其职能领域要素的分析。

战略背景分析之所以重要，是因为通过战略技术分析的运用，不仅可以知己知彼，还可以了解过去，立足现在，展望未来，从而使战略方案的设计更科学、更全面、更前瞻。

### 6.4.2 战略思想

战略思想是总体战略方案设计的指导思想或哲学基础。它通常是以价值观为核心的若干思想观念的组合，比如市场观念、竞争观念、服务观念、创新观念、信息观念、信用观念、开放观念、效益观念。

战略思想是战略思维的结果。其认识过程是：以正确的战略理论为指导，科学地分析战略背景并对它做出理性的判断和认识，然后从各种认识中通过逻辑推理形成战略思想。有了正确的战略思想之后，在战略方案设计中就可以比较完整地阐述企业使命或宗旨。

企业在设计战略方案时，必须明确战略思想，并用最简练的语言描述企业使命及其事业领域的设想，进行战略定位。

### 6.4.3 战略目标

战略目标是企业使命(思想和宗旨)的具体转化，是企业根据实际情况在一定时期内理性的预期。在战略方案设计中，可以把战略目标设计为总目标和具体目标、长期目标和短期目标。一般来说，总目标与长期目标相一致，具体目标和短期目标相吻合。

### 6.4.4 战略阶段

战略阶段又称战略步骤，它是企业为实现战略目标而作的阶段划分。为完成企业使命所确立的战略目标通常是一种长期目标和短期目标的结合。对战略进行阶段性划分，就是要求企业着眼未来、着手现在，既要有远大的抱负，又要有忠实的步骤；既要明确各阶段在战略过程中的地位、作用，又要明确不同阶段战略的中心任务，并通过各阶段短期战略目标的不断实现来实现企业长期战略总目标。

为使设计的战略方案可行、可信、可操作，在设定战略阶段的过程中，必须给出比较明确的时间表和目标要求，同时要根据企业资源、文化、组织的实际情况，科学地阐述战略阶段之间过渡的条件、方式及具体量化的数字。在描述战略阶段时，必须突出重点、顾及一般，使整个战略蓝图通过各战略阶段能够很清楚地展现在人们面前。

### 6.4.5 战略重点

战略重点是企业实现战略目标需要重点考虑和解决的关键问题。这些问题事关重大，涉及企业优势发挥和机会把握，以及克服劣势和挑战威胁等各个方面。但是在实际战略方案选择中，不可能把所有的问题都罗列出来当作战略重点，多重点等于无重点。因此，必须通过科学地分析，找出那些事关战略目标能否实现或能否顺利实现的关键问题。

在确立战略重点时，还必须通过划分战略阶段来确定不同阶段的战略重点，同时要正确处理和协调各阶段战略重点的转移，以及战略重点和非战略重点之间的关系。一般来说，战略重点一经确立，企业往往会集中优势资源，进行重点突破，这就需要有协作精神和牺牲精神。

战略方案设计必须要有战略重点，否则整体战略就没有突破口，实现战略目标就会变得遥远。

### 6.4.6 战略策略

战略策略通常是指企业为实现战略目标而采取的对策、措施或手段，也可以更宽泛地定义为企业为实现战略目标而制定的方针、政策。在战略方案设计中，往往把方针、政策的制定放在战略的指导思想中与企业哲学和宗旨一起论述，而把对策、措施或手段作为战略策略的主要内容。也有研究者认为，战略策略就是职能战略。因此，有些战略方案，除了有总战略方案外，还有分战略方案。但是，不管怎样理解战略策略，在提出战略策略时，必须努力做到目的明确，适应变化，前瞻后顾，新颖独到，逻辑严密，切实可行；必须能够提出新思路、新举措，能发现和解决新问题。

### 6.4.7 结论

结论是战略方案设计的概括总结。它通常要求把战略方案的设计思路和主要内容凸现出来，说明方案的优势和机会，以便决策者进行不同战略方案的比较选择。例如，现在我国不少企业已做 A、B 两套战略方案，以后可能还会有更多的战略方案可供选择。因此，结论显得格外重要，它可以增加人们对方案本身的认识程度。结论在战略方案设计中虽然不是主要因素，但至少应该是重要因素。

## 本章小结

本章主要介绍了战略选择的相关内容。首先介绍了差距分析，然后提供了七种用于战略选择的矩阵工具，其次指出了战略选择过程中的注意事项，最后说明了战略方案设计中通常要包括的内容。

## 关键术语

资源　能力　核心竞争力　四项测试　价值链　企业使命　企业文化

# 习　题

一、单项选择题

1. 下列不属于外部环境与经营战略差距分析内容的是(　　)。

A. 行业环境与经营战略的差距

B. 行业竞争对手与经营战略的差距

C. 宏观环境与经营战略的差距

D. 主要利益相关者与经营战略的差距

2. 在以下各项中，可以用于内外部分析的是(　　)。

A. PEST 分析

B. SWOT 分析

C. 钻石模型分析

D. 五力模型分析

3. 根据波士顿矩阵理论，当某企业的所有产品均处于高市场增长率时，下列各项关于该企业产品所属类别的判断中，正确的是(　　)。

A. 明星产品和金牛产品

B. 明星产品和问号产品

C. 瘦狗产品和金牛产品

D. 金牛产品和问号产品

4. SWOT 分析矩阵是管理者对企业进行综合分析和战略匹配分析时常用的一种工具和方法，以下选项中对 SWOT 分析矩阵描述正确的是(　　)。

A. 主要关注多元化企业的业务组合问题，它的特殊结构使多个业务的战略置于一个平面上进行分析成为可能

B. 是为了克服 BCG 矩阵缺点而开发出来的，其基本假设和很多局限性都与 BCG 矩阵相同，最大的改善就在于用了更多的指标衡量两个维度

C. 用 9 个方格表示企业各业务部门的竞争地位，用于多部门企业业务组合分析及竞争战略研究

D. 是对企业内外部条件进行综合和概括，进而分析组织的优势和劣势、面临的机会和威胁的一种方法

5. 根据 GE 矩阵分析模型，针对产业吸引力高但企业竞争力低的业务应采取的措施是(　　)。

A. 尽量扩大投资

B. 选择细分市场大力投入

C. 减少投资

D. 专门化，采取并购策略

6. 战略地位与行动评价矩阵(SPACE)是一种较为复杂的战略匹配方法。该矩阵采用两个内部维度和两个外部维度进行战略匹配分析。其中，两个内部维度是指(　　)。

A. 财务优势和环境稳定性

B. 财务优势和竞争优势

C. 环境稳定性和产业优势

D. 竞争优势和产业优势

二、多项选择题

1. 下列各项中，属于差距分析的有(　　)。

A. 外部环境与经营战略的差距

B. 内部环境与经营战略的差距

C. 企业层面之间的差距

D. 行业环境与经营战略的差距

2. 在考察企业与竞争对手之间的差距时，使用的变量包括(　　)。

A. 财务表现

B. 市场地位

C. 主要利益相关者的满意程度

D. 服务质量

3. 以下关于战略方案评价标准的理解，恰当的是(　　)。

A. 应考虑战略方案的适用性，使企业战略与环境相适应，与自身资源相匹配

B. 应考虑战略方案的可接受性，保证大多数或重要利益集团对该战略的认可

C. 应考虑战略方案的可行性，保证企业有能力成功实施该战略

D. 应考虑战略方案的差异性，力争使企业战略不同于其他企业

4. 战略地位与行动评价矩阵(SPACE)是一种较为复杂的战略匹配方法，该矩阵采用内部维度和外部维度进行战略匹配分析。以下属于外部维度的是(　　)。

A. 财务优势　　B. 竞争优势　　C. 环境稳定性　　D. 产业优势

三、简答题

1. 如何进行差距分析?

2. 战略选择的矩阵工具都有哪些? 选择一个你感兴趣的工具，去分析一家你所熟悉的企业。

3. 影响战略选择的因素都有哪些?

4. 讨论在我国一些民营企业中存在战略选择误区的原因。如有可能，请举例说明。

5. 战略方案设计通常由哪些要素构成?

四、思考题

1. 某香烟生产企业，经过分析后，决定采用产品开发策略，针对本国现有的女性吸烟人群推出一款新型的香烟。为使产品打进市场，在对市场进行深入调查分析后，决定以白领女性顾客群体作为其目标市场。产品最初推向市场的时候，为使自己的产品获得稳定的销路，给消费者留下美好的印象，该公司着力培养自己产品的特色，取得了较好的效果。

但不曾料到的是，随后的几年中，由于越来越多的女性消费者认识到吸烟的危害，开始戒烟。同时，很多公司要求员工不能在办公室吸烟，女性吸烟消费者的数量开始急剧下降，造成该公司的产品销售开始下滑。针对这一情况，该公司决定改变战略，将其女士香烟产品推向女性吸烟者数量众多的邻国。经过努力，该公司在邻国市场上取得良好的业绩，销售增长率、相对市场占有率均较高。

要求：

(1) 该企业在本国市场上战略失效属于什么类型?

(2) 根据 BCG 矩阵，该企业产品在邻国市场上属于什么类型的产品?

2. 甲公司是一家生产豆浆机的民营企业，设立于 2008 年。企业愿景是将物美价廉的豆浆机摆进普通居民的厨房，让普通居民足不出户喝上新鲜香浓的豆浆。由于渣浆分离操作不便和内桶豆渣难以清理，豆浆机上市初期在市场上认同度较低，市场总体需求量不大，总体增长率偏低。豆浆机上市初期，甲公司的唯一竞争对手是乙公司。乙公司是一家生产多类型小家电的企业，其所生产的豆浆机性能虽与甲公司的豆浆机相当，但因其拥有知名品牌，其豆浆机市场占有率远高于甲公司。甲公司一直依赖促销手段赚取微薄的利润。市场上其他著名小家电生产企业尚未涉足豆浆机的研发和生产。

2009 年 10 月，经过持续的革新和改造，甲公司生产的新型豆浆机实现了渣浆的轻松分离和内桶豆渣的简捷清理，获得了中老年客户群的广泛认可，而且随着健康饮食观念的推广，豆浆已逐渐成为时尚的健康饮料，因此甲公司新型豆浆机销量快速增长，出现了供不应求的局面。

鉴于豆浆机市场的迅速扩张，其他著名小家电企业开始加强研发，拟推出类似产品，抢夺市场。甲公司也应对变化，进一步完善了相关财务战略目标。表 6－14 是关于甲公司豆浆机产品 2011 年的相关预测信息。

表 6－14　甲公司豆浆机产品 2011 年预测信息

| | 2011 年预计 | | 2011 年预计 |
|---|---|---|---|
| 销售增长率 | 60% | 投资资本回报率 | 25% |
| 可持续增长率 | 45% | 资本成本 | 15% |

要求：

(1) 根据本题提供的信息和 BCG 矩阵，简述甲公司的豆浆机在革新和改造前后分别所属的产品类型及其特征。

(2) 根据甲公司豆浆机产品 2011 年的相关预测信息，判断甲公司的豆浆机产品在财务战略矩阵中所属的象限，并简要说明甲公司可能面临的财务挑战及可实施的应对措施。

(3) 如果甲公司希望通过提高税收经营利润率的途径来提高可持续增长率，简要说明甲公司可以采用的具体方法。

3. 人和实业集团股份有限公司(以下简称“人和公司”)是一家在国内上市的大型多元化投资公司。人和公司实力雄厚，资金充裕。其全资拥有的人生地产代理有限公司(以下简称“人生公司”)是全国最大的连锁经营地产代理中介机构。

人生公司在每个省分别设立分公司，统管该省内各支公司的业务。各省分公司经营管理相对独立，管理层拥有较大的决策自主权力。各省分公司每年将全省利润的 30%上交人和公司总部，以换取在省内独家使用人生品牌的权利，以及人生公司总部提供的各种行政、推广、培训等支援服务，余下的 70%利润由省分公司的管理层享有。

人生公司地产代理中介佣金的年收入为全国第一，代理人数量及营业点数量也是全国第一。除个人消费者的地产买卖交易外，人生公司拥有较为庞大的商业地产投资机构客户群。与个人消费者相比，投资机构客户愿意支付更高百分比的佣金，但对人生公司所提供的全国性中介服务，以及代理人员的个人素质均有严格的要求，这是普通地产代理公司很难满足的。人生公司对投资机构客户的佣金收入毛利率较高，尽管对投资机构客户的收费总额约占人生公司佣金年收入的 30%，但其产生的利润占人生公司的利润却高达 60%以上。通常，人生公司各省分公司均会相互推介投资机构客户。

随着国家西部开发战略的实施，西部 A 省甲市在旅游、金融及高科技等产业方面发展迅速，使甲市成为新兴发展的龙头城市。由于全国的房地产业务正处于行业周期的高峰，加上甲市的特殊因素，甲市房地产市场高速发展。全国各省的地产投资机构亦纷纷涌入甲市收购该市的房地产。

人生公司的收入是业内的全国第一，但其主要业务和收入集中于北京、上海、浙江、广东等经济发达省份。人生公司在 A 省的分公司，特别是甲市的支公司在人数及营业点数量上均落后于甲市的几家本地代理中介公司。这些本地代理公司为当地人创设，熟悉甲市情况，具有丰富的甲市人脉关系，而且收费较低，但服务质量远低于人生公司。

人生公司A省分公司为十年前由现在的管理人员共同设立。十年来A省分公司的业务量稳定增长，利润率始终维持在较高水平，管理层也获得了较为满意的个人收入。但该分公司在甲市的业务量及收入总额尚不及几家本地代理公司。该分公司管理层的多数人员在未来三至五年间将会陆续退休。

人和公司给人生公司制定的企业目标是保持市场领先地位。为了达到目标，人生公司管理层预计公司收入的年增长率必须维持在20%以上。由于各主要省市的业务增长率已处于较低水平，人生公司管理层认为A省特别是甲市将是能否达标的一个重要决定因素。

另外，人生公司管理层注意到，近月来各省分公司均陆续收到主要投资机构客户对人生公司A省分公司的服务投诉，而且投诉的频率正在上升中。其他各省分公司也表示担心各自的机构客户的地产业务正在加快向A省倾斜，影响其他各省分公司的收入及利润。

基于A省的战略重要性，人生公司管理层决定对A省分公司的业务情况及未来发展做出较深入的研究分析，以制定与A省有关的业务发展战略。

要求：

(1) 编制SWOT图表，针对A省的最新情况，分析人生公司业务的优势、劣势、机会和威胁。

(2) 利用SWOT分析的结果，简要分析甲市的产业发展对人生公司全国业务经营的影响，以及由此产生的人生公司总部、各省分公司及A省分公司管理层之间的矛盾。

(3) 制定一套可以化解人生公司总部、各省分公司以及A省分公司管理层的矛盾，并且可以为人生公司总部达成人和公司下达的企业目标的方案，简要说明该方案的主要风险。

(4) 公司的总体战略一般可分为成长型、稳定型以及收缩型战略。试简述各类战略的特点，分析人生公司在全国层次适宜选择哪种战略，若该种战略可进一步细分，应进一步细分。假设A省分公司可以选择符合自身需要的省分公司层次的总体战略，分析说明A省分公司所选战略会否与人生公司在全国层次所选的战略一致。

4. 1998年7月，全球第一大零售商美国沃尔玛公司趁韩国金融危机之机，通过兼并一家韩国小型零售商开始进军韩国零售业。从1998年7月至2004年9月，沃尔玛在韩国共开设了16家卖场，一跃成为韩国第五大零售商。

沃尔玛的成功经验精髓在于“天天平价，始终如一”。沃尔玛的“天天平价”绝不是空洞的口号，而是实实在在的“始终如一”的让利于顾客的行为。为此，一方面沃尔玛的业务人员“苛刻地挑选供应商，顽强地讨价还价”，以尽可能低的价位从厂家采购商品；另一方面，他们实行高度节约化经营，并处处精打细算，降低成本和各项费用支出。“天天平价”的销售理念是针对零售业最广大的消费群，即中等收入和低收入的阶层。因此，它具有普遍性，也成为连锁业的基本经营方针。连锁业只有具备规模经营，大幅度降低管理成本，坚持微利原则，才能赢得最广大的消费群，获得可持续的发展。

沃尔玛初入韩国时，恰逢韩国经济因金融危机而遭受重创。沃尔玛凭借其雄厚的资本和强大的采购优势，把低价仓储式经营模式原封不动地移植到韩国。沃尔玛的低价模式在韩国市场确实取得了一定的成效，并使该公司在2000—2003年盈利。

但在韩国，沃尔玛复制其成功的美国经验时，忽略了经营以外的东西，其低价策略也没有生效。另外，沃尔玛总想改变韩国消费者的消费习惯，而不是去主动适应韩国的市场，实际上他们最终发现自己并没能力改变韩国人的消费习惯。

2006 年 5 月 25 日，沃尔玛公司宣布正式退出韩国市场。以低价策略著称的国际零售巨头，因水土不服退出东亚市场，其失败的启示是，低价格并不足国际化的不二法门，如果做不到本土化同样面临着失败的可能。

在进行国际化时，沃尔玛犯了一个想当然的错误，以为自己的低价策略一定会受到当地消费者的认同。低价确实是竞争的有力手段之一，但完全依靠低价是不可能做到战无不胜的，本土化的失败导致沃尔玛从韩国这样的重要市场最终出局。

1996 年，沃尔玛进入中国市场。2002 年它在深圳建立了全球采购中心。2007 年，沃尔玛宣布购买中国好又多商业发展有限公司 35％的股权，该公司正是全权运营中国大陆 101 家好又多超市的经营者。近年来中国不断开放的市场和日益壮大的中产阶级队伍，为沃尔玛在中国的扩张提供了绝佳的机会。沃尔玛将进一步对好又多进行整合，新任主帅曾有过与台资企业并购整合的经验，这将有助于沃尔玛完成对好又多的收购，从而使自己的销售规模上升到一个新台阶。之后，沃尔玛将扎根中国本土，融入百姓生活，以求成为中国顶级零售商。

但是，沃尔玛在中国也不可避免地面临着一系列的问题。高度自动化的物流系统在高效的信息系统的协同作用之下产生的效应使沃尔玛最大限度地降低了产品库存和在途时间，有效地压缩了营运成本。但对于高速公路，中国的发展水平还很低，这使得沃尔玛的配送链大打折扣。而沃尔玛的配送中心也只有在深圳和天津的两家，这使得围绕在一个配送中心密集建店的做法无法在中国实施。到目前为止，沃尔玛在中国设立的 50 多家分店不但没有降低成本，反而增加了物流支出。

另外，沃尔玛领先高效的信息系统在中国也难显优势，由于受政策的限制，沃尔玛的卫星通信系统无法在中国发挥作用，其全球采购系统、全球物流系统的有效共享在中国市场大打折扣。更重要的是，沃尔玛在中国吸取了其在韩国市场的失败经验，力图做到本土化，但是，由于中国员工固有的文化观念的不同，导致了沃尔玛“形似而神不似”的企业文化，可能成为沃尔玛的内伤。

要求：

(1) 分析沃尔玛的成功主要得益于何种竞争战略，并简述采用该战略的优点与风险。

(2) 试分析沃尔玛在韩国的国际扩张行为中面临的挑战。

(3) 运用 SWOT 分析法分析沃尔玛在中国的经营策略。

(4) 针对沃尔玛在韩国的失败经验，分析其在中国可能会面临哪些挑战，并简要谈谈沃尔玛可以采取何种策略来应对挑战。

5. 自 2008 年 9 月爆发华尔街金融风暴后，我国随即出台了 4 万亿的经济刺激计划，国家金融机构决定放开对中小企业的贷款限制，以进一步扶持中小企业的发展。E 公司是一家生产甲产品的中小企业，成立时间不长，在成立初期，为了在市场上取得好成绩，主要投资人以一个较高的起点设立了这家企业，花巨资购买了世界最先进的一条生产线，并通过给予优厚的待遇招聘了一些资深的研发人员，为他们配备了很好的设备和环境，期望能够在最短的时间内研发出新产品。E 公司的产品质量在市场上处于中上游水平，仅位于一家主要竞争对手之后。产品一经推出即得到市场的认同，销售增长速度很快。由于公司在设备和人员等方面投入的资金巨大，使得公司的资金较为紧张，而且由于公司是一家新成立的企业，所以管理上还有很多不完善的地方，包括组织机构的设置、规章制度的制定等方面。同时也未能在最短的时间内建立起自己比较完善的销售网络，销售商拖欠货款的现象比较突出，制约了进一步的发展。统计数据表明，公司所处行业市场占有率前五名为A、B、C、D、E，它们的市场占有率分别为28%、26%、22%、10%和5%，而且其中的B、C、D三家公司已经建立了联盟关系，共同采购原材料。

E公司为了制定自身的发展策略，采用五力模型对行业的竞争结构进行分析，部分因素如下：

(1) 本行业的新进入者来自国内、国外两个方面，本行业是资本和技术密集型的行业，对国外进入者，国家有一定限制以对本行业进行必要的保护。

(2) 本公司产品的主要原材料供应商十分集中，采购量在各供应商之间分布较均匀，主要原材料暂无替代品。

(3) 由于本行业中各企业提供的产品差异性越来越小，因此顾客选择机会较多。

(4) 由于科技进步加快，市场上已开始出现性能更高的同类产品，只是目前的价格还略高于传统产品。

要求：

(1) 分析上述四个方面因素分别属于五力模型中的哪个方面。

(2) 说明每个因素对该行业竞争强度的影响。

(3) 根据案例材料对E公司进行SWOT分析。

(4) 根据案例材料计算E公司产品的相对市场份额，并分析该企业属于BCG矩阵中的什么类型产品。

(5) 针对该企业产品的类型说明可采取的对策有哪些?

**小论文**

请通过图书馆收集资料、网上查找以及前往徐矿集团实地调研的方式，确认导入案例中徐矿集团2003—2012年战略方案的完成情况，并分析现实情况与方案中预期结果存在不同之处的原因。

# 第7章

# 企业战略实施

## 学习要点

- 组织结构与企业战略的关系
- 组织结构的类型、影响因素
- 公司治理的模式
- 兼并收购的动因和类型
- 战略联盟：合资企业、特许经营、委托制造

## 名人名言

对于企业来讲，制定正确的战略固然重要，但更重要的是战略的执行。能否将既定战略执行到位是企业成败的关键。

——联想集团董事会主席兼CEO 杨元庆

## 导入案例

### 贵州盘江集团的“外大于内”董事制度

贵州盘江投资控股集团有限公司(以下简称“盘江集团”)，是贵州省国有独资企业，由始建于1966年的盘江矿务局演变而成。1997年改制为盘江煤电集团公司，2010年2月实现由生产经营型向资本运作型的转型，主要业务是资产管理、产业投资、资本运作和集团管控。现有分公司、全资子公司、控股公司和参股公司30多家。

近年来，集团公司大力实施“以煤为主、多业并举、科学发展”的战略，涉及煤炭、电力、化工、冶金、水泥、煤层气(页岩气)、装备制造、石材、建材、新材料、酒店、房地产、医疗、教育、技术服务等15个产业、32类业务，形成主业突出、多元化产业发展格局。2010年9月，盘江集团率先在贵州省国有企业试点“外大于内”董事制度。

1. 主要做法

1) 高起点引入外部董事制度

按照贵州省国资委加快建立现代企业制度和健全公司法人治理结构的要求，盘江集团在全省国有企业中率先开展董事会外部董事大于内部董事试点工作，实行“内5外6”的模式。公司董事会共有董事11名，其中外部董事6名，外部董事超过董事会成员半数以上。这些外部董事，是财政、金融、证券、产业建设、经济管理、法律等方面的专家。他们的进入，使董事会由经理层人员构成为主，转为由董事长、总经理、职工董事和外部董事构成为主。公司由过去实际上的一套班子、一个人负责的领导体制，转向董事会决策、经理层执行的公司法人治理结构，从制度层面解决了内部人控制问题。董事会在决策把关、管理高级管理人员、防范风险、深化企业改革和加强企业管理等方面都较好地发挥了作用，实现了董事会的集体决策、民主决策和科学决策。

2) 建立健全工作机构和议事规则

外部董事的主要职责、主要工作是研究所属专门委员会的工作事项，研究并确定专门委员会提出的议案，听取经理层的工作汇报，讨论制定公司相关内控制度。在具体工作实践中，盘江集团主要做了以下几件事：一是修改公司章程，明确外部董事的法律地位，建立完善董事尤其是外部董事发挥作用的保障机制；二是制定董事会议事规则和各项工作制度，规范董事会的投资决策、人事任免、财务预算决算、利润分配、薪酬管理等程序，进一步完善了公司法人治理结构的配套运行机制；三是依据外部董事个人的职业背景，安排他们进入到相关的专门委员会当中，体现了他们作为决策专家的价值。

集团公司董事会设立了常务委员会、投资战略委员会、提名委员会、薪酬与考核委员会、审计委员会、风险控制委员会、效能监察与督察委员会、技术咨询委员会，其中有6个委员会中有外部董事。

3) 从组织层面解决董事会与经理层人员高度重叠问题

在法人治理架构方面，规范公司领导人员在董事会的任职，做到董事会人员与经理层人员分离，实现公司决策权与执行权分离。公司经理人员除总经理外，其他副总经理或经理层人员不再进入董事会，原来在董事会担任董事的副总经理，在试点工作开展后免去其董事职务。

4) 充分发挥外部董事作为出资人代表的作用

公司6名外部董事全部受省国资委委派，是国有资产出资人代表，对国有资产的安全和保值增值负责，直接参与董事会活动，与公司内部董事地位平等，享有同等权力。同时，通过外部董事外部的身份和专家、顾问的威信，在集团内各层面和国资委之间发挥沟通桥梁的作用。外部董事除正常参加董事会之外，每年还要参加各种专业咨询，各种调研、考察，各种项目论证会。作为外部董事，都是站在企业全局的高度客观地分析问题，更多地关注风险，独立地表达自己的意见。在参加董事会讨论议案和议定事项时，只要有一个外部董事提出反对意见，议案就不能通过，只有把这个外部董事的问题解决了之后才能启动。

5）形成有效发挥董事会作用的保障机制

作为国有独资公司，盘江集团重点从制度设计层面上保障外部董事充分发挥作用，对公司章程进行必要的修改，完善董事议事规则。制定了董事守则、规范，包括外部董事的履职条件、履职行为。制定董事会专门委员会工作细则，明确专门委员会的职责、权力和责任。进一步规范董事会的投资决策、人事任免、财务预算决算、薪酬管理等程序，做到有章可循，按章办事。

2. 初步成效

1）公司治理架构逐步明晰

盘江集团引入外部董事制度以后，经理层人员除总经理外不进入董事会，依法对企业进行日常经营管理，执行董事会的决议，定期向董事会报告经营情况，对董事会负责。实现了决策层与执行层人员的分离，进一步理顺了董事会与经理层的关系。加上国资委外派的监事会，初步形成了决策机构、监督机构和经营管理者之间的制衡机制，为建立规范的现代企业制度奠定了组织基础。

盘江集团同时坚持和完善"双向进入、交叉任职"的企业领导体制，把党组织的工作制度与公司法人治理结构的工作规则有机结合，充分发挥企业党组织的政治核心作用。公司重大决策一律通过董事会决策，有力改变了以前党委办公会、经理办公会代替董事会决策的现象。

2）董事会成员结构实现优化和互补

董事会6名外部董事主要来源于三个方面：省属企业刚退休的领导人员、党政机关经济管理部门刚退休的领导人员、中介机构的知名专家学者。这些外部董事政治素质好，业务水平高，工作能力强，工作经验丰富，是金融、产业建设、政府管理、经济、法律等方面的专家。

同时，这些外部董事具有较高社会地位和固定收入，不在所任职企业领取任何形式的津贴和福利，与企业之间没有利益关联关系或领导与被领导关系，每位外部董事都可以完全根据自己的判断进行表决，可以确保董事会从企业发展需要出发做出科学判断。

3）公司内部监督与制衡机制日益完善

外部董事受省国资委委派，是国有资产出资人代表，对该职务没有依赖性，更多是为企业、为社会做贡献；除了在董事会上的表决权外，没有其他权力，与企业内部也没有利益关系，在个人利益和权力上比较超脱。这种角色，有效代表和维护了国有资产出资人的利益，客观、妥当地处理好了出资人、企业、经理层、职工等各方面的关系，促进了国有资产实现保值增值。

4）公司经营管理水平全面提升

董事会尤其是外部董事严格、认真地工作，加上决策更加科学规范，使企业经营管理层和职能部门更加注重经营管理水平的提高，推进公司实现了又好又快发展，经营效益持续大幅提高。企业总资产从2009年末的115亿元增加到2011年的265亿元，净资产从58亿元增加到130亿元。2011年企业实现总收入140亿元，利润21亿元。

5）推动了省属企业公司法人治理结构的完善

盘江集团在省属企业推进现代企业制度建设进程中发挥了重要的示范和导向作用。2012年，省国资委推广盘江集团经验，将赤天化集团公司作为董事会"外大于内"试点推广单位。集团公司也将试点的做法在集团内的盘江股份公司、六枝工矿公司等企业复制推广，有效强化了集团管控，促进了子公司法人治理结构的优化。

**请思考：**盘江集团的"外大于内"董事制度对于企业战略实施有何积极的影响？

# 7.1 组织结构

## 7.1.1 组织结构与企业战略的关系

组织结构是指企业采用的按不同任务或职位来划分和调配劳动力的方法，它是组织中各种劳动分工与协调方式的总和。所谓结构，无非就是分出三六九等来，规定谁听谁的，即确定了报告路线。这样组织的目标及战略才能上传下达，令行禁止，政令畅通。组织结构通过管理行为实现共同目标，因而适当的组织结构对战略的有效实施起着关键作用。组织结构是企业战略得以顺利实施的一个关键变量，需要对其加以有效的管理和设计，才能促进和优化企业战略的实施以及战略目标的实现。

最早对企业战略与组织结构的关系进行研究的学者是美国的企业史学家阿尔弗雷德·钱德勒。他对美国70多家大型企业，尤其是通用汽车公司、杜邦公司、标准石油公司以及西尔斯公司的经营发展历史进行了研究。钱德勒的研究发现：当企业选择了某一新战略之后，由于管理人员在现行组织结构中拥有既得利益，或不了解经营管理以外的情况，或对改变组织结构的必要性缺乏认识，使得现行结构不能立即适应新战略而发生变化；直到行政管理的问题暴露，企业效益下降，才将改变组织结构问题纳入议事日程；当组织结构变革以后，保证了战略的实施，企业的获利能力就会大幅度提高。于是，钱德勒得出的最终结论是：组织结构服从于企业战略，企业战略的改变会导致组织结构的改变。更通俗的一种说法就是："结构跟随战略"。

因此，企业战略决定了组织结构所需要采取的形式，特定的企业战略与特定的组织结构结合才能推动战略目标的实现。不利的组织结构会限制企业战略的选择和执行。组织结构如果没有重大改变，企业战略的实质也必然是改良，而不可能是改革。

## 7.1.2 组织结构的类型

### 1. 简单型组织结构

简单型组织结构，也称创业型组织结构，通常应用于小型企业，是多数小型企业的标准组织结构模式。采用这种结构时，企业的所有者或管理者对若干下属实施直接控制，并由其下属执行一系列工作任务。企业的战略计划由中心人员完成，该中心人员还负责所有重要的经营决策。这一结构类型的弹性较小并缺乏专业分工，其成功主要依赖于该中心人员的个人能力。

从一定意义上说，简单型组织结构几乎等同于缺乏结构，至少缺少正式意义上的组织结构。在这种结构中，几乎没有工作描述并且每个人都参与正在进行的任务。

### 2. 直线制组织结构

如图7.1所示，在直线制组织结构中，企业的一切管理工作均由直线领导直接指挥，不设专门职能机构，这种结构管理机构简单、管理费用低、命令统一、决策迅速、责权明确。但是管理者负担重，适用于小型组织或现场作业管理。

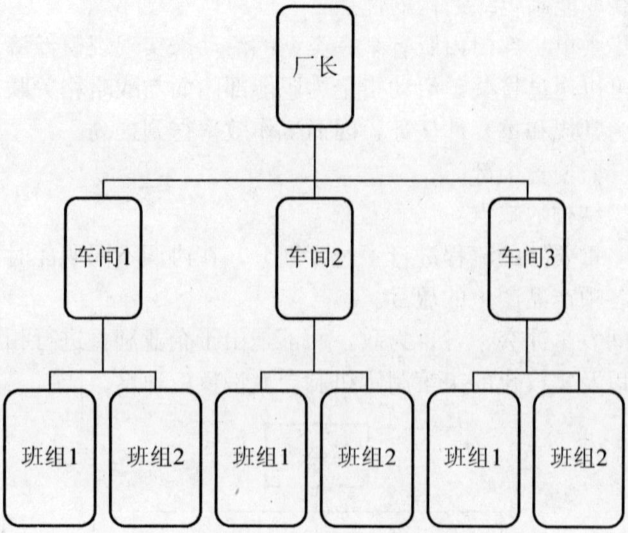


图 7.1　直线制组织结构

3. 职能制组织结构

如图 7.2 所示，职能制组织结构采用专业分工的管理者代替直线制的全能管理者。企业内设职能部门，职能部门有权在自己业务范围内向下级下达命令与指示；各级负责人除服从上级行政领导，还要服从上级职能部门在其专业领域的指挥。职能制组织结构分工细，有利于专业职能的发挥，弥补行政领导不足。但是造成多头领导，破坏统一指挥原则。

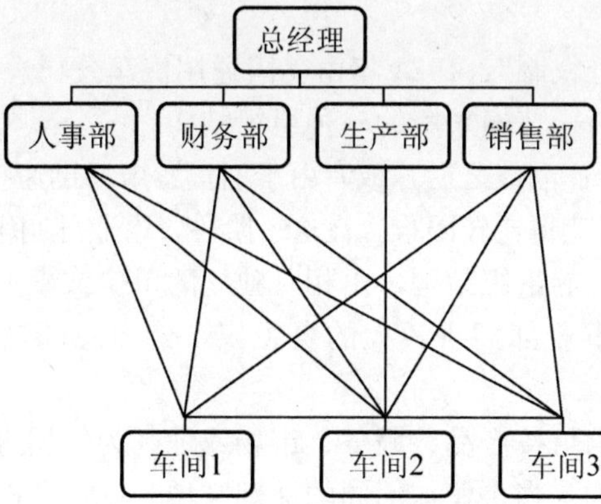


图 7.2　职能制组织结构

4. 直线职能制组织结构

如图 7.3 所示，直线职能制组织结构既保留了统一指挥的直线作用，又有职能部门的专业化优势。分工明确，有利于发挥职能专业化优势。但是各部门容易强调本位主义，忽视部门间配合，忽视企业整体目标。因此，此种结构比较适合中小型企业，企业规模扩大到一定程度后，适用性会越来越差。

概括而言，直线职能制组织结构的优点：

(1) 能够通过集中单一部门内所有某一类型的活动来实现规模经济。

(2) 组织结构可以通过将关键活动指定为职能部门而与战略相关联。

(3) 由于任务为常规和重复性任务，因而工作效率得到提高。

(4) 便于董事会监控各个部门。

直线职能制组织结构的缺点：

(1) 由于对战略重要性的流程进行了过度细分，在协调不同职能时可能出现问题。

(2) 难以确定各项产品产生的盈亏。

(3) 导致职能间发生冲突、各自为政，而不是出于企业利益进行相互合作。

(4) 等级层次以及集权化的决策制定机制会放慢反应速度。

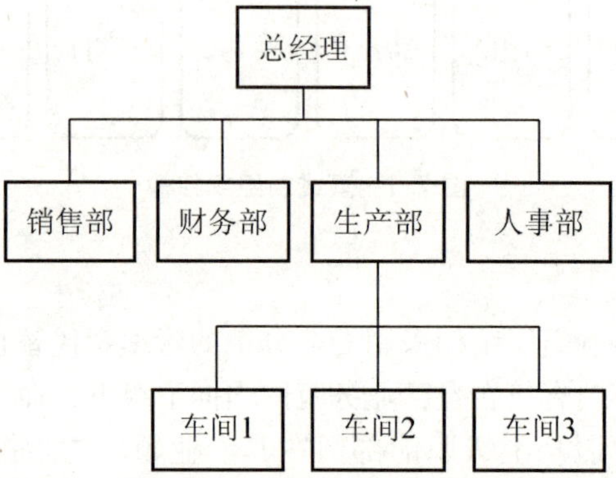


**图 7.3 直线职能制组织结构**

5. 事业部制组织结构

事业部制又称“联邦分权制”，1924 年由美国通用汽车公司总裁斯隆(Sloan)提出，目前已成为大型企业、跨国公司普遍采用的一种组织结构。

当企业逐步成长有多个产品线之后，或者由于消费者市场迅速扩张企业必须进行跨地区经营时，企业的协调活动就变得比较困难。在这一阶段，事业部制组织结构就应运而生。

事业部制是一种分权式的组织结构，由相对独立的单位或事业部组成的组织结构，如图 7.4 所示。每个单位或事业部拥有较大的自主权。公司总部是业务的外部监管者和协调者。

在事业部制组织结构内可按产品、服务、市场或地区为依据进行细分。

(1) 区域事业部制结构。当企业在不同的地理区域开展业务时，区域式结构就是一种较为适当的结构，它按照特定的地理位置来对企业的活动和人员进行分类。这种结构可用于本地区域或国家区域。

区域事业部制结构的优点如下：①在企业与其客户的联系上，区域事业部制能实现更好更快的地区决策。②与一切皆由总部来运作相比，建立地区工厂或办事处会削减成本费用。③有利于海外经营企业应对各种环境变化。

区域事业部制结构的缺点如下：①管理成本的重复。②难以处理跨区域的大客户的事务。

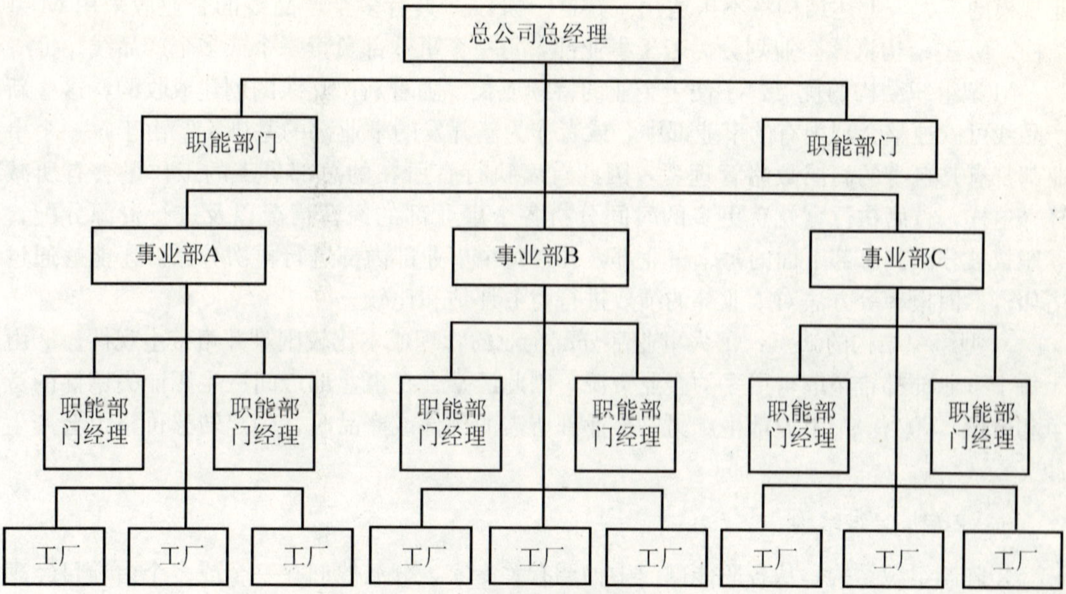


**图 7.4　事业部制组织结构**

(2) 产品/品牌事业部制结构。产品事业部制结构适用于具有若干生产线的企业。产品事业部制结构是以企业产品的种类为基础设立若干产品部，而不是以职能为基础进行划分。该结构可以将总体业务划分为若干战略业务单位。如果将某项工作按产品线划分，则单一的战略业务单位就负责与该特定产品相关的所有方面：产品开发、产品生产、产品营销等。

产品事业部制结构的优点：①生产与销售不同产品的不同职能活动和工作可以通过事业部/产品经理来予以协调和配合。②各个事业部可以集中精力在其自身的区域。即由于这种结构具有灵活性，因此更有助于企业实施产品差异化战略。③易于出售或关闭经营不善的事业部。

产品事业部制结构的缺点：①各个事业部会为了争夺有限资源而产生摩擦。②各个事业部之间会存在管理成本的重叠和浪费。③若产品事业部数量较少，则难以协调。④若产品事业部数量较多，高级管理层会缺乏整体观念。

在进行产品事业部制的同时，实行品牌事业部制也变得很必要。品牌是设计的名称，用于区别制造商或供应商提供的产品或服务，并使之与竞争对手的产品或服务相区别。品牌可以表示同一企业生产的不同产品或类似产品，以便给顾客一种感官差异。品牌代表了一种独特的市场地位。在保留职能事业部制的基础上，品牌经理还负责进行品牌营销，而这会涉及各个职能。品牌事业部制与产品事业部制具有类似的优缺点。

(3) 客户细分或市场细分事业部制结构。客户事业部制结构通常与销售部门和销售工作相关，批发企业或分包企业也可能采用这种结构，在这些企业中由管理者负责联系主要客户。另一个例子是，将不同类型的市场按照客户进行划分，如企业客户、零售客户或个人客户等。

(4) M 型企业组织结构(多部门结构)。通过产品线的增加，企业会不断扩张。随着企业规模的扩大，上述结构将不再适用。在这一阶段，具有多个产品线的企业应采用 M 型结构。M 型结构将该企业划分为若干事业部，每一个事业部负责一个或多个产品线。

M 型组织结构的优点：①便于企业的持续成长。随着新产品线的创建或收购，这些新产品线可以被整合到现有的事业部中，或者作为新开发的事业部的基础。②由于每一个事业部都有其自身的高层战略管理者，因此首席执行官所在的总部员工的工作量会有所减轻。这样，首席执行官就有更多的时间分析各个事业部的经营情况以及进行资源分配。③职权被分派到总部下面的每个事业部，并在每个事业部内部进行再次分派。④能够通过诸如资本回报率等方法对事业部的绩效进行财务评估和比较。

M 型组织结构的缺点：①为事业部分配企业的管理成本比较困难并略带主观性。②由于每个事业部都希望取得更多的企业资源，因此经常会在事业部之间滋生职能失调性的竞争和摩擦。③当一个事业部生产另一事业部所需的部件或产品时，确定转移价格也会产生冲突。

6. 矩阵制组织结构

矩阵制组织结构是从各职能部门中抽调有关专家，分派他们在一个或多个由项目经理领导的项目小组中工作，矩阵制组织结构是由纵横两套系统交叉的复合结构组织，纵向为职能系统，横向为项目系统。在矩阵制组织结构中有双重指挥链，组织中的员工有两个上司。如图 7.5 所示。

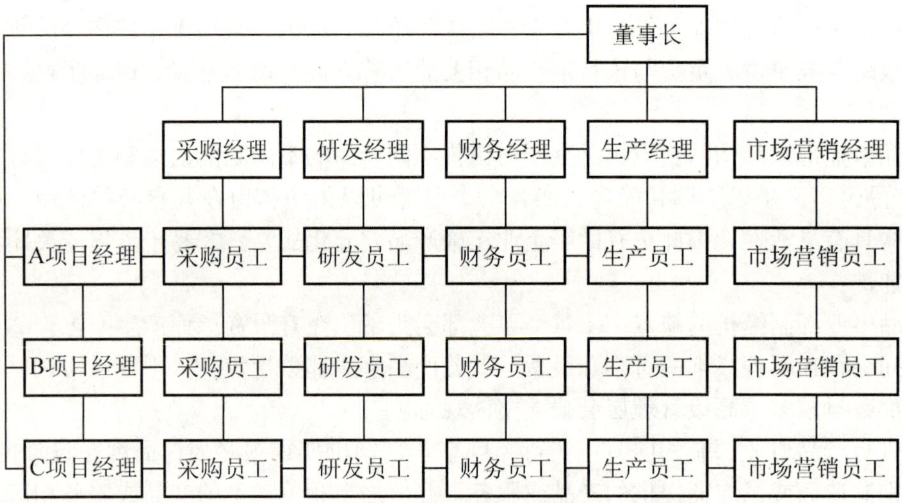


**图 7.5 矩阵制组织结构**

矩阵制组织结构的优点：

(1) 由于项目经理与项目的关系更紧密，因而他们能更直接地参与到与其产品相关的战略中来，从而激发其成功的动力。

(2) 能更加有效地优先考虑关键项目，加强对产品和市场的关注，从而避免职能型结构对产品和市场的关注不足。

(3) 与产品主管和区域主管之间的联系更加直接，从而能够做出更有质量的决策。

(4) 实现了各个部门之间的协作以及各项技能和专门技术的相互交融。

(5) 双重权力使得企业具有多重定位，这样职能专家就不会只关注自身业务范围。

这种结构也存在缺点：

(1) 可能导致权力划分不清晰(比如谁来负责预算)，并在职能工作和项目工作之间产生冲突。

(2) 双重权力容易使管理者之间产生冲突。如果采用混合型结构，非常重要的一点就是确保上级的权力不相互重叠，并清晰地划分权力范围。下属必须知道其工作的各个方面应对哪个上级负责。

(3) 管理层可能难以接受混合型结构，并且管理者可能会觉得另一名管理者将争夺其权力，从而产生危机感。

(4) 协调所有的产品和地区会增加时间成本和财务成本，从而导致制定决策的时间过长。

### 7.1.3 组织结构的主要影响因素

从理论上说，企业应该选择并采用这样一种组织结构：能以最简单的方式执行经营任务，同时不会产生不必要的问题和复杂情况。具体说来，企业在确定组织结构类型时主要需要考虑以下因素。

1. 对集权与分权的权衡

集权型企业拥有多级管理层，并将决策权分配给顶部管理者，其管理幅度比较窄，从而呈现出层级式结构。分权型企业则包含更少的管理层，并将决策权分配到较低的层级，从而具有较宽的管理幅度并呈现出扁平式结构。

无论采用集权还是分权式结构，都必须确保不妨碍企业战略目标实现这一最根本的目的，要对工作进行合理的安排，使员工能够以最有效的方式工作。

2. 企业经营所处的环境

稳定的环境允许企业采用较为严格的、常规的组织结构；而不断变化和不确定性的环境就要求企业采用更为灵活的、可调整的组织结构。

3. 企业所采用的技术

一般而言，批量化的生产技术通常需要企业采用纵长型、更为集中的组织结构。而当企业达到一定规模时，从上到下的控制就会变得非常困难，因此就要求企业采用分权式的组织结构。

4. 企业的人员和文化

技能熟练的、独立的专业人员通常要求采用分权式的组织结构并要求取得自主权。

### 7.1.4 不同战略选择下的组织结构

1. 数量扩张战略的组织结构

在行业发展初期，由于产品供不应求，企业只要扩大生产数量，便可获得高额利润，因此企业把生产作为经营重点，企业战略的重心是放在效率提高、成本降低和规模经济上面。此时企业会采用专业化或横向一体化战略，与之相适应，企业将设立直线制或职能制组织结构。

2. 纵向一体化战略的组织结构

随着企业生产规模的扩大，产品的生产和销售由近及远逐步扩散开来，由一个地区发展壮大到几个地区。与此同时，生产相同产品与仿制品的企业越来越多，企业之间的竞争日趋激烈。企业为了获取竞争优势，会采用纵向一体化战略，以求控制部分原材料和分销渠道，增强其竞争实力。与之相适应，企业会更多地采用直线职能制组织结构。

3. 多元化战略的组织结构

随着市场竞争的白热化，企业为了分散投资或经营风险，提高企业经营的安全系数和盈利能力，同时为了获取范围经济与合成效益，往往会采用多元化战略。与之相适应，企业会相应地采用事业部制组织结构。

4. 项目化管理战略的组织结构

当企业发展到一定的战略阶段，在企业内部产生了必要的双重领导，这时企业内部资源需要相互借用，企业运营的不确定性、复杂性及相互依赖程度增强，需要更有效地处理信息和决策。如果要划分企业发展阶段，这一阶段可与多元化战略作并列处理。与之相适应，企业多采用矩阵式组织结构。

5. 收缩型战略的组织结构

当企业经营环境发生巨变，原来有利的条件会瞬间成为不利因素。此时，企业为了生存，不得不采取收缩型战略。与之相适应，企业要裁减其组织机构，甚至成立清算中心。与之相适应，企业的组织结构会变得比原先更为简单，更为清晰。

## 7.2 公司治理

### 7.2.1 公司治理概述

公司治理（corporate governance)是指与企业产权结构相适应，连接并规范股东(大)会、董事会、高级管理人员、监事会相互之间的权力、利益、责任关系的制度安排。

公司治理是用来管理利益相关者之间的关系，决定并控制企业战略方向和业绩的一套机制。公司治理的核心是寻找各种方法确保有效地制定与实施战略决策，管理潜在利益冲突的各方之间的秩序的一种方式。公司治理反映了企业的文化、政策、如何处理利益相关者之间的关系及其价值观。

根据我国相关的企业法律，企业的组织形式有个人独资企业、合伙制企业、公司制企业等。在个人独资企业、合伙制企业中，所有者和经营者成为一体，利益相对具有一致性，关系较为简单，治理结构也较为简单。虽然如此，其治理结构仍然有相应的规定。如在我国，个人独资企业有《个人独资企业法》、合伙制企业有《合伙企业法》。而公司制的企业(有限责任公司与股份有限公司)，所有权与经营权分离，所有者与经营者之间、经营者内部不同的利益集团之间关系复杂，而且公司还要处理与众多利益相关者之间的关系，诸如与职工、社区、供货商、消费者、债权人之间的关系。只有建立良好的公司治理结构才能较好地处理不同利益主体之间的关系，保证公司的高效运转，战略的顺利实施。

因此，公司治理要解决的核心问题就是，在所有权和经营权相分离的情况下，如何设置一个最优化的激励约束机制，来协调股东和其他利益相关者的关系。

建立良好的公司治理结构对企业有以下意义。

(1) 公司顺利运作的前提条件。只有具备了完善的公司治理结构，公司才能更好地进行运营活动，公司才能更好地盈利，股东和利益相关者的利益才能实现。

(2) 能促进公司目标的实现。不论公司的目标如何，其实现都将依赖于公司股东(大)会、董事会、高级管理人员和监事会的艰苦努力。只有具备良好的公司治理结构，才能保证最适合公司目标实现的人进入董事会、监事会或者成为高级管理人员，促进董事、高级管理人员和监事发挥积极作用，推动公司目标的实现。

(3) 有助于对公司大小股东一体保护。大、小股东的利益较多时候表现为一致，但有时也处于冲突状态。良好的公司治理结构通过设计一定的制度可以有效地消除资本多数表决原则带来的大股东“欺压”小股东的情形。

(4) 能够降低公司的运营成本。良好的公司治理结构可使得公司的运营效率更高，提高经营效益，使得股东获得更多的经济回报，对公司员工和其他利益相关者，是利益更好的保障。

(5) 有助于提升公司的全球竞争力。

### 7.2.2　公司治理模式

国际上公司治理有两种常见模式：即外部人模式，即英美的市场监控模式；内部人模式，即德日的股东监控模式。

1. 英美的市场监控模式

英美两国的公司治理结构是通过设置公司组织机构来实现的(图 7.6)。组织机构由股东大会、董事会、首席执行官(CEO)组成，但是不设监事会。股东大会是公司的最高权力机构，具有董事会构成人员的选择权和公司事务的决策权，但是由于英美公司的个人持股比重很大，股东非常分散，因此召开股东大会进行战略决策较为困难。于是，英美公司的股东大会就将其决策权委托给一部分大股东或专业领域的权威人员，由他们形成董事会来代表股东行使权力。

董事会是英美公司股东大会的常设机构，构成人数、职权及其作用由股东大会授予，一般在公司章程中有具体规定，并且在英美的公司法中，也就董事会的职权做出了说明。在英美公司中，董事会处于公司治理的核心地位，既是公司的实际决策者，又是公司最高管理机构。

英美公司的董事会具有两个重要特点：

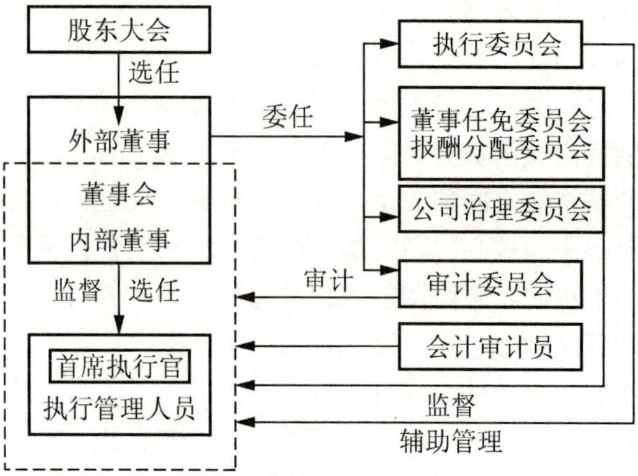


图 7.6　英美公司治理模式

(1) 董事会的职能由下设不同的委员会来实现。主要有执行委员会、董事任免委员会、报酬分配委员会、公司治理委员会和审计委员会。这些委员会在董事会的直接领导下实施具体工作，行使了董事会的绝大部分工作。

(2) 董事分为内部董事和外部董事。内部董事一般是公司的高级管理人员或者与公司具有重要商业关系的人员。外部董事是不参与公司日常经营管理事务的个人或者是非公司员工，但与公司有某种业务关系的董事，或者是与公司没有其他重要业务关系的独立董事。

在英美公司中，由于不设监事会，因此对公司各部门的监督主要依赖于审计委员会和独立董事制度。

独立董事，是指独立于公司股东且不在公司内部任职，与公司或公司经营管理者没有重要的业务联系或专业联系，能对公司事务做出独立判断的董事。独立董事的职责可以分为 4 种不同的角色，即战略角色、监督或绩效角色、风险角色和人事管理角色。

(1) 战略角色。战略角色是指独立董事是董事会的正式成员，因此有权利也有责任为企业的战略成功做出贡献，从而保护股东的利益。企业管理层必须有清晰的战略方向，而独立董事应当利用他们从生活阅历，特别是商业经历中得出的大量经验，来确保已选定的战略是稳健的。就该角色而言，在他们认为合适的情况下，可能会对战略的任何方面提出挑战，并提供建议帮助制定成功的战略。

(2) 监督或绩效角色。独立董事应该使执行董事对已制定的决策和企业业绩承担责任的义务。在这方面，他们应该代表股东的利益，并致力于消除因代理问题使股东价值降低的可能性。

(3) 风险角色。风险角色是指独立董事应当确保企业设有充分的内部控制系统和风险管理系统。

(4) 人事管理角色。人事管理角色是指独立董事应对董事会执行成员管理的有关责任进行监督。这一般涉及公司董事、高级管理人员等任命和薪酬问题，也可能包括合同或纪律方面的问题及接班人计划。

在英美公司中，CEO 是公司董事会的代理人，董事会负责 CEO 的选聘，并授权其处理公司事务。在 CEO 领导下，其他中层管理者负责执行企业各项具体经营管理事务。

英美公司的治理机制主要通过发达的证券市场，高流动性的股票交易，对公司董事会和经营者施加影响来实现。具体说来，有 3 种方式。

(1) 股东通过证券市场实现“用脚投票”。由于英美公司的股权结构高度分散，大多数股东实际上难以亲自通过股东大会参与公司的经营决策。此外，公司业务专业性强，一般的股东往往不具备公司经营决策的相关能力。因此，股东如果对公司经营状况不满，可以通过证券市场随时卖掉自己的股票。此外，机构投资者具有比小股东更专业的知识，在证券市场上持有或抛售股票都会造成公司股票价格的波动，从而迫使经营者努力改善经营状况，提高企业的业绩，否则可能被董事会换掉。

(2) 健全的经理人市场促使经营者实现自身价值与公司价值最大化。那些对股东负责、业绩良好的经营者更容易取得市场的认可，获得更高的年薪。如果经营者经营不善，就可能被董事会解雇，并在经理人市场中失利，直至被淘汰。

(3) 公司并购使企业的所有权重新安排。如果公司经营者持续经营不善，公司股价则会持续下跌，局外人有可能通过购买公司大部分股票，实现对整个公司的控制。一般而言，如果并购成功，企业所有权和控制权都会发生较大的变化。

综上，“弱股东、强管理层”的“董事会中心主义”，外部市场控制是英美公司治理最大的特点。由于发达的资本市场、经理人市场、高效的政府监督、股权分散，股东结构不稳定，公司股东难以联合起来对管理层形成制约，因此股东只能用脚投票。但是，这一模式近年来也暴露出不少的问题，如安然公司倒闭、安达信公司解体和世界通信公司财务造假等事件。意识到上述弊端，英美国家开始鼓励机构投资者参与公司治理、要求公司增强董事会的独立性、在董事会内引入一定数量的独立董事等，希望通过这些措施，增强公司的内部监控力度，以弥补外部监控不足的缺陷。

2. 德日的股东监控模式

德日公司治理结构也是通过设置公司组织机构来实现的，但是两国公司既有相同之处，也有不同之处(图 7.7)。

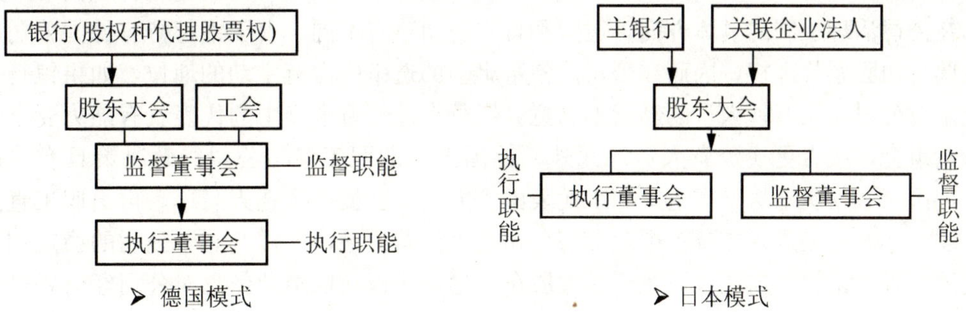


**图 7.7　德日公司治理模式**

德国公司的组织机构由股东大会、监督董事会和执行董事会组成。银行是德国公司的主要股东，拥有股权和代理投票权；监督董事会是公司股东、职工利益的代表机构和监督机构。按照德国相关的公司法律规定，监督董事会具有三项职能：

（1）任命和解聘执行董事，监督执行董事会是否按公司章程经营；

（2）对公司的财务状况进行审核；

（3）对关系到公司发展的重大问题具有决策权力。

因此，德国公司的监督董事会相当于英美公司的董事会，其成员由股东大会选举产生，并且职工代表有权在公司监督董事会中占有一定的席位。德国公司的执行董事会则类似于英美公司的管理层，负责管理公司的日常经营业务。执行董事会对监督董事会负责，定期报告经营状况。

日本公司的组织机构由股东大会、监督董事会和执行董事会组成。股东大会是日本公司的最高权力机构，主要股东是主银行和关联企业法人，负责决定并修改公司章程，选举产生公司的执行董事会和监督董事会，对公司减资、合并、解散、利润分配及董事等的报告进行决策。执行董事会是负责公司经营决策和执行的常设机关。监督董事会是对公司业务执行、公司内部管理人员进行监督的常设机关，职权包括查处公司业务执行人的违法和严重不当行为，对公司的财务进行审计等。此外，日本公司的股东大会可以独立任命一个临时性的机关作为监察人，对股东大会认为应该查明的某些事项进行专门调查，或从社会上聘请独立的会计师事务所对公司的财务方面进行审查，使股东大会更好地监督和制约董事会及高层管理人员是否履行其职责。

德日公司的治理机制主要是基于银行持股和法人相互持股的特点。在德国，银行既可对公司贷款，也可以持有公司股票。德国银行拥有的股票权，包括代理投票权、直接持股、银行拥有的投资公司和分行持有的股份。日本实行主银行制，企业资金的主要来源是银行贷款，因此日本公司的负债率比较高。在日本，主银行既为企业最大的债权人，也为企业的大股东。此外，由于德国、日本的法律对法人相互持股没有限制，因此公司法人之间相互持股现象较为普遍，或者通过建立母子公司的关系构成垂直持股，或者相互之间为建立稳定的资产与经营关系而形成环状持股。公司法人相互持股把相关联的企业紧密地联系在一起，结为一个共同体，形成了一个比较稳定的核心。一般情况下，德日公司的股东主要通过银行来代替他们控制和监督公司经营者的行为，从而达到参与公司经营的目的。如果公司经营不善，德日公司不会像英美公司股东“用脚投票”，而是直接“用手发言”。

在公司治理机制的具体方面，德国和日本公司略有不同。由于银行持有德国公司的大量投票权和股票代理权，因而在公司监督董事会的选举中占有主动的地位，如果银行作为大股东对公司高层管理人员的经营不满意，银行在监督董事会中的代表就有能力要求改组执行董事会，或者更换经营人员。此外，德国公司的职工参与公司经营决策具有法律依据。德国《参与决定法》规定，职工代表由工人委员会提出候选人名单，再由职工直接选举。职工选派代表进入监督董事会参与公司重大经营决策，这样有利于公司的稳定和可持续发展。日本主银行与法人股东作为大股东，通过积极获取经营信息对公司经营者进行监督，如果公司盈利水平开始下降，主银行由于所处的特殊地位，能够较早察觉出问题。如果情况持续不良，主银行可通过召开股东大会或董事会更换公司的经营者。不仅如此，在日本公司的董事会中，主银行的主管或前任主管一般任董事会成员，在必要的情况下利用股东大会推荐或罢免经理人员。

综上，由于股权相对集中，特别是法人之间相互稳定持股，德日公司的资本负债率较高导致银行对公司的持股和干预，使公司内部的各相关利益主体监控公司成为可能。大股东能对管理层形成较强的监控，能较好维护股东利益。20 世纪 80 年代，由于德日公司后来居上，在全球市场上对英美公司造成巨大威胁，引起了公司治理专家对英美的外部监控模式进行反思。一些专家认为，德国和日本公司竞争力的提高得益于其有效的内部监控模式，因此，在这一时期，以内部监控为主的公司治理模式倍受推崇。但是德日模式没有充分发挥资本市场治理作用，虽有发达的资本市场，但其发挥作用有限，存在市场治理机制薄弱的缺陷。

### 7.2.3　我国企业的公司治理模式

我国企业的公司治理起源于 20 世纪 80 年代的股份制改革，随后证券市场的建立将我国公司治理问题推向了高潮。《中华人民共和国公司法》《中华人民共和国证券法》等法律的制定和修改是我国公司治理规范的重大成果。目前，我国大多数公司的治理结构采用“三会四权”，即股东(大)会是出资者所有权的主体，董事会是法人财产权的主体，监事会是出资者监督权的主体，这“三会”反映了公司内部各产权主体之间的关系。另一方面，股东(大)会的最终控制权、董事会的经营决策权、经理人的经营管理权、监事会的监督权，“四权”相互独立、相互制约，在总体上构成了我国企业的公司治理机制(图 7.8)。

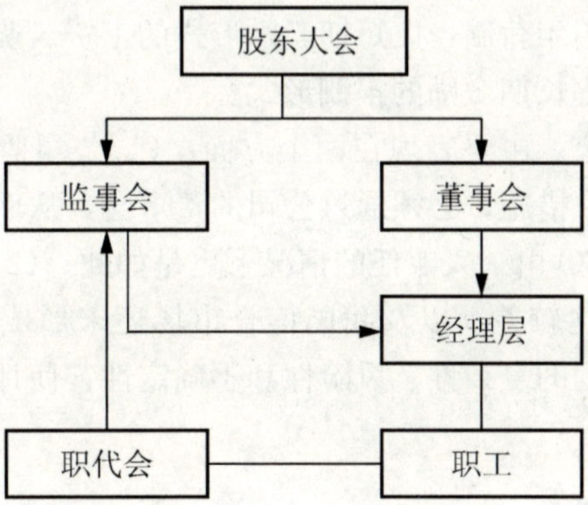


图 7.8　中国公司治理模式

从本质上讲，我国公司治理模式是借鉴英美和德日公司治理的一种混合模式，既采用了英美公司独立董事制度下的单层治理结构，也采用了德日公司董事会和监事会并行的水平双层治理结构。

### 7.2.4　我国煤炭企业公司治理存在的问题

1. 股权结构不合理

由于长期受计划经济的影响，我国煤炭企业在改制过程中形成了国有股相对集中的股权结构特征，甚至一些集团公司本身就是国有独资公司。大部分煤炭企业的国有股比例过高，流通股所占比例小、较为分散，且流通股股东普遍对公司的经营管理漠不关心。此外，由于国家作为所有者缺乏具体的人格化代表，公司的控制权可能落入管理者手中，董事会容易被操纵，这种情况下，公司的经营目标不再是股东价值最大化，而是经理层的利益最大化。

2. 法人治理结构不规范

按照《中华人民共和国公司法》的要求，目前我国大多数煤炭企业均建立了法人治理结构，但是依然不够规范，相互监督制衡并未发生作用，只是完成形式上的改善。一些煤炭企业董事会成员多是本公司内部管理人员，有时董事长还兼任 CEO，外部董事很少或者没有，构成了事实上的“内部人控制”。

对于董事会成员的产生方式而言，董事长、董事主要由上级行政机关任命，而非人才市场或内部竞争产生。监事会成员主要是公司的职员和股东代表，监事会主席一般由工会主席兼任，他们在行政关系上受制于被监督对象(董事和经理)，这使得监事会形同虚设，职能无法有效发挥。同时，我国煤炭企业集团中，“新三会”(股东大会、董事会、监事会)与“老三会”(党委会、职代会、工会)混合并存，造成领导多头，权责不清，一定程度上也对公司治理产生了较大阻力。

3. 激励监控机制不健全

目前我国煤炭企业在运用激励手段调动高层管理人员的积极性方面，缺乏系统的制度建设。经营者报酬一般采用年薪制，以短期激励形式的工资、奖金为主，较少或没有使用股权、期权、退休金安排等长期激励的报酬形式。

此外，监督机制不健全。主要表现在两个方面：(1)公司监事会可以实施监督，但不能直接对董事和经营者采取措施，必须通过公司的董事会，从而弱化了公司监事会的监督力度，尤其在董事长和 CEO 由一人兼任的情况下更是如此；(2)中介机构，如会计、审计事务所和评估机构的独立性较差，以及我国信誉市场还未形成，外部监督效果可信度不高，加上公司管理决策活动的复杂性、风险性和不确定性，使评价经营者业绩、监督其行为都变得较为困难。

4. 经理人市场尚未形成

活跃的经理人市场可以使股东和董事会随时聘请能力更强、更勤勉尽责的人员取代现任的低效经理层，以改善公司经营业绩。由于这种压力的存在，导致现任经理层必须勤奋、努力地工作，以实现公司及股东利益最大化。但是，目前通过市场竞争机制选择公司经理层的方式未得到普遍接受，煤炭企业经理人市场还未形成，企业总经理多是由股东单位的上级主管部门选拔委派，经理人对公司治理的作用未能有效发挥。

5. 控制权外部市场扭曲

煤炭企业控制权的外部市场发展相对滞后，主要原因是煤炭企业股权结构不合理，流通股比例偏低，加之煤炭企业经营者与政府主管部门之间的特殊关系，使得原本通过外部市场的作用受到限制，公司治理方面表现了来自出资者的约束弱化。因此，公司控制权的外部市场存在严重的扭曲，更多的是行政撮合和短期炒卖，对改进公司治理的作用很小。

阅读案例 7-1

## 同煤集团董事会在战略管理中的作用

山西大同煤矿集团有限责任公司(以下简称"同煤集团")，是中国第三大煤炭企业，仅次于神华集团及中煤能源集团。公司总部位于中国煤炭重地山西省大同市。煤矿跨越大同、朔州、忻州三市，拥有煤田面积 6157 平方公里，总储量 892 亿吨。同煤集团的前身是大同矿务局，成立于 1949 年。2000 年，公司改制成大同煤矿集团有限责任公司。2003 年，山西省煤炭企业进行重组，成立了新的大同煤矿集团有限责任公司。2005 年实施股改后，公司改为由七家股东共同出资经营。

近年来，同煤集团各届领导班子特别重视董事会在企业发展战略的制定和科学决策中的职能建设。仅以 2011 年为例，它是"十二五"的开局之年，也是同煤集团应对各种挑战、积极进取的一年。一年来，集团公司认真贯彻落实党的十七届六中全会和全省第十次党代会精神，紧抓"综改试验区"这一历史机遇，谋划转型跨越发展大计。新一届领导班子上任后，继承和完善了"三新"总体发展思路，按照"建设新同煤，打造新生活"战略愿景，优化了生产部署；明确了电力主业定位；创新了安全管理体系；完善了经营思路；改善了员工生活；密切了企地联系。公司上下人心思齐，奋发有为，各项工作快速推进，成果丰硕。这些成绩的取得，正是得益于公司董事会卓越的战略管理能力。

同煤集团董事会在战略管理过程中做出的工作主要包括：

1. 战略分析与战略选择

同煤集团董事会认真分析了企业外部的机会与威胁、内部的优势与劣势，建立了企业长期战略目标，制定了备选战略方案，并选择了特定的实施战略。

在客观分析了世情、国情、省情、行情和企情的基础上，同煤集团董事会制定了"十二五"战略发展规划，对企业总体战略和职能战略进行了修订。

未来的同煤集团将形成 55811 的产业布局：

(1) 打造 5 条产业链：①煤—电—建；②煤—电—化(气)；③煤—冶—机；④煤—电—铝；⑤煤—电—硅。

(2) 建设 5 大循环经济园区：以塔山园区为典范，建设东马潘(东周窑—马道头—潘家窑)、轩岗、朔南、白家沟循环经济园区。

(3) 形成 8 大产业：即煤炭、电力、煤化工、冶金、机械制造、建筑建材房地产、物流贸易、文化旅游产业。

(4) 建设 11 个千万吨级矿井：即在已建成的塔山、同忻两个千万吨级矿井的基础上，再建 9 座千万吨级矿井。

2. 战略实施

战略实施是战略管理过程中难度最大的阶段，要求制定年度目标、制定政策、激励职工和配置资源，以便使制定的战略付诸行动。为此，同煤集团每年召开职工代表大会，制定总体工作思路、年度目标，制定项目施工进度图和完成时间表。"十二五"期间，同煤集团为了加快项目落地和推进速度，专门成立集团公司煤炭资源扩充、电力并购重组、内部资产核实、300 万吨钢铁项目领导小组，明确专人、专项，快速推进项目建设。

在战略计划实施过程中，为确保按照战略计划的要求进行生产经营活动，同煤集团采用了"不断评审实际工作、及时发现偏差、及时采取纠正措施"的工作方法。与此相对应，同煤集团出台了一系列综合考评制度和监管措施，所有过程由考核委员会督办，严格考核、督察、兑现，逐项分解落实责任，确保战略落到实处、执行到位。

### 7.2.5 董事会在战略管理中的作用

根据《中华人民共和国公司法》，企业的董事会是企业的最高决策机构，对股东和股东(大)会负责。董事会的决策权包括决定公司的经营计划和投资方案，制订公司的年度财务预算方案、决算方案，制订公司的利润分配方案和弥补亏损方案，制订公司增加或减少注册资本的方案以及发行公司债券的方案，拟订公司合并、分立、解散的方案，决定公司内部管理机构的设置，聘任或者解聘公司经理及其他高级管理人员，决定报酬，制定公司的基本管理制度。

《中华人民共和国公司法》规定的董事会决策内容，本质上涉及企业生死攸关的大事，关系到企业的竞争力。因此，这些决策内容也就是企业所谓的战略决策。董事会对企业的成长和发展至关重要，在制定企业发展战略中，董事会在公司法人治理结构中处于十分重要的地位，发挥着重要作用。这主要体现在以下两个方面。

1. 董事会确定企业发展战略

对于一家企业，特别是大型企业而言，没有明确的战略目标就像一艘没有舵的船一样，只会原地转圈。战略目标对企业的重要性不言而喻。所谓企业发展战略，就是指围绕企业未来的生存和发展确立的战略目标以及为实现既定战略目标而选择的发展方向、发展模式和竞争策略。缺乏明确和清晰战略目标的企业，不可能有高效的战略管理，也不可能有持续的竞争优势，更不可能成长为卓越的大企业。国内外一些大企业在实施发展战略方面的做法正说明了这一点。因此，董事会要真正代表股东的利益，牵头制定确实可行、风险可控的发展战略。

2. 董事会负责战略实施决策

董事会作为企业决策中心，董事会成员作为职业决策者，要真正体现决策专业化的水准。董事会必须制定全局性、前瞻性、系统性和相对稳定性的发展战略，为实现既定战略目标，要按时段、按项目制订战略计划，实施战略计划前要根据具体项目和时间进行明确分工。对于单独完成或协同完成的项目以及预备方案和措施等，都要明确具体。在战略实施过程中要尽可能采取先进的手段和方法，充分而正确地利用客观条件，最大限度地激励员工的积极性与创造性，以最小的投入获取最大的效益。在战略计划实施的全过程中，要不断评估、检验与调整，使计划不断完善。战略计划完成后，要认真总结提高，以利再战。

## 7.3 兼并收购

历经百余年的发展，我国煤炭企业目前已由成长阶段进入成熟阶段，一方面行业市场趋于饱和，另一方面行业内部竞争异常激烈，兼并收购大量出现。“十二五”期间，国家已经明确要重点加大电力、冶金、建材和化工四大耗煤行业的结构调整力度，淘汰耗能高、效率低、污染严重的小机组、小高炉、小窑炉等落后产能，支持发展大型、低煤耗和节能环保发电机组和热电联产，推广干熄焦、余热、废气等二次能源综合利用技术；推进煤炭资源整合和企业兼并重组，培育和发展大型煤炭企业集团，提高产业集中度，运用国内外先进科技成果逐步推动煤炭工业规模化、现代化；国家鼓励煤炭上下游产业一体化经营，以大型煤炭基地建设为依托，发展煤炭产业集群，促进资源开发、环境保护与区域经济协调发展。

### 7.3.1　兼并收购的含义

兼并(merger)，是指两家或两家以上的企业合并，结果是一家企业继续存在或组成一家全新的企业。在后一种情况下，企业联合在一起被称为合并。比较典型的兼并情形是，两家企业自愿联合在一起，其目的是为了实现协同效应。

收购(acquisition)，是指一家企业购买另一家企业的控制权益。收购后，被收购企业既可以解散，也可以被改组成收购企业的所属部门或子公司。二者的共同特征是被并购企业的经营资源支配权发生了转移。

在实践中，兼并和收购通常被统一称为并购(merger and acquisition，M&A)。并购是企业进入新业务领域最通行的一种做法。这不仅是因为与从头开始一项全新业务相比，它是一条进入目标市场的捷径，而且因为它提供了一种跨越壁垒进入新业务领域的有效办法。这些壁垒包括获得技术方面的经验、建立与供应商的联系、达到足够大的规模以抗衡竞争对手的效率和单位成本、不得不在广告和促销方面进行大量开支以获得市场青睐和品牌承认、保证有足够的销量等。

### 7.3.2　兼并收购的动因

1. 协同效应

协同效应认为，企业并购的动机就在于释放出并购企业剩余的资源，通过并购可以扩大企业生产规模，达到规模经济的生产范围，降低生产成本，从而提高竞争优势；利用被并购企业的竞争优势，实现并购与被并购企业之间的优势互补，从而产生新的竞争优势，实现企业整体价值大于并购前各个企业价值之和。

2. 扩大生产规模，提高经济效益

一个企业规模大小，对其竞争具有决定性影响。一般而言，规模越大，越能赢得客户信赖，从而占领更多市场。企业通过并购，有利于生产要素互补，实现强强联合达到一定规模，有利于形成能降低单位成本，提高经济效益的规模经济优势。对于并购企业而言，发展规模经济，需要注意投入与产出之间的关系。

3. 取得税负利益，降低成本

由于企业并购会引起企业利益相关者之间的利益再分配，并购利益从债权人手中转到股东身上，或从一般员工转到股东及消费者身上，并购企业股东会赞同这种对其有利的并购活动。对于被并购企业的所有者来说，用原企业的利益交换一家大企业的股份，相比直接出售企业获得现金，可能免除税收上的负担。按照美国税法规定，企业可以利用税法中的亏损递延条款进行合理避税，对于拥有较大盈利的企业往往会把那些拥有相当数量累计亏损的企业作为并购对象，纳税收益作为企业现金流入的增加，可以增加企业的价值。因此，如果被并购企业往往无法维持经营而出售，由于亏损可以在若干年内税前弥补，一个高额盈余的企业并购这个亏损的企业，无疑就会使企业据此条款采取某些恰当的财务处理方法达到合理避税的目的。以上税收政策的优惠，对于那些内部投资机会短缺而现金流动又很丰裕的企业而言，无疑会成为其并购目标企业的直接动机。

4. 上市“圈钱”，买壳上市

在我国，上市资源是一种稀缺资源，企业置业需要大量资金，只靠企业本身的积累是不行的。许多文献显示，大量的并购常常会发生在上市公司身上，因为由于证券市场的出现，购买企业的成本就会大幅度地降低。同时，证券市场又是一个融资成本很低的市场，而融资又是企业并购非常重要的条件，由于我国证券市场规模较小，且不完善，再加之证券监管部门对上市资源审查相当严格，一些企业，尤其是民企很难有上市的机会，于是就出现了越来越多只能买壳上市、借壳上市的情况。在企业通过并购获得上市公司的壳后，对企业进行整体整合，将优质资产注入到壳公司，并剥离壳公司的不良资产，使上市公司的经营业绩发生显著变化，财务状况得到大幅改善，使股票市场对企业股票评价发生变化，提高并购方的价格收益比率，最终达到证券监管部门规定配股标准，实现进入证券市场融通资金的目的。

5. 获取低价资产，实行投机行为

获取低价资产是我国经济转型时期企业并购的另一个动因。企业并购的主要原因往往都在于目标企业的价值被低估，而低估的主要原因有三个：①企业的经营管理能力并没有发挥应有的潜力；②并购企业发现由于某些原因造成目标企业的股票市场价值低于重置成本；③并购企业知道一些外部市场所不知道的信息而认为目标企业价值被低估，认为通过并购，会得到收益时，就会采取并购手段。如有些经营不善的企业，当时拥有无偿使用的国有土地，而这些土地未能在前期经营中发挥出应有的效能，其真实价值被低估，再加上我国目前在土地使用的审批上把持比较严格。因此，对于经营业绩良好的企业，可以通过并购获得这些被并购的企业的廉价土地。还有些企业以大量举债方式通过股市收购目标企业股权，再将部分资产出售，然后对目标企业进行整顿，再以高价卖出，从而实现充分利用被低估的资产获取并购收益的目的。

6. 实现多元化发展，以降低风险

多元化发展既是企业并购的重要原因，同时也是降低企业发展单一业务、回避业务萎缩和获得整体规模优势的重要途径。由于并购是企业扩张的捷径，也是企业实行多元化经营的最常见办法。因此，实现多元化发展，不仅可使企业的自身风险降低，而且还可在一定条件下增强企业核心能力的稳固性和降低企业收益的不稳定性，以达到其竞争优势的目的。

7. 提高企业家名望，提升企业市场价值

对于企业管理者来说，通过成功的企业并购来实现企业业务领域的扩张、达到企业市场价值的提升，从而可以提高企业家自身在社会上的地位和市场上的价值。通常而言，目标企业被并购后，其股票的市盈利率会维持在一个较高的水平，股价也会随之上升，每股收益也会得到改善，股东的财富得到了增加，这种通过并购方式所产生的财务预期效应，最终使得企业市场价值得到提升。

8. 保持竞争优势，克服行业进入壁垒

在当今经济危机时刻，企业为了自己的生存与发展，不得不在严峻的市场中进行激烈竞争，有些企业为防止被大企业吞并，不得不并购其他企业或者与其他企业以联合形式组建起大的企业集团；此外，企业以并购形式可较容易地进入一个新的领域，这样就可以直接绕过贸易壁垒，开展新的业务，开拓和占领新的市场，并获取长期丰厚的利润。

9. 减少建设周期，提高竞争能力

企业需要不断发展，实现发展可以有以下两种方式：①企业内部进行投资，新建生产能力。即自建厂房、购置生产设备来扩大生产，则很可能会由于因缺乏经营新业务的经验，从投资到投产以及对新员工的培训等需要较长时间，这样不仅会导致延长项目的建设周期，而且资源的获取及配置方面也会受到限制最终制约企业发展的速度。②企业外部进行投资。即通过并购获得原来企业现存的生产力，这样的并购可以节省时间。如果通过这种方式来扩大生产，并购企业则可借鉴目标企业的经营经验，在极短的时间内将其规模做大，提高竞争能力，将竞争对手击败，这样就有利于减少竞争，避免降价的风险。尤其是在进入新行业的情况下，谁领先一步，就可以在原材料、区域、销售渠道、声誉等方面取得优势，在行业内迅速建立领先优势甚至是超越优势，这种优势一旦建立，别的竞争者就难以取代。

### 7.3.3 兼并收购的类型

兼并收购有许多具体形式，这些形式可以从不同的角度加以分类。

1. 按照并购双方所处的行业划分

按并购方与被并购方所处的行业相同与否，可以分为横向并购、纵向并购和混合并购三种(表7-1)。

表7-1 按照并购双方所处行业划分

| | |
|---|---|
| 横向并购 | 1. 并购方与被并购方处于同一行业 |
| | 2. 横向并购可以消除重复设施，提供系列产品或服务，实现优势互补，扩大市场份额 |
| 纵向并购 | 1. 是指在经营对象上有密切联系，但处于不同产销阶段的企业之间的并购 |
| | 2. 纵向并购分为顺向并购与逆向并购 |
| | (1) 顺向并购是指沿着产品实体流动方向所发生的并购(上游并购下游) |
| | (2) 逆向并购是指沿着产品实体流动的反向所发生的并购(下游并购上游) |
| | 3. 纵向并购可以加强企业经营整体的计划性，协调供产销结构，增强企业竞争能力 |
| 混合并购 | 1. 是指处于不同行业、在经营上也无密切联系的企业之间的并购 |
| | 2. 混合并购的目的在于实现投资多元化，减少行业不景气可能造成的经营风险，扩大企业经营规模 |

2. 按照被并购方的态度划分

按被并购方对并购所持态度不同，可分为友善并购和敌意并购(表 7-2)。

表 7-2　按照被并购方的态度划分

| 友善并购 | 敌意并购(恶意并购) |
|---|---|
| 1. 通常是指并购方与被并购方通过友好协商确定并购条件，在双方意见基本一致的情况下实现产权转让的一类并购 | 1. 通常是指当友好协商遭到拒绝后，并购方不顾被并购方的意愿采取强制手段，强行收购对方企业的一类并购 |
| 2. 此种并购一般先由并购方选择被并购方，并主动与对方的管理当局接洽，商讨并购事宜。经过双方充分磋商签订并购协议，履行必要的手续后完成并购 | 2. 敌意并购也可能采取不与被并购方进行任何接触，而在股票市场上收购被并购方股票，从而实现对被并购方控股或兼并的形式 |
| 3. 在特殊的情况下，也有被并购方主动请求并购方接管本企业的情形 | — |

3. 按照并购方的身份划分

按照并购方的不同身份，可以分为产业资本并购和金融资本并购(表 7-3)。

表 7-3　按照并购方的身份划分

| 产业资本并购 | 金融资本并购 |
|---|---|
| 1. 一般由非金融企业进行，即非金融企业作为并购方，通过一定程序和渠道取得目标企业全部或部分资产所有权的并购行为 | 1. 一般由投资银行或非银行金融机构(如金融投资企业、私募基金、风险投资基金等)进行 |
| 2. 并购的具体过程是从证券市场上取得目标企业的股权证券，或者向目标企业直接投资，以便分享目标企业的产业利润 | 2. 金融资本并购有两种形式：<br>(1) 直接与目标企业谈判，以一定的条件购买目标企业的所有权，或当目标企业增资扩股时，以一定的价格购买其股权；<br>(2) 在证券市场上收购目标企业的股票从而达到控股的目的 |
| 3. 产业资本并购表现出针锋相对、寸利必争的态势，谈判时间长，条件苛刻 | 3. 金融资本一般并不以谋求产业利润为首要目的，而是靠购入然后售出企业的所有权来获得投资利润。因此，金融资本并购具有较大的风险性 |

4. 按照收购资金的来源划分

按收购资金来源渠道的不同，可分为杠杆收购和非杠杆收购(表 7-4)。

表 7－4　按照收购资金的来源划分

| 杠杆收购 | 非杠杆收购 |
|---|---|
| 1. 收购方在实施企业收购时，如果其主体资金来源是对外负债，即并购是在银行贷款或金融市场借贷的支持下完成的，就将其称为杠杆收购 | 收购方在实施企业收购时，如果收购方的主体资金来源是自有资金，则称为非杠杆收购 |
| 2. 杠杆收购的突出特点是收购者不需要投入全部资本即可完成收购 | — |

### 7.3.4　并购失败的原因分析

在企业并购的实践中，许多企业并没有达到预期的目标，甚至遭到了失败。一些学者对此做了大量的分析研究，发现企业并购失败的主要原因有以下几个方面。

1. 并购后不能很好地进行企业整合

企业在通过并购进入一个新的经营领域时，并购行为的结束只是成功的一半，并购后的整合状况将最终决定并购的实施是否有利于企业的发展。企业完成并购后面临着战略、组织、制度、业务和文化等多方面的整合。其中，企业文化的整合是最基本、最核心，也是最困难的工作。企业文化是否能够完善地融为一体影响着企业生产运营的各个方面。如果并购企业与被并购企业在企业文化上存在很大的差异，企业并购以后，被并购企业的员工不喜欢并购企业的管理作风，并购后的企业便很难管理，而且会严重影响企业的效益。因此，企业应当重视用企业文化而不是资产来改造被并购企业。

2. 决策不当的并购

企业在并购前，或者没有认真地分析目标企业的潜在成本和效益，过于草率地并购，结果无法对被并购企业进行合理的管理；或者高估并购后所带来的潜在的经济效益，高估自己对被并购企业的管理能力，结果遭到失败。

3. 支付过高的并购费用

当企业想以收购股票的方式并购上市公司时，对方往往会抬高股票价格，尤其是在被收购公司拒绝被收购时，会为收购企业设置种种障碍，增加收购的代价。另外，企业在采用竞标方式进行并购时，也往往要支付高于标的的价格才能成功并购。这种高代价并购会增加企业的财务负担，使企业从并购的一开始就面临着效益的挑战。

### 7.3.5　国内煤炭企业的并购

国内煤炭企业并购重组实施大集团战略，多是从计划经济时期的矿务局通过公司制改造发展起来的。在后续推进中，一些产煤省(区、市)勇于突破原矿务局运行机制的束缚，将若干个大型、特大型煤炭企业通过并购整合组建一个更大型的煤炭企业集团，统一开发若干个矿区，甚至打破行政区划、所有制界限和行业壁垒，由一个集团公司开发全省乃至跨省开发煤炭及相关产业。把煤炭企业集团做大再做大、做强再做强，已是大势所趋。

2002—2008年，以下几个特大型煤炭企业集团的崛起，已经成为煤炭行业跨越式发展的典范。

（1）2002年12月至2006年1月经先后两次并购重组成立的神华宁夏煤业集团公司。

（2）2004年2月至2006年6月经先后两次并购重组成立的陕西煤业化工集团公司。

（3）2004年12月并购重组成立的黑龙江省龙煤矿业集团公司。

（4）2005年12月至2008年6月经两次并购重组成立的冀中能源集团公司。

（5）2008年12月经并购重组同一天挂牌成立的中国平煤神马能源化工集团公司和河南煤业化工集团公司。

自2008年年末以来，江西、四川、湖南、重庆、云南等省份均并购重组成立了全省性煤炭企业集团，安徽、吉林等省份组建全国性煤炭企业集团均在实施推进中。进入2010年，山东省决定，除已成为跨国公司的兖州矿业集团公司外，将其余枣庄、临沂、肥城、新汶、淄博、龙口计6个煤矿集团公司并购重组一个特大型企业集团——山东能源集团公司。

山西省是较早实施煤炭大集团战略的主要产煤省，自20世纪末即先后并购重组了山西焦煤集团公司、大同煤矿集团公司，另有经改制组建的阳泉煤业、潞安矿业和晋城无烟煤矿业集团公司，号称“五大集团”。其间，煤炭流通企业山西煤炭进出口集团公司和山西煤炭运销集团公司相继实施大集团战略，并购了省内部分煤炭生产企业。这些企业集团在这一轮煤炭资源整合、企业并购重组中，均作为整合重组主体在省内整合并购地方煤炭企业，打破了多年“划企为牢”的格局。

## 7.4 战略联盟

战略联盟(strategy alliance)，就是企业与企业之间通过战略性合作，形成一种协作性的竞争组合，但合作各方仍保持其生产经营的独立性。战略联盟不同于垄断组织和企业集团等经济联合体，联盟企业之间是在合作中竞争、在竞争中合作，并且在合作过程中获得更多的竞争优势。

### 7.4.1 战略联盟的动因

（1）增强自身实力。在激烈竞争的市场环境中，企业要想获取持久的竞争优势，在市场上立于不败之地，必须善于利用各方面的力量，以提高竞争能力，企业通过与自己有共同利益的经营单位建立战略联盟，彼此之间可以通过加强合作而发挥整体优势，尤其是对竞争者的看法上，战略联盟理论与传统管理理论有着不同的看法。传统理论认为，企业都是与竞争对手处于势不两立的位置，双方都是想采取一切可能的手段将竞争对手挤出市场。而在战略联盟中，竞争对手之间可能通过彼此的合作，加强各自实力，共同对付别的竞争者或潜在竞争者。

（2）扩大市场份额。有的企业之间通过建立战略联盟来扩大市场份额，双方可以利用彼此的网络进入新的地区市场，加强产品的销售，或者共同举行促销活动来扩大影响。

（3）迅速获取新的技术。目前，技术创新和推广的速度越来越快，一家企业如果不能紧跟技术前进的步伐就很可能被市场所淘汰，即使很大的企业也存在着这一方面的压力。而技术创新需要企业有很强的能力和充分的信息，否则很难跟上技术创新的步伐，这就要求具备各种专长的企业之间的配合，而战略联盟正好能够满足这一要求。

(4) 进入国外市场。竞争全球化是企业竞争的一个新趋势，这已为越来越多的企业所认识，很多大的企业正在谋求全球化发展，但是仅靠出口产品的方式占领国际市场存在着很大的局限。现在许多企业都试图在国外生产、国外销售，这一方式也存在着很大问题，因为国外的经营环境与国内有很大差别，且由于各国政府法规的限制，这对企业的发展有着极大的制约。通过与进入国企业建立战略联盟，用合资、合作、特许经营等方式可以有效解决这一问题，这些优点是在国外直接投资建厂、并购当地企业所不具备的。

(5) 降低风险。现代市场竞争千变万化、瞬息万变，因此企业经营存在着巨大风险，而通过战略联盟的方式可以分担风险从而使企业经营风险大大降低。

### 7.4.2 几种常见的战略联盟形式

战略联盟具有多种形式，而且可以采取多种不同手段，为联盟企业提供一种保障长期业务合作关系的纽带。战略联盟可能会衍生出合资企业、技术共享、市场与销售协议、风险资本投资、特许经营和委托制造等。

1. 合资企业

合资企业(joint ventures)，是指两家或两家以上的企业共同投资、共同管理、共同承担风险和共享利润的企业。合资企业对小型企业或风险规避型企业特别有吸引力，或者特别适用于研发成本非常高的技术开发。

合资企业通常具有以下几种形式：

(1) 两家或两家以上的企业共同提供资源成立一家新企业，开发新技术，使成熟技术商品化或开拓新市场。这是最常见的一种形式。

(2) 两家或两家以上的企业将现有的下属企业合并或业务合并组成一家新企业，从而增强市场竞争力。

(3) 合资经营产生于一家企业将其下属企业或业务的部分股权出售给其他企业。

(4) 两家或两家以上的企业联合收购一家现有企业。这种形式可以分散收购成本，同时有利于在将来把共同拥有的企业分解。

需要指出，无论采取哪一种形式，合资企业成功的关键在于签订尽可能完善的合资协议，确保友好的合作机制，避免潜在冲突，并使合资企业拥有自由灵活的决策权力。

合资企业具有以下优点：

(1) 允许企业覆盖大量的国家或地区。

(2) 可减少政府干预的风险。

(3) 可对经营进行更紧密的控制。

(4) 合资企业中有本地企业可提供当地知识。

(5) 它也可以作为一项学习活动。

(6) 为成本高的技术研究项目提供资金。

(7) 经常可用于购买或建立全资的国外制造企业。

(8) 可从另一家企业那里获得在一家企业中无法获得的核心竞争力。

合资企业的缺点是：

(1) 合资各方在利润分成、投资金额、合资企业的管理以及营销战略方面存在严重的冲突。

(2) 合资各方为保护知识产权(例如专有的产品设计)而产生的冲突。

(3) 当合资一方改变经营战略或被另一家企业收购时，它可能会计划退出合资企业。

(4) 缺少管理权益。合资企业的管理者可能会被排除于母公司的管理核心之外。

(5) 可能会难以跨地理领域或法规领域实施合同权利。

2. 特许经营

关于特许经营的主体内容，第5章已经从企业国际化经营的角度进行了介绍。这里仅从战略联盟的角度对其补充介绍。

现有的特许经营体系有4种类型：

(1) 制造企业与零售业相结合，如汽车企业或石油企业对4S店或加油站的特许。

(2) 制造企业与批发商相结合，如饮料企业把商标或品牌的特许权转让给批发商。

(3) 服务企业与零售店相结合，如日常生活中经常遇到的快餐服务、食品销售、美容美发等以服务为中心的零售特许。

(4) 批发商和零售店相结合，即批发商把个人的商誉卖给零售店而结成的一种关系，是零售店得到的一种品牌或在一定地区的特许代理权、包销权。

作为中小企业，若想加盟特许经营，必须具备以下条件：

(1) 具有很强的协作能力。

(2) 具有独立经营者的资格、素质以及必备的资金。

(3) 熟悉市场情况，掌握必要的知识和技术。

(4) 能够在一定时期内保持经营的连续性，不随便更换经营项目。

授权企业与接受特许权的企业之间既是一种控制与被控制的关系，也是一种相互沟通协作、彼此尊重对方的自主权的持续关系。一旦授权企业发现接受特许权的企业有违反协议的行为或要求，或者双方感到这种合作无利可图，那么授权企业可以收回特许权，接受特许权的企业也可以退出特许经营，从而终止这种关系。

3. 委托制造

委托制造，是指委托方提供技术、工艺、设计方案、市场、规范、标准、质量要求等产品要素，制造方按订单加工的长期战略联盟方式。委托制造最初始于汽车制造业。日本丰田汽车公司就委托了5000多家协作厂制造标有TOYOTA标志的产品。委托制造的另一个常见名称为OEM(original equipment manufacture)，即原始设备制造。

从理论上讲，委托制造的运行必须具有一定的基础和条件。简单地说，就是要具备外部卓越的制造能力和自身优秀的无形资产。更通俗的理解为“别人的设备，自己的品牌”。具体说来，委托方应该具备的条件：(1)优秀的技术输出能力；(2)优秀的品牌形象；(3)广泛的市场网络；(4)产品开发能力；(5)技术控制能力。制造方应该具备的条件：

(1)过剩的、优秀的制造能力；(2)真诚的合作意愿；(3)缺乏市场开拓能力。

委托制造实质上是一种强强联合的方式，合作双方是优势互补。制造方拥有过剩的生产能力，通过产销量的增长来降低单位产品的制造成本；委托方通过原有的网络优势、品牌优势促进产品销售，降低各种广告、促销费用，相对地降低市场营销成本。委托制造使委托方节省了固定资产投资，使大量的资本投资用于更好的资源配置，使企业的财务成本得以下降。

### 7.4.3 战略联盟操作应用策略

总体说来，战略联盟是一种新的组织模式，与兼并收购相比，具有反应迅速、机动灵活的优点，但也正是由于这些特点产生了许多不足，在具体操作中应注意运用以下策略。

1. 慎重选择合作伙伴

由于战略联盟中合作各方关系相对十分松散，其内部存在着市场和行政的双重机制在起作用，而不是像并购中主要靠行政方式来管理，因此合作各方能否真诚合作对于战略联盟的成败有决定影响，在组建联盟时必须选择真正有合作诚意的伙伴。

此外，合作各方核心专长是否能够互补也有很重要影响，因为战略联盟的核心思想就是通过联盟这一方式发挥核心优势互补的效应，因此合作之前必须很好进行权衡。

2. 建立合理的组织关系

战略联盟是一种网络式的组织结构，不同于传统企业层级式的模式，因此对其管理与传统组织中的管理有着不同要求。在战略联盟设置之初应该针对合作的具体情况，确定合理的组织关系，对合作各方的责、权、利应进行明确的界定，防止由于组织不合理而影响其正常的运作。

3. 加强沟通

战略联盟各方由于相对独立，因此彼此之间组织结构、企业文化、管理风格有着很大不同，尤其是跨国界的战略联盟这一方面表现更加突出。这对双方的沟通、合作造成了一定的困难，而在战略联盟中，合作各方良好的沟通与协作对于联盟的成败有着重要影响，许多战略联盟的失败都是由于各方缺乏沟通所致。

## 本章小结

本章介绍了企业战略管理过程中支撑企业战略顺利实施的四个关键因素：组织结构、公司治理、兼并收购和战略联盟。企业战略决定了组织结构所需要采取的形式，特定的企业战略与特定的组织结构结合才能推动战略目标的实现。只有具备了完善的公司治理结构，企业战略才能顺利实施。在企业选择做大做强时，兼并收购与战略联盟都是支撑企业实现这一战略目标的重要手段。

## 关键术语

组织结构　公司治理　兼并收购　战略联盟　合资企业　特许经营　委托制造

# 习　题

一、单项选择题

1. 张先生自己经营着一家出租车行，提供随时叫车随时付款的服务。随着业务的发展，他想多找几个合伙人，进行投资，由张先生自己负责管理出租车行的日常经营。根据以上信息可以判断，张先生的出租车行采取的组织结构属于(　　)。

A. 简单型组织结构　　B. 职能制组织结构

C. 事业部制组织结构　　D. 矩阵制组织结构

2. 甲公司为软件开发公司，总部设在北京。其主要客户为乙移动通信公司(以下简称“乙公司”)，甲公司主要为乙公司实现预期通信功能和业务管理功能提供应用软件开发服务。乙公司以各省或大型城市为业务管理单位，各业务管理单位需求差异较大，软件功能经常升级。甲公司和乙公司保持了多年的良好合作关系。甲公司所处的软件开发行业的突出特点是知识更新快，同时也导致经验丰富、素质高的软件工程师流动性较大，为此甲公司按乙公司的业务管理单位，对各项目进行管理和考核。根据上述情况，适合甲公司选择的最佳组织结构类型是(　　)。

A. 直线职能制组织结构　　B. 事业部制组织结构

C. 战略业务单位组织结构　　D. 矩阵制组织结构

3. 下列关于企业组织结构影响因素的表述不正确的是(　　)。

A. 如果一家企业需要及时对其经营所在地的市场变化做出灵活反应，企业就可能会采用分权式结构来实现更大的灵活性

B. 企业的规模与组织结构无关

C. 技能熟练的、独立的专业人员通常要求采用分权式的组织结构并要求取得自主权

D. 稳定的环境允许企业采用较为严格的、常规的组织结构；而不断变化和不确定性的环境就要求企业采用更为灵活的、可调整的组织结构

4. 甲公司是一家计算机服务器配件生产企业，其目标是进入主流市场，为了降低进入市场的风险和得到“所需的”进入条件，希望向部分企业学习、互补不足。为此，企业可选择的最佳战略是(　　)。

A. 联合发展和战略联盟　　B. 内部发展

C. 维持经营　　D. 市场扩展

5. 甲公司有M、N、P三个部门，部门经理分别为邓经理、祖经理、王经理。公司正在进行某项目，该项目经理为赵经理，项目按照矩阵管理法实施，该项目分别从P、M部门借入小马和小刘，则不是该项目参与者的是(　　)。

A. 王经理　　B. 邓经理　　C. 祖经理　　D. 小刘

6. 组织结构与战略的关系的基本原则是(　　)。

A. 组织战略服从于组织结构　　B. 组织结构服从于组织战略

C. 组织战略与组织结构同等地位　　C. 组织战略需要适应组织结构的要求

7. 职能制组织结构是组织结构的典型模式，下列关于职能制组织结构说法错误的是(　　)。

A. 该结构适用于单一业务企业的职能型结构

B. 不利于企业实现规模经济

C. 难以确定各项产品产生的盈亏

D. 其等级层次以及集权化的决策制定机制会放慢反应速度

8. 根据公司治理的基本原则，下列各项中，说法错误的是(　　)。

A. 董事会中大部分成员应当是独立董事

B. 企业应向投资者披露重要信息

C. 鼓励建立内部审计部门

D. 独立董事的人事管理角色是指由独立董事负责公司人力资源管理职能

二、多项选择题

1. 直线职能制组织结构的优点包括(　　)。

A. 这种结构更具灵活性，因而更有助于企业实施产品差异化

B. 能够通过集中单一部门内所有某一类型的活动来实现规模经济

C. 组织结构可以通过将关键活动指定为职能部门而与战略相关联

D. 工作效率高

2. 甲公司是上海一家集团企业，其核心业务为批发外国高级品牌的休闲服及内衣，其他业务包括代理世界各地不同品牌的化妆品、手表和鞋。最近，甲公司购入了在国内拥有五家玩具连锁分店的乙公司，并与丙公司签订战略联盟协议参与餐饮业务。为配合甲公司的总体战略实施，甲公司可以选择的组织结构类型有(　　)。

A. 产品/品牌事业部制组织结构　　B. 直线职能制组织结构

C. M 型企业组织结构　　D. 创业型组织结构

3. 多年以来，1200 家被列入标准普尔指数的企业都在进行着纷繁的收购，但执行收购之后 70%都以失败告终。企业并购失败的主要原因有(　　)。

A. 并购后不能很好地进行企业整合　　B. 决策不当的并购

C. 无法形成协同效应　　D. 支付过高的并购费用

4. 以下属于战略联盟发展方式的有(　　)。

A. 宝钢斥巨资引进优质特种钢生产线

B. 福特授权长安汽车生产福特品牌的产品

C. 荷兰国际集团收购巴林银行

D. 一汽与丰田合作办厂生产汽车

5. 创美公司是香港一家集团企业，其核心业务为批发外国高级品牌的化妆品和手表。其他业务包括代理世界各地不同品牌的休闲服装、皮包和鞋。最近，创美公司购入了在国内拥有五家家具连锁分店的乙公司，并与丙公司签订战略联盟协议参与美容美体业务。为配合创美公司的整体战略实施，该公司可以选择的组织结构类型有(　　)。

A. 产品/品牌事业部制组织结构　　B. 职能制组织结构

C. M 型企业组织结构　　　　　　　　　　D. 矩阵制组织结构

三、简答题

1. 简述组织结构与企业战略的关系。

2. 简述公司治理的概念与模式。

3. 简述企业并购的动因。

4. 简述企业并购的类型。

5. 简述战略联盟的常见形式。

四、思考题

1. 腾中重工宣告并购悍马吸引了所有人的讨论，对一家名不见经传的民企的关注，对其是否有实力收购以及是否有能力管理悍马品牌等的质疑，都远远超过了对并购活动本身的关注。

要求：

(1) 按行业分类分析腾中重工并购悍马属于哪种并购类型?

(2) 结合资料，分析企业并购的原因有哪些?

2. 甲公司为从事石油化工及投资的大型企业。甲公司下属子公司乙公司于 2007 年在香港成功发行股票并上市。2010 年 9 月乙公司购入总部位于英国的丙公司 4.2%的股份。

经过与丙公司的接触，乙公司认为，全面收购丙公司符合其长远发展目标。丙公司在尼日利亚的全资子公司是其营业收入和净利润的主要来源，经营石油开采、管道运输、加工、销售等石油化工相关的业务，拥有的油气储量占尼日利亚已探明油气储量的 1/5。此外，丙公司于 2009 年初在伊拉克以 15 亿英镑的价格购买了新的油田，目前正在进行深入勘探。对于丙公司购买的伊拉克油田，很多股东对该油田储量的预测并不乐观，导致丙公司的股票价格自 2009 年开始一直低于每股 15 英镑。

2011 年 4 月 7 日，乙公司认为收购丙公司的时机已经成熟。因而向丙公司的股东发出收购要约，拟以每股 18 英镑的价格收购丙公司其他股东持有的全部股份，该收购价格比报价前 20 个交易日丙公司股票的平均价格高出 25%。在乙公司发布要约收购丙公司消息的当天，丙公司股票价格大幅上涨，报收于每股 19 英镑。并且，英国政府相关监管部门表示，将密切关注乙公司收购丙公司事宜。

要求：

(1) 简要分析乙公司在做出收购丙公司的决策时应当特别考虑的政治环境因素。

(2) 简要分析乙公司收购丙公司应当特别考虑的当前经济环境因素。

3. 张鹏于 2000 年创立了南华厨具用品公司。南华厨具用品公司确立的基本经营理念是“满足顾客的一切需要”，其不但销售普通的厨房用具，而且还向顾客提供一系列的后续服务，如瓷砖安装、地热安装、空调维护等。为确保销售产品的质量，张鹏专门建立了网络采购系统，选择全球最优质的厨具生产企业进货。南华厨具用品公司因其经营理念，获得了顾客的广泛认可，其销售业绩远高于同行业的水平。

为了进一步保持竞争优势，张鹏开始考虑扩张南华厨具用品公司。他考虑了两种方式：一是采取增开分店的方式，二是采取加盟方式。

要求：

(1) 简要分析张鹏采取增开分店方式扩张对南华厨具用品公司的组织结构与控制、成长性、盈利性以及风险的影响。

(2) 简要分析张鹏采取加盟方式扩张对南华厨具用品公司的组织结构与控制、成长性、盈利性以及风险的影响。

4. 乙公司是一家历史悠久的英国奶制品公司，业务遍布欧洲、亚洲和美洲，其规模在英国同行业排名第二。乙公司生产的主要产品包括婴儿奶粉、全脂成人奶粉、各类乳酪制品，并一直使用单一品牌在各地市场上销售。

乙公司在英国总部聘用了 400 余名营销人员，分别负责各地区的销售业务。大多数营销人员的大部分时间均在外国出差，与当地大型超市及经销商洽谈业务。乙公司生产总部的厂房与农场均设于英国市郊，采用劳动密集型的生产及包装模式。乙公司各生产线的生产成本占公司总运营成本的 30%，比同行业平均水平高约 5%。

近年来，某些地区兴起以瘦为美的理念、崇尚多样化口味的饮料等，导致奶制品市场竞争激烈。由于乙公司未能对各个地区市场变化采取应对措施，导致其总体市场份额和利润率均下降 10%以上，在成人奶粉细分市场的份额下降了 20%。

经研究分析，最高管理层发现乙公司在战略制定、内部组织结构和经营管理等方面存在缺陷，急需进行调整。最高管理层决定在乙公司内推行全新的运营模式，并拟将总部直接管理各地区业务的业务管理模式调整为区域事业部制的组织结构。

要求：

(1) 简要分析乙公司在成人奶粉市场面对的挑战，并提出可以增强乙公司竞争优势的可选战略建议。

(2) 简要分析乙公司实施“区域事业部制”组织结构的好处，并提出乙公司应如何组织“区域事业部制”组织结构的建议。

5. A 汽车公司的组织结构简单，然而这种组织结构能够战略性地反映出 A 公司业务的变化与经营重点。A 公司有三个基本的经营单位：汽车集团、多样化产品公司和家电公司。

1) 汽车集团

汽车集团分为国内汽车公司与国际汽车公司两个部分，国内汽车公司有 50 多余条装配及生产线。如今 A 汽车集团在提高其销售量的过程中正经受严峻的考验，2010 年首次出现了 A 公司的收益低于其对手 B 汽车公司的情形。尽管 A 汽车公司是唯一一家国内市场份额增加的汽车生产厂，但其小轿车在 2010 年前 10 个月里仅占市场份额的 22.3%。尽管 B 汽车公司的市场份额下降了整整一个百分点为 35.1%，但是它仍然控制着市场。国内汽车公司的汽车生产也面临着困境。尽管 A 汽车公司宣传“质量第一”的口号，可它仍不得不定期对各种型号的汽车车主进行访问调查。

国际汽车公司在 22 个国家拥有分公司，主要分为 3 个区域：欧洲、拉丁美洲与亚太地区。A 汽车公司与 9 个国家的汽车生产厂商保持着国际性业务关系。虽然国际汽车公司在前些年为国内落后的汽车销售起着平衡作用，但是分析家们预测，在经过了汽车历史上销售最好的 5 年后，整个汽车行业在欧洲的销售将会出现下滑。A 汽车公司与它的竞争对手发现，日本厂商不仅在国内汽车市场是他们最强有力的竞争者，而且随后在英国北部推出的日本汽车，丰田和本田计划在欧洲建立工厂并在 2008 年投入运营，这些都使得它们成为A汽车公司及其他汽车厂商在欧洲的主要竞争者。日本三大厂商的举措有可能会抢占目前市场份额的13.5%，由此也会导致A国际汽车集团损失一大部分市场份额。

2）多样化产品公司

多样化产品公司包括A汽车公司所有的支撑性业务。作为A汽车公司内的供应组织，多样化产品公司在节约供应成本方面扮演着重要角色。

3）家电公司

该公司主营冰箱业务，随着中国加入WTO，以及国内冰箱市场竞争日趋激烈，该公司将发展的眼光扩展到了海外市场。经过对某非洲国家详细的分析和研究，发现该国家政局稳定，领导人注重吸引外来投资，最近几年经济发展较为稳定，冰箱市场容量较大，消费者有一定的购买力。当地只有两家冰箱生产企业，很多冰箱需要通过进口的方式进入该国，价格偏高，影响了消费者的购买。同时，该国劳动力和相关原料供应充足，成本较低。该公司随即决定进入该国市场，通过自有资金收购了当地一家生产企业和一家原料供应企业。通过这种方式，该公司很快在该国冰箱市场上占据了一定的市场份额。

要求：

（1）说明A汽车公司的组织结构属于何种类型。

（2）试分析A汽车公司的组织结构与企业战略的关系。

（3）在进入国外市场前进行过哪些战略环境分析？

（4）根据企业并购战略的相关知识，分析家电公司是以什么方式进入国外市场的。

6. 大河啤酒成功地在中国西部一个拥有200万人口的A市经营多年，不仅在该市取得了90%以上市场占有率的绝对垄断，而且在全省的市场占有率也达到了70%以上，成了该省啤酒业名副其实的龙头老大。但是大河啤酒作为一家老的国有企业在营销人才和方法上都存在一定的问题，公司多年来产销的啤酒种类变化很小。

然而，在2008年上半年距离A市很近的原规模很小的豪爽啤酒公司引入了境外投资者，之后立刻花费近亿元的资金搞技改，还请了世界第四大啤酒厂的专家坐镇狠抓质量。并投入巨额资金进行广告和促销，迅速抢占了大河啤酒的部分市场。

面对竞争，大河啤酒在检讨失利的同时，决定作两个方面的调整：

（1）通过开发新的啤酒品种来在省内与豪爽公司进行竞争。

（2）利用公司闲置的现金收购甲饮料公司，甲饮料公司成立时间不是很久，拥有很好的销售渠道和产品，公司原有投资者出现财务困难急需转让公司，大河啤酒通过协商购买了饮料公司的全部股权。

大河啤酒收购甲饮料公司后利用该饮料公司的销售渠道很好地拓宽了其啤酒的销售渠道，在竞争中打败了豪爽啤酒公司，最终豪爽啤酒公司因前期投入资金过大，经营难以维系而宣告破产。

大河啤酒收购甲饮料公司一年后，根据公司财务部门的统计，公司饮料业务的投资报酬率要远高于资金成本，销售增长率也超过了可持续增长率。公司估计销售增长率超过可持续增长率的状况会在比较长的时间内存在。

要求：

（1）运用SWOT分析法，分析大河啤酒面临的环境。

（2）大河啤酒采用的总体战略有哪些？

（3）根据大河啤酒公司进行并购时，甲饮料公司采取的态度，指出该并购属于何种并购形式。

（4）确定大河公司饮料业务价值创造和现金余缺情况，分析该企业应采用的财务战略。

## 小论文

请选择任何一家你所感兴趣的煤炭上市公司，利用公开的信息资料分析其现在的公司治理模式，并阐述该模式与企业战略实施的关系。

# 第8章

# 企业风险管理

## 学习要点

- 风险的概念与特性
- 政治风险管理
- 财务风险管理
- 操作风险管理
- 法律风险管理

## 名人名言

微软公司离破产永远只有18个月。

——(美)微软公司前董事长 比尔·盖茨

心存危机者方能生存。

——(美)英特尔公司前总裁　安迪·格罗夫

我有的时候半夜会醒，一想起事情就害怕，但如果不是这样，那么你很快就会被别人干掉。

——(美)戴尔公司总裁　迈克尔·戴尔

## 导入案例

### 徐矿集团的内部风险防范控制

徐州矿务集团有限公司(以下简称“徐矿集团”)是一家具有130余年开采历史的国有特大型煤炭企业，是中国井工开采历史最长的煤炭生产企业之一，是江苏省唯一的大型煤炭生产基地。作为百年老矿，徐矿集团受计划经济体制影响较深。转型发展既面临着经济全球化、行业竞争加剧等外部风险压力，也存在着资源衰减、人员多效率低、社会负担沉重、体制转轨、产业转型等困难和矛盾。能否应对和防范经营风险，突破发展瓶颈，事关百年徐矿转型振兴。

近年来，徐矿集团坚持以科学发展观为指导，持续推进管理创新，全面加强风险管理，着力构建和完善适应市场竞争要求和企业自身发展实际的风险防控体系，有效应对和化解了内外部环境变化带来的经营风险和竞争风险，提升了企业科学管理水平，有力保证了国有资产保值增值和各项经营目标的实现。

1. 健全风险防控体制机制，搭建企业稳健运营平台

1）建立风险控制组织体系

加强内部风险控制，既是企业适应经济发展全球化的客观要求，也是新形势下应对危机、健康经营、转型振兴的内在要求。加强风险防范和控制，必须要高度重视，加强领导，统一部署、协调，纳入企业发展战略范畴。

徐矿集团为此专门成立了由集团公司主要领导任组长，财务部、经营管理部、投资管理部、资金结算中心、法律事务处等部门负责人为成员的风险防控领导小组，全面负责抓好企业内部风险控制工作的规划、检查、指导、考核，协调解决风险防控工作中的重大问题；明确要求各分公司、全资(控股)子公司建立风险防控组织机构，建立了主要领导亲自抓、分管领导具体抓、相关部门密切配合的运行机制。健全的领导体系为风险防控工作取得预期成效提供了可靠的组织保证。

2）健全风险排查体系

徐矿集团坚持风险排查制度，定期召开集团公司领导班子会、总经理安全办公会、经营分析会，全面系统地对企业经济运行情况进行分析和预警，动态分析和把握企业生产经营现状、销售情况、现金流、应收账款和存货周转情况、利润情况以及企业发展预期等信息，综合判断和确定企业实质风险状况，及时采取针对性措施，以最大可能地防范和规避企业经营风险。

徐矿集团坚持围绕人员、制度、管理、系统等方面进行全方位、多层面排查，做到横向到边、纵向到底、不留死角，坚决将风险消除在萌芽状态。推行风险排查市场化，实行有偿预警，鼓励和支持管理层和员工关注、参与企业风险防控，使风险管理意识转化为员工的共同认识和自觉行动，促进了企业精细化管理水平稳步提升。

3）不断完善财务管理制度体系

近年来，徐矿集团根据国家有关财会法律法规和上级有关文件要求，针对“走出去创业”和“引进来开发”以及振兴徐矿老工业基地带来的新情况、新要求，积极推进内部流程再造和组织结构调整，先后制订、修改和出台了财务管理、预算管理、内部经济往来结算、股权投资管理、证券投资风险控制管理、合同管理、固定资产管理等40多项规章制度，清理废止过时及不适应企业发展的文件和制度。

通过持续不断地整章建制，徐矿集团进一步明晰了集团公司与所属单位以及各股东方、经理层、管理者、业务人员四者之间的权责关系，确保了各项管理和经营业务的可靠性、规范性，从制度源头上控制了经营风险，为增强集团公司管控能力，实现国有资产保值增值提供了制度保障。

4）建立风险防范评价和绩效考核体系

为确保企业发展战略目标有序实现，及时纠正运营偏差，防范经营风险，从2006年开始，徐矿集团有计划、有步骤地在全集团范围内推行了平衡计分卡管理工具，并以平衡计分卡管理绩效考核体系为依

托，实行定量指标和定性指标相结合，建立了内部风险评价关键指标体系，减少了运营偏差。

为提高风险防控效果，徐矿集团注重加强内部风险控制流程评估，定期检查和评价内控业务流程运作的有效性，及时整改存在的缺陷和问题。实行风险防范考评结果与领导干部绩效薪酬、年度综合考评挂钩考核，增强了领导干部风险防范的主动性和积极性。

2. 完善风险防范保障措施，切实提高风险防控效能

1) 狠抓经营质量动态监管

徐矿集团定期召开经济运行分析会，动态分析和把握集团整体运行情况，针对重点单位、重点问题、重点事项，及时采取针对性整改措施，防止运行异常和波动。紧盯煤炭营销、物资采购、招议标、对外投资、资产重组等重点领域，深入开展管理纠偏、效能监察等活动，堵塞经营管理漏洞，规范了内部经营行为。加快内部审计转型，变事后审计为事前、事中审计，进一步扩大了其在企业经济运行中的话语权和影响力，促进了企业经济持续、健康、快速发展。坚持有利润和现金保障原则，调整经营绩效和经营性业务考核办法，确保了营业收入的真实性和有效性。通过加强经济运行动态监控，针对存在的问题及时采取整改措施，有效平抑了经济运行波动，避免了大起大落。

2) 积极推进财务管理信息化建设

随着企业发展规模不断壮大，所属分(子)公司不断增多且行业、地域分布较广，传统财务系统与企业集团化管理模式矛盾日益突出。为提高监管效率，创新管理手段，徐矿集团把财务信息化建设作为企业信息化建设的重中之重，以完善“四个集中”(会计集中核算、资金集中管理、物资集中采购、煤炭集中销售)为前提，以用友 ERP—NC 管理软件为平台，以会计信息系统为基础，整合资金结算、物资供应和煤炭销售系统，实现了四个系统无缝对接和财务业务一体化，初步构建了适应市场竞争需要和企业集团化发展要求的财务管理系统，提升了财务管理与核算水平，推动了传统财务管理由“人控”到“机控”的转变，实现了对二级单位会计核算的动态监控，增强了对重点业务、重点环节操作风险的实时监控能力，集团公司整体风险管理效率和效果得到明显改善。

3) 扎实推进企业内部法制化建设

徐矿集团始终把企业法制建设作为防范经营法律风险的主要抓手，构建职责明确、规范有序的企业法律事务工作网络体系，增设了企业风险防控的新防线。

(1) 建立务实高效的组织机构。徐矿集团坚持“统一领导、分级管理、各负其责、预防为主”的指导原则，专门设立法律事务处，所属分(子)公司也都设立了法律事务机构，形成了两级法律工作组织体系。

(2) 积极普及企业法律顾问制度。徐矿集团支持和鼓励符合条件的经营管理人员参加全国企业法律顾问资格考试，奠定了法律风险人力资源基础。

(3) 强化合同管理。徐矿集团建立健全了合同管理体系，从体制建设和管理制度上防范合同风险，构筑了企业对外经济交往的“第一道防线”。

(4) 加强诉讼案件管理。徐矿集团制定了《诉讼和仲裁案件管理暂行办法》，建立案件责任追究制度，对因单位自身管理行为不规范等原因导致案件纠纷并败诉而给企业造成经济损失的，视情节轻重追究相关责任单位(部门)或责任人的责任。近年来，徐矿集团通过司法诉讼为企业挽回了上亿的经济损失，在保证企业对外投资、权益维护、应收账款清欠、规避经营风险等方面发挥了重要作用。

4) 创新集团管控模式

加快建立现代企业制度是做好风险防范和控制的体制基础。近年来，徐矿集团按照把集团总部建成决策中心、投资中心、资本运营中心的原则，结合集团化、信息化、扁平化发展要求，设立了新疆、贵州异地区域性公司并明确职能定位，进一步提高了区域经济发展的层次和质量。

徐矿集团还大力整合内部资源，重组了机械制造、矿业开发公司、煤炭大营销业务、监理公司、华美房地产经营公司等职能及业务相近的单位，对运销、物供等五大公司实行实体化管理，推动优质资产

有序向优势产业、优势企业、优势产品聚集和流动，提升了集团管理的专业化水平。通过内部资源的有序整合，徐矿集团进一步优化了内部资源配置，从制度源头上消除了经营风险，培育了核心竞争力，更好更快地推动了企业战略转型。

5）积极开展风险防范教育培训

经营管理人员的综合素质直接决定了风险控制工作的质量。为此，徐矿集团坚持把加强经营管理人员素质建设作为内部风险控制工作的重要基础和关键来抓。一是每年在安排职工培训计划的同时，专门下达财务人员培训指标，做到业务培训按需进行，继续教育学习每年组织一次；二是坚持“走出去和引进来相结合”的方式，鼓励和组织财务人员参加学历教育、资格考试、会计竞赛等，优化知识结构，提高业务技能，为提高企业会计核算水平打好基础；三是持续开展会计系统反“三违”和管理纠偏等活动，规范会计确认、计量、报告行为，真实、完整地反映了企业经营绩效；四是每年集中对副处级以上领导进行培训，学习管理新工具、新方法，着力提高领导干部驾驭企业发展全局、统筹企业内外部协调发展的能力，进一步提高管理人员决策的科学性，使企业整体风险管理跨上新台阶。

**请思考**：从战略的角度看，企业为什么要防范控制内部风险？

## 8.1　风险与风险管理

### 8.1.1　风险的概念与特性

按照前述章节我们对战略的描述，战略是着眼未来的，是对未来的长远谋划。但是，未来是不可精确预测的，事情不可能完全按照人们预期的那样发展。因此，对风险的管理成为企业战略管理过程中的重要一环。

1. 风险的概念

在金融学理论中，风险是指“投资回报的不确定性，可以表示为标准差或贝塔系数”。

尽管贝塔系数可以用于构建投资组合和计算资本成本，但是它对于理解风险也存在局限性。主要原因在于：

(1）它是根据整个行业的股价在时间上的波动性来计算的，并没有考虑行业内每家企业不同的风险特征。

(2）它依赖于过去的数据，没有包含行业面临的新挑战。

(3）许多风险，如自然灾害、政策突变，虽然只是偶然发生，但却可能产生巨大损害。

(4）它不能解释是什么导致了波动。

(5）它不能对管理层可采取什么措施以限制、控制或降低这些风险提供任何指导。

(6）它不能说明波动所产生的后果有多么严重。

就风险管理而言，风险可被定义为一件事情发生的概率及其相关后果的组合。可用公式表示为：

$$风险=概率\times影响$$

尽管采用了风险这个词，实际上许多经营战略是在不确定的情况下产生的。因此在企业战略管理实践中，“不确定性”这个词与风险经常是互换使用的。

2. 风险的特性

风险具有客观性、普遍性、损失性和可变性四种特征。

(1) 客观性。风险是不以企业意志为转移，独立于企业意志之外的客观存在。企业只能采取风险管理的办法降低风险发生的频率和损失幅度，而不能彻底消除风险。

(2) 普遍性。企业面临着各式各样的风险。而且随着科学技术的发展和生产力的提高，还会不断产生新的风险。更有可能的是，风险事故造成的损失也会越来越大。

(3) 损失性。只要风险存在，就一定有发生损失的可能性。如果风险发生之后不会有损失，那么就没有必要研究风险了。风险的存在，不仅会造成人员伤亡，而且会造成生产力的破坏、社会财富的损失和经济价值的减少，因此才使得企业寻求应对风险的方法。

(4) 可变性。风险在一定条件下具有可转换的特性。世界上任何事物都是互相联系、互相依存、互相制约的，而任何事物都处于变动与变化之中，这些变化必然会引起风险的变化。

### 8.1.2 风险管理

风险管理，是指对风险进行识别和评估，针对风险制定和实施相应战略，并对该战略进行监控的过程。有效的风险管理能帮助企业将经营风险降低到可接受的水平。

风险管理是一个持续的过程，它要求对风险进行持续识别、评估、处理、监控和监核。尽管将风险管理看成线性过程最为方便，但它实际上是一个圆形过程。在此过程中，管理者会应用监控及复核所产生的反馈结果来改进风险的识别、评估和处理过程。

1. 风险识别

管理层应尽力识别所有可能对企业取得成功产生影响的风险，包括整个业务面临的较大或重大的风险，以及与每个项目或较小的业务单位关联的不太主要的风险。风险识别程序要求采用一种有计划的、经过深思熟虑的方法，来识别业务的每个方面存在的潜在风险，并识别可能在合理的时间段内影响每项业务的较为重大的风险。

风险识别的方法之一是集体讨论可能的风险领域。通过这种方法动员知悉情况的人员迅速给予答复，把他们脑子里第一个想到的事情说出来。指定的主持人向每个小组提出一个与风险有关的问题，然后要求小组成员依次说出他们的想法。之后，由风险管理小组对集体讨论后识别的所有风险进行复核，并且认定核心风险。由于风险识别程序一直伴随着讨论和分析活动进行，最后认定的风险和最初识别的一组风险相比，可能会有所改变。企业及具体的经营单位最后认定的组织风险，应提供给负责经营和财务管理的人员，以及参与集体讨论的小组。在开始风险评估前，可恰当地对认定结果进行更改。

之后，为识别风险进行的集体讨论的结果，应提供给未参与讨论的其他单位。应按照来自整个企业的评论和讨论，增加已识别风险。风险识别并非详尽的分析和讨论活动，但是每个人在短时间内产生的想法或评论，会对其他人的想法和评论起到“抛砖引玉”的作用。

启动风险识别程序的一种不错的方法是，找出列明属于企业层面的重要设施及经营单位的高层级的组织结构图。每个重要的经营单位都可能在全球许多地方建立了设施，也可能开展了多种不同的业务。每个单独的设施也会有其自己的部门或职能，其中一些部门相互之间是密切关联的，而另外一些部门与企业投资无差别。应在整个企业范围内实施风险识别程序以识别各独立领域的所有风险。

2. 风险评估

识别出对企业的各个层级有影响的重大风险后，下一步是对风险发生的可能性及相对重大程度进行评估。这对于通过集体讨论快速识别的风险尤为重要。有大量的工具可以用来确定风险对企业的影响。

(1) 情景设计，即借助企业内部的讨论，形成关于未来情况的各种可能的看法。

(2) 敏感性分析，即从改变可能影响分析结果的不同因素的数值入手，估计结果对这些变量的变动的敏感程度。

(3) 决策树。该方法常用于目标管理中，以证实每个阶段存在的不确定性，根据每种可能的结果出现的可能性及包含的现金流量，评估项目的期望值。

(4) 计算机模拟，即利用概率分布，并重复运行，为某项目识别许多可能的情景和结果。

(5) 软件包，即旨在协助风险识别和分析的程序。

(6) 对现有数据的分析。这种分析能够有效地掌握过去风险的影响。

在评估风险时，应留意的是概率与不确定性。特别是在识别出大量风险后，评估小组应逐个考虑风险、可能性以及发生的情况。

3. 风险处理

管理层可以针对已评估的关键性风险做出回应。可供选择的风险处理(或应对)策略有四种：风险规避、风险降低、风险转移和风险保留。

(1) 风险规避。风险规避，简称“避险”，是指为了免除风险的威胁，采取试图使损失发生概率等于零的风险应对策略。通常采用的方法就是放弃或停止与该风险相关的业务活动以减轻损失。

(2) 风险降低。风险降低，也称作“风险缓解”，是指企业在权衡成本效益之后，准备采取适当的控制措施改变不利后果发生的概率，从而减低风险或减轻损失，将风险控制在风险承受度之内的策略。常用的一种方法就是风险分散，即通过分散的形式来降低风险，即“不要将所有的鸡蛋都放在一个篮子里”。这也是很多企业采用多元化战略的主要原因。

降低风险的另一种常用方法就是进行套期。需要指出，不同的套期工具对各个公司及环境来说，成本效益可能各不相同，是否合适也另当别论。

(3) 风险转移。风险转移，即将风险转移给另一家企业、公司或机构。合同及财务协议是转移风险的主要方式。转移风险并不会降低其可能的严重程度，只是从一方移除后转移给另外一方。转移风险时，管理层应考虑各方的目标、转移的能力、存在风险的情景以及成本效益。

(4) 风险保留。风险保留，包括风险接受、风险吸收和风险容忍。采取风险保留的策略，或者是因为这是比较经济的策略，或者是因为没有其他备选方案。采取风险保留时，管理层需要考虑所有的方案，即如果没有其他备选方案，管理层需要确定已对所有可能的消除、降低或转移方法进行分析来决定保留风险。

下面我们举例说明企业如何进行风险处理。

假设一家跨国矿业公司正在考虑前往一个国家开采稀有矿产资源。但是，该国政府曾经有过这样一段对待外国企业的历史：强制取得对外国资产的控制权并开征赋税。那么，该跨国矿业公司处理风险的策略如下。

（1）风险规避，即企业可考虑不在该国进行投资。

（2）风险降低，即降低这项投资的风险。具体可以从事以下几项工作：

① 邀请该国政府成为风险企业的共有人；

② 通过政治游说来影响该国政府的政策；

③ 尽可能地将风险企业的资产保留在该国境外；

④ 通过小额增量的方式进行投资。

（3）风险转移。具体可采取的方法有：

① 为资产投保；

② 将风险企业设立为具有自身资金来源的独立公司；

③ 邀请其他矿业开采者的参与和投资；

④ 尽快将稀有矿产的所有权出售给第三方，从而由第三方承担风险。

（4）风险保留，即风险发生时，由该跨国矿业公司自行承担风险造成的损失。

4. 风险监察

对主要风险的识别，绝不是一个单一的、一次性的过程。经正规的集体讨论或其他程序识别的一系列风险所在的环境，将随着这些已识别风险性质的改变而迅速出现变化。某些环境条件改变后，可能使风险变成更严重的威胁。因此，企业需要设立一项机制，对已识别的风险进行监察。监察内容包括目标的实现过程，并关注新的风险和相关损失。

风险识别程序不是连续的。正如一个机构在编制年度预算后可能在每季度对预算进行修改一样，风险识别程序常常是每年或每季度执行一次。一旦风险被识别，企业必须对风险进行监察，并在需要时不断做出调整。风险监察者定期检查正在发生的损失，以了解他们的控制建议得以实施，并设计程序来改善风险管理的过程，制定一项战略来应对出现的新风险。

风险监察可由程序的所有者或独立审查人员执行。程序的所有者或者负责风险领域的企业风险管理小组的成员能不断提供最佳的风险状况信息。企业根据正确的信息进行分析和预测，并持续对这些风险进行调研，提供对已识别风险的可能性的最新评估。企业应利用信息，加强跟踪反馈，以便进行风险管理，精确调整损失控制程序，并采取新的行动进一步减少损失。如果企业能够识别可能导致重大损失、名誉损害或经营中断的主要缺陷，并且可以有效减轻这些风险，避免产生重大影响，他们将实现风险评估和改进流程的最终目标。

程序的所有者常常能提供某一时点对风险性质的最公正的评估，只有特定几类风险，其风险识别程序的所有者可能无法提供完全公正的信息。内部审计师也常常能提供非常可靠且完善的信息，来监察已识别风险的当前状态。内部审计师可通过调查或面对面的会谈来收集此类信息。内部审计师常常特别值得信赖且非常权威，因此，当他们提出有关某些已识别风险领域的状况时，负责相关领域的人员很可能会尽量提供准确的信息。如果内部审计师无法取得关于某些已识别风险的状况的信息，他们还能安排实地勘察，以更好地了解风险领域的性质。

准确的监察程序是风险管理中至关重要的一部分。企业可能已执行了为识别较重大风险而精心设计的程序，但是仍然必须定期对风险的当前状况进行监察，必要时对已识别的风险做出变更。

### 8.1.3　煤炭企业风险管理

改革开放以来，国有煤炭企业特别是大型国有煤炭企业通过不断推进企业内部改革，引进管理创新机制，企业经营效率不断提升，为国民经济和社会的又好又快发展做出了巨大贡献。但是，随着我国市场化改革的逐步推进，市场经济体制逐渐成熟，我国与世界经济一体化的进程加快，企业要面对的国内外市场不确定性因素日益增多，市场环境瞬息万变的发展趋势，迫切需要进一步提高管理的精细化程度，建立一套完善的管理机制，用以分析、预测和应对那些具有直接或间接影响企业发展的风险。

从我国煤炭企业风险管理工作进展情况看，与国内外先进企业相比，还处于进步阶段，存在着较大差距：

1. 风险管理体制不健全，风险意识浅薄

相当一批煤炭企业公司治理结构不完善，符合《公司法》要求的权力制衡机制和工作运行机制没有真正建立起来。企业普遍没有建立专门风险防控机构，缺少风险评估技术和方法，缺乏风险管理人才。

2. 决策流程不完整，制度不健全

相当一部分煤炭企业不同程度地存在信息失真、投资决策失误、母子公司管理混乱等问题，部分企业对子公司缺乏有效的内控监督。

3. 对财务风险的防控认识不到位，企业经营面临较大隐患

相当一部分煤炭企业自有资金不足，整体负债率较高，财务负担沉重。在煤炭行业“黄金十年”的发展中，国内多数大型国有煤炭企业追求快速发展的冲动，固定资产投资规模大，企业负债率高，增加了企业的经营风险。

要切实加强煤炭企业的风险管理工作，需要做好以下几件事情。

4. 建立企业风险评估机制

煤炭企业实施全面风险管理，要广泛收集与本企业风险和风险管理相关的内部、外部初始信息，包括历史数据和未来预测，并对初始信息和企业各项业务管理及其重要业务流程进行风险评估。风险评估主要包括风险识别、风险分析、风险评价三个步骤。进行企业内部评估要制定统一的风险度量单位和风险度量模型，并将定量评估结果与实际效果对比，据此对有关参数进行调整和改进。认真组织开展企业风险分析，分析各风险之间的关系，以便发现风险之间的自然对冲、风险事件发生的正负相关性等组合效应，对各风险因素进行比

较，初步确定各风险管理的优先顺序和策略，在风险管理策略上进行统一集中管理。

5. 制定企业风险管理策略

煤炭企业要紧密结合自身条件和外部环境，围绕企业发展战略，确定风险偏好、风险承受能力、风险管理有效性标准，选择风险承担、风险规避、风险转移、风险对冲、风险补偿、风险控制等适合的风险管理工具，并确定风险管理所需人力和财力资源的配置原则。企业要定期总结和分析已制定的风险管理策略的有效性和合理性，结合实际不断修订和完善，提高定性或定量标准的有效性。

6. 建立企业风险管理组织体系

煤炭企业要建立健全风险管理组织体系，主要包括规范的公司法人治理结构，风险管理职能部门、内部审计部门和法律事务部门以及其他有关职能部门、业务单位的组织领导机构。定期研究提出企业全面风险管理工作报告，研究提出跨职能部门的重大决策、重大风险、重大事件和重要业务流程的判断标准和判断机制；研究企业风险管理策略和跨职能部门的重大风险管理解决方案，并负责方案的组织实施和对风险的日常监控。

7. 建立企业风险管理信息系统

煤炭企业要将现代信息技术应用于风险管理的各项工作，建立涵盖风险管理基本流程和内部控制系统各环节的风险管理信息系统，包括信息采集、存储、加工、分析、测试、传递、报告和披露等。要采取有效措施确保风险管理系统输入的业务数据和风险量化值的一致性、准确性、及时性、可用性和完整性。企业风险管理信息系统要实现在各职能部门、业务单位之间的集成与共享，既能满足单项业务风险管理的要求，也能满足企业整体和跨职能部门、业务单位的风险管理综合要求。

8. 加强企业风险管理文化建设

煤炭企业要注重建立具有风险意识的企业文化，促进企业风险管理水平、员工风险管理素质的提升，保障企业风险管理目标的实现。要将风险管理文化融入企业文化建设的全过程，要大力培育和塑造良好的风险管理文化，树立正确的风险管理理念，增强员工风险管理意识，将风险管理意识转化为员工的共同认识和自觉行动，促进企业建立系统、规范、高效的风险管理机制。要大力加强员工法律素质教育，制定员工道德诚信准则，形成人人讲道德诚信、合法合规经营的风险管理文化。要努力传播企业风险管理文化，牢固树立风险无处不在、风险无时不在、严格防控纯粹风险、审慎处置机会风险、岗位风险管理责任重大等意识和理念，提高企业防范风险的整体实力。

## 8.2 政治风险管理

### 8.2.1 政治风险概述

1. 政治风险的概念

政治风险，是指完全或部分由政府官员行使权力和政府组织的行为而产生的不确定性。虽然政治风险更多地与海外市场(尤其是发展中国家)风险有关，但这一定义适用于国内外所有市场。

政治风险在很大程度上取决于企业运营的所在国家的政治稳定性，以及当地的政治制度。政府的更迭，有时会导致出现重大变化。甚至在政治制度稳定的国家，政治改革的影响也可能是重大的。

政府的不作为或直接干预也可能对企业产生政治风险。政府的不作为是指政府未能发出企业要求的许可证，或者政府未能实施当地法律。直接干预包括：不履行合同、货币不可兑换、不利的税法、关税壁垒、没收资产或限制将利润带回母国。

政治风险也指企业因一国政府或人民的举动而遭受损失的风险。企业目标与东道国的国民愿望之间如存在冲突，则会产生政治风险。显然，政治风险是全球性企业面临的一个特殊问题，因为它们在全球各地都有经营业务，所以要同时面对来自不同国家的政治风险。

政府既对发展和增长持鼓励态度，同时又不想本国受跨国企业的剥削。极端的情况是，发生战争或企业被没收时，企业可能会损失它们的资产。最可能出现的问题是，从东道国将现金汇回本国的相关规定出现变化。

2. 政治风险的分类

政治风险分为两大类：宏观政治风险和微观政治风险。

1）宏观政治风险

宏观政治风险，是指对一国之内的所有企业都有潜在影响的风险。例如，恐怖活动、内战或军事政变等剧烈变化的事件都可能对企业产生威胁。此外，政府强占企业资产而不予赔偿也会产生宏观政治风险。但是，就某一国来说，更为常见的宏观政治风险是不利的经济环境产生的潜在威胁，它使企业无法确定其未来投资计划或已启动的项目是否安全，令企业担心经营业绩。

2）微观政治风险

微观政治风险，是指仅对特定企业、行业或投资类型产生影响的风险。此类风险可能包括设立新的监管机构或对本国内的特殊企业征税。另外，当地业务合作伙伴如果被政府发现有不当行为，也会对本企业产生不利的影响。

3. 政治风险的来源

政治风险的来源主要包括：政府推行有关外汇管制、进口配额和关税、当地投资人的最低持股比例和组织结构等的规定。还包括歧视性措施，比如对外国企业征收额外税收、在当地银行借款受到限制及没收资产等。

1）外汇管制的规定

通常欠发达同家制定的外汇管制规定更为严格。例如，外币供应实行定量配给，从而限制东道国的企业从外国购买商品和禁止其向外国股东支付股利，这些企业继而可能会陷入资金被冻结的局面。

2）进口配额和关税

规定进口配额可以限制在东道国国内的子公司从其控股公司购买以投放到国内市场上

销售的商品数量。子公司可以从控股公司进口商品，但是价格比国内生产的产品要高得多。有些时候东道国会要求征收额外税收，即对外国企业按高于本地企业的税率征税，目的是为本地企业提供优势条件。甚至有可能故意征收超高税率，使得外国企业难以盈利。

3）组织结构及要求最低持股比例

凭借要求所有投资必须采取与东道国的公司联营的方式，东道国政府可决定组织结构。最低持股比例是指外资公司的部分股权必须由当地投资人持有。

4）限制向东道国的银行借款

限制甚至包括禁止外资企业向东道国的银行和发展基金按最低利率借款。某些国家仅向本国的企业提供获取外币的渠道，以迫使外资企业将外币带入本国。

5）没收资产

出于国家利益的考虑，东道同可能会没收外国财产。国际法认为，这是主权国的权力，但主权国要按照公平的市场价格迅速地以可自由兑换的货币进行赔偿。问题常常出现在“迅速”和“公平”这两个词所代表的准确含义、货币的选择，以及如果对主权国提出的赔偿不满，企业可以采取哪些措施等方面。

### 8.2.2 政治风险管理概述

#### 1. 政治风险评估

虽然现在不存在能够使政治风险最小化的标准技术，但是，管理良好的企业往往会采用诸如以决策树为基础的决策分析和情景分析等工具，来帮助自己认识既定商业机会的风险。此外，由于存在电子计算技术，企业可采用数学模型来协助决策过程及降低不确定性的影响。投资者所面临的政治风险的性质存在重大差异，这取决于他们所从事的投资类型，以及他们是否属于直接类别或组合类别。总体来说，组合投资人更可能受到宏观政治风险的影响，直接投资人更容易受到行业特定风险的影响。

在评估政治稳定性时，重点应放在国家政权的合法性、政权实施和执行法令的能力及政权体制存在的腐败程度等方面。此外，政治风险管理需要区分造成实际风险的新情况，即对于经营业绩造成明确威胁的政治事件和媒体头条报道的事件。

政治风险的概率和影响一经识别和评估，即可确定这些风险的优先次序，这样可使管理层的精力得到最有效的发挥。向管理团队或董事会传达政治风险不断变化的可能影响，可利用风险地图或风险登记簿按递减次序记录风险。

为了降低政治风险，一些企业寻求在其经营所在国家取得更大的议价能力。如果东道国政府采取不利于本企业利益的做法，则政府将得不偿失。例如，企业拥有专业知识。如果这家企业为了规避新法规而迁移到其他国家，则其专业知识将会从现在的东道国转移到其他国家。如果企业已完全融入当地经济，成为该国基础设施的一部分，则议价能力可能会提高。

风险管理技术还包括与东道国政府及其他当地政府组织建立良好的关系、使尽可能多的产品生产实现本地化、创建联营企业，以及雇用当地人负责管理和运营。也包括在当地开展广泛的研究和开发，并与当地职工建立良好的雇佣关系。这些技巧能够使东道国政府意识到过度干预企业活动对经济的不利影响。

测量政治风险首先要区分微观政治风险和宏观政治风险。不同类型的风险，应采用不同的方法计量。用于评估政治风险的传统方法既包括可比技术，如特殊报告的分析技术所包含的评级；也包括成图系统、专家系统和概率确定，以及采用经济学建模技术。

(1) 专家建议。专家建议是指某国事务的专家能够就在该国投资的风险提供建议。专家包括在该国开办业务的人员、学者、外交人员或记者。专家建议的价值大小，取决于是否能在考虑投资问题时直接运用这些建议。

(2) 出国考察。公司总部可挑选一些雇员，派往目标投资国作考察。这些雇员可与政府官员、商业人士和当地有影响力的人士会面，获得对该国的第一手资料。但是，这种方法一般不如利用著名专家的建议。

(3) 调研。可利用出于商用目的编制的国家政治风险指数。这种指数是由专家利用特定的技术对主要风险变量进行评级而得出的。每个专家会对一份全面的调查问卷上的问题做出回答，然后他们的答复被收集、汇总起来并发给其他专家，每个专家都可以在看到其他专家的回答后改变他们的答复。这些答复会被汇总及分析，形成调研结果。

(4) 定量测量法。将诸如国内生产总值和种族划分等方法结合起来，为相关国家评出总分。综合的风险指数能够提供关于潜在投资环境的成本效益分析，但不包括风险变量对于单个项目的影响。另外还需注意的是，评分系统从本质上来说是主观行为。

2. 处理政治风险

1) 企业已做出适当的规划并履行了尽职调查

尽管保护企业不受政治风险的方法有很多种，但是大多企业在不熟悉情况的国家实施运营前，并没有花费必要的时间和投入必要的资源以确保成功的机会好于平均水平。与东道国政府建立稳固的关系是首选方法，但是有时候不一定能做到。例如，为东道国经济发展做出贡献。比如承担一些对东道国经济发展有关键作用而该国自已又无法完成的项目，为东道国增加就业机会，向东道国政府和企业提供人才培训、提供技术等。又如，外资企业在原料、零部件的采购上适当以当地企业优先。虽然这样可能增加采购成本，但其在客观上促进了东道国相关产业的发展，增进了就业，从而有利于增加政府和工商界对外资企业的好感。同时将相关行业与外资企业的利益绑在一起，提高了风险抵抗能力。

如果东道国政府鼓励当地私营企业参与经营，特别是参与经营后能缓解风险或促进风险转移，那么应对当地项目进行投资或与当地企业签订合同。这有助于将东道国企业的利益与外资企业紧密联系在一起，利益共享、风险共担，使东道国政府在采取不利于外资企业的措施的时候，能够有所顾虑。

要妥善地管理政治风险，可对企业的部分所有权向当地公民转让的日期进行设定。转让过程应包含较长的期间，这样，当地主管部门才能认识到可以从允许外国进行成功的投资中获得实际利益。

如果东道国政府已经清晰、明确地表达了政府对企业拟做出的投资类型的支持，则可以进行项目投资。表达政府支持的任何声明，会暗示政府希望从支持此类投资中获得好处。这将有利于潜在的投资者确定各项计划与该国的计划或目标是否相符及相符程度。

2）为政治风险“投保”

例如，某国出口信用保险公司推出的境外投资保险产品，其可承保部分政治风险。该项境外投资保险将投保人限定为有进出口经营权的该国法人。另外，该国境外投资企业还可以通过国际上其他的保险机构投保政治风险，如美国的“海外私人投资公司”、“北美保险公司”、英国的“出口信贷保证部”等。

3）通过与职工建立良好关系的方式来创建友好的投资环境

外国企业的管理者常常被视为不具同情心，且不重视职工，这可能造成可怕的后果。保护企业资产的最佳途径之一是培养忠诚的职工。与职工相比，管理层可能更容易替换。

4）管理层还可在劳动合同中套用仲裁机构的辞令，用以解决劳资纠纷，从而使政治风险最小化。企业可加强现场安全保护，免受恐怖袭击。

5）在进行投资前，企业应与当地政府或其他部门达成一致意见

企业应与当地政府或其他部门就权利、责任、资金汇回和东道国的权益投资等方面达成一致。这样能解决预期可能出现的问题，并防止以后产生误会。该方法的最大问题是，如果东道国是欠发达同家，那么政府更迭问题可能比较严重。因此，与前一届政府的协议可能不会得到新政府的认可。

最后需要指出，当经营环境发生改变后，无论再做什么努力，一般都太迟了。这时应与当地大使馆和商会保持联系。

## 8.3 财务风险管理

### 8.3.1 财务风险概述

1. 财务风险的概念

财务风险，是指企业财务结构不合理、融资不当使企业可能丧失偿债能力而导致投资者预期收益下降的风险。

一家企业所面临的最显而易见的财务风险就是市场风险。主要的市场风险是由金融市场价格变化而产生的，如利率风险、汇率风险、商品价格风险和股票价格风险。利率风险，是指因利率提高或降低而产生预期之外损失的风险。汇率风险，是由汇率变动的可能性，以及一种货币对另一种货币的价值发生变动的可能性导致的。商品价格风险，是指主要商品的价格出人意料地上涨或下跌，可能使业务面临风险。股票价格风险，是指股票价格波动使企业所面临的风险。

需要指出，主要财务风险包括但不限于市场风险。财务风险还包括因短期内不能履行财务义务而产生的流动性风险；因未获得货款而产生的信用风险；投资项目在项目期内的现金流和折现率的通货膨胀风险。

几种风险的相互作用能够改变或扩大对企业的潜在影响。例如，一个企业可能同时面临商品价格风险和汇率风险，如果两个市场同时向不利方向移动，则该企业可能遭受重大损失。评估财务风险有两个组成部分：一是了解由于某个特定的财务风险项目的变化引起

的潜在损失；二是估计此类事件发生的概率。

2. 财务风险产生的原因

企业财务风险产生的原因很多，既有企业外部的原因，也有企业自身的原因，而且不同的财务风险形成的具体原因也不尽相同。企业产生财务风险的一般原因有以下几种。

(1) 宏观环境的复杂性是企业产生财务风险的外部原因

宏观环境复杂多变，而企业管理系统不能适应复杂多变的宏观环境。财务管理的宏观环境包括经济环境、法律环境、市场环境、社会文化环境、资源环境等因素，这些因素存在企业之外，但对企业财务管理产生重大的影响。

(2) 企业财务管理人员对财务风险的客观性认识不足

财务风险是客观存在的，只要有财务活动，就必然存在着财务风险。然而在现实工作中，许多企业的财务管理人员缺乏风险意识。风险意识淡薄是财务风险产生的重要原因之一。

(3) 财务决策缺乏科学性导致决策失误

财务决策失误是产生财务风险的又一主要原因，避免财务决策失误的前提是财务决策的科学化。

(4) 企业内部财务关系不明

这是企业产生财务风险的又一重要原因，企业与内部各部门之间以及企业与上级企业之间，在资金管理及使用、利益分配等方面存在权责不明、管理不力的现象，造成资金使用效率低下，资金流失严重，资金的安全性、完整性无法得到保证。这主要存在于一些上市公司的财务关系中，很多集团公司母公司与子公司的财务关系十分混乱，资金使用没有有效的监督与控制。

### 8.3.2 财务风险管理概述

1. 财务风险管理概述

财务风险管理涉及评估一个企业面临的财务风险并制定与内部优先事项和政策相一致的管理战略。积极主动地解决财务风险会为企业提供竞争优势。它还确保管理层、业务工作人员、利益相关者、董事会在关键风险问题上达成一致。

因此，对于大部分的企业来说，财务风险管理是必要的，其好处包括：①改善财务规划和管理，这是公司治理的核心；②辅助做出更加合理的投资决策；③为套期决策提供信息；④对市场及经济持续监控，为决策制定提供信息；⑤在进行外包和与对手交易时，促进尽职调查的执行。

建立完善的财务风险管理体系取决于多个事项，包括建立完善的财务系统和内部监控、开发简明清晰的报告工具、编制现金预算计划、降低流动性风险的可能性、为未对商品或服务付款或坏账取得信用保险、对一旦违约将严重损害企业的对手执行全面的尽职调查，以及监控利率和汇率的预期变动从而可以对商业活动进行调整以降低影响，利用已经过测试的技术，对规划投资进行彻底评估。

在管理财务风险的过程中，企业对其可接受以及不可接受的风险进行决策。不采取行动的被动战略即被默认为接受所有风险。企业利用各种战略和产品来管理财务风险。重要的是在企业的风险容忍度和目标下，要了解这些产品和战略是如何减少风险的。

财务风险管理战略往往涉及衍生工具。衍生工具在金融机构之间和有组织的交易中被广泛地使用。衍生工具合约(如期货、远期、期权和互换)的价值来自标的资产的价格。衍生产品的产生基于利率、汇率、商品、股票和固定收益证券、信用卡，甚至天气。

市场参与者进行财务风险管理所使用的产品和战略，与投资者提高杠杆和风险所使用的相同。虽然广泛使用衍生工具会提高风险，但是衍生工具的存在使人们能够将风险转移给风险偏好者或相关企业，以降低自身的风险。

负责风险评估的人员必须具备估计经济损失可能性的能力。风险通常并不是孤立存在的，在理解财务风险是如何产生后，应该考虑到若干风险的相互作用。有时，这些相互作用是很难预测的，因为它们最终取决于人的行为。

财务风险管理是一个持续不断的过程。当市场和需求变化时，必须实施和完善战略。这一过程可以归纳如下：确定主要财务风险并确定其优先顺序；确定适当的风险承受能力；根据政策推行风险管理战略，如果需要，衡量、报告、监测并加以改进。

2. 管理财务风险

(1) 切实加强企业财务管理。随着经济全球化和高新技术的发展，新经济时代已经来临，以财务管理为中心的企业管理是当今新体制、新经济形势下社会经济发展的客观必然结果。要正确认识现代财务管理的地位，切实加强企业财务管理。随着社会主义市场经济和现代企业制度的建立，企业成为独立的财务主体，财务管理的内容与方法正在向现代市场经济的要求变化，财务管理的工作正在发挥越来越重要的作用。

(2) 全方位更新企业财务管理理念。财务管理观念是指导财务管理实践的价值观，是思考财务管理问题的出发点。要全方位更新企业财务管理理念，充分协调好各相关利益者之间的财务关系。随着我国改革的深入推进，新的产权理论与制度已经在国内的一些企业中得到实施。在这种形势下，应积极创立新的财务管理模式与理论，以适应知识经济时代人本化理财的要求。

(3) 全面提升企业财务管理的层次。知识经济时代要求我们必须有与时俱进的精神不断创新财务管理理论。从目前的实际情况看，我国企业财务管理工作尚处于较低水平，日常财务管理工作以现金、应收应付款、存货等营运资金的管理为主，财务管理无法从大局上对企业经营状况予以把握。企业要想在新环境中做到防范财务风险、提高资金效率，必须全面提升企业的财务管理层析。

(4) 提高企业对财务管理环境变化的适应能力和应变能力。财务管理的宏观环境虽然存在于企业以外，企业无法对其施加影响，为防范财务风险，企业应设置高效的财务管理机构，配备高素质的财务管理人员，健全财务管理规章制度，强化财务管理的各项基础工作，使企业财务管理系统有效运行。企业要对不断变化的财务管理宏观环境进行认真分析研究，把握其变化趋势和规律，制定多种应变措施，适时调整财务管理政策和改变管理方法，从而提高企业对财务管理环境变化的适应能力和应变能力，以此降低因环境变化给企业带来的财务风险。

（5）全面提高财务人员综合素质。为适应知识经济时代的要求，首先要改革现有企业财务管理机制。在知识经济时代，财务管理的重心应从传统的物质资源管理转向人力资源管理，构建人力资源和物质资源相结合的财务管理机制。企业按自身规模和管理特点划分为若干财务管理层次，通过赋予各层次管理者对等的财务和人事权责来建立健全岗位责任制并强化审计监督。其次，要全面提高企业财务人员的综合素质。要经常组织学习和培训，适时进行知识的更新。不断提高财务管理人员的风险意识，将风险防范意识贯穿于财务管理工作的始终。

（6）建立财务风险控制机制和预警机制。要建立财务风险的事前、事中、事后控制机制。事前控制，就是在对某一方案决策之前，要正确权衡其可能的收益与风险，通过对财务风险存在原因的客观分析，制定出留有余地的应对措施，以保证意外事件发生时企业能够从容应对。事中控制，就是对财务管理工作过程中的风险进行控制，通过健全各种规章制度，利用各种凭证、票据防范生产经营过程中风险的发生，运用定量、定性分析方法以及审查、计算、监督等措施及时调整企业的投融资行为以规避风险。事后控制，是指企业要及时总结财务风险管理的经验，形成企业的财务风险管理理论，并用于指导未来的财务风险管理工作，避免类似风险的再次发生。

财务风险预警机制，是指企业选择重点检测财务指标，确定财务危机警戒标准，监测和发现财务危机，及时警示有关责任人员，并分析企业发生财务危机的原因、企业财务运行潜在的问题，提出防范措施的一种制度安排。

一套完整的企业预警机制应包括：①预警分析的组织机制；②财务信息收集、传递机制；③财务风险分析机制；④财务风险处理机制。通过建立风险预警机制，应对影响企业财务风险的外部环境变化。

## 8.4　操作风险管理

### 8.4.1　操作风险概述

1. 操作风险的概念

操作风险，是指企业在进行基本的操作时经受的风险。具体说来，操作风险是指因不充分的或失灵的内部流程、人员和系统或者外部事件而发生损失的风险。操作风险是大多数企业面临的最大风险领域之一。

操作风险与其他类型的风险不同，它出现的原因在于它不是管理未知事项，而是处理已确立的流程。由于操作风险不是应付重大的未知事项，因此，在企业面临的所有风险类型中，操作风险是最便于管理的。它并不涉及任何对于未来事项的推测。就操作风险而言，企业面临的主要风险是在执行已明确的工作时，采取错误的步骤。

2. 操作风险的来源

（1）缺乏规定流程。对于小型企业来说，随机应变的操作可能是不错的选择，原因在于它的交易量很小，不必设置复杂的流程。但是，随着业务量的增加，业务越来越复杂，设立正规的流程变得日益重要。当流程滞后于其日益复杂的操作时，缺乏流程和效率会对企业发展产生遏制作用。

（2）雇员缺乏培训。缺乏培训的雇员，可能犯致命错误。错误的一步可能使本已糟糕的情况演变成“噩梦”。尽管有时候公司已经意识到培训的重要性，但是，他们不愿意为员工提供培训。原因有很多：①培训被视为一项昂贵的管理费用，而且常常不能立即帮助企业提高获利能力；②雇员接受培训时，将无法工作，因此，培训通常会使雇员的手头工作中断；③接受培训与应用新技能之间往往存在时间上的滞后；④培训的效力往往并非显见的，当然，对雇员进行如何正确使用设备的培训，能够产生明显的效果，但是，软技能的培训效果常常并不明显；⑤人员流动频繁，如果员工很可能在几个月内离开公司，那么为员工提供培训看起来似乎很不值当。

（3）疏忽。操作风险的一大成因被称为“疏忽”，这是指某人在执行任务时并未将注意力放在这件工作上。由于注意力不集中，就会犯错误。疏忽的根源一般是疲劳、分心和厌烦。

（4）设备及软件维护不足或已报废。设备和软件的维护是指为了保持设备和软件的正常运转而对其开展的一系列活动。预防性维修就是其中一种维护类型。另一种维修类型是在事故发生时，对设备进行修理。

（5）缺乏职业道德和存在舞弊意识。如果管理层对业务流程的控制松散，那么就给一些员工创造了利用公司资产，甚至从事任何非法或舞弊活动的机会。可能导致舞弊的一种典型的情况就是企业内不存在职责划分。例如，如果负责现金收取的收银员还要负责在分类账上记录交易，这就为该收银员擅自拿走现金而不记录相关交易创造了机会。此外，工作人员可能为了达到不现实的利润指标而造假或进行高风险的交易。一个人或更多人出错及欺诈的风险都属于这一领域。

由于资产以及金融交易的规模和数量都较大，大型的错误或欺诈行为的潜在危害是巨大的。

（6）不妥善的外包安排。外包通常被看作是减少成本和将企业资源集中在“核心业务”的方法。但是，很多企业越来越担心将企业的关键业务过程外包可能会导致失控。不妥善的外包安排将无法为企业带来所需的专长，或者帮助其实现商业目标。服务外包造成的问题主要是产品规格不明，这使承包商可能无法交付企业期望的产品，或者企业严重依赖承包商而未对其产品和服务进行检查。

### 8.4.2 操作风险管理概述

1. 管理操作风险需要的条件

操作风险由企业中三个关键领域进行的活动而产生，这三个领域包括：人员、流程和技术。操作失败允许损失积累，许多衍生出的大量损失由此产生。

管理操作风险需要具备关于流程、系统和人员的知识，以及确保职责和程序能顺利执行的明确规定、记录。需要指出，企业所面临的许多风险是跨边界的，操作损失也并不总是发生在具有大量或者复杂业务的企业中。当然，产品的复杂性、市场的波动性，以及业务的错综复杂性能够产生大量的风险。

2. 管理操作风险

与管理其他风险不同，管理操作风险的重点不是重大的不确定性。在管理操作风险时，企业要应对的是在实施已确立的流程时出现的小故障。管理操作风险最为普遍采用的方法如下。

(1) 设立流程、程序和政策。流程和程序有助于确保一个企业的政策得以实施。政策和程序的整理归档可以减少管理时间并且为雇员提供策略支持。流程和程序产生的风险包括由于流程、程序、控制或制衡的缺失或无效而产生的不良后果。通常，这些程序是为了避免错误或欺诈而设计的。流程和程序的风险影响套期保值以及交易的决策、监督和风险控制功能，交易的处理以及对政策的遵守。

企业的竞争力在很大程度上是由其所立程序的有效性表现出来的。国际标准化组织(ISO)只向那些证明已设立了能够提供高质量产品和服务的程序的企业颁发证书。显然，意识到在操作过程中会面临问题的企业，需要完善用于开展业务的程序。而这需要在必要时增加新的程序、更新现有程序及废止过时的程序。

(2) 在企业内实施正式的内部控制体系。2008 年 6 月 28 日，财政部会同证监会、审计署、银监会、保监会制定并印发《企业内部控制基本规范》。自 2009 年 7 月 1 日起适用于中华人民共和国境内设立的大中型企业(包括上市公司)执行，同时鼓励小企业和其他单位参照其内容建立与实施内部控制。

《企业内部控制基本规范》要求企业建立内部控制体系时应符合以下目标：①合理保证企业经营管理合法合规、资产安全、财务报告及相关信息真实完整；②提高经营效率和效果；③促进企业实现发展战略。

在内部控制体系应包含的内容方面，《企业内部控制基本规范》借鉴了以美国 COSO 报告为代表的国际内部控制框架，并结合我国国情，要求企业所建立与实施的内部控制体系应包含五个要素：①内部环境；②风险评估；③控制活动；④信息与沟通；⑤内部监督。

(3) 防止错误和欺诈。人员对于企业的运作至关重要，并且从风险管理的角度来看，他们往往代表一种最为显著的风险。交易涉及雇员的决策以及雇员之间的关系。因此，必须始终警惕潜在的错误和舞弊。执行反舞弊项目，设计和执行控制，以消除流程内嵌入的重大风险。

(4) 培训和管理雇员。由于雇员对企业的获利能力有较大影响，因此，对雇员进行有效的管理是很重要的。人力资源管理的有效性，可通过旷工率、劳动力流失、事故率等来衡量。

(5) 评价技术和系统。技术和系统风险也属于操作风险，是由于商品或服务的定价和交易系统、技术依赖、支付系统、数据和网络保护、访问文件或数据可被欺诈性地改变而产生。

对系统和网络进行评价，要根据其对于破坏、欺诈或错误的脆弱性。如果只有一个员工能够操作一个复杂的系统，那么，就会产生很大的问题。关于技术和系统安全的风险属于技术性的问题，许多方面的讨论适合由行业专家来进行。

(6) 外包安排。企业应与外包服务商通过服务级别协议建立质量和服务的要求，并对其产品和服务进行定期的检查。

## 8.5 法律风险管理

### 8.5.1 法律风险概述

法律风险，是指国家可能为给定行业或投资类型颁布法律，以改变和影响企业运营方式、计划开展的投资或持续投资的可行性。法规可能适用于所有企业，如竞争和反垄断法律法规及具体行业法规，餐饮、健康与安全法规，出版及版权法。

大型企业可能拥有适当的资源来建立永久的监督小组，而小型企业可能由内部审计部门承担这项任务，并向专门研究监管风险的公司进行咨询。在实际操作中，许多公司并未为法律风险调拨充分资源，因而面临较高的法律风险。企业应采取措施确保遵守法律法规，如法规突然发生了变化，企业需要及时应对这些法规的变化。这是企业内部监控系统不可或缺的一部分。

### 8.5.2 法律风险管理概述（以开滦集团为例）

1. 加强法律风险管理是开滦集团转型发展的迫切要求

(1) 宏观经济政策环境使企业对法律风险管理的需要愈加迫切。近年来，国家继续深入推进经济结构战略性调整、加快经济发展方式转变，市场法制环境进一步完善；煤炭企业兼并重组力度进一步加大，煤炭行业调整产业结构、延伸产业链、发展清洁能源的步伐明显加快；河北省委、省政府提出构建环首都经济圈和沿海经济隆起带，加快培育一批千亿元级产业聚集区和大型企业集团，进一步加快省内地方煤矿、煤化工、装备制造、地方钢铁企业整合重组的战略目标。宏观经济政策和区域发展形势的不断变化，使得企业法律风险管理面临诸多的新课题，企业驾驭法律风险的能力亟需强势跟进。

(2) 两级国资委对出资企业实施法律风险管理的要求具体直接。2006 年 6 月 6 日，国务院国资委下发《中央企业全面风险管理指引》(以下简称《指引》)。9 月 26 日，河北省政府国资委转发《指引》，明确要求所出资企业在经营管理中要执行企业全面风险管理的基本流程，开展包括法律风险在内的企业全面风险管理。2009 年 7 月，河北省政府国资委在所出资企业法制工作会议上，明确要求所出资企业加快完善企业法律风险防范机制，有效发挥企业法律风险防范机制作用，企业总法律顾问和企业法律事务机构参与重大事项审核率均需达到 100%。2010 年，河北省政府国资委进一步强调要将企业法律风险防范机制建设作为企业法制工作的中心任务，要求所出资企业在加快发展的同时有效防范法律风险，保障国有资产安全。

(3) 开滦集团转型发展对实施法律风险管理的需要紧迫而现实。2008 年以来，开滦集团提出了“开放融入、调整转型、科学发展、做大做强”的战略方针，企业转型发展成果显著。特别是由于企业投资规模不断扩大，产业链条不断延伸，控参股公司不断增加，管理层日趋复杂，经营管理中涉及资金、投资、资源开发、集团管控、劳动用工等方面的法律风险种类越来越多，影响越来越大。同时，开滦集团内部各区域公司，如煤炭、煤化工、现代物流、房地产、文化产业等产业系统项目投资、筹建与投产运营等处在不同的推进阶段，法律风险表现形式、影响程度和防控要求存在较大差异。

2. 强化法律风险管理的组织和制度建设

1）以企业总法律顾问制度为核心的企业法律顾问制度是法律风险管理的领导核心

2005 年 3 月 25 日，开滦集团董事会聘任董事、副总经理冬伯文担任企业总法律顾问。针对开滦集团内部“总部—专业化公司—子分公司”三级管理的实际，开滦集团开创性地在所属二级、三级经营单位都确定了一名副职领导兼任企业总法律顾问，形成了企业总法律顾问三级领导体系，明确了各单位法定代表人(或负责人)统一负责，企业总法律顾问与业务分管领导分工组织，法律事务机构(人员)与有关业务部门分工负责、共同实施的法律事务工作机制，这一做法得到河北省政府国资委的认可。

在全面实施企业总法律顾问制度的基础上，开滦集团全面构建了三级企业法律风险防范体系：在集团公司总部层面，法律事务部为董事会常设部门，主要负责集团法律事务管理与服务，包括企业法律风险管理、涉法事项法律审核、对外合同管理、法律纠纷案件管理、工商登记内部管理、商标管理、外部律师选聘管理等。法律事务部在岗 8 人，全部具备法律专业本科以上学历、企业法律顾问职业资格和(或)法律职业资格(或律师资格)。各二级、三级单位都明确了法律事务的主管部门，配备了专兼职法律工作人员，部分人员具备法律专业学历，企业法律顾问职业资格和(或)法律职业资格(或律师资格)，负责处理或联络本单位的法律事务。

2）公司律师和外聘律师是实现法律风险管理的重要力量

为保证法律风险管理具备充足的法律专业方面的人力资源保证，开滦集团运用内外两种资源，强化律师在法律风险管理中的重要作用。2003 年，经河北省司法厅批准，开滦集团成立公司律师部(挂靠法律事务部)，为所属单位提供法律咨询论证、合同审查、法律纠纷案件代理等律师服务。随着法律风险管理在企业经营管理中所占地位的日益突出，公司律师亦将法律风险的防控作为工作重要内容。

另一方面，开滦集团一直聘请河北唯实律师事务所、河北唐正律师事务所资深律师担任常年法律顾问。随着对外资源扩张、资本运作及公司上市的需要，开滦集团聘请了北京市长安律师事务所律师担任常年法律顾问。此外，根据具体业务聘用能力突出的律师事务所为企业进行专项法律服务。能源化工股份公司聘请了北京市国枫律师事务所律师，担任常年法律顾问。所属单位也根据诉讼及非诉讼业务需要及时聘请律师。

3）形成一套完整的法律风险管理工作流程

以法律风险管理初始信息收集为起点，以法律风险管理工作的总结和改进为终点，开滦集团明确了各个环节具体工作内容和要求，通过统筹规划，科学排序，实现程序顺畅、运转协调。构成这一工作流程的 5 个环节分别是：(1)建立初始信息；(2)风险评估；(3)制定风险管理策略；(4)制订实施解决方案；(5)监控改进。

4）加强法律风险管理制度建设

开滦集团以法律纠纷案件为切入点，全面分析、识别、评估法律风险，制定了《法律风险管理工作方案(暂行)》，概况了法律风险的概念和特征，总结梳理了各子(分)公司、各业务系统潜存的法律风险，提炼了“合法、融合、维权”的法律风险管理理念，提出了管理目标、管理原则、基本流程和主要措施。

开滦集团加强各项法律事务工作制度建设，制定了《企业总法律顾问制度实施意见》、《所属各单位企业总法律顾问管理暂行规定》《涉法事项法律审核管理暂行办法》《报省政府国资委重大事项法律审核暂行办法》《对外合同管理办法》《关于明确以集体公司名义签订合同审批与授权委托的通知》《合同协议起草与审核要点(试行)》《工商企业登记内部管理暂行办法》《加强四级分公司管理的若干规定》《关于在资源开发与企业并购中做好工商登记档案调查的通知》《法律纠纷案件管理暂行办法》《法律纠纷案件收集归档管理暂行办法》《法律纠纷案件集体会商暂行规定》《外部律师选聘使用管理暂行办法》《商标管理暂行办法》等，为开展法律风险管理奠定了基础。

3. 确保法律风险管理的有序发展

1）风险管理宣教机制

开滦集团以提高知法、懂法、用法能力为任务进行宣传教育，始终以提高员工法律素质、构建和谐企业为目标，按照“党委领导、党政工团齐抓共管、各部门各负其责、领导小组统一协调”的领导体制和运行机制，构建了网络化组织管理机构。

2）依法决策机制

即依法决策、依法办事，决策先问法、违法不决策。企业各项决策都严格依照法律法规、公司章程、制度规定进行，在集团公司股东会、董事会、董事长办公会、总经理办公会等决策的事项，由集团公司总法律顾问组织法律审核论证，充分发表法律意见，依法辅助决策。

3）法律工作快速反应机制

即紧密围绕企业转型发展的重点，打破常规，以理顺工作流程和简化审核手续为基础，以快速畅通的信息交流和主动深入的会审会商为抓手，超前谋划法律工作，快速、高效地提供法律服务，通过高效率、高质量的法律工作，第一时间满足企业法律需求，最大限度地防控企业法律风险。

4）法律风险系统识别机制

即以企业转型发展、产业结构调整的方向作为分析识别法律风险的导向，采用“法律纠纷案件—法律风险”对照等分析方法，按照风险种类、形成原因、防范措施，对法律风险进行系统梳理归类，同步或超前研究新领域、新业务的法律风险。

5）实施涉法事项法律审核机制

开滦集团2004年尝试建立涉法重大事项事先与事中法律审查论证工作机制，这一机制得到了河北省国资委的高度认可，并出台了《履行出资人职责企业重大事项法律审核管理暂行规定》。目前，开滦集团将审核范围扩大到所有涉法事项，领域涵盖了煤炭资源开发、地方煤矿托管重组整合、公司并购、新公司组建、对外合同、对外担保、重大资产重组、政策性破产、采煤搬迁、危旧房改造、规章制度等企业生产经营、改革发展的方方面面。

6）重大项目法律风险预警防范机制

即以集团公司转型发展中的重大项目为法律风险预警防范重点对象，采取法律人员与业务人员信息共享、同步工作、协同配合的模式，把尽职调查作为风险预警防范的前提，合理运用内、外部两种法律资源，对重大项目的法律风险做出全面分析，并全过程防范、控制、化解。

7）统分结合的合同管理机制

即合同业务实行由合同管理部门统一把关与各合同业务承办部门专项把关相结合，通过严格规范对外合同签订主体，开展持续性尽职调查，规范落实内部审批权限和授权委托手续，强化合同文本的起草和法律审核，严格合同的签订程序、加强合同履行控制等工作环节，及时规避合同业务风险。

8）工商登记系统化推进机制

即按照系统化要求，将办理工商执照与办理各种资质证照统筹考虑、协调推进，将企业外部与工商登记机关相关的企业设立登记、变更登记、注销登记、备案、年检 5 种登记行为，与企业内部的项目管理、投资管理、机构管理、人员管理、财税管理、股权管理、工商登记内部管理 7 种管理行为，统筹考虑、协调推进，保障企业拥有合法经营资格。

9）诉讼仲裁或有损失化解机制

即按照谁主管谁负责、谁经办谁负责、谁发案谁负责的原则确定办案责任主体，实行业务主管部门专业管理与案件管理部门综合管理相结合，案件信息要求全部单位、全部案件、全部过程及时逐级上报，重大案件集体会商，法律人员与业务人员共同代理，灵活借助外聘律师力量，强化办案总结，改进规范管理并力争消灭纠纷萌芽。

4. 严把重点领域的法律风险

按照统筹兼顾、突出重点、把握关键的原则，开滦集团以转型发展重点领域和重大项目的法律风险管理为重点，突出发挥法律系统业务优势，积极与资本运营、企管、财务、人力资源、技术管理部等部门协调联动，在具体实践中，确定了 11 个重点领域的法律风险：(1)规章制度法律风险；(2)集团管控法律风险；(3)劳动用工法律风险；(4)担保法律风险；(5)煤炭资源开发法律风险；(6)对外合同法律风险；(7)安全法律风险；(8)环境保护与节能减排法律风险；(9)知识产权管理法律风险；(10)公司、分公司工商登记法律风险；(11)诉讼法律风险。

## 本章小结

本章介绍了风险的概念与特性，指出了风险管理的四个过程：风险识别、风险评估、风险处理和风险监察。并对企业战略管理过程中常见的政治风险、财务风险、操作风险和法律风险进行了分析。

## 关键术语

风险　风险管理　风险识别　风险评估　风险处理　风险监察　政治风险　财务风险　操作风险　法律风险

# 习　题

一、单项选择题

1. 企业所面临的下列风险中，最便于管理的是(　　)。

A. 财务风险　　B. 项目风险

C. 操作风险　　D. 法律或合规性风险

2. 甲企业是一家大型基础设施承建企业，根据业务发展需要，甲企业需要在美国采购一套大型机械设备。管理层经过讨论确定了与此次设备采购相关的主要风险。下列各项与该设备采购有关的风险中，最便于管理的是(　　)。

A. 采购部门可能由于不熟悉美国市场供应商的情况，无法在有限时间内寻找到最佳设备供应商

B. 该套设备由于采用了某项国防科技核心技术，可能受到美国政府的监控，甚至可能限制外国厂商购买

C. 账务人员可能由于不熟悉外汇市场交易规则，发出错误的外汇套期操作指令

D. 该套设备购置单价较高，甲企业向一家外资申请专项贷款，但是由于无法提供同等金额的担保物/质押品，甲企业可能无法获得必要的贷款

3. 下列各项关于应对风险的措施中，属于风险转移的是(　　)。

A. 甲公司是一家稀有资源开发企业，按照国际惯例，甲公司每年向矿区所在地政府预付一定金额的塌陷补偿费

B. 乙公司是一家股票上市的商品零售企业，为了筹建更多商场，扩大市场占有率，乙公司要求母公司为其金额5亿元的中长期贷款提供担保

C. 丙公司是一家区域性奶制品生产企业，为了推广高端乳酸菌饮料产品，丙公司决定按照“买一送一”的政策对乳酸菌饮料新产品和传统水果味酸奶产品进行捆绑销售

D. 丁公司是一家规模较小的唱片制作企业，为了保护唱片版权，丁公司与其网络商场签订合作协议，由该网络商场每年支付固定版权费用，商场会员即可无限次下载受到版权保护的丁公司制作的唱片音乐

4. 某集团下列四项等额的投资或支出中，如果各项目在预计盈亏区间发生的概率为均衡分布，那么在进行风险应对时应该采取风险降低策略的是(　　)。

A. 甲项目，建设办公用房，预计的损益为0

B. 乙项目，增加产品生产线，预计的损益区间为0至+600万元

C. 丙项目，短期股票投资，预计的损益区间为−1600万元至+1400万元

D. 丁项目，作为战略投资者取得某公司股权，预计的损益区间为－500万元至＋600万元

5. 甲公司董事会对待风险的态度属于风险厌恶。为有效管理公司的信用风险，甲公司管理层决定将其全部的应收账款以应收总金额的80%出售给乙公司，由乙公司向有关债务人收取款项，甲公司不再承担有关债务人未能如期付款的风险。甲公司应对此项信用风险的策略属于(　　)。

A. 风险降低　　B. 风险转移　　C. 风险保留　　D. 风险消除

6. 操作风险是指由于员工、过程、基础设施或技术或对运作有影响的类似因素的失误而导致亏损的风险。下列各项中，属于这种失误的是(　　)。

A. 政治上的失误　　B. 经济上的失误

C. 财务上的失误　　D. 欺诈活动

二、多项选择题

1. 操作风险是企业在进行基本的操作时经受的风险，这种风险有时并不起眼，但对企业的影响可能是巨大的，因此许多企业都十分重视对操作风险的管理。操作风险的管理过程中所涉及的关键领域包括(　　)。

A. 人员　　B. 流程　　C. 技术　　D. 环境

2. 下列关于风险管理的表述中，正确的是(　　)。

A. 有效的风险管理有助于节约筹资成本

B. 有效的风险管理可以帮助管理层减少危机管理

C. 企业的成功可以归结为识别和管理伴随着机会和收益的可能风险

D. 风险评估技术中，敏感性分析确定的关键因素是外生的、非可控因素

3. 某矿业集团近期收购了厄瓜多尔铜矿，集团风险管理部派李辉驻该铜矿担任中方管理人员，并负责该铜矿的风险管理工作。下列各项中，李辉可以用以应对该铜矿政治风险的措施有(　　)。

A. 与当地职工建立良好关系

B. 向国际保险公司对该项目政治风险投保

C. 当厄瓜多尔出现自然灾害时，主动进行捐助

D. 在原料、零配件的采购上适当以当地企业优先

三、简答题

1. 简述风险与风险管理的概念。

2. 简述风险管理的过程。

3. 简述风险处理的四种策略。

4. 何为政治风险？如何管理政治风险？

5. 何为财务风险？如何管理财务风险？

6. 何为操作风险？如何管理操作风险？

7. 何为法律风险？如何管理法律风险？

四、思考题

1. 诺兰达，总部位于加拿大多伦多，是全球第九大铜生产商，第三大镍、锌精矿生产商。截至2003年年底，公司总资产82亿美元，股东权益为26亿美元，位列加拿大上市公司市值第41位，但利润额只排在加拿大全部公司的第180位左右。

2004年6月，诺兰达董事会委托专门机构，开始就股权转让进行招标。巴西淡水河谷公司、英美资源公司、瑞士斯特拉塔公司、澳大利亚必和必拓公司、美国菲尔普斯道奇公司和俄罗斯诺里亚斯克公司等参加竞标。最终，中国五矿集团公司(以下简称“五矿”)使出全部收购、现金收购、保留管理层、尽快完成交易四招后，获得了诺兰达收购的独家谈判权。

但是，由于加拿大政府出面干预，3月9日诺兰达宣布与旗下控股的鹰桥换股合并。诺兰达将斥资30亿加元，以每股41.24加元作价，增持鹰桥41.2%的股份。此前，诺兰达拥有鹰桥58.8%的股份。此后，鹰桥成为诺兰达的全资子公司。

自此，五矿与诺兰达原先考虑的收购计划已经不可能了，五矿的收购计划彻底失败。

要求：

(1) 简述宏观环境分析的内容，并分析该资料体现的是哪个因素的影响?

(2) 分析中国五矿集团公司面临的主要风险是什么？并说明该种风险的主要类型有哪些?

(3) 根据第(2)小问的结论，回答常见的风险应对策略有哪些？分析如何应对以上风险?

2. 甲公司为一家拟上市的医药生产公司，该公司董事会目前正在审查公司的内部控制系统。甲公司管理层一直致力于实现最高水平的内部控制，以使股东对公司的管理层更加有信心，同时提高甲公司的社会信誉。但是，最近甲公司的信誉由于内部出现的事件而受到了负面影响。

事件的起因是，一种口服药的部分批次所包含的菌群和菌落超出了相关药品安全标准的规定，药品生产质量检验部的一名员工对外进行了披露。该员工曾就此问题向所在部门的领导进行反映，但未得到任何答复，遂向媒体投诉。在接受媒体采访时，该员工指出，甲公司一向缺乏严谨的工作作风，此次漠视药品安全标准规定只是公司对待类似问题的一个例子。

要求：

(1) 确定甲公司目前遭受风险的类型。

(2) 评价这些风险对公司可能造成的影响。

### 小论文

2008年6月28日，我国财政部会同证监会、审计署、银监会、保监会制定并印发了《企业内部控制基本规范》(以下简称《内控规范》)，自2009年7月1日起适用于中华人民共和国境内设立的大中型企业(包括上市公司)执行，同时鼓励小企业和其他单位参照其内容建立与实施内部控制。

请上网查找并下载该《内控规范》，仔细研读，然后结合一家煤炭上市公司，分析其内部控制的现状。

# 第9章 企业战略管理前沿

## 学习要点

- 虚拟经营战略
- 动态能力理论
- 战略风险管理
- 知识管理战略
- 战略网络理论
- 战略变革理论
- 非市场战略
- 战略生态理论
- 企业社会责任、战略环境、产业组织与学习、中国文化与战略

## 名人名言

一些CEO声称，世界变得太快，他们的公司难以有长期战略。但我却说，战略比以往更重要。

——(美)迈克尔·波特

# 9.1 战略管理前沿理论

## 9.1.1 战略管理若干前沿理论的梳理

进入21世纪以来，企业外部生存环境越来越不可预测，企业内部因素协同效应加强，价值经济观越发深入人心。在新的经济形势下，传统的战略管理理论已不能完全满足企业对于实践的需要，这迫使战略管理理论有了新的发展。新经济形势下战略管理前沿理论主要围绕“虚拟环境”“动态演化”“风险管理”“知识管理”“战略变革”“超越竞争”和“生态合作”等主题展开。本节拟在回顾战略管理理论发展历程的基础上，梳理出当前战略管理学科发展中较前沿的若干理论。以下理论前沿问题并不能涵盖目前所有战略管理理论前沿问题，并且这些理论之间存在一定程度的交叉性，对这些理论前沿问题进行梳理的意义在于希望可以对战略管理的研究起到一定的导向和启示作用。

1. 虚拟经营战略

20世纪末，虚拟技术和信息技术以前所未有的态势影响和改变着世界，随着网络和信息技术的发展，企业虚拟经营战略(virtual operation strategy)将成为一种发展趋势。在市场需求、技术范式、管理理念发生重大变革的背景下，20世纪90年代初出现了虚拟经营这一新的经营模式和管理理论，并迅速得到理论界和实业界的广泛关注。一个时代造就一种经营模式，网络经济时代虚拟经营模式应运而生，使得虚拟经营战略成为企业战略管理研究的前沿和热点课题。

1）虚拟经营战略的研究

虚拟经营战略是在战略管理的视角下，通过资源重组、功能组合、并行协作而形成功能突变满足动态需求的一种柔性经营模式。其基本精神在于突破企业有形界限，延伸企业功能界面，借用外部资源非产权整合的策略。企业采取虚拟经营战略一般只保留其价值链具有优势或关键的功能，也即保留其核心能力，而其他功能则依托虚拟技术和信息技术通过非产权合作的方式获得，称之为企业虚拟化。

戈德曼、内格尔和普瑞斯将企业采取虚拟经营战略的原因视为“灵捷竞争的需要”；肯特(1994)从传统企业的弊端出发，探讨了企业采用虚拟化经营战略的原因；斯凯姆将虚拟企业的成因归结为采取虚拟经营战略所能获得的好处；Venkatraman 和 Henderson (1999)认为虚拟经营战略适用于各种行业的各个企业，Preiss 等(1994)和 William 等(1999)也对企业虚拟经营的理论依据都有所研究，Malone(1992)、Byrne(1993)、Hodge (1996)、Applegate(1996)等先后从技术、产品和组织三个不同的角度对企业虚拟经营给出定义。虚拟经营是最大限度利用外部资源实现满足市场动态需求所需功能的新的模式，其精髓是将有限的资源集中在企业的核心能力上，而将其他非企业核心能力的功能虚拟化，采取虚拟经营战略的企业，也就是理论界和实业界平时所提的虚拟企业(virtual enterprise)。

2）虚拟经营战略的本质

从竞争角度来看，虚拟经营战略是典型的竞合模式，通过合作创造客户价值，然后通过竞争实现利益的分配，追求的是竞合互动系统中企业的“共同进化”；从合作角度看，虚拟经营战略是介于市场交易和内部一体化之间的非产权合作，与市场交易相比，虚拟经营是功能创造型合作，能够通过合作创造出全新的功能。与内部一体化和产权并购相比，虚拟经营由于不受产权约束，能迅速获得灵活优势。一般来说，采取虚拟经营战略的企业利用虚拟技术和信息技术依靠外部资源临时聚集成为利益共同体。

虚拟经营合作方的利益均衡和分配是其合作的核心内容。虚拟经营从系统的角度看，要实现各方最优功能的整合，还要考虑各方的绝对和相对收益是否达到均衡。从资源配置角度分析，虚拟经营战略强调资源利用而非资源控制，其内向配置的高附加值价值活动与外向配置的低附加值价值活动连接密切。从竞争优势角度分析，虚拟经营战略强调合作生态系统的整体优势而非个体优势，通过加强与价值链上各成员协同运作意识，共同营造具有竞争优势的价值系统。

随着虚拟技术和信息技术的进一步发展，虚拟经营战略将得到更大的发展空间，虚拟经营战略“借势”的思维方式可为每一个企业所借鉴。就目前阶段来说，企业经营模式将是虚拟经营与实体经营相结合、共生进化、互为补充，共同为企业在动态的市场环境和全球竞争环境中，实现持续竞争优势服务。

2. *动态能力理论*

动态能力理论(dynamic capability theory)是战略管理理论的最新发展，其整合了企业能力理论与动态演化理论。在战略管理领域，企业竞争优势的寻求以及如何获得并保持竞争优势，一直是管理学者和企业界人士最为关注的焦点问题。而在动态环境下，关于企业动态能力的研究已经日渐成为理论界研究的一个热点。

1）动态能力理论的内涵

动态能力理论是指企业为使产品快速地上市、有效地掌握千变万化的商机，以及能否持续地建立、调试、重组其内外部的各项资源与智能来达到竞争优势的一种弹性能力。它诠释了企业是如何创造商业价值的。Teece 等(1997)的《动态能力与战略管理》一文，把演化经济学的企业模型与“资源基础观”结合起来，提出了“动态能力理论”的框架。这个框架强调了战略管理研究一直忽略的两个关键问题：(1)“动态”是指为适应不断变化的市场环境，企业必须具有不断更新自身胜任的能力；(2)“能力”是指战略管理在更新自身技能、资源以满足环境变化方面所具有关键的作用。动态能力理论认为，如果像“资源基础观”那样认为对稀缺资源的控制是利润的源泉，那么诸如技能的获取、知识和诀窍的管理以及学习就随之而成为根本性的战略问题。

“动态能力理论”是当代战略管理领域中一个正在发展中的理论前沿，它集中探讨企业组织能力的演进与竞争优势之间的因果关系，并把组织能力看成是企业竞争优势的根本源泉。“动态能力理论”认为企业最宝贵的资产是以组织知识为基础的能力，而如何发展、保持和增强组织能力对企业赢得竞争优势具有关键作用。“能力观”和“资源基础观”具有一定的异同点，两种观点都是从企业内部的因素中寻找竞争优势的源泉；而两者之间的相异之处在于，“资源基础观”导致竞争优势的因素包括有形资产，而“动态能力理论”将导致竞争优势的因素集中于无形的知识和能力上，因而更加强调组织性的因素。此外，两种观点的理论基础也不同：“基于资源”的战略观以均衡分析为基础，而“动态能力”的战略观主要以反均衡的演化经济学为基础，“动态能力理论”正是把对竞争优势源泉的探讨集中在最具组织性的知识和能力上。

2）动态能力理论的研究框架

Teece 等(1997)以三个关键要素——组织过程、位置和发展路径来构建其动态能力理论框架，而且特定企业的组织能力是难以被复制和被模仿的。因此，他们认为企业的竞争优势来源于嵌入在组织过程中的能力，即在企业内部运行的、由过程和位置所决定的高绩效的惯例。而组织过程的惯例及其发展机会，都明显地由企业所拥有的资源和企业演进的路径共同塑造。“动态能力理论”认为战略选择在静态时点上是有限的，企业在未来获取竞争优势的原因部分是由于企业在动态发展过程中所积累的资源和能力，因此强调管理层需要具备不断重构已经拥有的资源和能力，更重要的是管理者要把注意力集中在企业内部的过程上，以增强技能、胜任和特定资产为战略基点，通过投资决策确定企业组织能力的发展方向，推动企业的学习。“动态能力理论”目前的研究重点集中于知识、资源和能力的内生创造上。

Helfat 和 Raubitschek(2000)在研究企业竞争优势的时候，把产品带入能力观的框架中，提出一个知识、能力和产品三者共同演化(co-evolution)的模型，进一步深化了 Teece 等(1997)提出的“动态能力观”；Winter(2000)则提出一个关于能力学习的概念模型，以及影响学习和能力发展的中心变量“抱负水平”(aspiration level)；Adner 和 Helfat (2003)综合考察了各类资源要素，认为动态能力会受到人力资源、社会资本和管理层认知三个潜在因素的影响；Adams 和 Lamont(2003)强调了组织学习能力对于企业动态能力，尤其是创新能力的影响；Wooten 和 Crane(2004)认为人力资本会对动态能力产生重要影响；而 Blyle 和 Coff(2003)则认为社会资本是动态能力的核心。

动态能力理论存在的主要不足在于：(1)动态能力理论假设市场环境的不确定，而现实中的市场环境在一定的时间内是相对稳定的；(2)企业不存在可持久发展的核心能力；(3)认为组织之间的合作关系是短暂的，忽略了存在契约关系的企业。因此，研究动态能力理论的学者们正转向经验性研究，通过过程性的详细案例来验证能力与企业竞争绩效之间的因果关系(Helfat，2000)。

3. 战略风险管理

基于快速变化的外部生存环境，战略管理的均衡与可预测范式开始被非均衡与不确定性所取代。战略风险管理(strategic risk management)首先出现于 Miller 和 Kent(1992)的文章《国际商业中的综合风险管理架构》，其发展经历以下阶段：(1)试图完全控制风险的战略规划与产业竞争结构理论。该理论认为产业界限清晰，内外部变化缓慢、可预测，因此环境的变化是有规律可寻找的，风险是可以通过数学模型进行定量分析的，或通过经验等进行定性分析的，风险是可以认识并加以避免的。(2)以不变应万变的资源基础理论与核心能力理论。该理论认为内外部环境的变化及相关的风险是无法避免的，企业的资源与核心能力是应对各种风险的基石，加强资源基础和核心能力建设，以“不变”的核心能力来应“万变”的风险，避免企业面对各种快速的变化措手不及。(3)以变制变的动态能力理论。Teece(1997)等学者秉承熊彼特的创造性毁灭的思想，提出了动态能力理论。克服能力中的惯性和刚性是动态能力理论的特征，因此，动态能力理论将重点放在企业学习与有机过程产生的机制上，强调管理者需要不断重构已有的能力，当环境突变时，能够迅速地适应环境，避免巨大风险。

战略风险管理的研究仅有二十多年历史，尚未形成普遍接受的研究成果，企业自身成长中的不确定性和经营环境的不确定性，突如其来的失败或萎缩成为时代的特征，这使得人们越来越倾向于从系统论的角度，将企业视为非线性系统和复杂系统，并应用非线性系统理论分析企业发展的规律，探讨企业演化的模式和与环境的互动关系。战略风险管理也呈现出如下发展趋势的特征：(1)战略风险管理方式由“高层管理，基层执行”向“参与主体多元化”转变；(2)资源积累由“传统型积累”向抓住稳定因素的“战略型积累”转变；(3)组织结构由“机械组织”向“有机组织”转变。

随着信息技术的飞速发展和网络的普及，全球化、信息化和网络化正在深刻地改变世界的商业模式，使企业不得不在一个潜伏更多不确定性和突变性的商业风险和危机中打拼。我们处于网络突变的世界，企业正处在一个剧烈变动的市场环境中，国际政治和经济形势的变化，能源特别是原油和主要原材料价格的持续上涨和汇率的变化，金融衍生工具的广泛使用，以及虚拟经济的强力渗透，都使我们生活的世界变得更加脆弱，变得更为不安！2008 年由美国次贷危机引发的世界金融、经济的动荡始料未及，就是这种变化的典型例证。许多企业前两年还在制定雄心勃勃的发展战略，今天却不得不转入生存和防御战略。在企业的经营发展中，突发事件可能随时出现，企业要加强战略风险管理，一旦出现突发事件，企业应因势利导，采取有效行动迅速化解危机，变不利为有利。当下，防御风险在企业战略管理中变成了头等大事，学术界积极致力于现代社会、经济条件下战略管理理论的研究，战略风险管理就是其中具有研究价值且急需创新的研究领域，因此其也成为企业战略管理中的前沿问题。

4. 知识管理战略

随着知识在社会经济中的重要性越来越突出，知识管理战略(knowledge mangement strategy)已成为近年来战略管理理论研究的又一个热点。以知识为基础的战略管理理论正在逐步形成和完善，知识战略管理不仅是一项重要的管理活动，而且其作为一种管理理念已经成为许多企业战略行为和价值观的重要准则。

1) 知识战略资源

21 世纪的社会是一个以知识为主导的时代，不同时代的资源形态不一样，生产要素不一样，相应的驱动力量也不一样。知识经济时代一个最直观、最基本的特征，就是知识作为生产要素的地位的空前提高。因此，知识成为了企业最重要的战略资源。在这个时代，信息技术和各种高新技术更新速度日益加快，新发明、新创造月益增多，知识需求成为企业发展乃至社会经济生活的前提，知识生产本身成为社会经济生活的中心。创造和传播知识已经成为企业核心能力的关键要素，企业唯一的竞争优势或许是比它的竞争对手学习得更快的能力。在技术变革、企业变革、社会变革、竞争激烈的时代，成功将属于那些不断进行知识创新的企业。本质上，企业已成为获取、吸收、利用、共享、保持、转移和创造知识的学习性系统，成为知识的“大仓库”(Demsetz，1998)。

知识资源是企业最重要的战略资源，知识是企业竞争优势的根本。企业内部的知识积累是企业获得超额收益和竞争活力的关键，企业的知识存量决定了企业配置资源和创新的能力，从而最终在企业产品及市场力量中体现出竞争优势。此外，企业作为学习性系统所拥有的知识存量与知识结构，尤其是关于如何协调不同的生产技能和有机结合多种技术流的学识和积累性知识，以及所拥有的难以被竞争对手所模仿的，包括组织资本和社会资本在内的隐性知识，已经成为企业绩效与长期竞争优势最深层的决定性因素。它决定了企业识别、发现、把握、发挥乃至创造未来机会的能力，决定了企业利用、配置、整合、优化、开发与保护资源的能力，从而决定了企业有序、协调、有质量、可持续发展的能力。

2）知识管理战略

德鲁克是最早提出知识社会、知识企业和确立知识管理理论的管理学家，他在1988年发表于《哈佛商业评论》上的《新型组织的出现》一文是一篇关于知识管理的指南针式的开山之作。此后，德鲁克又在《后资本主义社会》和《21世纪的管理挑战》中，进一步发表了其知识管理的新思想。知识管理战略就是组织开发必要的环境和条件来推动组织中知识的创造和传播过程，使知识以螺旋式不断延伸。国外战略管理学者Bassi(1997)，Mathotra(1998)，O′Leary(1998)，Safdie和Edward(1998)，Gray(2000)对知识管理的相关概念和本质都进行了深入的研究。

在知识创造与传播过程及知识管理活动中，最重要的两个因素是人和技术。这两个因素同时构成知识管理战略的两个维度，无论强化哪个维度的作用，都是为了推动知识螺旋运动的发展。以知识管理战略的两个维度为出发点，可以将企业的知识管理战略分为三种：信息化战略、人性化战略和综合化战略。信息化战略，是指单从技术一个维度管理知识的战略；人性化战略，是指单从“人”一个维度管理知识的策略；现实中更多的公司是在两个维度上管理自己的知识，这类公司的知识管理战略叫做综合化战略。

知识管理的理论基础目前主要是从西方经济学、政治经济学、管理学三个角度分别进行阐述的。知识战略管理是一个广阔而极具价值的研究领域，自从1998年知识管理的概念传入我国并开始受到我国学术界的关注，国内学者分别站在自己研究专业的立场上，对知识管理提出了种种理解。由于各个学者的知识结构、思维方式和个人综合素质不同，以及知识管理本身固有的复杂性和涉及领域的广泛性，致使在研究和应用中产生了许多混乱的认识，这使得知识管理在指导实践活动时造成很多不应有的失误，阻碍了我国社会经济的发展。

### 5. 战略网络理论

战略网络(strategic network)，是指由社会的不同组织或个人为了共同的愿景，通过一定的协议或契约联结，以彼此间相互信任和长期合作为基础而构成具有战略意义的、不断进化和优化的动态合作网络。战略网络及其管理“必然将成为新的管理范式与新的竞争游戏规则”，“战略网络管理是当今企业成功的关键”。因此，战略网络研究既是一个急需研究的理论问题，又是一个具有重大现实意义的问题。战略网络理论作为战略管理研究的新领域和适应网络竞争的新战略思想，已经引起学术界的广泛关注，并分别从不同的角度展开了研究。战略网络理论已经成为当前战略管理研究的前沿课题。

1）战略网络理论的发展

Jarillo(1988)最先提出战略网络概念，他将企业网络的思想引入到战略管理研究之中，强调企业的网络及其关系网络在企业战略中的作用，认为战略网络是一种关系网络，是获取企业生存和发展所需资源和知识的关键渠道。Nohria 等(1992)编写出版的论文集《网络与组织：结构、形式和行为》，汇集了社会网络理论、组织理论、战略理论、经济理论研究者对战略网络理论的最新研究成果。Jarillo(1993)出版了《战略网络》专著，标志着战略网络理论的形成。Richter(1999)出版了专著《战略网络——日本企业间合作的艺术》，以日本企业为例研究了战略网络的理论基础、形成动因及管理与进化，进一步丰富了战略网络理论。2000 年战略管理杂志出版了《战略网络》论文集，介绍了当前有关战略网络理论研究的最新研究成果，强调这一理论要整合和系统化，使之形成比较完整的理论体系，更有效地指导企业在网络竞争环境下制定和实施企业战略，标志着战略网络理论进入了系统研究阶段。

Backhans(1993)认为战略网络的价值创造来源于战略网络的实践动机：进入市场和获取资源、成本、时间和专业化优势。Corey(1997)进一步指出发起主体(triggering entity)是战略网络进化，尤其是相互依赖关系难以识别的战略网络进化的关键因素，发起主体包括单个公司、政府的代理人和外部环境因素等，发起主体为战略网络成员及新进入者分配成本和利益。Gulati 和 Gargiulo(1999)强调战略网络的演化由新的连接关系而推动，并指出一个公司构建新网络关系的能力由其在网络结构中位置提供的机会决定。Ahuja(2000)则认为战略网络不仅产生于网络组织的共享动机，还来自于相互之间的吸引力，网络的演变是由于网络组织之间利益的重新分配，并发展一个机会—动机整合框架来分析战略网络的形成，任何网络的形成和演化都来自这两方面的因素。

2）战略网络理论的未来研究方向

现代战略网络研究越来越呈现系统化、动态化、定量化的研究特征和发展趋势。战略网络理论研究目前存在的主要问题：(1)从研究内容上看，缺乏系统研究。(2)研究思维的线性化与静态化。(3)目前的研究方法还主要停留在定性研究和较浅层次的描述上。此外，对适合我国的战略网络管理方式研究不足。

结合战略网络研究发展趋势及存在的问题，可以发现战略网络理论未来的研究方向：(1)运用系统观对战略网络理论框架进行研究；(2)战略网络中的组织间动态关系分析与技术方法研究；(3)战略网络动态管理过程研究；(4)战略网络进化研究，建立战略网络动态进化模型来描述其进化过程，体现其动态性和共生性的特点。

### 6. 战略变革理论

战略变革(Strategic Moves/Change)的涵义，是指用现行的计划和概念将企业转换成新的状况的渐进和不断变化的过程。荷兰学者 Bob de Wit 和 Meyer(1998)通过对大量直接或间接性战略变革的文献的整理发现，理论界有两个观点：一是非连续性变革视角的革命式(revolutionary)过程观点；二是连续性变革角度的演进式(evolutionary)过程观点。Prahalad 和 Doz(1987)在对 20 世纪七八十年代的跨国公司战略问题的研究中区别了两种战略变革的过程；Johnson 和 Scholes(1993)认为组织中的战略变革是渐进式的，偶尔会出现一些转型式变革。因此，在很多情况下，渐进性的变化导致战略变革，渐进性变革是战略变革的主要形式。其中边缘竞争理论和(战略转折点)理论是战略变革理论中非常重要的理论发展。

1) "战略转折点" 理论

Burgelman 和 Grove(1996)提出了 "战略转折点(strategic inflection point，SIP)" 理论。该理论认为，环境变化的剧烈性及其所带来的不确定性，会导致企业的战略意图和采取的战略行动不一致。这种不一致常常会导致组织出现战略矛盾(strategic dissonance)，而这种矛盾将会阻止企业的转型，是组织面临 "战略转折点" 的标志。因此，企业新战略意图的制定依赖于高层领导者从这种战略矛盾与冲突中获得有效的关键信息。

从战略管理发展史的角度看，该理论比 90 年代以前战略形成理论，包括学习学派的战略形成理论，更注重对动态环境下转型式战略变革的过程与战略管理方式的分析。同时，这种转型式战略变革理论也吸收了战略形成的 "文化学派" (school of culture)的观点，并把其理论基础建立在吸收传统战略管理模式的优点而扬弃其偏于静态的缺陷的基础之上，推进了战略管理理论动态化的进程，为 90 年代战略管理理论的发展做出了自己的贡献。在研究方法上，该理论既吸收了已有战略管理理论的合理成分，又在大量个案研究与亲身实践的基础上进行修正、发展和完善，体现出既注重理论分析、又注重从实践中学习的研究倾向。战略转折点的管理要经过两个阶段：管理者对 "战略转折点" 的战略认知(strategic recognition)与战略变革(strategic change)。

"战略转折点" 管理理论的最大贡献，就是针对动态环境中的新战略意图的制定与形成过程，提出了以战略矛盾、战略转折点、战略认知为基础的基本分析框架，明确了高中层管理者在其中的作用和适应性学习组织在转型式战略变革中的重要性。"战略转折点" 管理理论的发展，标志着动态环境下战略形成与发展理论的深化和战略管理理论动态化的新发展，也体现了企业战略管理理论研究的新趋势。

2) 边缘竞争理论

布朗(Brown)和艾森哈特(Eisenhardt)(1998)出版了《边缘竞争》(Competing on the Edge：Strategy as Structure Chaos)，认为高速变化和不可预测性是未来企业经营环境的特征，因此，战略最重要的是对变革进行管理，主要体现在三个方面：一是对变革做出反应；二是对变革做出预测；三是领导变革，领导变革意味着走在变革的前面，甚至是改变竞争游戏的规则，有效地将变革管理三个层次的内容融合在一起，是战略变革的关键。

边缘竞争战略理论认为，企业应该不断变革管理来构建和调整企业的竞争优势，根据一系列不相关的竞争力来彻底地改造企业优势，力图让企业捕捉无序平衡的边缘状态，保持企业在无序和有序之间的微妙平衡。企业熟练地掌握了边缘竞争的时间边缘的平衡方法后，便可避免单纯的市场反应，并设定自己的变革节拍，迫使竞争对手跟随自己的战略方向，从而控制市场的竞争格局。

边缘竞争理论认同战略和组织结构相匹配的传统的战略理论，提出边缘竞争战略的成功实施，需要相应的组织结构的支持。同时，边缘竞争理论认为战略是公司不断调整组织结构形式，与该组织结构相适应采取半固定式的战略趋向的一种必然结果，这种组织结构的特点是在固定式结构和松散式结构之间寻求最佳的结合形式。半固定式的战略趋向是边缘竞争的战略方法与经典战略方法的最主要的区别。边缘竞争战略与其他竞争战略的比较如表 9-1 所示。

**表 9-1　边缘竞争战略与其他竞争战略的比较**

| | 五种力量 | 核心竞争力 | 博弈理论 | 边缘竞争理论 |
|---|---|---|---|---|
| 前提 | 稳定的行业结构 | 具有多方面的竞争力的企业 | 处于卖方市场中的企业 | 高速变革且变革不可预测的行业 |
| 目标 | 防守位置 | 连续的竞争优势 | 暂时的竞争优势 | 不断地获得竞争优势 |
| 驱动力 | 行业结构 | 独特的竞争优势 | 恰当的举措 | 变革的能力 |
| 战略 | 挑选合适的行业，选择合适的战略位置，采用合适的组织结构 | 创立特有的理念，开发企业的竞争力以实现该理念 | 制定的恰当的竞争策略、合理策略 | 把握时机，控制节奏，制定半固定式的战略方向 |
| 效果 | 盈利 | 长期的市场垄断 | 短期获利 | 持续的革新 |

从本质上讲，边缘竞争战略解决了企业在高度变革和不确定性的市场上所面临的战略挑战，那就是不断地创新和变革公司本身，以取得连续的竞争优势。边缘竞争战略是一种不确定和不可控的战略，甚至可能是低效率的战略，但在不断变革的市场环境下它却是一种非常有效的战略。

7. 非市场战略

近二十年来，企业非市场战略研究日益受到学术界的关注，自 Baron(1995a 和 1995b)以来，非市场战略(non-market strategy)逐渐由早先的非主流研究(Hillman，1996)变为战略管理学领域的一个新兴分支。随着非市场因素对企业发展的影响变得越来越直接和具有战略性，非市场战略已经成为企业战略管理的重要内容。

1）非市场战略产生的背景

非市场战略的形成和发展与市场缺陷有关，主流的战略管理理论主要建立在市场体制的假设之上，基本以市场环境作为对企业环境认识的基本前提。而在现实的竞争环境中，那种基于市场环境因素的企业战略并不能有效解决各种问题，战略学者逐渐将非市场战略纳入企业战略管理的理论视野，作为企业战略体系的一部分加以研究并在此领域取得了一定的成果。

Baron 首次系统地从管理学角度把企业的非市场活动提升到战略高度，真正把非市场因素影响提升到企业非市场战略加以研究，Baron 认为，企业战略需要指导企业在市场与非市场环境中行动，一系列问题促使企业必须系统考虑非市场战略。但是，由于非市场因素本身就是一个复杂的概念，且更多涉及政治、社会、文化等，难以像市场战略研究那样运用成熟的经济学理论加以研究，因此企业非市场战略研究在研究内容与方法上正处于发展过程中。

非市场战略是在非市场环境中，通过改善整体行为以增加价值所采取的一致性行动策略。非市场战略的目的之一就是形成企业的市场环境，一般而言，非市场战略被政府控制的机会越多则越重要，被市场控制的机会越多则越不重要。非市场资产有许多形式，这些形式包括对付非市场力量，如政府、媒体、兴趣小组和活动组及公众的经验与能力。

2）非市场战略的研究与发展

学者对非市场战略的研究方法和分析框架来自于其他学科如政治学、社会学等领域，目前占主导地位的是以案例研究为主的定性研究。Baron在非市场战略相关概念和框架的研究中大量使用企业个案进行总结，目前非市场战略的研究主要是概念与思想的探讨。但是不少学者已经开始运用实证方法对有关思想和命题进行研究。Hillman提出非市场战略研究需要更多的关于方法、测量和统计工具的假设。Mahon等(2004)应用社会网络分析方法，对利益相关者的行为和问题进行了定量分析。Holburn运用博弈论对非市场战略的决策加以研究。

Hirachman(1958)在*Strategy of Economic Development*一书中提出了非市场力量这一术语，认为所有组织都会衰落，需要用非市场力量即政治机制对它们进行矫正。Boddewyn在综述性文献中回顾了“非市场”概念的研究发展，总结了4种非市场观并对各自的理论基础进行了探讨，即：(1)非市场是指一套独特的高级宏观制度；(2)非市场是指外在或中立于市场的非经济因素；(3)非市场是指渗入经济交易的内生性社会因素；(4)非市场是指一种弥补所有组织自然衰落的政治机制。

在企业跨国经营非市场战略的相关研究上，Aggarwal认为亚太地区企业战略的一个重要方面就是其非市场战略。Baron在全球市场上将市场与非市场整合战略、贸易政策、全球竞争联系起来进行了研究。Clougherty分析了市场竞争对国内企业兼并的影响，认为可以通过非市场战略来影响反垄断政策，促进兼并的实现。

非市场战略的研究对我国企业有很大的借鉴和实践意义，随着我国市场体制的改革和社会变革，企业需要建立整体的应对社会公众影响的非市场战略体系，相对于政治行为而言，面对社会公众的非市场战略需求更加紧迫和可行，可以更快提升企业的竞争力和品牌。由于我国传统文化的影响和转型经济的背景，我国企业更容易接受市场战略与非市场战略的整合，因此市场战略与非市场战略的结合应用，重视市场战略与非市场战略的整合研究显得非常重要。

8. 战略生态理论

1）企业DNA进化理论

企业DNA进化理论(enterprise evolution theory)源于进化经济学(evolutionary economics)，其发展历程可追溯至熊彼特和阿尔奇安的“企业拟生物特性”研究，他们认为资本主义经济是一个以技术和组织创新为首要特征的演化的动态系统。“企业DNA”最早由美国密西根大学商学院教授迪奇(Noel M. Tichy)提出，企业DNA也就是企业基因密码，企业DNA决定了企业的形态、发展乃至变异的种种特征，决定了企业规模、类型以及企业经营是否健康有序等最基本的方面。企业DNA概念的提出，其价值在于把企业的发展视作是一个生命体的成长。根据 Neilson(2003)等人撰写的《四基本要素决定企业DNA》，企业 DNA 有四个基本要素：(1)决策权；(2)组织架构；(3)激励机制；(4)信息传导。这四个基本要素通过无数种组合方法形成企业的特性，并影响企业的行为与绩效，从而影响企业的进化方向。企业 DNA 进化理论为企业高管人员提供了一个思考的框架和范式，企业的战略、创新、执行力、文化等问题，都根植于企业 DNA 的不同特征之中；同时还运用系统论阐释了企业进化的内在动力。

随着时间的推移，企业内在管理要素呈现的巨大多样性、市场环境的非均衡特性和大系统中的高度不确定性，对企业发展起着重要的决定性作用。在这种背景下，企业 DNA 进化理论开始受到越来越多的关注，逐渐在学术界和实业界占据了一席之地。Nelson 和 Winter(1982)的《经济变迁的演化理论》出版，标志着企业 DNA 进化理论的基本理论框架已开始逐步完整。Nelson 和 Winter 认为，企业的成长是通过类似生物进化的三种核心机制，即多样性、遗传性和自然选择性来完成的。Nelson 和 Winter 在企业生物相似性的基础上，构建了一个模拟生物的企业研究模型，强调“惯例”(知识遗传和继承)、“搜寻”(企业适应和惯例变异)和“市场选择”在企业演化过程中的作用。企业 DNA 进化可以解释为惯例变迁的过程，而搜寻与市场选择则是企业进化的机制。现实生活中的企业在进行战略选择时所依据的信息有限，企业战略决策更多的是一种适应性的“试错过程”。

2）商业生态系统理论

Moore(1993)从生物生态学的角度出发，首次提出“商业生态系统”概念(business ecosystems)。Moore(1996)出版的《竞争的衰亡》标志着战略理论的指导思想发生了重大突破，进一步阐释了运用生态学理论解释商业运作，用系统观点反思竞争的含义，以力求“共同演化”(co－evolution)为目标，主张跳出“把自己看作是单个的主体”的竞争思维定势，通过构建顾客、市场、产品或服务、经营过程、组织、利益相关者、社会价值和政府政策等七个维度的系统成员，以合作演化为主要机制建立成功的商业生态系统。

所谓“商业生态系统”，是指以组织和个人的相互作用为基础的经济联合体，是客户、供应商、主要生产厂家以及其他有关人员相互配合、相互完善、相互补充以生产商品和服务而组成的群体。Hawken(1994)在其著作《商业生态学：可持续发展的宣言》中，利用生态系统思想探讨了商业活动与环境问题的关系；Laszlo(1997)系统地将广义进化论的思想运用到企业管理之中；Baskin(1998)通过将自然科学与动荡复杂问题研究的成果融入现实战略管理中，来理解同样复杂的商界发展的基本动力和对企业组织设计、组织管理的意义；Daft(1998)更是重点利用种群生态学的概念论述了有关组织间的冲突与协作；Law(2001)出版了《企业生理学：企业活力探源》，同时 Aaker(1998)也明确提出了基于单个企业品牌系统的“品牌群”概念；Winker(1999)系统探讨了“品牌生态环境”的概念和管理问题；企业生态系统论把由“独立自治的实体”假设下的企业战略理论转向企业生态系统的战略理论，De Bono(1996)称之为超越竞争理论，Daveni(1994)把它称之为超级竞争模型；Lansiti 和 Levien(2004)进一步把商业生态系统的观点深化，并倡导以这种方式考虑竞争战略，倡导以商业生态系统“群落”应对日益动态、无限竞争的环境。

商业生态系统的竞争分析框架，由四个部分组成：(1)从系统整体上考察和考虑竞争；(2)从系统各成员之间的相互关系方面建立合作，以合作来应对竞争；(3)通过开放环境吸引成员，以扩大系统的共同“做大饼”方式来避免共同“分小饼”式竞争；(4)商业生态系统中核心企业或骨干企业必须不断关注价值理念和关键驱动因素的变化，并建立起审视机制和重组与重构商业生态系统的应对策略，以此来“进化”，不断创造新的优势，实现持续发展。

### 9.1.2 战略管理学科的前沿特征和共同语境

#### 1. 战略管理学科前沿特征

以上战略管理的若干前沿理论，体现出鲜明的学科前沿特征——时效性、地域性、价值性、动态变化性、高难度性、非共识性(争议性)、模糊隐蔽性、学科交叉性和创新性。从时间上来说，学科前沿问题是当前时期的前沿，随着时间的推移、学科的发展以及实践环境的变化而成为前沿问题。信息经济和知识管理的背景下，虚拟经营战略、知识管理战略反映了战略管理前沿的时效性特征；学科的前沿一般具有较强的地域性，在全球经济一体化浪潮下，随着网络和信息技术的迅速发展，不同国家或地区的企业合作变得越来越便捷，超出以往特定市场区域内的运营，虚拟经营战略和战略网络理论的研究重点关注了企业战略管理中跨国或地区的竞争或合作；前沿问题一般具有重大的理论价值或现实意义，战略风险管理、知识管理战略和非市场战略很好地体现了风险意识、知识资源以及非市场因素在企业战略管理和价值创造过程中的重要影响；动态变化性，随着时间的推移，理论和现实的背景环境也在不断变化，企业的动态能力理论、虚拟经营战略、战略网络理论、战略生态理论、战略变革理论有效地体现了动态及变化的特点；前沿问题相对而言有一定的研究难度，如战略变革理论、非市场战略所考虑的管理变革和非市场因素非常不确定，并有待于众多战略管理学者运用不同的途径和方法进行长期的探讨研究；模糊隐蔽性，前沿问题的研究对象和要素隐蔽于未知的研究领域，需要深入探索和潜心研究才能准确把握，知识管理战略中的知识资源和非市场战略中的非市场因素都需要学者仔细深入的探究；学科交叉性，学科交叉是理论研究中的普遍现象，一些前沿问题来源于学科交叉，战略生态理论中企业DNA进化理论和商业生态系统理论很好地将战略管理与生物学有机结合起来，从而做到学科的交叉发展，更好地描述企业的发展；创新性需要表现出前沿问题的新颖性，以上所梳理的前沿理论都是学者以独特的研究视角和创新的研究方法得出的结论，都具有较强的创新性特征，创新是学术发展永恒不变的主题。

#### 2. 战略管理环境的共同语境：不确定性

纵观上述前沿理论，其都拥有的共同语境是：战略管理环境的高度不确定性。自20世纪70年代以来，随着知识经济和网络经济的发展，市场需求个性化不断加快，高新技术日新月异，企业间的相互关系变得更为密切和复杂，活动领域和范围进一步拓展，高度动态、开放、非线性、多因素交织和共时互动的竞争环境，使一些原来相对稳定的产业结构和关联方式，变得更为动荡而难以预测，并日益成为影响企业竞争最重要的因素。现实世界在因果律、确定性和必然性之外，却显现出更迷乱、更深刻和更普遍的相对性、无序性和不确定性，战略管理过程不再是一个可预见的、可控的和程序化的过程。

当今世界，经济一体化、经营虚拟化、生产社会化、商务电子化、贸易自由化、资本国际化、偏好个性化、关联网络化、需求实时化，不确定性无处不在，无时不有，唯一确定的就是“不确定”已渐成共识。企业在进行战略管理时，必须充分考虑不确定性，尤其要关注那些对企业的战略决策有重大影响、生死攸关的不确定性。一方面，对可能造成严重伤害的不确定性，设法化解与超越，趋利避害，力争把损失减小到最低；另一方面，把握、利用甚或刻意创造不确定性，以期获得重大的战略机遇，实现战略性赶超。本质上，不确定性源自社会系统本身固有的、内在的层次性、开放性、动态性、相干性、非线性、临界性、自组织性、自强化性和突变性。现实的战略往往不是理性和计划的结果，而是不断试错的结果，环境的不确定必然导致企业不断尝试与修改自己的对策，这些应试对策的逐步积累就形成了战略。尤其是当我们的知识与经验无法应对外部复杂的环境时，从试错中寻找解决方案就成为一种不错的选择。

## 9.2　中国企业战略研究的相关问题

2010 年 6 月 12 日，中国战略管理学者高端论坛在杭州举行，与会的战略管理学者围绕全球化背景下战略管理研究的问题与挑战、扎根本土接轨国际的战略研究领域与方向、战略管理研究全球华人学者合作与网络构建三个问题，进行了思想碰撞与战略前瞻。我国著名战略管理学者、浙江大学的魏江教授对此次高端论坛的成果作了很好的综述。

### 9.2.1　中国企业战略管理研究的问题与挑战

芝加哥大学诺贝尔奖得主 Robert 在 2010 年 1 月发表的一篇文章提出，在未来 30 年，中国的经济总额将达到 123 万亿美元，占到全球的 40%。北京大学武常岐教授由此进行思考：尽管目前中国经济只占全球经济的 8%，中国企业在全球 500 强中的比率只有 8%，但面对未来 30 年的经济发展，我们战略研究者必须以使命感和责任感去做好理论准备。国家自然科学基金冯芷艳教授针对性地提出：在未来 5～10 年或者更长时间内，中国战略管理领域应该重点研究哪些问题？怎样搭建平台、组建队伍？中国学者怎样为国家改革开放发展做贡献，也为全球战略管理领域的学科发展做出自己的贡献？

1. 问题与挑战一：扎根现实，发现问题

对战略管理的研究必须扎根中国实际，好的理论源于好的管理实践，学院派不意味着只沉浸于理论，而是需要到现实中去，正如亚当·斯密、凯恩斯等，都是回到现实中去才提出了伟大的理论。但我国战略理论研究的现状存在潜在危机，中国人民大学徐二明教授认为，我国有些战略学者是认认真真申请基金课题，却并不认认真真作基金课题，或者研究的还是一些老问题，有些纯粹是应付交差。基金课题的最后结果不理想反映了我们有的研究者并没有抓住新的现实问题，也没有很好地把握新的理论方向。

如何认知现实问题？浙江大学魏江教授提出了战略研究的五个困惑：①中国的成功是西方学者研究出来的，还是中国学者研究出来的？②是否存在中国战略管理学？战略管理理论和研究方法是否有中国和美国之分？③中国战略管理学科的研究呈现与国外研究趋同现象，是追求科学的结果还是盲目模仿的恶果？④中国管理情境的复杂性与管理理论的简约性之间如何平衡？⑤究竟什么是中国战略管理学？回答这五个问题，从根本上需要回到中国企业的实际中去，再从实际中提出中国情境下的战略理论，比如，武常岐教授提出，二元经济结构是中国的现实问题，我国经济单元中最大的企业都是中央企业，这是中国现实问题，这就需要我们真正去理解、研究二元经济结构下的中央企业，提出中央企业战略管理的转型和发展模式，这样才能回到中国情境下的战略管理理论，才能对国际战略管理理论有所贡献。再如，浙江大学陈凌教授以浙商为例提出，浙商发展过程中积聚了大量民间智慧，这些智慧的民营企业家所提出的问题和困惑，往往是我们象牙塔里的人很难想象和回答的。这些问题出现在特殊文化下，很值得研究。

2. 问题与挑战二：明确定位，接轨国际

武常岐教授认为，目前我国战略研究者面临一个很尴尬的局面，“商人越来越像教授，教授越来越像商人”，为什么会这样，说明战略管理领域本身的定位有很大的出入。这个问题不解决好，就会像现在的某些行业或产品领域中，中国企业做不好外资就会进来一样，当我们的战略研究做不好时，我们自己的教授就和商人一样了，真正的研究就只能靠请外国人来做了，这是非常危险的。所以，中国战略管理研究需要打造“国家队”，认真规划研究方向和问题，形成创新的理论成果，在国际上为我们争得一席之地。

如何处理好战略管理研究的定位，魏江教授提出战略管理研究需要两个分化。

（1）学者分化。战略管理研究者要分两类：理论战略研究者和应用战略研究者。理论战略研究者的使命是“从实践中来，形成理论”，在理论上引领中国战略研究，接轨国际。应用战略研究者的使命是“到实践中去，应用理论”。徐二明教授把这两类形象比喻为“道士”和“传教士”，“道士”是传道、授业、解惑，也就是要研究理论问题；“传教士”是把理念传承下去，带一批人。两类学者内在的结构可以按照“10/10/80原则”分层，其中10%的学者做外国人承认的东西，即能在国际高端杂志发表论文/文章，也就是与国际接轨；10%做中国自己的东西，即能在国内高层次杂志发表论文/文章，形成中国情境下的战略前沿理论；还有80%要面向实践界、企业界，用普通的语言和文字代替复杂的模型和公式，做理论的“翻译者”“解释者”和“传播者”。显然，前两个“10”属于理论战略研究者。

（2）方法分化。战略研究方法的分化意指方法的多元化、多样化。现在的不少战略研究文章要么是没有科学的方法甚至毫无章法，要么是凭着感觉用所谓的中国哲学的思辨方法，要么是一味模仿西方学者的方法。大量文章没有弄明白什么是研究特定问题最有效的方法，就发问卷、做结构方程、用SPSS工具，要改变这种现象，就应该提倡多层次方法的结合，无论定性还是定量、西方引进的还是东方传统的、案例的还是数量的，都可以服务于我们的研究，但必须要科学化。

3. 问题与挑战三：潜心研究，不做“腔族”

徐二明教授认为，战略管理理论界目前还比较混乱，导致企业界对战略的理解也不清楚。他用“腔族”来比喻目前战略研究的现状——部分学者虽然满腔热情，但什么是真正该研究的问题并没有认识清楚。要成为战略研究者，他认为首先要做有头脑的人。他还进一步指出，中国不缺乏思想，但需要在学术上更好地解放自己，更好地去思考问题。只有让学生和教师的思想活跃起来，碰到问题能够做深入思考，大家就不再只是“腔族”了。北京大学武亚军副教授也有类似的观点，他认为战略学者应该在分工和专业化基础上，集中精力各展所长，尤其是研究生和年轻学者需要更专注于研究方法问题，打下理论基础，然后区分自己与企业家的不同使命，潜心于学术，做真正有理论创新的学者。

如何去潜心研究？武常岐教授认为，过去我们总是跟着美国等国做研究，随着自己的壮大，我们必须重新认识中国战略研究在国际上的地位。我国改革开放走过的路程中，商学院培养了一大批 MBA，教授了战略管理知识，也贡献了理论，但这个过程中自己的东西还是不够。可以预见到未来 30 年战略的重要性将更加突出，我国的战略学者们必须问：战略管理研究如何能像经济发展那样在全球占据应有的地位？如果我们的学者们能够这样去认识现实，就可能做出有思想的理论出来，而不仅仅是“腔族”。

### 9.2.2 中国企业战略研究的领域与方向

未来 10 年甚至更长时间，我国战略学者的研究领域和方向应该是什么？美国加州大学北岭分校李明芳教授从美国战略学者在 1994 年做过的一件事情引出对战略研究前沿问题的认识。当时，美国有人邀请了一批战略管理研究的元老对战略研究的基本命题进行了分析，最后得出四个基本命题：①企业如何运作；②企业之间存在的差别及其原因；③企业的经营范围；④企业的国际化。李明芳教授认为，我们国内也非常有必要对这些问题展开继续讨论。

针对战略研究的基本命题，浙江大学吴晓波教授结合自己对战略的长期研究，提出了四方面问题：①我国企业发展战略如何从跟随战略到领先战略；②我国对外投资的战略问题，我们企业的竞争优势到底在哪里；③价值网络和商业模式创新问题；④创业战略及其基本理论问题。浙江大学张钢教授认为，战略管理不是一个在特定范式下理论和方法明确、边界相对稳定且清晰的学科，而仅仅是一个研究领域，因此，战略管理的研究应针对“为什么”而不是针对“是什么”。由此，他演绎出战略管理研究需要从行为层面、现象层面深入到认知层面就十个问题展开研究：①战略管理的本质是什么？即边界条件是什么？②什么条件下会做战略决策，即战略情景意味着什么？③相同的战略情境下为什么会有不同的战略决策模式？④中国的战略情景意味着什么？⑤中西战略情景差异真的像表面差异那么大吗？⑥中国战略情境下的战略决策模式真的不能用成熟理论解释吗？⑦从不同的战略情景引申出来的战略决策是否具有稳定性？⑧外部环境急剧变化时，一般意义上的战略决策还存在吗？⑨从战略决策的解释到战略决策的处方可能吗？⑩战略研究而不是战略管理意味着什么？

这些教授的关注点应引起大家的共鸣，教授专家提出了非常有启发的新思想、新观点。概括来看，学者们提出的扎根本土接轨国际的战略研究领域包括以下几个方面。

1. 国际化战略

李明芳教授特别强调中国企业的国际化问题，认为国际学术界对新兴跨国企业，特别是转型经济中企业跨国经营问题的研究越来越重视，随着中国在世界经济的地位上升及其对全球竞争的影响，对中国企业的国际化战略研究具有国际性贡献。他进而以吉利收购沃尔沃；沃尔玛的国际化及其在中国的重要地位；联想通过收购 IBM 笔记本电脑事业部在国际化上的探索；华为先从发展中国家再到发达国家的国际化发展路径等为案例，提出应该研究“国际化到底意味着什么?”“什么叫国际化?”“国际化过程中什么样的维度值得关注?”“什么原因导致国际化进程的不同?”等问题，这些问题的研究对于转型经济背景下的企业国际化战略将提供重要的帮助。吴晓波教授则从组织学习视角提出对国际化的研究问题，中国企业在走向国际化过程中，需要用 10～20 年的时间走完发达国家七八十年的国际化历程，时间短，资源有限，体制不同，组织学习就非常有必要，研究工作者需要深入研究组织学习给企业国际化带来的机遇和帮助，通过对企业认真观察和深入思考发展理论，同时给企业国际化实践提供指导。

2. 企业社会责任

徐二明教授从学理层面提出对社会责任战略研究的必要性。长期以来对战略的研究是基于经济学理论的，现在介入社会学理论是一个非常重要的现象，战略管理本身是个社会问题，需要从多维度去研究。他以富士康的“12 跳”为例，在中国目前的社会环境下，企业应该怎样发展，是个很严肃和值得研究的问题。加拿大约克大学谭劲松教授的观点与之不谋而合，他重点阐述了对企业社会责任研究的重要性，认为美国和中国是未来世界经济发展的两台发动机，如果中国的企业不能在社会责任、诚信问题、环境问题等方面做出改变，肯定是要付出沉重代价的。只要一个中国企业在国际上不守信，就会破坏中国企业在国际上的整体形象，随后中国企业再要向前迈一步，其困难程度就像要搬掉一座山，肯定会付出昂贵的代价，如不合格玩具、有毒奶粉等事件之后，世界对中国的产品就失去信心。作为理论研究者，应当研究怎样通过企业社会责任的管理帮助企业建立竞争优势，企业社会责任是企业发展的一个重要情境变量，要思考怎样找到一个研究方向缩小与国际的差距。对外经贸大学范黎波教授也认为，企业社会责任是今后二三十年中国企业可能面临的最大问题，战略研究者应该关注企业社会责任的延伸和扩展，引导企业将社会责任看作是发展战略的一部分，而不是一个负担。

3. 企业战略环境

战略环境既包括国际环境，又包括国内社会环境和利益相关者所构成的任务环境，这些环境对企业战略的影响至今没有分析清楚。上海交通大学李垣教授认为，大国经济的变化导致全球经济结构的变化，乃至人们生活方式的变化，战略管理研究也要作相应变化。比如，对战略的关注从经济角度演化到社会责任、企业伦理，再到政治角度就是与环境变迁不谋而合的，他提出战略研究应该将逆向的社会问题、政治问题统合起来，通过解决这些问题再回归到经济问题。李垣教授还给出了环境分析的一个例子：关于社会、员工、顾客、利益相关者排序。这四者的排序，100 个人能给出 120 个顺序来，这是个战略的基本问题，如果排序不一样，使命就不一样。作为理论研究者，必须清楚：排序不一样，支持它的理论就不一样，战略理论就应该认真研究这些环境要素，丰富和发展理论。

4. 产业组织与学习

产业组织形态正在发生剧烈变迁，而且不同体制条件下，产业组织形态也各有特点。

范黎波教授提出，战略研究应该关注产业组织中的信誉问题、增量创新问题。他以“穷人银行”这种产业组织形式为例，提出产业组织形态研究要关注强互惠者理论。魏江教授认为，目前发展最快的是介于企业和市场之间的准市场组织形式，这些形式的变化已经对战略研究提出了全新的挑战，比如网络组织、产业集群组织、全球制造业网络组织等。对处于这些组织形式内部的企业战略进行研究具有极大的空间。具体对各种组织形态中的学习理论研究，吴晓波教授从中国和西方的思维逻辑切入，认为中西结合的思维逻辑对于战略研究是个很大的挑战。尽管西方组织基础架构研究很完美，但在中国企业的实践中还是难以得到很好应用，这里有逻辑思维的差异问题，中国的管理者既要学习西方的管理思维和结构化方法，更需要从组织学习与创新的视角研究战略管理。范黎波也认为，在开放条件下，美国已经感受到来自中国的压力，甚至连美国的孩子们都在被教育“中国的孩子将要抢你们的饭碗”，那么，我们更加要通过开放环境提高学习能力，他还提出了“学习型、探索性、转换性和开放性”的组织学习概念。

5. 中国文化与战略

对中国文化情境下的战略研究是学者们讨论比较多的话题。徐二明、李垣、周长辉等教授都认为，要从辩证的角度看中国文化与企业战略的关系。一方面，中国传统文化内在地包含了战略思考，比如竞合问题、阴阳问题等。国外学者研究竞合，是把竞和合割裂开来看的，他们先讲竞争因素，再讲合作因素，最后讲竞合是如何影响绩效。中国人的竞合观则不一样，中国的阴阳文化把竞合讲得很深，认为阴中有阳、阳中有阴、阴阳转换，由此对应，对竞合主张用立体视角去看，这就是中国文化对战略研究的作用。另一方面，中国文化对战略也会有副作用。中国要产生顶尖的创新，必须要弱化传统文化的桎梏，比如“木秀于林，风必摧之”、“出头的椽子先烂”、“盛极必衰”等观念就会阻碍战略创新。对于如何去研究文化对战略的作用机理，浙江大学宝贡敏教授认为，文化决定成败，社会最重要的标准就是文化，文化的核心是判断事物是什么、为什么等准则，具有内容依赖性，解析中国文化对于未来中国经济全球化具有战略性意义。

除了以上五方面研究方向外，也有学者从其他领域视角来展望战略研究的理论关注点。如浙江大学陈凌教授提出了家族企业成长过程的战略问题。他结合自身对家族企业的长期研究，认为家族企业的战略不同于非家族企业，家族企业的战略更多来自于企业家个人的主观设想，战略行为更多是在市场竞争下企业家自然或不自然做出的选择。在当前情况下，家族企业战略研究的重要视角是解决“富二代”问题，如相当比例的“富二代”只想继承财富不愿意继承事业的问题，“富二代”如何与具有高超人力资本的“穷二代”合作的问题等等。中国人民大学宋华教授从他所关注的供应链战略角度，研究供应链中的企业间联盟、企业间关系和价值网络问题，揭示中国情境下的战略管理范式，深入分析战略管理中不同利益相关者的行为及其与制度性、合法性的关系。宋华教授还强调了制造业服务业战略研究的意义，目前，美国有 52％的制造企业实现了服务型制造，中国的比例是 2.2％，随着 3G 时代中国企业制造业服务化水平的提高，需要我们去揭示 3G 时代企业战略的特征，解析制造服务化时代企业竞争优势的形成机制等等。李垣教授还提出了研究失败的必要性。他打了一个形象的比方，“虽然有一句话叫失败是成功之母，但是为什么没有一个人说企业失败了是好的呢?”他认为这是一个研究悖论,“没有妈妈哪有儿子?理论上为什么不研究妈妈,只研究儿子呢?”由此,他认为战略研究应该把“失败中学习”作为研究的问题。

### 9.2.3 战略研究华人学者的使命与责任

未来10年甚至30年战略理论的发展,为全球华人战略学者带来了新的使命和挑战,为了应对这样的挑战,战略研究学者需要明确自己的使命,并通过相互合作构筑联盟网络,推进战略理论的研究。北京大学周长辉副教授认为目前这方面我们做得很不够,需要大家提升合作,如我们对研究已具有独到的认识和理解,但及时展示出来的并不多,原因是我们缺少与世界对接和展示的能力;再如,中国学者有一个固有倾向,要么是说而不做,说的多做的少;要么是信心不足。为此,需要华人学者开展紧密合作,对大家的研究成果能够互相读、互相批、互相引用、互相帮助,否则我们自己的东西是出不来的。概括各位学者的观点,认为未来战略研究学者要特别关注以下几方面的使命与责任。

1. 要承担应有的社会责任

谭劲松教授特别强调战略管理学者社会责任的重要性,他认为,每个成熟的学科都有个金字塔,居于塔顶学者的理论研究必须放在象牙塔里,给同行铺路,他们要保持超脱,要坚持操守,要保持独立人格,要特别关注社会弱势群体,帮助他们争取话语权。目前有不少文人变成了御用文人,这是个危险的信号,即使做了御用文人也要有良知。他还认为,有些经济学家的研究已经超出了学术范畴,所提出的思想对社会、公众不负责任,如果处于金字塔顶的学者都没有担负好社会责任,研究要走向国际化是很困难的,这个学界的道德底线就没有了。

2. 要建构中国战略研究的基础体系

武亚军副教授引用著名经济学家张五常的观点“好的学问既深刻又系统”,认为战略研究学者要有基础学科体系,以此为基础去解决现实的复杂性和多样性,作为战略研究者要建构起具有扎实系统的知识体系,这样才可能研究出独创性的东西。比如,中国文化背景下的战略管理,博大精深,作为战略学者就应该具有厚重的文化学理基础,掌握中国思想的精华;才能研究出好东西;否则,战略研究就会大而不系统,大而不精深,还会混淆公众价值观,蒙蔽公众对现实的正确认识。

3. 要寻求普适性的理论

哈尔滨工业大学田也壮教授结合自身发展体会,提出研究工作中“坚持”的意义。他认为战略研究学者要与国际接轨,与国际融为一体,从中去寻找研究的普适价值。他还以发表在AMR、AMJ上的论文为例,这些杂志中的高质量文章研究的往往是一个一般性、基本性的选题,是具有普适性的最高理论,由此,他还建议研究者的选题要尽量降低情景因素。

4. 要提升战略研究的系统范式

冯芷艳教授结合自己在国家自然科学基金委员会工作的体会,认为战略研究学者不要唯方法论,唯技术论,不要让技术和方法论掩盖自然科学基金的本质,而是要回归真正科学的问题。从国家自然科学基金看，鼓励学者们做科学研究，要遵循创造知识、发现问题的出发点，这样才能做出真正好的东西来。魏江教授也提出，中国战略研究者对构筑和提升具有中国特色的战略研究范式充满信心，要以为中国经济和中国企业服务为己任建立战略研究的范式标准。

5. 要形成一批"痴迷型"学者队伍

冯芷艳教授认为，学者本身有痴迷型学者，有整合型学者，也有实用型学者。大家应通过多沟通、多交流、多合作来促进"痴迷型"和"整合型"战略学者队伍建设，让更多的学者真正且单纯地为科学作研究。同时，也发现和影响一批痴迷型的人，让各种声音能自由发表，为战略管理学增添璀璨明珠。

## 本章小结

本章梳理了当前战略管理学科发展中较前沿的若干理论，并结合分析战略管理学科理论前沿的若干特征得出战略管理理论发展的关键驱动因素，即不确定性环境。然而，随着中国之崛起，需要对适应中国情境的战略管理理论进行探索。为此，参加 2010 年中国战略学者高端论坛的众多知名华人战略学者，提出了全球化背景下中国战略管理研究的问题与挑战、扎根本土接轨国际的战略研究领域与方向及战略研究华人学者的使命与责任三个问题，为中国企业战略管理研究做出了理论上的前瞻与贡献。

## 关键术语

企业虚拟经营战略　动态能力理论　战略风险管理　知识管理战略　战略网络　战略变革　非市场战略　战略生态理论　边缘竞争

## 习　题

简答题

1. 简述企业虚拟经营战略。
2. 简述动态能力理论。
3. 简述战略网络。
4. 简述非市场战略。
5. 简述中国企业战略管理研究的问题与挑战。
6. 简述中国企业战略管理研究的领域与方向。

### 小论文

请在互联网上查阅你所感兴趣的某一战略管理前沿理论，深入阅读后请写出一篇对该理论进行详细介绍的论文。

# 第10章

# 企业经营沙盘模拟

## 学习要点

- 模拟企业的概况和组织结构
- 产品分析与未来市场预测

## 名人名言

管理学既不是一门艺术也不是一门科学，而是一种实践，其成就是以管理结果来衡量。

——(美)彼得·德鲁克

小公司的发展战略就是：活下来，挣钱！

——阿里巴巴集团董事局主席　马云

失败乃成功之母。

——(英)弗朗西斯·培根

## 10.1　企业经营沙盘模拟简介

沙盘原是军事作战中的战地指挥工具，通过实物模型可以直观地了解整个战场的全貌，从而迅速制订出有效的作战计划。利用沙盘模型，军事将领无需亲临现场，也能对战局了然于胸，从而运筹帷幄，胸有成竹。

由于军事沙盘模拟不需要进行实兵演练就可以培养高级将领，因此在军事院校中广受欢迎。同样，企业经营沙盘模拟也由于不需要经营一家真实的企业就可以培养高级管理人才，从而在世界各大商学院中广为流传。

自从 1978 年瑞典皇家工学院的 Klas Mellan 开发出企业经营沙盘之后，企业经营沙盘模拟演练就迅速风靡全球。目前世界上很多知名的商学院和一些管理咨询机构都在使用企业经营沙盘，对经济管理类学生、职业经理人进行培训，以期提高他们在实际经营环境中决策和运作的能力。

20 世纪 80 年代初，企业经营沙盘模拟被引入我国，首先是在企业的中高层管理者培训中使用。进入 21 世纪，我国著名的企业管理软件公司用友、金蝶相继开发出企业经营沙盘的教学版，并被我国很多高校应用于企业管理或企业战略管理课程的实验教学环节。

近些年随着企业经营沙盘在各大高校的流行，用友公司与金蝶公司分别开始组织全国性的大学生沙盘模拟经营大赛。由于企业经营沙盘的本质原理是相同的，本章主要介绍金蝶公司的企业经营沙盘。

### 10.1.1　企业概况

本章所要模拟的企业是一个典型的离散制造型企业。该企业是一家本地企业，在本地市场知名度很高，经营状况良好，客户也很满意。它目前拥有一间厂房——新华厂房，建有 3 条手工生产线和 1 条半自动生产线，主打产品 Beryl 全部只在本地市场销售，质量受到客户肯定，总体销售情况还不错，上年度盈利 700 万元。但由于原来的管理层在企业发展上，特别是在市场开发以及新产品的研发方面比较保守，使得企业一直处于小规模经营的状况。

然而，根据权威市场咨询机构提供的市场预测信息，在未来几年内，市场竞争将越来越激烈，该企业的主力产品 Beryl 将会因为缺乏技术含量而被技术含量更高的 Ruby 和 Sapphire 所取代(见图 10.1)。Crystal 是 Beryl 的技术改进版，虽然技术优势会带来一定的销售增长，但随着新技术的出现，需求最终会下降。

因此，如果继续目前的经营模式，企业很可能会被市场逐渐淘汰。于是，董事会决定引入新的管理层，对企业的经营模式进行变革，使企业发展成为更有潜力的实体。具体而言，董事会希望新的管理层能够完成以下三项工作：

(1) 投资新产品的开发，使企业的市场地位得到提升。

(2) 开发本地市场以外的新市场，拓展市场领域。

(3) 扩大生产规模，采用现代化生产手段，获取更多利润。

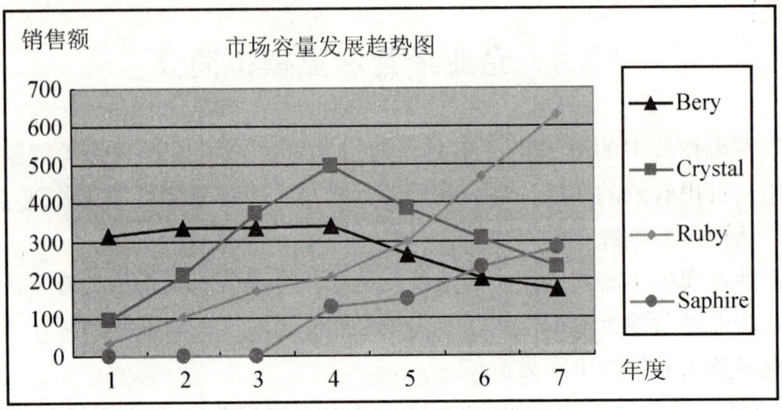


图 10.1 市场容量发展趋势图

### 10.1.2 企业的组织结构

任何一个企业创建之初，都要建立与其企业类型相适应的组织结构。组织结构是保证企业正常运转的基本条件。在企业经营沙盘模拟中，采用了简化企业组织结构的方式，即由几个主要的角色来代表企业复杂的组织结构，主要包括：首席执行官(CEO)、财务总监、营销总监、采购总监、生产总监等。需要指出，人力资源总监往往是现实企业中的一个重要岗位，但在企业经营沙盘模拟中这一角色并非关键，因此被忽略了。

1. 首席执行官(CEO)

现代企业的治理结构分为股东(大)会、董事会和管理层三个层次。而在企业经营沙盘模拟中，省略了股东(大)会和董事会，企业所有重要的决策都是由 CEO 带领团队成员共同决定。如果大家意见相左，就由 CEO 拍板决定。做出有利于企业发展的战略决策是 CEO 的最大职责。同时，CEO 还要负责控制企业按流程运营，保障顺利运行。此外，CEO 还要特别关注每个团队成员能否胜任其岗位，尤其是一些重要岗位，如财务总监、营销总监等，如不胜任要及时调整，以免影响整个企业的运营。

具体说来，CEO 的主要职责包括：(1)负责制定和实施企业总体战略与年度经营计划，做出有利于企业发展的战略决策是 CEO 的最大职责；(2)建立和健全公司的管理体系与组织结构，从结构、流程、人员、激励四个方面着手优化管理，实现管理的新跨越；(3)主持公司的日常经营管理工作，实现公司经营管理目标和发展目标。

总之，CEO 的工作目标就是：确保企业的正常运转，引导企业不断走向成功。

2. 财务总监

在实际企业中，财务与会计的职能往往是分离的，它们有着不同的工作目标和内容。会计主要负责日常现金收支管理，定期核查企业的经营状况，核算企业的经营成果，制定预算及对成本数据的分类和分析。而财务主要负责资金的筹集、管理，做好现金预算，管好、用好资金，妥善控制成本。如果说资金是企业的血液，那么财务部门就是企业的心脏。财务部门要参与企业重大决策方案的讨论，如设备投资、产品研发、市场开拓、ISO

资格认证、购置厂房等。公司进出的任何一笔资金，都要经过财务部门。在模拟过程中，一般将上述两大职能都归并到财务总监身上，由其统一负责对企业的资金进行预测、筹集、调度与监控。

具体说来，财务总监的主要任务包括：(1)管好现金流，评估应收款金额与回收期，预估长、短期资金需求，按需求支付各项费用、核算成本，做好财务分析；(2)进行现金预算，洞悉资金短缺前兆，采用经济有效的方式筹集资金，将资金成本控制到较低水平，管好、用好资金。

总之，财务总监的工作目标就是：充分掌握企业财务状况，为决策提供支持，控制成本。

3. 营销总监

企业的利润是由销售收入带来的，销售实现是企业生存和发展的关键。为此，营销总监所担负的重任就在于开拓市场、实现销售，他应结合市场预测及客户需求制订销售计划，有选择地进行广告投放，运用丰富的营销策略，控制营销成本，取得与企业生产能力相匹配的客户订单，并与生产部门做好沟通，保证按时交货给客户，监督货款的回收，进行客户关系管理。此外，营销总监还要根据市场状况做出ISO认证和产品研发方面的决策。

具体说来，营销总监的主要责任包括：(1)进行需求分析和销售预测，寻求最优市场，确定销售部门目标体系；(2)制订销售计划和销售预算；(3)建设与管理销售团队；(4)实施客户管理，确保货款及时回笼；(5)分析与评估销售业绩；(6)控制产品应收款账期，维护企业财务安全；(7)分析市场信息，为确定企业产能和产品研发提供依据。

总之，营销总监的工作目标就是：洞悉市场变化，销售尽量多的产品，争取更利于本企业发展的市场环境。

4. 采购总监

采购是企业生产的首要环节。采购总监要确保在合适的时间点，采购合适的品种及数量的原材料，保证生产的正常进行。其主要职责包括：(1)依据生产计划制订采购计划，分析各种物资供应渠道及市场供求变化情况；(2)与供货商签订供货合同；(3)按期采购原材料并向供应商付款；(4)管理原材料库，进行原材料库存的数据统计与分析。

总之，采购总监的工作目标就是：保质、保量地按时完成采购计划，控制采购成本。

5. 生产总监

生产总监是企业生产部门的核心人物，对企业的生产活动进行管理，并对企业的一切生产活动及产品负最终的责任。生产总监既是生产计划的制订者和决策者，又是生产过程的监控者，对企业目标的实现负有重大的责任。他的工作是通过计划、组织、指挥和控制等手段实现企业资源的优化配置，创造最大的经济效益。

具体说来，生产总监的主要职责包括：(1)参与制定企业经营战略；(2)负责指挥生产运营过程的正常进行，生产设备的选购、安装、维护及变卖和管理成品库等工作；(3)权衡利弊，优化生产线组合，保证企业产能。

总之，生产总监的工作目标就是：低成本、高效率地按时完成生产任务。

## 10.2 企业产品分析与市场预测

### 10.2.1 企业产品

Beryl产品目前在市场上的销路还不错，但是可以预见，在不久的将来激烈的竞争即将开始，一方面是来自于国内同行的纷纷仿效，另外由于WTO开放之后，外国竞争者所构成的重大威胁。这些外国竞争者拥有更先进的研发技术和生产技术，如果企业不在产品上进行创新，将很容易落伍。

从今后技术发展的角度来说，企业在产品研发上有三个选择：Crystal、Ruby和Sapphire。

(1) Crystal产品是Beryl产品的技术改进版，它继承了Beryl产品的很多优良特性，在一段时间内可以为企业的发展带来可观利润。

(2) Ruby产品是一个完全重新设计的产品，采用了最新技术，在技术创新及有利于环保方面产生了很大的飞跃。但目前很难评估客户针对这种新技术的态度。

(3) Sapphire产品被视为一个未来技术的产品，大家都存在着期望，然而它的市场何时才能形成是一个完全未知的因素。

### 10.2.2 未来市场预测

以地域划分，企业将面对5个市场：本地市场、区域市场、国内市场、亚洲市场和国际市场。因此，根据上述企业有4种可能的产品，在模拟企业经营时，管理层将面对20个细分市场进行战略决策。需要指出，无论在经营模拟中，还是在现实生活中，没有一家企业可以通吃所有的细分市场，管理层必须做出选择，战略决策的本质在于“取舍”，在于“有所为，有所不为”，有“舍”才能有所“得”。

总体来看，根据企业的实际情况可以比较准确地预计1～3年的销售情况，但由于市场存在很大的不确定性，4～7年的预计只能作为一个参考，可能蕴涵很大的变化性。

1. 本地市场

如图10.2和图10.3所示，Beryl在本地市场是一个成熟的产品，在未来3年内本地

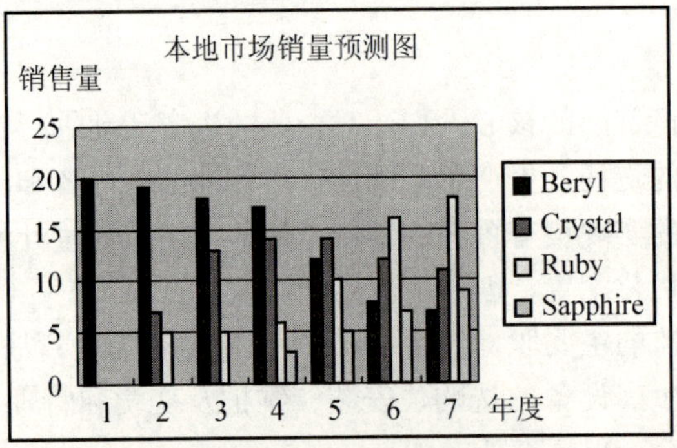


图10.2 本地市场销量预测

市场上需求较大，但随着时间的推移，需求可能迅速下降。Beryl 的单价逐年下滑，利润空间越来越小。Crystal 在本地市场的需求呈上升趋势。Ruby 和 Sapphire 的需求量不明确。但随着 Ruby 和 Sapphire 产品的完善，价格会逐步提高。需要指出，不管哪种产品，未来可能会要求企业具有 ISO 认证资格。

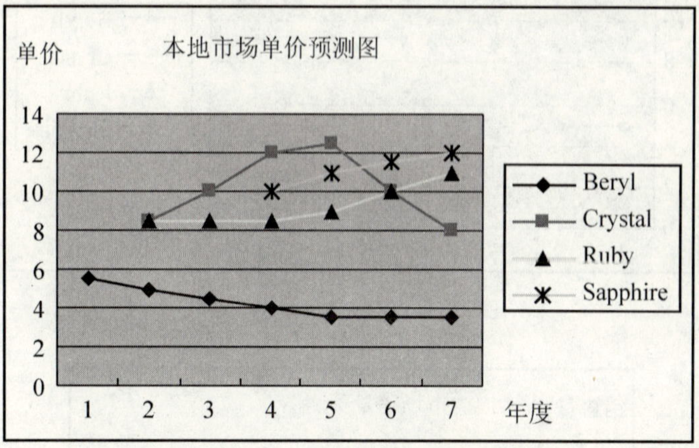


图 10.3　本地市场单价预测

2. 区域市场

如图 10.4 和图 10.5 所示，区域市场的需求量相对本地市场来讲，容量不大。此外，区域市场对客户的资质要求相对较严格，供应商可能只有具备 ISO 资格认证——包括 ISO9000 和 ISO14000 才可以被允许接单。由于对供应商的资格要求较严，竞争的激烈性相对较低，价格普遍比本地市场高。

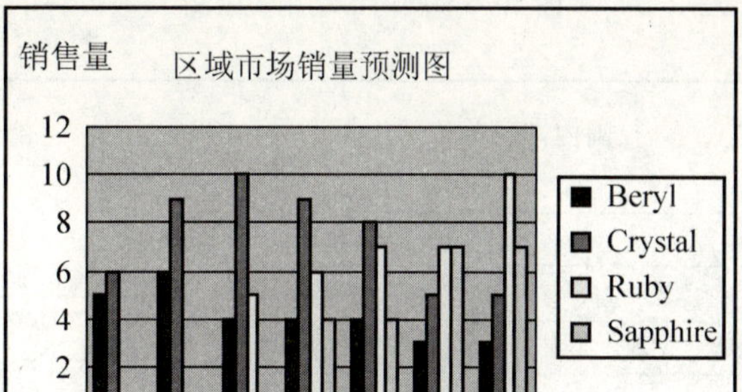


图 10.4　区域市场销量预测

3. 国内市场

如图 10.6 和图 10.7 所示，Beryl、Crystal 的需求逐年上升，第 4 年达到顶峰，之后开始下滑。Ruby、Sapphire 需求预计呈上升趋势。同时，供应商也可能要求获得 ISO9000 认证。与销售量相类似，Beryl、Crystal 的价格逐年上升，第 4 年达到顶峰，之后开始下滑。Ruby、Sapphire 单价逐年稳步上升。

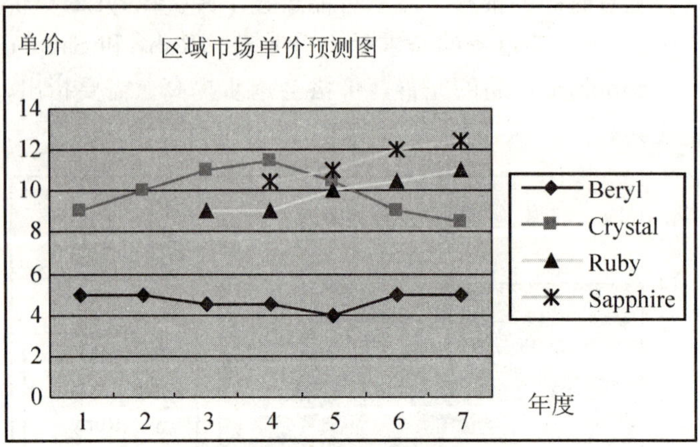


图 10.5　区域市场单价预测

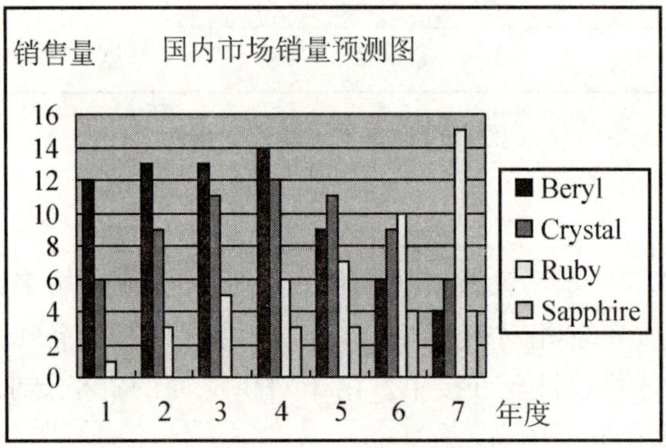


图 10.6　国内市场销量预测

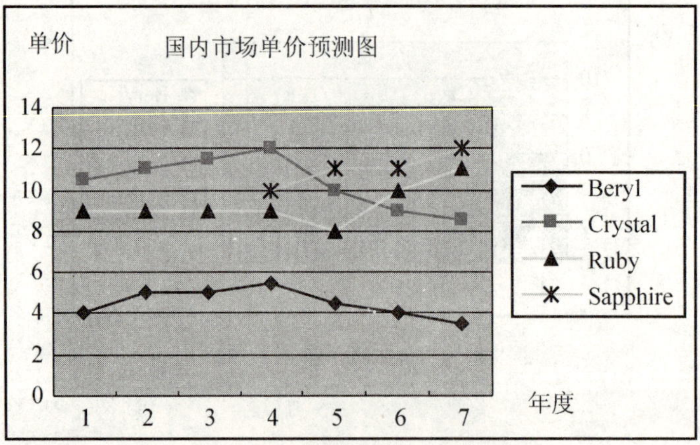


图 10.7　国内市场单价预测

4. 亚洲市场

如图 10.8 和图 10.9 所示，在亚洲市场上几乎所有产品都供不应求。但 Beryl 在亚洲市场的价格相对于本地市场来说，没有竞争力。

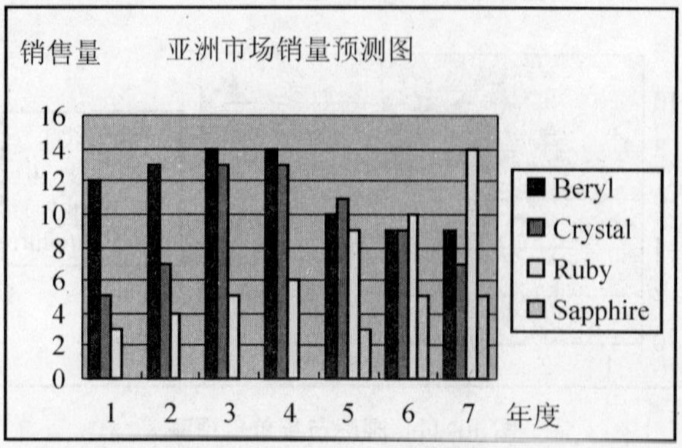


图 10.8　亚洲市场销量预测

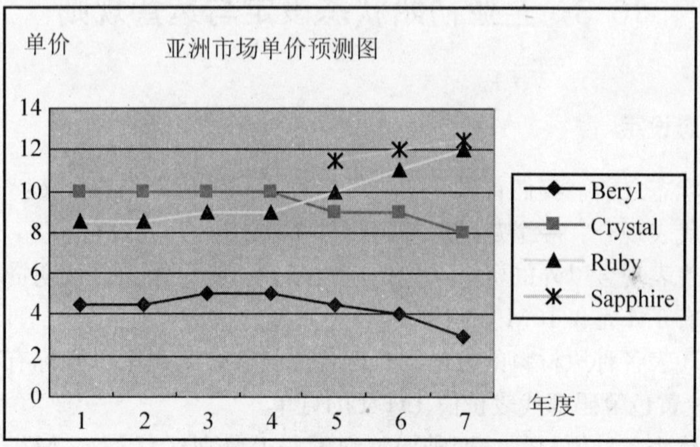


图 10.9　亚洲市场单价预测

5. 国际市场

如图 10.10 和图 10.11 所示，国际市场对 Beryl 的需求量非常大，其他产品需求不甚明朗。受各种因素影响，价格变动风险大。

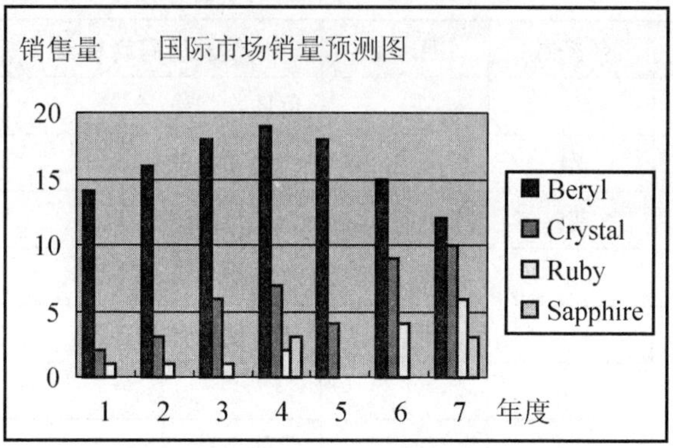


图 10.10　国际市场销量预测

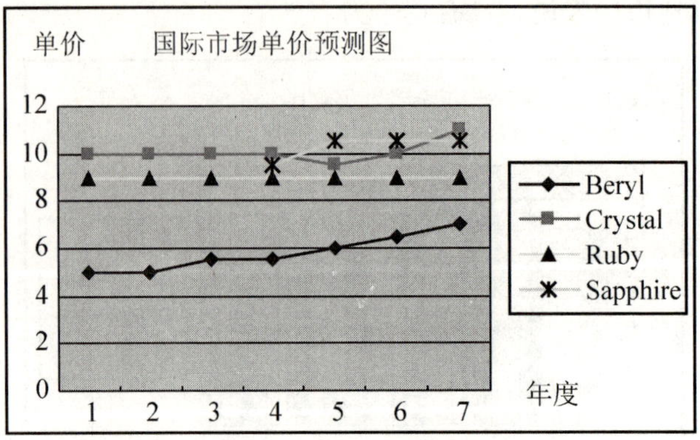


图 10.11 国际市场单价预测

## 10.3 企业初始状态设定与运营规则

### 10.3.1 初始状态设定

在设定初始状态之前，我们首先介绍一下四种不同颜色筹码的含义：

(1) 灰色，代表现金。一个灰色的筹码代表 1M(100 万)元现金。

(2) 红色，代表现金以外的资金，包括应收账款、应付账款，长期贷款、短期贷款和高利贷等。分别有 1M 元和 10M 元两种。

(3) 黄色，代表各种原材料的订单。有四种原材料，筹码上分别标有 M1、M2、M3、M4 字样。任一枚黄色筹码都代表价值 1M 元的订单。

(4) 蓝色，代表各种原材料。四种原材料筹码上分别标有 M1、M2、M3、M4 字样。任一枚蓝色筹码都代表价值 1M 元的原材料。需要提醒，黄色筹码代表的是原材料订单，而蓝色筹码代表的是原材料本身；企业在下订单(取黄色筹码)时，不需要支付现金，但订单到期(取蓝色筹码)时，需要支付相应的现金。

参照图 10.12 与表 10-1、表 10-2，我们来介绍盘面的初始状态。

表 10-1 初始年资产负债表(单位：百万元)

| 资产 | 年初数 | 期末数 | 负债及所有者权益 | 年初数 | 期末数 |
|---|---|---|---|---|---|
| 流动资产： | | | 负债： | | |
| 现金 | 24 | | 短期负债 | 20 | |
| 应收账款 | 14 | | 应付账款 | 0 | |
| 原材料 | 2 | | 应交税金 | 3 | |
| 产成品 | 6 | | 长期负债 | 0 | |
| 在制品 | 6 | | | | |
| 流动资产合计 | 52 | | 负债合计 | 23 | |

续表

| 资产 | 年初数 | 期末数 | 负债及所有者权益 | 年初数 | 期末数 |
|---|---|---|---|---|---|
| 固定资产： | | | 所有者权益： | | |
| 土地建筑净值 | 40 | | 股东资本 | 70 | |
| 机器设备净值 | 12 | | 以前年度利润 | 4 | |
| 在建工程 | 0 | | 当年净利润 | 7 | |
| 固定资产合计 | 52 | | 所有者权益合计 | 81 | |
| 资产总计 | 104 | | 负债及权益总计 | 104 | |

表 10－2　初始年损益表(单位：百万元)

| 项目 | 去年 | 今年 |
|---|---|---|
| 一、销售收入 | 40 | |
| 减：成本 | 17 | |
| 二、毛利 | 23 | |
| 减：综合费用 | 8 | |
| 折旧 | 4 | |
| 财务净损益 | 1 | |
| 三、营业利润 | 10 | |
| 加：营业外净收益 | 0 | |
| 四、利润总额 | 10 | |
| 减：所得税 | 3 | |
| 五、净利润 | 7 | |

1. 固定资产 52M

固定资产，是指使用期限较长、单位价值较高，并且在使用中保持原有实物形态的资产，主要包括土地及厂房、生产设施、在建工程等。在模拟中，土地及厂房专指厂房(即土地建筑)，生产设施专指生产线(即机器设备)，在建工程专指未建设完工的生产线。

(1) 土地建筑净值 40M——企业拥有该厂区的所有权，因此将 40 个灰色筹码置于新华厂区处。

(2) 机器设备净值 12M——企业在新华厂区共有 4 条生产线，分别标记为生产线 1、2、3、4。其中，生产线 1、2、3 为手工生产线，生产线 4 为半自动生产线。每条手工生产线原值 5M，现在净值分别为 2M、3M、3M。半自动生产线原值 10M，现在净值为 4M。

(3) 在建工程——企业目前没有新生产线的投入或改建。

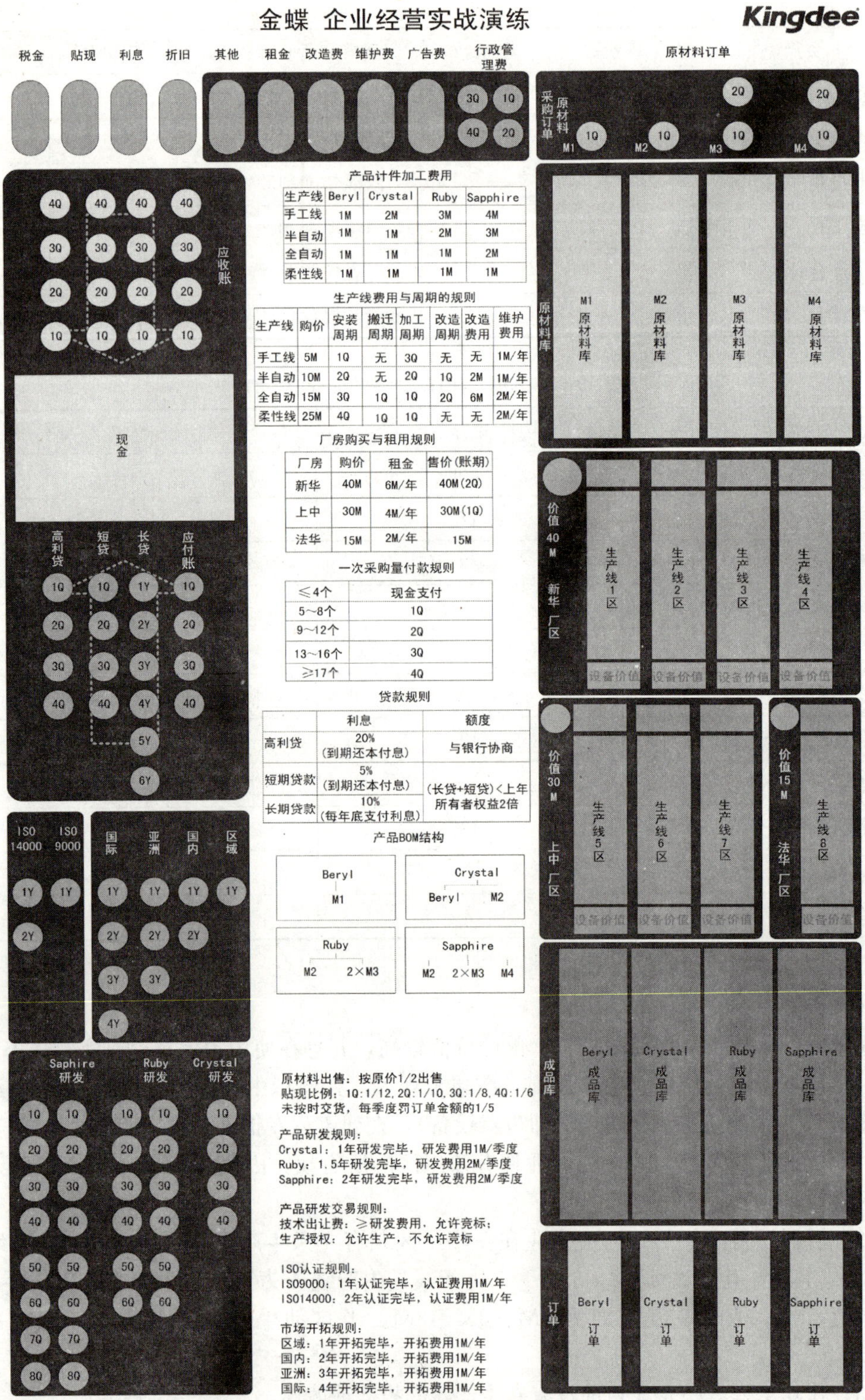


图 10.12　金蝶手工沙盘盘面

2. 流动资产 52M

流动资产，是指企业在 1 年或 1 个营业周期内可变现或耗用的资产，主要包括现金、应收账款、存货等，其中存货又分原材料、产成品和在制品。

(1) 现金 24M——将 24 个灰色筹码置于盘面现金区。

(2) 应收账款 14M——将红色筹码置于盘面应收账款 2 季度和 3 季度各 7M (图 10.13)。

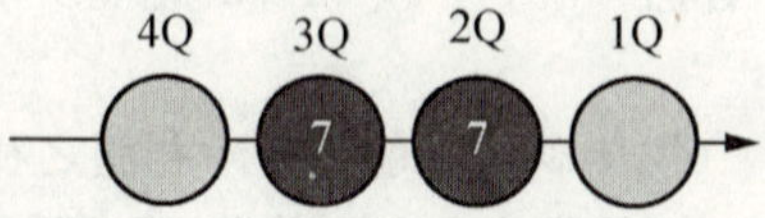


图 10.13　应收账款 2Q 和 3Q 各 7M

(3) 原材料 2M——有 2 个蓝色 M1 筹码被置于原材料仓库，每个 M1 价值 1M。此外，企业为了下一期的生产向供应商发出了两个 M1 的原材料订单，即将两个黄色 M1 筹码放置于原材料订单的位置。

(4) 产成品 6M——有 3 个 Beryl 被置于产成品仓库。每个 Beryl 的成本由价值 1M 的 M1 原材料(蓝色筹码)和 1M 的人工费(灰色筹码)组成，共计 2M。因此，产成品总成本为 6M。

(5) 在制品 6M——新华厂区的生产线 1、2、4 各有 1 个尚未加工完的 Beryl 在制品。

如图 10.14 所示，手工生产线有 3 个生产周期，1 个 Beryl 在制品位于生产线 1 的第 1 生产周期，另一个位于生产线 2 的第 3 生产周期。半自动生产线有 2 个生产周期，1 个 Beryl 在制品位于生产线 4 的第 1 周期。生产线 3 上没有在制品，处于停工状态。

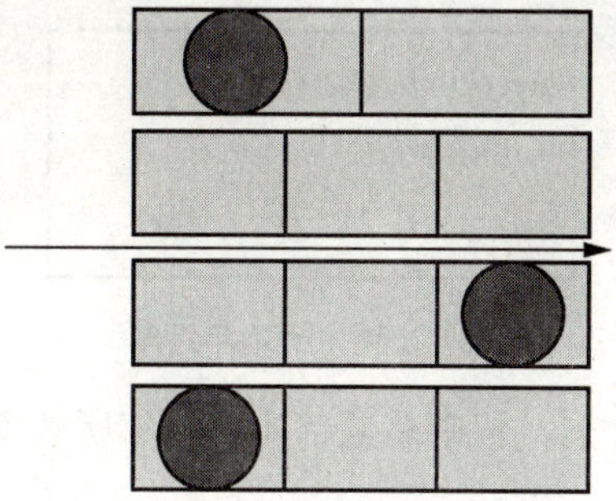

图 10.14　生产线上在制品状态

3. 负债 23M

负债包括短期负债、长期负债和各项应付款。短期负债，是指 1 年内或超过 1 年的 1 个营业周期内需用流动资产或其他短期负债进行清偿的债务，主要包括短期贷款、高利贷等。长期负债，是指偿还期限在 1 年或超过 1 年的 1 个营业周期以上的债务，主要指长期贷款。各项应付款主要是指应交税金、应付货款等。

(1) 短期负债 20M——10M 的短期借款(红色筹码)置于盘面短期贷款区 3Q 的位置，另 10M 置于 4Q 的位置(图 10.15)。

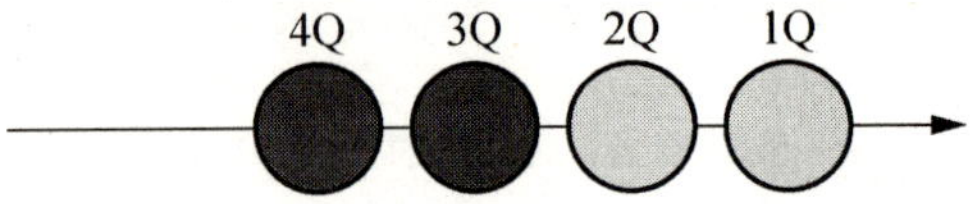


图 10.15　短期负债 3Q 和 4Q 各 10M

（2）应付账款——企业目前没有应付账款。

（3）应交税金 3M——企业目前有 3M 的应交税金。所谓应交税金，是指在企业盈利时，首先弥补前五年的亏损，若仍有盈利，按 25%的企业所得税税率计算应付税金，下一年年初交纳。计算公式为：

应付税金=(税前利润+前五年净利润之和)×25%

由表 10-2 可知上一年的利润总额为 10M，乘以 25%后四舍五入取整即为 3M。

（4）长期负债——企业目前没有长期负债。

4. 所有者权益 81M

所有者权益，是指企业投资者对企业资产的所有权，也就是企业的净资产，在数量上等于资产减负债的差额。由表 10-2 可知企业所有者权益状态为：

（1）股东资本 70M。

（2）以前年度利润 4M。

（3）当年净利润 7M。

5. 初始年订单

一般说来，企业的订单是要通过投放广告来争取的。但由于现在是初始年(也被称为“第 0 年”)，学生还不熟悉游戏规则，因此统一给每个企业一样的订单(图 10.16)。

Beryl (Y0,本地)

6×6M=36M

账期：1Q　　交货：Q3

图 10.16　初始年订单

在每一年企业经营开始之前，营销总监都要将该年所获得的订单进行登记。初始年的订单登记如表 10-3 所示。

表 10-3　订单登记表(初始年)

| 项目 | 1 | 2 | 3 | 4 | 5 | 6 | 合计 |
|---|---|---|---|---|---|---|---|
| 市场 | 本地 | | | | | | |
| 产品名称 | Beryl | | | | | | |
| 账期 | 1Q | | | | | | |
| 交货期 | Q3 | | | | | | |
| 单价 | 6 | | | | | | |

续表

| 项目 | 1 | 2 | 3 | 4 | 5 | 6 | 合计 |
|---|---|---|---|---|---|---|---|
| 订单数量 | 6 | | | | | | |
| 订单销售额 | 36 | | | | | | |
| 成本 | 12 | | | | | | |
| 毛利 | 24 | | | | | | |

### 10.3.2　运营规则

1. 广告投放与订单争取规则

销售订单的取得与广告费用投入有密切的关系。广告宣传做得好能获得较多的订单。企业广告投放与订单争取的规则如下：

(1) 广告费在每年年初分市场、分产品投放。广告投入单如表 10-4 所示。

表 10-4　广告投入单

| 年度 | 市场类别 | Beryl | Crystal | Ruby | Sapphire |
|---|---|---|---|---|---|
| 第×年 | 本地 | | | | |
| | 区域 | | | | |
| | 国内 | | | | |
| | 亚洲 | | | | |
| | 国际 | | | | |

(2) 广告费每投入 1M，可获得一次选取订单机会。获取第二次选单机会需再投入 2M，以此类推。

(3) 第一年选单顺序按照某市场某产品广告费投放排名。

(4) 第二年起，上一年度销售量最大者先选该市场该产品的订单(至少要在该市场投 1M 的广告费)。然后，再按照广告费投入排名。当两组本年广告投入相同时，按照在该市场上所有产品的广告投入总量排名。当两组本年市场投入相同，进行竞价。

需要指出，各个市场的产品需求数量是有限的，并非打广告就一定能得到订单。企业获取订单的机会取决于市场选择、竞争态势等。因此，参与者要结合第二节所提供的市场预测信息与模拟时其他竞争企业的实际情况进行决策。

2. 订单交货规则

(1) 对于普通订单，要求按规定的交货期交货，不允许提前交货。

(2) 对于加急订单(即标有“加急”字样的订单，如图 10.17)，必须在第 1 季度交货。

(3)若无法按时交货，则每过一个季度，按订单金额 1/5 罚款。

(4) 交货后，按订单上的账期将相应金额的红色筹码放入盘面上应收账款对应账期。

| |
|---|
| Beryl (Y1,本地)　加急!!! |
| 4×4.3M=17M |
| 账期：现金　交货：Q1 |

图 10.17　加急订单

（5）订单允许转让，转让价格由双方协商。

3. 市场开拓、产品研发和ISO认证规则

由于在初始年我们给企业设定的状态是在本地市场销售Beryl产品，而其他4个市场都未开拓，其他3种产品也未研发，因此即使企业在其他19个细分市场投放了广告，也无法承接这些细分市场的订单。鉴于此，表10－5和表10－6提供了市场开拓和产品研发的规则，企业可以根据实际情况有计划、有步骤、有重点地选择自己的目标市场。

表 10－5　市场开拓的规则

| 市场 | 开拓费用 | 开拓时间 |
|---|---|---|
| 区域 | 1M/年 | 1年 |
| 国内 | 1M/年 | 2年 |
| 亚洲 | 1M/年 | 3年 |
| 国际 | 1M/年 | 4年 |

表 10－6　产品研发的规则

| 产品 | Crystal | Ruby | Sapphire |
|---|---|---|---|
| 研发时间 | 4Q | 6Q | 8Q |
| 研发投资 | 1M/Q | 2M/Q | 2M/Q |

产品研发技术允许转让，但转让金额≥研发费用。

需要指出，进入第4年后，参与者将会遇到标有ISO9000或ISO14000的订单，如图10.18所示。这些订单要求企业必须已经通过ISO9000或ISO14000的资格认证，否则无法选取该订单。表10－7提供了ISO认证的规则。

| |
|---|
| Beryl (Y4,本地) |
| 4×4.3M=17M　ISO9000 |
| 账期：1Q　交货：Q2 |

图 10.18　需要ISO认证的订单

表 10－7　ISO 认证的规则

| 质量认证 | ISO9000 | ISO14000 |
|---|---|---|
| 认证时间 | 1 年 | 2 年 |
| 所需投资 | 1M | 1M/年 |

4. 贷款规则

资金是企业的血液，企业的业务活动离不开资金。一般而言，长期借款主要用于购建厂房与设备；短期借款主要用于企业临时性流动资金需求。贷款的基本规则如表 10－8 所示。

表 10－8　贷款的基本规则

| 贷款类型 | 贷款时间 | 贷款额度 | 年利率 | 还款方式 |
|---|---|---|---|---|
| 短期贷款 | 每季度初 | （长期贷款＋短期贷款）≤上一年所有者权益×2 | 5% | 到期还本＋利息 |
| 长期贷款 | 每年年初 | | 10% | 每年末支付利息，到期还本 |
| 高利贷 | 任何时间 | 额度不限 | 20% | 到期还本＋利息 |

需要指出，短期贷款和高利贷最长贷款时间为 4 个季度，长期贷款为 4 年；短期贷款 2 千万起贷，长期贷款 1 千万起贷。

除了贷款之外，企业还有另外一种融资方式：贴现。所谓贴现，是指企业以应收账款作抵押，并付出一定的贴现费用融通资金的方式。贴现行为不受应收账款期限长短限制，但变现时贴息额受到影响。贴现的基本规则如表 10－9 所示。

表 10－9　贴现的基本规则

| 应收账期 | 1Q | 2Q | 3Q | 4Q |
|---|---|---|---|---|
| 贴现比率 | 1/12 | 1/10 | 1/8 | 1/6 |

举例来说，拿 1Q 的 12M 贴现，1M 要交给银行，11M 转为现金；拿 2Q 的 10M 贴现，1M 要交给银行，9M 转为现金；其他以此类推。

5. 产品生产与原材料采购规则

产品生产是企业的核心。如前所述，产品研发完成后，才能接单。但是，要按期交货，就必须准备充足的原材料。不同的产品需要不同的原材料品种与数量。Beryl、Crystal、Ruby 和 Sapphire 四种产品的 BOM 结构如图 10.19。

产品生产的基本规则：

（1）每条生产线只能同时生产 1 个产品。

（2）不同生产线的生产效率不同，不同产品的加工复杂程度也不同，因此每个产品在不同生产线上的加工费是不同的(见表 10－10)。

（3）每一个原材料 M1、M2、M3、M4 的价值均为 1M。

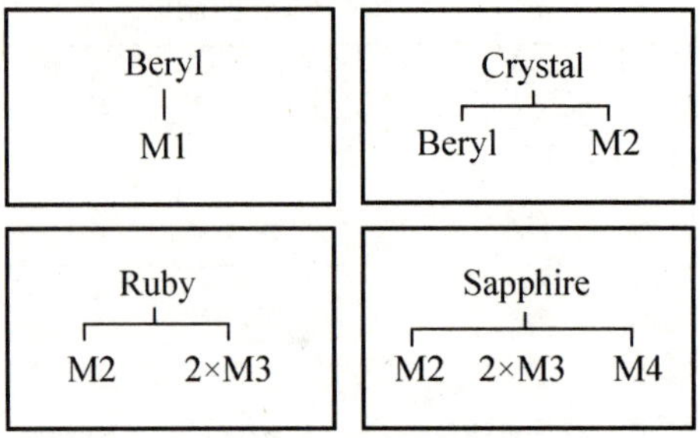


图 10.19　产品的 BOM 结构

（4）允许相互买卖产品，价格由双方协商。

表 10－10　产品计件加工费用规则

| 产品 | 手工线 | 半自动线 | 全自动线 | 柔性线 |
| --- | --- | --- | --- | --- |
| Beryl | 1M | 1M | 1M | 1M |
| Crystal | 2M | 1M | 1M | 1M |
| Ruby | 3M | 2M | 1M | 1M |
| Sapphire | 4M | 3M | 2M | 1M |

要保证生产不间断进行，必须实时、适量订购与验收原材料。原材料采购的基本规则：

（1）原材料 M1 和 M2 需要提前 1 个季度订货，下一季度以现金支付，照单全收。

（2）原材料 M3 和 M4 需要提前 2 个季度订货，之后季度以现金支付，照单全收。

（3）订货后如无现金支付，按 50%支付违约金，向下取整数，最少 1M。

（4）没有事先订货可以紧急采购，付款即到货，但是原材料紧急采购价格为正常原材料价格的 2 倍。紧急采购原材料时，直接扣除现金；上报报表时，成本仍然按照标准成本记录，紧急采购多付出的成本计入综合费用其他项。

（5）当进行一次性大批量采购时，可以享受一定时间的延期付款(见表 10－11)。

表 10－11　一次采购量的付款规则

| 采购原材料数量 | 账期 | 采购原材料数量 | 账期 |
| --- | --- | --- | --- |
| ≤4 个 | 现金 | 13～16 个 | 3Q |
| 5～8 个 | 1Q | ≥17 个 | 4Q |
| 9～12 个 | 2Q | | |

（1）当企业有多余的原材料时，可以变卖给银行，但是价格按原值的 1/2 处理。

（2）各企业之间可以相互转让原材料。

（3）可采用来料加工，完全外包加工等方式，价格由双方协商。

### 6. 生产线的相关规则

生产线的购买、安装、改造、维护等相关规则如表 10－12 所示。

表 10－12　生产线的相关规则

| 生产线 | 购买价格 | 安装周期 | 搬迁周期 | 加工周期 | 改造周期 | 改造费用 | 维护费用 |
|---|---|---|---|---|---|---|---|
| 手工线 | 5M | 1Q | 无 | 3Q | 无 | 无 | 1M/年 |
| 半自动 | 10M | 2Q | 无 | 2Q | 1Q | 2M | 1M/年 |
| 全自动 | 15M | 3Q | 1Q | 1Q | 2Q | 6M | 2M/年 |
| 柔性线 | 25M | 4Q | 1Q | 1Q | 无 | 无 | 2M/年 |

以表 10－12 为基础，我们做以下说明：

(1) 投资新生产线时，按安装周期平均支付投资，全部投资到位的下一个季度领取产品标识，开始生产。资金短缺时，随时可以中断投资。

(2) 生产线可以搬迁。

(3) 所有生产线都能生产所有产品，但不同生产线的加工周期与加工费用有所区别。加工费用由表 10－10 决定。

(4) 生产线转产生产另一种产品时，需要一定的改造周期，并支付一定的改造费用。最后一笔支付到期后的下一季度方可更换产品标识。生产线上有在制品时，不允许改造，变卖。

(5) 当年在建的生产线和当年出售的生产线不用交维护费。生产线安装完成，无论是否开工生产，以及正在转产的生产线，均需缴纳维护费。生产线变卖，按季度考虑维护费。

(6) 刚建成的生产线，以及当期投入生产的生产线，不提折旧，但以前建成当年未使用的生产线照提折旧。生产线折旧按原值 5 年平均折旧。

(7) 生产线出售所得收入为折旧后的净值。

(8) 公司之间可租借生产线。

7. 厂房购买、租用与出售的规则

在金蝶企业经营沙盘中，一共有三个厂房可供选择：新华厂区、上中厂区、法华厂区。在初始状态设定时，企业已经拥有新华厂区的所有权。在后续的经营中，企业可以选择进一步购买或租用上中厂区、法华厂区。当然，也可以考虑先出售新华厂区，再租用其他厂区。关于这三个厂房的详细情况，请见表 10－13。

表 10－13　厂房购买、租用与出售的规则

| 厂房 | 购价 | 租金 | 售价(账期) | 生产线容量 |
|---|---|---|---|---|
| 新华 | 40M | 6M/年 | 40M(2Q) | 4 条生产线 |
| 上中 | 30M | 4M/年 | 30M(1Q) | 3 条生产线 |
| 法华 | 15M | 2M/年 | 15M | 1 条生产线 |

需要指出：

(1) 厂房出售，需过应收账款期才能收现。出售后转租，每年交纳租金。

（2）厂房可抵押给银行，抵押期 5 年，算做长期贷款，年底交利息。

8. 费用支付的规则

（1）管理费用：每季度支付 1M 的现金。费用计入综合费用。

（2）广告费：年初以现金支付，无现金时，可以在 1 季度贴现应收账款后支付。费用计入综合费用。

（3）应交税金：年初以现金支付。这里仅指所得税费用。现行企业所得税率为 25%，计算时四舍五入取整数。

（4）产品研发费、市场开拓费、生产线改造费：发生季度支付现金。费用计入综合费用。

（5）设备维护费、ISO 认证费、厂房租金：年末支付现金。费用计入综合费用。

9. 企业破产的规则

如果企业出现以下两种情况，就将宣告破产：

（1）资不抵债。如果企业所取得的收入不足以弥补支出时，导致所有者权益为负，企业破产。

（2）资金链断裂。如果企业无法偿还到期债务，那么企业也将破产。

企业一旦宣告破产，其他企业可以使用以下两种方式进行并购：

（1）注资入股。注资金额必须使亏损企业当年的所有者权益大于等于零。

注资后，亏损企业仍然独立运营，但注资企业取得部分股权，在企业扭亏为盈后注资企业可按股权比例分红。股权比例计算公式为：

股权比例＝注资金额/(注资金额＋亏损企业总资产)

（2）收购合并。收购金额必须大于或等于亏损企业一年内到期的负债总额。合并后，两个企业实行集团经营。

10. 违规处罚规则

企业成员应在上述规则下发挥团队精神，制订行动计划，按流程进行企业管理模拟。一般模拟运营 5～6 年，用以体验企业生产周期内经营管理策略的优劣，从中体会管理理论的真谛。

如有违规，将受到以下处罚：

（1）财务报表必须真实，如果查出假账，将处以相差金额的 5 倍罚款。

（2）必须按照规则运作，每发现一次违规，处以 1M 的罚款。

（3）银行贷款必须和银行协商，不能私自贷款，或者延长贷款期限。每发现一次违规，将处以 5M 的罚款。

（4）盘面信息真实，每发现一次作假，将处以 1M 的罚款。

（5）必须按照操作顺序进行，不能私自修改顺序。每发现一次违规，将处以 1M 的罚款。

（6）原材料采购、成品摆放必须按照位置，不能混用。每发现一次违规，将处以 1M 的罚款。

(7) 每年度末提交报表，如果未按时提交，罚款：1M/10 分钟。

### 10.3.3 沙盘模拟中常见的经营战略

在做企业经营沙盘模拟之前，管理团队需要制定一整套战略，方能使企业临危不乱，在激烈的对抗中生存下来并发展壮大。总体说来，在沙盘模拟过程中，管理团队要建立全局观念，不要做目光短浅的经营者，要学会用战略的眼光看待企业的业务和经营，切实保证企业的发展战略贯穿经营的每个环节。

这里介绍三种常见的经营战略，希望能起到抛砖引玉的作用。

1. 霸王战略

采取此战略的企业一开始就大举贷款，所筹集的大量资金用于扩大产能，保证产能第一，并随着产品开发的节奏，实现由现有成熟产品向更高端的主流产品过渡。在竞争中，始终保持主流产品和综合销售额第一。后期用高广告投入策略争取主导产品最高价市场的老大地位，使企业权益最高，令对手望尘莫及，从而赢得竞争。

霸王战略的成功实施在于以下两点：(1)资本运作。即有效使用长短期融资手段，使自己有充足的资金用于扩大产能和维持高额广告费用，并能够承受巨大的还款压力，使资金运转正常。因此，这一战略对财务总监的要求很高。(2)精确预测产能和生产成本，有效预估市场产品需求和订单结构。要合理安排产能扩大的节奏，实现“零库存”，合理进行产品组合与市场开发。

霸王战略需要管理团队具有相当的魄力，敢于破釜沉舟，谨小慎微者不宜采用。这一战略的隐患在于，如果资金或广告在某一环节出现失误，则会使企业陷入十分艰难的处境。过大的还款压力和贷款费用，可能将企业逼上破产的绝境。

2. 越王战略

采取越王战略的企业通常具有很大的产能潜力，但由于前期广告运作失误，导致订单过少、销售额过低、产品大量积压、权益大幅下降，处于劣势地位。因此，在第二、第三年只能维持生计，延缓产品开发计划，或只进行一种新产品的开发，积攒力量，度过危险期。在第四年突然推出一种新的高端产品，配以精确的广告策略，出其不意地攻占对手的薄弱市场。在对手忙于应付时，把这种新的高端产品的最高价市场把持在手，不给对手任何机会，最终赢得竞争。

越王战略制胜的关键在于后期广告运作和现金测算上。因为要采取精确广告策略，所以一定要仔细分析对手的情况，找到他们在市场中的薄弱环节，以最小的代价夺得市场，减少成本。另一个关键是现金预测。因为要出奇兵(某种新的高端产品)对现金要求很高，所以现金预测必须准确。如果现金断流，完不成订单，将前功尽弃。

越王战略不是一种主动的战略，而是在不利情况下被迫采取的一种战略。它要求管理团队具备很强的忍耐力与决断力，不为眼前一时的困境所压倒，学会“好钢用在刀刃上”，节约开支，降低成本，先图生存，再图胜出。

3. 渔翁战略

当市场上有两大实力相当的企业争夺第一时，渔翁战略就可派上用场了。采取渔翁战略的企业在产能上要努力跟随前两者的开发节奏，同时在内部努力降低成本；在每次开辟新市场时均采用低广告投入策略，规避风险，稳健经营。在两大企业两败俱伤时，立即抢占市场。

渔翁战略成功实施的要点在于：(1)稳扎稳打。经营过程中一切按部就班，广告投入、产能扩大都是循序渐进，逐步实现。(2)利用好时机。因为时机稍纵即逝，一定要仔细分析竞争对手。

显然，渔翁战略是一种典型的跟随战略。但这种战略在竞争中是常见的，一定要做好充分的准备，才能抓得住机会，从而使竞争对手无法超越，赢得竞争。

## 本章小结

本章以金蝶国际软件集团有限公司的企业经营沙盘为平台，模拟了一家离散制造型企业的经营管理。介绍了企业概况与组织结构，分析了企业产品与提供了未来市场预测，对企业的初始状态进行了设定，并列示了经营过程中的运营规则。

## 关键术语

企业经营沙盘　产品研发　广告投放　市场开拓　ISO 认证　厂房　生产线　贷款　原材料采购　订单交货　费用支付　破产　资产负债表　损益表

## 习　题

### 一、简答题

1. 模拟企业的经营战略是什么？
2. 模拟企业倾向于占领什么样的细分市场？
3. 模拟企业计划如何拓展生产能力？选择什么时机上马生产线？选择什么类型的生产线？
4. 模拟企业的财务策略是什么？

### 二、实验报告

分为两部分：

1. 经营活动全记录：小组每个成员按角色记录营运过程，总结经营成果和编制财务报表。
2. 沙盘模拟企业经营总结报告：模拟经营活动结束后提交，主要总结模拟经营过程中的感受和出现的问题。

### 小论文

在沙盘模拟结束后，对经营结果做出自己的分析，同时进行市场环境与竞争对手的优势和劣势分析，对企业经营决策中出现的失误提出整改措施。

# 参考文献


[1] 中国注册会计师协会．公司战略与风险管理[M]．北京：经济科学出版社，2012.

[2] 全国管理咨询师考试教材编写委员会．企业管理咨询实务与案例分析[M]．北京：企业管理出版社，2012.

[3] 巩维才，唐飞．现代企业管理[M]．徐州：中国矿业大学出版社，2012.

[4] 唐飞．IT企业竞争战略研究[M]．北京：中国政法大学出版社，2013.

[5] 杨锡怀，冷克平，王江．企业战略管理[M]．2版．北京：高等教育出版社，2004.

[6] 徐二明．企业战略管理[M]．北京：中国经济出版社，1998.

[7] 蓝海林．企业战略管理[M]．北京：科学出版社，2011.

[8] 王方华，吕巍，陈洁．企业战略管理[M]．2版．上海：复旦大学出版社，2010.

[9] 王玉．企业战略管理教程[M]．3版．上海：上海财经大学出版社，2009.

[10] 龚荒．企业战略管理[M]．徐州：中国矿业大学出版社，2003.

[11] 龚荒，宋阳，杨雷．企业战略管理[M]．2版．徐州：中国矿业大学出版社，2009.

[12] 龚荒．企业战略管理：概念、方法与案例[M]．北京：清华大学出版社，北京交通大学出版社，2008.

[13] 舒辉．企业战略管理[M]．北京：人民邮电出版社，2010.

[14] 姚莉．企业战略管理[M]．武汉：武汉大学出版社，2010.

[15] 宝贡敏．战略管理[M]．北京：中国经济出版社，2013.

[16] 周兵．企业战略管理[M]．北京：清华大学出版社，2006.

[17] 魏江．中国战略管理学者高端论坛综述[J]．战略管理，2010(2)：122－127.

[18] 张国建，等．煤炭经济管理新论(第12辑)[M]．徐州：中国矿业大学出版社，2013.

[19] 周炳军，等．煤炭经济管理新论(第11辑)[M]．徐州：中国矿业大学出版社，2011.

[20] 郝贵，等．煤炭经济管理新论(第10辑)[M]．徐州：中国矿业大学出版社，2010.

[21] 吴志刚，等．煤炭经济管理新论(第9辑)[M]．徐州：中国矿业大学出版社，2009.

[22] 申明新，等．煤炭经济管理新论(第8辑)[M]．徐州：中国矿业大学出版社，2008.

[23] 范宝营，等．现代大型煤炭企业经典管理案例[M]．北京：中国经济出版社，2012.

[24] 范宝营，等．现代大型煤炭企业经典管理案例(资本运营篇)[M]．北京：中国经济出版社，2013.

[25] 中国煤炭工业协会．中国煤炭工业发展研究报告[M]．北京：机械工业出版社，2011.

[26] [加] 亨利·明茨伯格．战略历程[M]．2版．刘瑞红，等译．北京：机械工业出版社，2012.

[27] [美]杰伊·B. 巴尼．战略管理[M]．3版．朱立，等译．上海：格致出版社，2011.

[28] [美]小阿瑟·A. 汤普森，等．战略管理[M]．北京：机械工业出版社，2006.

[29] [美]弗雷德·R. 戴维．战略管理[M]．10版．蓝海林，等译．北京：经济科学出版社，2006.

[30] [美]迈克尔·A. 希特，等．战略管理 [M]．6版．李克宁，译．北京：机械工业出版社，2006.

[31] [美]大卫·J. 科利斯，辛西娅·A. 蒙哥马利．公司战略 [M]．王永贵，等译．大连：东北财经大学出版社，2005.

[32] [美]罗伯特·M. 格兰特．现代战略分析 [M]．4版．罗建萍，译．北京：中国人民大学出版社，2005.

[33] [美]迈克尔·波特．竞争战略[M]．郭武军，等译．北京：华夏出版社，2005.

[34] [美]彼得·德鲁克．21世纪的管理挑战[M]．朱雁斌，等译．北京：机械工业出版社，2012.

[35] 张德．管理学是什么[M]. 北京：北京大学出版社，2006.
[36] 武艳，张晓锋，张静．企业风险管理[M]. 北京：清华大学出版社，2011.
[37] [美]克里斯托弗·A. 巴特利特，等．跨国管理[M]. 大连：东北财经大学出版社，2000.
[38] [美]彼得·圣吉．第五项修炼[M]. 北京：中信出版社，2009.
[39] 刘平，等．金蝶企业经营沙盘模拟实训手册[M]. 大连：东北财经大学出版社，2011.
[40] 黄娇丹，毛华扬．金蝶 ERP 沙盘模拟经营实验教程[M]. 北京：清华大学出版社，2010.